城市轨道交通专业职业教育系列教材

城市轨道交[illegible]
结构与维修

主　编　褚延辉　康　鹏
副主编　张立常　张凤山　静永臣

机械工业出版社

本书系统地介绍了城市轨道交通车辆基础知识，轨道交通运行的基本工作标准、司机职业等级标准与车辆检修工等级标准，地铁车辆的计划维修，车体、转向架、车辆连接装置、制动系统、机械部件检修和电气部件检修等。重点介绍了城市轨道交通车辆的结构、原理与检修。

本书可作为城市轨道交通车辆司机、车辆检修工的培训教材，也可作为大专院校和职业学校城市轨道交通专业学生的学习参考书。

图书在版编目（CIP）数据

城市轨道交通车辆结构与维修/褚延辉，康鹏主编．—北京：机械工业出版社，2012.4（2024.9重印）

城市轨道交通专业职业教育系列教材

ISBN 978-7-111-38605-6

Ⅰ.①城…　Ⅱ.①褚…②康…　Ⅲ.①城市铁路—铁路车辆—车体结构—职业教育—教材②城市铁路—铁路车辆—车辆检修—职业教育—教材　Ⅳ.①U239.5

中国版本图书馆CIP数据核字（2012）第114993号

机械工业出版社（北京市百万庄大街22号　邮政编码100037）

策划编辑：齐福江　责任编辑：齐福江

版式设计：霍永明　责任校对：张　力

封面设计：马精明　责任印制：李　昂

北京捷迅佳彩印刷有限公司印刷

2024年9月第1版第7次印刷

184mm×260mm · 21.25印张 · 527千字

标准书号：ISBN 978-7-111-38605-6

定价：49.00元

电话服务	网络服务
客服电话：010-88361066	机　工　官　网：www.cmpbook.com
010-88379833	机　工　官　博：weibo.com/cmp1952
010-68326294	金　　书　　网：www.golden-book.com
封底无防伪标均为盗版	机工教育服务网：www.cmpedu.com

前　言

随着我国国民经济的不断发展，各大城市的轨道交通建设均进入快速发展期，城市轨道交通具有运能大、能耗低、污染少、速度快、安全、准点的优点，使其成为深受人民欢迎的城市交通工具。北京、天津、上海、广州、深圳、南京、沈阳、成都、杭州、西安、苏州等20多个城市均在加紧进行轨道交通建设。

城市轨道交通是集线路、车辆、供电、通信信号、自动售检票、运营管理等专业工种于一体的综合系统。新工艺、新技术在城市轨道交通各个专业得到充分的运用。城市轨道交通职业是新的职业工种，所以对从业职工的岗前培训、岗位培训以及技能考核，成为城市轨道交通职业教育的重要任务。

本书共分9章，系统地介绍了城市轨道交通车辆基础知识及发展概况，轨道交通运行的基本工作标准，司机职业等级标准与车辆检修工等级标准，地铁车辆的计划维修，车体、转向架、车辆连接装置、制动系统、机械部件检修和电气部件检修。重点介绍了城市轨道交通车辆的结构、原理与检修。本书特点是理论联系实际，注重实际操作技能的培养，读者易于掌握和实际应用。

本书由褚延辉、康鹏任主编，张立常、张凤山、静永臣任副主编。参编人员有佟荣长、袁绍武、王新、金福盛、林志柏、王宝友、王颖、高建国 、王玥、王宏臣、崔秀梅、张磊、白雪、朱德禄、白俊杰、张春华、刘士春等。

本书不仅是城市轨道交通职工培训教材，也可以作为大专院校和职业学校城市轨道交通专业学生的学习参考书。

编　者

目　录

第一章　城市轨道交通车辆基础知识及发展概况

第一节　城市轨道交通车辆基础知识

一、城市轨道交通车辆的基本类型与组成

1. 城市轨道交通车辆的基本类型

按照车辆宽度的不同，城市轨道交通车辆可分为车辆宽度为3m的A型车、车辆宽度为2.8m的B型车、车辆宽度为2.6m的C型车，以及结构改进的低地板轻轨车。其中，低地板轻轨车又可分为70%低地板和100%低地板两种。各城市采用什么车型要根据城市自身的客流状态、经济实力等综合因素决定。

（1）车辆类型　地铁车辆一般可分为三种类型，即A车、B车、C车。

A车为拖车。自身无动力，依靠有动力的车辆推动和拖动。一端设有驾驶室。

B车为动力车。其转向架上装有牵引电动机，无驾驶室，车顶上装有受电弓。

C车为动力车。其转向架上装有牵引电动机，无驾驶室，车底下装有一组空气压缩机组。

（2）车钩形式　地铁车辆的车钩一般有三种形式，即全自动车钩、半自动车钩和半永久车钩。

1）全自动车钩：电气部分和机械部分的连接及分离都为自动的，其表示符号为“—”。

2）半自动车钩：机械部分的连接及分离都为自动的，而电气部分的连接及分离都为人工的，其表示符号为“=”。

3）半永久车钩：电气部分和机械部分的连接及分离都为人工的，其表示符号为“※”。

2. 城市轨道交通车辆的组成

一般城市轨道交通车辆可分为以下七部分。

（1）车体　车体分有驾驶室车体和无驾驶室车体两种。车体是容纳乘客和司机（对于有驾驶室的车辆）的地方，又是安装与连接其他设备和部件的基础。近代城市轨道交通车辆车体均采用整体承载的钢结构或轻金属结构，以达到在最轻的自重下满足强度的要求。一般均有底架、端墙、侧墙及车顶等。

城市轨道交通车辆的车体与一般铁路客车有许多相同之处，但由于其特殊的用途，又有其特有的特征。如一般电动车组有动车和拖车之分，服务于市内公共交通，在车内布置的座位少，车门多且开度大。

（2）走行部分（动力转向架和非动力转向架）　走行部分装置于车体与轨道之间，用来牵引和引导车辆沿着轨道行驶并承受和传递来自车体及线路的各种载荷，缓和其动力作用，它是保证车辆运行品质的关键部件。转向架一般由构架、弹性悬架装置、轮对轴箱装置和制动装置等组成。对于动力转向架还装设有牵引电动机及传动装置。

车体和转向架之间的连接部位在空气弹簧和纵向牵引杆，并传递垂向载荷和纵向载荷。

（3）牵引缓冲连接装置　车辆编组成列运行必须借助于连接装置，即所谓车钩。为了改善列车纵向平稳性，一般在车钩的后部装设缓冲装置，以缓和列车冲动。另外还必须连接车辆之间的电气和空气的管路。

（4）制动装置　制动装置是保证列车安全运行必不可少的装置。不仅在动车上设制动装置，而且在拖车上也要设制动装置，这样才能使运行中的车辆按需要减速或在规定的距离内停车。城市轨道交通车辆制动装置除常规的空气制动装置外，还有再生制动、电阻制动和磁轨制动等。

（5）受流装置　从接触导线（接触网）或导电轨（第三轨）将电流引入动车的装置称为受流装置或受流器。受流装置按其受流方式可分为以下五种形式：

1）杆形受流器：外形为两根平行杆，上部有两个受电轨（导线），广泛用于城市无轨电车。

2）弓形受流器：形状如弓，属上部受流，弓可升可降，其上部有一根接触导线，下面有导轨构成电路，用于城市有轨电车。

3）侧面受流器：在车顶的侧面受流，又称为“旁弓”，多用在矿山装货物的电力机车上。

4）轨道式受流器：从底部导电轨受流，又称第三轨受流，空间可得到充分利用，多用于速度较高的隧道列车运行。北京地铁及目前欧美大部分城市地铁均采用这种受流方式。

5）受电弓受流器：属上部受流，形状如弓，可升可降，适用于列车速度较高的干线电力机车上。上海地铁亦采用这种方式。

在受电制式上，目前世界上地铁发展较早的城市大都采用直流750V，个别有采用600V的。北京地铁为直流750V。上海地铁采用直流1 500V，它与直流750V比较有以下优点，可提高牵引电网供电质量，降低迷流数值，增加牵引供电距离，从而减少牵引变电所数量；便于地铁线路实现地下、地面和高架的联动。

（6）车辆内部设备　车辆内部设备包括服务于乘客的车体内的固定附属装置和服务于车辆运行的设备装置。属于前者的有车电、通风、取暖、空调、座椅、拉手等；后者大多吊挂于车底架，如蓄电池箱、继电气箱、主控制箱、电动空气压缩机组、总风缸、电源变压器及各种电气开关和接触器箱等。

（7）车辆电气系统　车辆电气系统包括车辆上的各种电气设备及其控制电路。按其作用和功能可分为主电路系统、辅助电路系统和电子与控制电路系统三个部分。

二、城市轨道交通车辆技术参数

车辆技术参数是概括地介绍车辆技术规格的某些指标，是从总体上表征车辆性能及结构的一些参数。一般分为性能参数和主要尺寸两大类。

1. 车辆性能参数

（1）自重、载重及容积　自重为车辆本身的全部质量；载重为车辆允许的正常最大装载质量，均以t为单位；容积以m^3为单位。

（2）构造速度　构造速度指在设计车辆时，按安全及结构强度等要求设计的允许车辆最高行驶速度。车辆实际运行速度一般不允许超过构造速度。

（3）轴重　轴重指按车轴形式，在某个运行速度范围内，该轴允许负担的并包括轮对自身在内的最大总质量。轴重的选择与线路、桥梁及车辆走行部的设计标准有关。

（4）每延米轨道载重　这是车辆设计中与桥梁、线路强度密切相关的一个指标，同时又是能否充分利用站线长度，提高运输能力的一个指标，其数值是车辆总质量与车辆全长之比。城市轨道交通车辆中该参数按设计任务书中规定。

（5）通过最小曲线半径　这是指配用某种形式转向架的车辆在站场或厂、段内调车时所能安全通过的最小曲线半径。当车辆在此曲线区段上行驶时不得出现脱轨、倾覆等危及行车安全的事故，也不允许转向架与车体底架或车下其他悬挂物相碰。

（6）轴配置或轴列数　若是4轴动车，设两台动力转向架，则轴配置记为B-B；若是6轴单铰轻轨车，两端为动力转向架，中间为非动力铰接转向架，其配置记为B-2-B。

（7）最大起动加速度　这是列车以最大牵引力起动时列车的加速度。

（8）平均起动加速度　这是列车以各级牵引力起动列车的平均加速度。

（9）最大制动减速度　这是列车以最大制动力制动时列车的减速度。

（10）每吨自重功率指标　它一般在10～15kW/t。

（11）供电电压　一般采用DV1 500V或DV750V。

（12）最大网电流　这是指最大负荷时网测电流，由牵引电动机功率决定。

（13）牵引电动机功率　牵引电动机功率为180～300kW。

（14）制动形式　制动有摩擦制动、再生制动、电阻制动以及磁轨制动等多种形式。

（15）座席数及每平方米地板面积站立人数　地铁车辆由于其短途高流动性的运载特点，座席数较少，一般为55～65座，站立人数一般为250人，超载时乘客总数按7～9人/m^2计算。

2. 车辆的主要尺寸

车辆的主要尺寸除车辆全长、车辆定距及转向架固定轴距外还有以下几项：

（1）车辆最大宽度、最大高度　车辆最大宽度指车体最宽部分的尺寸；车辆最大高度指车辆顶部最高点与钢轨水平面之间的距离。这两个尺寸均需符合车辆限界的要求。

（2）车体长、宽、高　这有车体外部与内部之别，但车体内部的长、宽、高必须满足货物装载或旅客乘坐等要求。

（3）车钩中心线距轨面高度　它简称车钩高，指车钩钩舌外侧面的中心线至轨面的高度。列车中机车与各车辆的车钩高基本一致，以保证正常传递牵引力及列车运行时不发生脱钩的事故。我国铁路规定新造或修竣后的空车标准车钩高为880mm；其他国家由各自的历史条件决定了其使用的车钩高，如原苏联及欧洲各国的车钩高（或盘形缓冲的中心线高）定为1060mm。城市轨道交通车辆的车钩高无统一的标准，上海地铁车辆定为720mm，北京地铁车辆为670mm。

（4）地板面高度　地板面距轨面的高度与车钩高一样，均指新造或修竣后空车的数值。它将受到两方面的制约：一方面是车辆本身某些结构高度的限制，如车钩高及转向架下心盘面的高度；另一方面又与站台高度的标准有关，例如上海地铁车辆地板面高为1.13m，北京地铁车辆为1.053m。

（5）车辆定距　车辆两相邻转向架中心之间的距离。

三、城市轨道交通车辆编组及标识

1. 列车编组

列车是不同类型的车辆通过两个相对的同型号车钩相联而组成的车组。其中B车和C

车为固定搭配，若再与 A 车相联则称为一个单元。

例如，上海地铁列车根据客流预测，设计成在开通时为六节编组成一列车；而在远期客流量增加后，则增至八节车编组为一列车。

六节编组的列车其编组形式为

—A = B※C = B※C = A—

八节编组的列车其编组形式为

—A = B※C = B※C = B※C = A—

2. 车端、车侧、车门、座位的标识定义

（1）车辆的车端、车侧的定义

1）车端。在车辆两端的车钩一般都不为同一类型的车钩，我们将车钩自动化程度较高的一端定义为 1 位端，而自动化程度较低的一端则定义为 2 位端，如图 1-1a 所示。

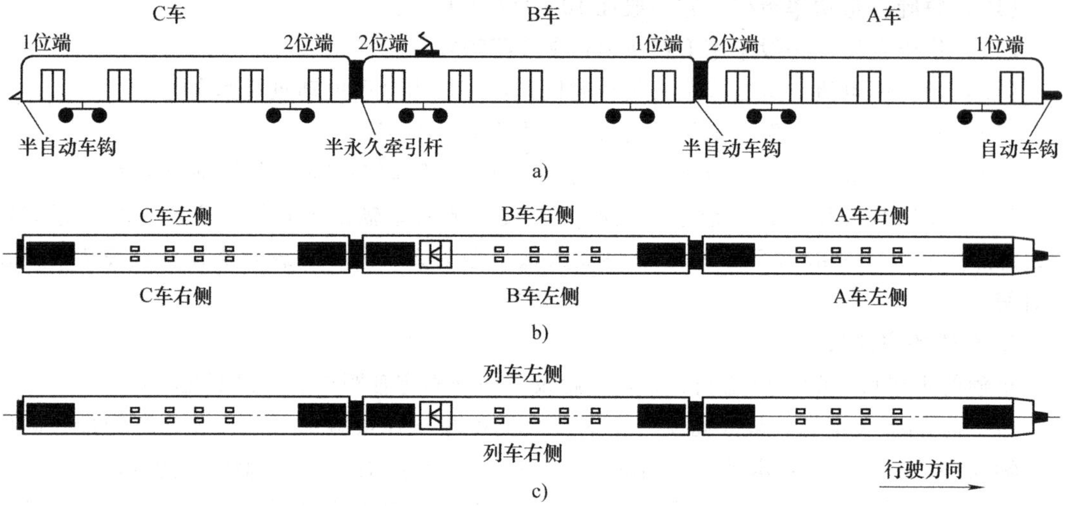

图 1-1　车端、车辆两侧及列车两侧的识别

2）车侧。若某人站立在某车辆的 1 位端，面向 2 位端，则该人的右侧就称为该车辆的右侧，该人的左侧则称为该车辆的左侧，如图 1-1b 所示。

（2）列车的车侧的定义　列车的车侧的定义与车辆的车侧定义是不同的。它是以司机坐在列车的驾驶端座位上驾驶列车的方位来定义的，此时司机的右侧即为列车的右而，司机的左侧即为列车的左侧。换句话说，是按列车的行驶的方向来定义的。这与公路上汽车按行驶方向定义左右侧是相同的，如图 1-1c 所示。

（3）车门的编号　上海地铁车辆的客室车门是采用内藏式对开滑动门，车辆每侧设有五扇门，每扇门为两片门叶。为了便于维修，则需给每片门叶编号。根据制造商在设计时定义的编号（图 1-2a）：自 1 位端到 2 位端，右侧为由小到大的连续奇数，即 1/3、5/7、9/11……17/19；左侧为由小到大为连续偶数，即 2/4、6/8、10/12……18/20。

（4）座椅编号　座椅编号的方式与车门类同，如图 1-2b 所示。

四、城市轨道交通车辆限界

1. 概念

城市轨道交通车辆限界规定了轨道交通车辆和隧道的断面形状与净空尺寸以及高架与地

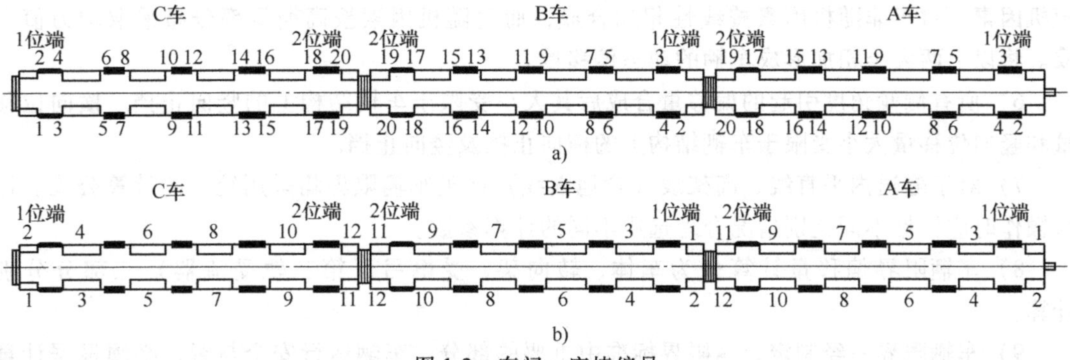

图 1-2　车门、座椅编号

面建筑物的净空尺寸，同时也规定了设备安装位置及预留空间，是构成城市轨道交通安全运输的基本保证之一，也是城市轨道交通设计的基础。相对于高架与地面上车辆，隧道内车辆在城市地下运行，由于隧道断面直径小，设备安装空间紧凑，轨道曲线半径小，旅客乘座舒适性高等特点，给城市轨道交通车辆限界和设备限界提出更高要求。

城市轨道交通车辆限界不仅制约车辆外形尺寸，还关系到诸如隧道等各种建筑物的内部轮廓，对轨道交通系统的建设规模及其投入和产出有重大影响。

在设计地铁车辆时，其横断面的形状和尺寸要与隧道或线路上所留出的空间相适应，为此对车辆横断面轮廓尺寸就要有一个限制。车辆限界就是一个限制车辆横断面及长度最大允许尺寸的轮廓图形，无论空车或重车在水平直线上时，该车所有凸出部分和悬架部分、车辆运行磨耗产生的位移及其他原因产生的偏移都应容纳在限界之内。规定限界的目的主要是防止车辆在直线或曲线上运动时与各种建筑物及设备发生接触碰撞。

2. 车辆限界计算

以前车辆限界计算采用国际联盟颁布的 U IC 505 国际标准。该标准是用于跨国界铁路运输的国际标准，其车辆限界计算是基于车辆基准轮廓线。在此基础上计算出动态包络线，再推算出设备限界。该标准中车辆限界计算考虑的因素较少，不能完全满足城市轨道交通发展要求。因此德国于 1997 年颁布了适用于城市轨道交通的 Bostrab 国家标准。该标准中车辆限界直接由车辆制造轮廓线计算得出，考虑了从轨枕到车辆顶部可能的全部编移，在线路和车辆得到正常维修保养的前提下，无需考虑安全距离。德国 Bostrab 标准计算方法比 U IC 国际标准更适合城市轨道交通，更能适用于城市轨道交通车辆限界的确定。基于以上两种标准，确定了适合我国轨道交通建设和车辆实际运营情况的限界计算方法。

（1）车辆限界计算原则

1）限界是确定行走轨道周围构筑物净空的大小，以及管线和设备安装相互位置的依据，是行业间共同遵守的技术规定，应经济、合理、安全可靠。

2）限界应依据车辆的轮郭尺寸、技术参数、轨道特性、受电方式、施工方法和设备安装等综合因素进行分析计算确定。

3）车辆限界的计算是以平直线上混凝土整体道床和碎石道床的线路为基本条件，根据隧道内及地面运行环境不同，分为隧道内和高架线（含地面线）车辆限界两种基本类型。

4）曲线地段不同于上述两种情况，增加的附加因素是在设备限界内考虑加宽与加高。

5）车辆限界的计算要素（偏移量），按其概率性质统一分为两大类，即随机因素和非随机因素。对于非随机因素按线性相加合成，而对随机因素按高斯概率分布采取均力值合成。将以上两大类相加形成车辆的动态偏移量。

6）所有侧倾角度引起的偏移量合成后其大小受限于车辆结构上的竖向止挡。横向位移量和竖向位移量大小受限于车辆结构上的横向止挡及竖向止挡。

7）对于隧道内平直线、高架线（含地面线）两类车辆限界均采用统一的计算公式。计算操作时应根据不同类别情况合理选用不同的计算参数。

8）车辆限界偏移量计算分为车体、转向架、受电弓（第三轨受流器）三部分分别计算。

9）车辆限界一经制定，属限界标准中重要的部分。车辆运行安全与否，必须根据计算结果而确定车辆动态包络线是否超越车辆限界。

10）计算中涉及的计算车辆轮廓线及计算参数仅供限界制动时使用，并非对车辆规格和参数作强制性规定。实际制造的车辆应以实际参数按基本规定验算是否符合车辆限界。

（2）车辆限界的计算要素

1）车辆的制造误差。

2）车辆的维修限度。

3）转向架轮对处于轨道上的最不利运行位置。

4）轮对相对于构架的横向振动量。

5）转向架构架相对于车体的横向位移量。

6）车辆的空车、重车挠度差及垂向位移量。

7）轨道线路的几何偏差（含维修限度）。

8）一系悬架侧滚位移量。

9）二系悬架侧滚位移量。

10）因车辆制造中设备安装不对称，乘客分布不对称，轨道水平不平顺等引起的偏斜。

（3）车辆在曲线上的偏倚　车辆通过曲线时，车体的中心线与线路的中心线不能重合而发生偏离的现象叫做车辆偏倚。

车辆在曲线上运行时，车体的中央部分偏向线路中心线的内方；两端偏向线路中心线的外方，偏倚的多少称为偏倚量。车辆的曲线上的偏倚量与曲线半径的大小和车辆的长度有关，曲线半径越小或车体越长，则偏倚量越大。车辆偏倚量过大时，车体有可能侵入建筑接近限界，并使车钩互相摩擦，或引起车钩自动分离以及不能摘钩等现象。在实际工作中，主要应用在监装超限货物时，需要计算通过曲线时的偏倚量，核查能否保证安全运行。

车辆在曲线上偏倚量的计算方法如下。

1）二轴车辆在曲线上偏倚量的计算。图 1-3 为二轴车辆在曲线上的车辆偏倚量计算简图。为简化计算，假定轮对与车体之间没有任何游隙，而车轴与车体成绝对的垂直位置，并且假定这两个轮对的中心与线路的中心线相重合。

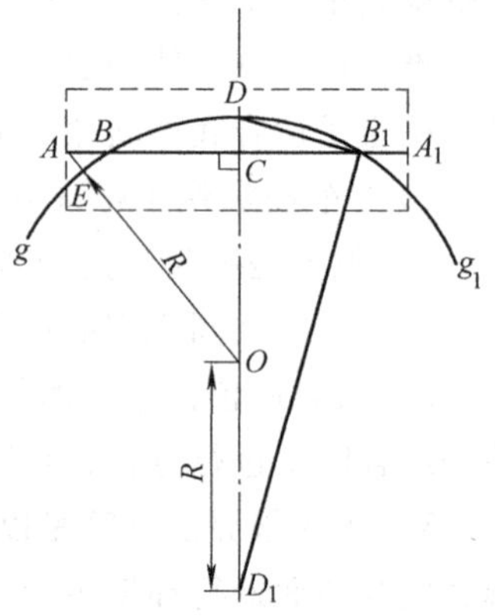

图 1-3　二轴车辆在曲线上的偏倚量计算简图

设 $CD=\alpha_1$ 为车辆中央部分向内偏倚量，$AE=\beta_1$ 为车辆端部向外偏倚量（忽略夹角影响，将 AE 视作 β_1），AA_1+L 为车体长度，$BB_1=S$ 为二轴车辆的固定轴距，R 为线路曲线半径，$\widehat{gg_1}$弧为曲线线路中心线。

由$\triangle D_1CB_1 \backsim \triangle B_1CD$

得
$$\frac{D_1C}{CB_1}=\frac{CB_1}{CD}$$

因
$$D_1C=DD_1-DC=2R-\alpha_1$$

$$CB_1=BB_1-\frac{S}{2}$$

故
$$\frac{2R-\alpha_1}{\frac{S}{2}}=\frac{\frac{S}{2}}{\alpha_1}$$

因 α_1^2的数值很小，可略去不计，故得

$$\alpha_1=\frac{S^2}{8R} \tag{1-1}$$

在$\triangle AOC$ 中
$$AO^2=AC^2+CO^2$$

即
$$(R+\beta_1)^2=\left(\frac{L}{2}\right)^2+(R-\alpha_1)^2$$

展开后得
$$R^2+2R\beta_1+\beta_1^2=\frac{L^2}{2}+R^2-2R\alpha_1+\alpha_1^2$$

因 α_1^2及 β_1^2的数值很小，可略去不计，故得

$$2R\beta_1=\frac{L^4}{2}-2R\alpha_1$$

$$\beta_1=\frac{L^2-8R\alpha_1}{8R}$$

将式（1-1）值代入，得

$$\beta_1=\frac{L^2-S^2}{8R} \tag{1-2}$$

在车体长度、固定轴距和线路曲线半径已知的条件下，由式（1-1）和式（1-2）可分别求得二轴车辆在曲线上时，其中央部分的内向偏倚量和两端的向外偏倚量。

为了充分利用限界，在设计车辆时希望 $\alpha_1=\beta_1$，即

$$\frac{S^2}{8R}=\frac{L^2-S^2}{8R}$$

$$\frac{L}{S}=\sqrt{2}\approx 1.4$$

上式说明车体长度与其定距之比等于 1.4 时，利用限界较为合理。

2）有转向架的车辆在曲线上偏倚量的计算。有转向架的车辆在曲线上的偏倚量计算图如图 1-4 所示。有转向架的车辆在曲线上运行时，由于转向架心盘的中心向线路曲线内方偏倚，带动车体都向曲线中心移动。因此，车辆中部的偏倚量增加，两端的偏倚量减少。

由图 1-4 可见，转向架下心盘中心向线路曲线中心内方偏倚量 α_2可根据式（1-1）求得

$$\alpha_2=\frac{S_1^2}{8R}$$

式中　S_1——转向架固定轴距。

因为曲线半径很大，故 α_2 可视为整个车辆向曲线中心的移动量。于是，具有转向架的车辆中央部分的内偏倚量为

$$\alpha = \alpha_1 + \alpha_2 = \frac{S^2}{8R} + \frac{S_1^2}{8R} = \frac{S^2 + S_1^2}{8R} \qquad (1\text{-}3)$$

式中　S——有转向架车辆两心盘中心线间的水平距离（即车辆定距）。

有转向架的车辆端部的外偏倚量为

$$\beta = \beta_1 - \alpha_2 = \frac{L^2 - S^2}{8R} = \frac{S_1^2}{8R} = \frac{L^2 - S^2 - S_1^2}{8R}$$

式中　L——车体长度。

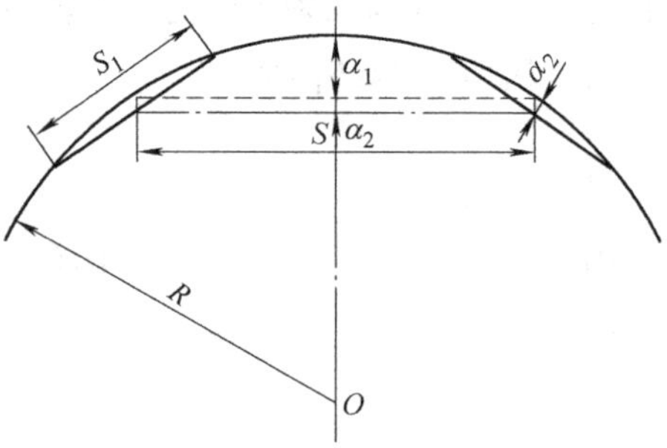

图 1-4　有转向架的车辆在曲线上的偏倚量计算简图

3. A 型车隧道内直线地段车辆限界与设备限界

A 型车隧道内直线地段车辆限界与设备限界如图 1-5 所示。

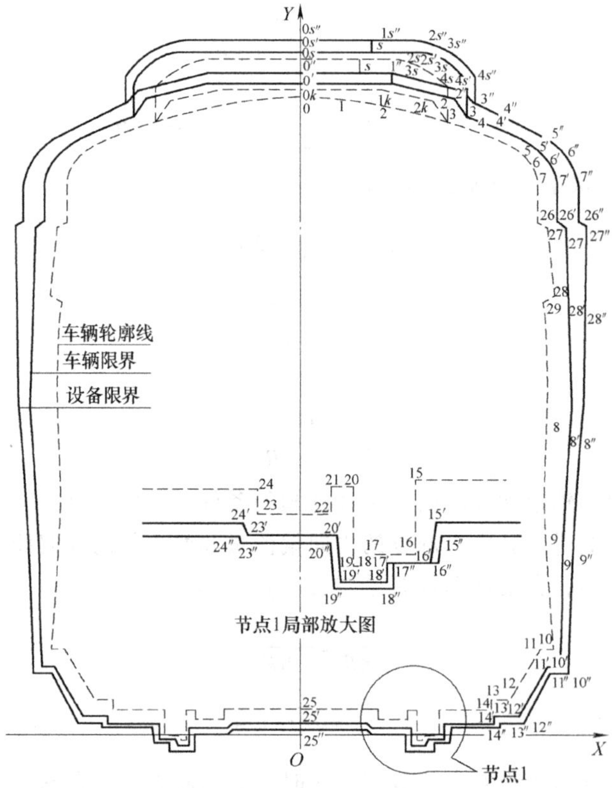

图 1-5　A 型车隧道内直线地段车辆限界与设备限界

第二节　城市轨道交通车辆发展概况

一、国外城市轨道交通车辆概况

国外城市轨道交通车辆已投入运营的主要有三种类型：地铁车辆、轻轨车辆和高架独轨

车辆。

1. 地铁车辆

国外地铁车辆发展方向有以下几个特点：

（1）提高车辆最高运行速度　如巴黎地铁车辆初期最高运行速度为80km/h，平均运行速度为23.7km/h，近年来已将通过地面时地铁车辆的最高速度提高到100km/h，平均运行速度达到50km/h。莫斯科地铁车辆最高运行速度由90km/h提高到100km/h，平均运行速度达到41km/h。纽约地铁车辆最高运行速度由70km/h逐步提高到通过地面时的130km/h。1974年R—44型的地铁车辆的最高速度达到133km/h。日本地铁车辆在地下最高速度为70~80km/h，到地面行驶的最高速度已达到120km/h，如东京地铁3000系、5000系车辆最高速度都是120km/h。

（2）发展交流传动车辆　早期地铁车辆是蒸汽牵引，1890年改为电气牵引后一直采用直流电动机牵引，由凸轮变阻调速控制，后来发展到斩波器调速控制。20世纪90年代由于电力电子技术和微机控制技术的迅猛发展，大功率自关断元器件（GTO、IGBT、IPM）走向产品化和实用化，变频变压调速控制（VVVF）技术迅速发展，交流传动车辆广泛应用于城市轨道交通。日本东京、大阪、名古屋等城市地铁从1991年开始，新造地铁车辆全部采用IGBT或IPM的VVVF交流传动装置。法国巴黎地铁和德国法兰克福地铁新造车辆也开始采用交流传动车辆。英国、俄罗斯、美国、韩国、墨西哥、西班牙等国家城市轨道交通都在订购交流传动车辆。

（3）发展不锈钢车和铝合金车　美国最早由巴德公司生产了不锈钢车，纽约地铁大部分是不锈钢车。20世纪60年代初日本从美国引进不锈钢车体技术，从1962年开始生产日本最早的南海电铁6000系，京王电铁3000系和东急电铁7000系地铁车辆，截至1998年日本不锈钢车辆占总车辆的60%左右。加拿大、韩国等国家地铁也都使用了不锈钢车。

铝合金车于20世纪初开始生产，法国于1896年将铝合金用于铁路客车车窗上，1905年英国铁路电动车的外墙板采用了铝合金，美国在1923~1932年间有700辆电动车和客车的侧墙和车顶采用铝合金材料。20世纪60年代以来，德国科隆、波恩市郊电动车和慕尼黑地铁车体也采用了铝合金。日本从20世纪80年代先后在6000系、7000系、8000系等地铁车辆上采用了铝合金；意大利米兰地铁和奥地利维也纳地铁以及新加坡地铁都应用了铝合金车辆。

（4）发展空调车辆　纽约地铁自1976年第一列装有空调的R—38型地铁列车投入使用以来，到1992年95%的地铁列车都安装了空调。到1997年，东京地铁车辆中空调车占全部车辆总数的50%左右。

（5）车辆的模块化设计和生产　世界上生产地铁车辆和轻轨车辆的主要制造商是西门子公司、阿尔斯通公司、庞巴迪公司以及日本的东急等公司。它们从20世纪90年代开始进行车辆模块化设计和生产。庞巴公司为香港地铁生产了模块化车辆，阿尔斯通公司和西门子公司生产了模块化的低地板轻轨车辆。

（6）广泛采用微机控制与诊断和通信网络技术　自20世纪90年代以来，各国城市轨道交通车辆新造车，在牵引和制动控制中都采用了微机控制和诊断技术，由单微机控制发展为多微机控制。同时，积极发展和采用通信网络控制技术，实现了列车设备运行控制和故障诊断、旅客信息的传递和服务。

(7) 发展模拟式电气控制制动系统　世界各国地铁和轻轨车辆都选用了模拟式电气控制制动系统。主要制造商是克诺尔公司，韦斯汀豪斯公司和日本 NABCO 公司。该系统能满足城轨车辆制动频繁、制动距离短和停车精度高的要求。

2. 轻轨车辆

自 1888 年美国费吉尼亚市第一条有轨电车投入商业运行以来，有轨电车虽有较大发展，但由于其速度慢、噪声大、运量小、安全性差、正点率低等原因，20 世纪 50 年代各国城市都纷纷拆除有轨电车线路，发展地铁交通。到 20 世纪 80 ~ 90 年代，由于地铁造价高、能耗大、环保噪声问题等原因，在建设地铁同时又发展了新型轻轨交通。据统计，已有 50 个国家建设了 360 条轻轨铁路。这些车辆大部分都是 100% 或 70% 的低地板车辆，截至 2003 年，西门子公司、庞巴迪尔公司和阿尔斯通公司共生产了 1300 列合计 4000 多关节式车辆。

(1) 低地板轻轨交通的发展优势

1) 环境污染小。轻轨交通车辆采用电力牵引，不产生废气污染，车辆和轨道的良好动力性能使其运行时的轮轨振动及噪声进一步减弱。另外，轨道两侧的绿化带也有助于美化环境，减少噪声污染。

2) 节约能源。从每人每公里能耗看，轨道交通、道路公共汽车、私人小汽车的能耗比为 1∶1.8∶5.9，可见轨道交通运输方式是最为节能的。而轻轨交通的能耗又低于地铁系统。

3) 投资少。轻轨与地铁的单位社会成本比汽车低，而轻轨又比地铁低。轻轨交通每公里造价为 1.5 亿 ~3.5 亿元人民币，仅为地铁造价的 1/4 ~ 1/2。

4) 乘坐舒适。低地板轻轨系统的车辆减振性能和轨道稳定性能，可保证其运行平稳流畅。此外，较低的车辆地板以及无缝登车踏板，使乘客乘坐舒适。

5) 塑造良好的城市形象。低地板轻轨车辆为乘客提供了足够的座位，有着美观的外形设计。在许多国家，轻轨交通已成为城市的一大景观。

(2) 低地板轻轨车辆的主要类型　1984 年，Duewag 公司为日内瓦制造的低地板车揭开了低地板车发展的序幕。1986 年，法国车辆制造厂商为南特市第 2 条轻轨线路制造的 3 节编组的轻轨车辆，由 3 节铰接车体组成，两端是 870mm 的高地板面动车，中间为 350mm 的低地板面拖车。这样，病残人和幼儿可坐在轮椅或小车上从站台直接进入车内。这种结构的车辆问世后，很受用户和乘客的欢迎，标志着轻轨车辆由高、中地板向低地板迈开了关键一步。按技术的复杂程度，现在世界上已经出现了三代低地板轻轨车辆。

第一代低地板轻轨车的中间部分有一个低地板进口，低地板占车长的 10% ~15%；随后该车经过改进可得到占车长 50% 左右的低地板。这种类型的车辆采用常规转向架、分段式低地板，车内需要台阶过渡。例如，庞巴迪为荷兰阿姆斯特丹制造的轻轨车辆，低地板部分的地板高度为 277mm，占整个地板长度的 13.5%。

第二代低地板轻轨车辆有较长的低地板部分，占整车的 60% ~70%，但车内还需要台阶向高地板区过渡。这种轻轨车辆的中间走行部需要一种全新的安装方式，主要有 3 种方法：小车轮拖车走行部、独立车轮走行部和独立旋转车轮走行部。例如，瑞士 Vevey 公司为贝尔纳制造的轻轨车就采用了车轮直径为 410m 的小车轮拖车走行部，低地板高度为 350mm，占整个地板长度的 72%。

第三代低地板轻轨车辆为全低地板式。如果动力转向架也采用独立车轮，取消车轴，则动力转向架上方的中间通道也可以做成低地板，两侧车轮突起部分可设置座椅，从而实现100%低地板，地板面距轨面通常仅为350mm。如西门子公司研制的Combino模块组合式轻轨车辆，就属于全低地板轻轨车辆。

3. 高架独轨车辆

高架独轨车辆具有线路占地少、构造简单、投资少（是地铁的1/3）、能爬大坡（6%）和过小半径曲线（50m）、噪声低（胶轮）、乘坐舒适、视野广等优势，受到各国中小城市交通的欢迎。

自1980年法国建立了世界上第一条蒸汽牵引的跨座式独轨交通以来，特别是20世纪50年代以后，在日本、美国、瑞典、法国、德国、意大利都先后建立了独轨铁路，一般线长10km左右。日本自1955年将独轨铁路列为城市轨道交通的重要工具以来，已发展了20多条高架独轨铁路，生产了独轨车辆。高架独轨车辆的主要特点是用橡胶轮胎支持和导向、电力驱动、空气弹簧支持车体等。

二、我国城市轨道交通车辆概况

1. 我国城市轨道交通车辆发展历程

为了解决城市交通拥挤问题，早在20世纪50年代，我国就决定在北京修建地铁，由于当时与国外技术交流非常少，只能参考极其有限的国外资料进行自力更生的开发。铁道部组织了长春轨道客车股份有限公司、南车株洲电力机车研究所有限公司、唐山铁道学院（现西南交通大学）、中国北车集团四方车辆研究所、大连机车车辆厂、湘潭电机厂等电位进行了方案设计。在方案设计的基础上，长春轨道客车股份有限公司和有关单位一起完成了施工设计和工艺准备，于1976年完全利用国产材料和配件生产出2辆DK1型地铁样车，填补了国内空白。之后，我国开始批量生产地铁车辆，并不断改进设计、工艺，相应改变型号，技术水平不断提高。

我国城市轨道交通车辆制造发展历程：我国最早研制的地铁车为凸轮变阻车，其型号为DK1～DK4、DK8A、DK8、DK16、DK19、DK20，其中生产数量较多的是DK2～DK4、DK8、DK16和DK20。

应用斩波调压和数字式电空制动机等新技术的应用生产斩波调压（或调阻）地铁车辆，唐山机车车辆厂、大连机车车辆厂、大连机车研究所有限公司等企业相继成功开发了北京城市铁路不锈钢地铁车、天津滨海不锈钢城轨车、武汉铝合金城轨车、高档次70%低地板轻轨车、城市快速轨道车辆、DL6W型现代轻轨电车、DL4W型仿古轻轨电车等新型城轨地铁客车。这些产品在设计制造中采用了多项自主创新技术，填补了多项国内空白，整车技术属国内领先水平，多项技术指标达到国际先进水平。

（1）北京城市轨道交通不锈钢地铁车　北京轨道交通不锈钢地铁车是长春轨道客车股份有限公司近年来成功开发的新型地铁车辆，如图1-6所示。该车体钢结构在国内首次采用轻量化无涂装不锈钢鼓形车体，侧墙窗采用视野开阔的1.6m大窗，车顶内装铝型材结构。车辆采用先进的矢量控制VVVF交流传动系统、模拟式电控制系统、列车自动防护（ATP）车载设备、车载无线通信设备和列车监控系统等。无摇枕转向架的牵引装置采用无间隙的“Z”拉杆结构。基础制动采用维修工作量少的单元制动。采用降噪车轮，显著地降低了轮轨噪声。北京轨道交通不锈钢地铁车的成功研制，填补了国内轻量化不锈钢车的空白，整车技术属国内领先水平，其多项技术指标达到国际先进水平。在30年使用寿命内，基本无需维修。在北京经过两年的运营考验，车辆的各项性能指标良好。在不远的将来，北京将有1 000余辆采用轻量化无涂装不锈钢的地铁车。

（2）天津滨海不锈钢城轨车　天津滨海110km/h不锈钢城轨车，是长春轨道客车股份有限公司为天津滨海线研制的一种整体承载筒形点焊结构的轻量化车辆，如图1-7所示。这是国内首批不锈钢城轨客车，它创造了多项全国第一，填补了多项城轨车的技术空白。

图1-6　北京城市轨道交通不锈钢地铁车

图1-7　天津滨海不锈钢城轨车

该车在设计制造中采用了多项自主创新技术。车体受用高强度的不锈钢、铝蜂窝降噪隔声地板。外观为流线型造型，连续窗带样式。首次研制成功的110km/h无摇枕转向架在此车上的运用，使车辆平稳性更好，故障率更低。降噪车轮使车内外噪声明显降低。该车采用国际先进的IGBT元件，VVVF矢量控制交流传动技术和大功率牵引电动机。该车首次采用动态地图广播报站系统，实现了卫星定位自动报站功能。该车采用大开度双开电动塞拉门，既安全又可靠。该车多项技术指标达到国际先进水平。

（3）武汉铝合金城轨车　武汉城轨车是我国首次自主研发设计的B型铝合金车体结构城轨车辆，如图1-8所示。该列车采用了轻量化铝合金车体，具有预制冷、制冷、通风、紧急通风功能的大功率空调系统；大容量无预压力冲击新型车钩装置及车端吸能结构；新颖、实用的内装与低噪声设计；密封性好的电动塞拉门侧门；超过50万km运营考验的无摇枕转向架及降噪车轮。该车采用了品质优良的VVVF交流传动牵引系统，技术先进、成熟、性能可靠的辅助供电系统，智能化列车监控系统，自动驾驶、无人驾驶及移动闭塞式车载信号控制系统，模拟式电空制动系统等10余项新技术，最高运行速度为80km/h，其综合技术性能在目前国内设计的城轨车辆中处于领先水平，列车自动控制性能达到了国际水平。

图1-8　武汉铝合金城轨车

（4）DLW系列轻轨电车　DLW系列轻轨电车包括DL6W型现代轻轨电车和DL4W型仿古轻轨电车，由中国北车集团大连机车研究所与大连现代轨道交通公司联合研制，是大连市城市轨道交通线路改造配套的轻轨电车，如图 1-9 所示。

图 1-9　大连 DLW 系列轻轨电车

DL6W 型现代轻轨电车作为国内首台自行设计和制造的具有自主知识产权的 70% 低地板交流传动轻轨电车，技术水平已达到国际上 20 世纪 90 年代先进水平。该车于 2001 年 7 月通过建设部技术成果鉴定（该成果排名第一），2003 年荣获第五届辽宁省优秀新产品二等奖。目前已批量生产 25 台，大连市轻轨 202 号线上全面运用，至今已成功运行近 6 年，累计安全运行 300 多万 km，单车最高累计运行超过 20 万 km。DL4W 型仿古轻轨电车是双驾驶室双向行驶单节电动轻轨电车，该车的外观及车体内装饰采用仿古设计，首台样车于 2004 年 7 月 1 日正式剪彩上线试运，并于 2005 年 3 月完成线路性能试验，现正在大连市城市轨道交通 202 号线路上载客运行。DLW 系列轻轨电车在大连市城市轻轨交通线路上的成功运行，标志着我国低地板轻轨电车综合技术水平已接近世界先进水平，开拓了低地板轻轨电车在国内应用的先河，对我国低地板轻轨电车的发展起到了示范和样板作用。

（5）高档次 70% 低地板轻轨车　高档次 70% 低地板轻轨车由中国北车集团唐山机车车辆厂研制，该车是目前国内首辆与发达国家具有同等档次和水平的 70% 低地板轻轨车，如图 1-10 所示。

图 1-10　高档次 70% 低地板轻轨车

该车构造速度为 70km/h，额定载客达 246 人。该车采用了铝质蜂窝状地板，实现了车体轻量化。车辆走行部采用自主设计的全新无摇枕空气弹簧悬挂的动力转向架，中间部位则采用了新型独立轮转向架。弹性车轮装置起到了降低噪声、减少振动的作用。车辆制动采用了微机控制的模拟直通制动系统，确保了车辆安全运行。车辆的微机控制系统实现了对车辆牵引、制动、状态、单元空调等信息的最优控制。该车外形采用了鼓形结构和流线型驾驶室，车辆内部各种设施简洁、实用，基本达到了欧美发达国家的档次和水平。该车于 2005 年 11 月在长春投入载客运营。

（6）大连城市快速轨道车辆　城市快速轨道车辆由中国北车集团大连机车车辆有限公司研制。该车拥有完全自主知识产权，国产化率达 70% 以上，目前已经制造 15 列，在大连市区至金石滩快轨交通线投入运营。该车编组为两动两拖，全列座席 176 个，总载客量 784 人，超员状态可达 1054 人，最大设计速度为 100km/h，起动后 13.4s 速度可达 40km/h，1min 内即可达到最大设计速度并以同样时间顺利停车。

该车采用大量国内外最新技术，牵引传动系统采用当今国际最先进 VVVF 交流传动系统；车上安设 GPS 卫星定位系统，广播、信息显示系统，车内监控系统以及多项目自动保护装置，实现对各部件的实时监控。车窗为密封式结构，选择的是高档轿车使用的浅绿色中空玻璃，能有效隔离紫外线。车门选用目前国际流行的电动塞拉门并采取多项安全保护装置。车厢内部安有空调及良好的通风装置，装饰采用国内外流行的 PC 合金板或耐力板等环保型材料嵌装，全部无钉、自然接缝，并具有良好的阻燃性。

（7）各大城市其他新型国产城轨车辆　由南车集团四方机车车辆股份有限公司生产的北京地铁 1 号线新型地铁车辆在安全性能和人性化设计方面，较之此前在北京地铁 1 号线上运行的部分陈旧车型均有较大突破和改观，如图 1-11 所示。为确保乘客的安全，新型地铁车内设有闭路电视监控、烟雾预警等系统，其防火标准达到了世界上最严格的英国 BS6853 标准，防火性能大大提高。新型地铁车辆的人性化设计也极为细致周到，为方便残疾人上下车，新车首次增设了自动伸缩的轮椅渡板。此外，新型地铁车辆还配有 LED 显示电子系统、液晶电视、电子地图、空调、即时广播等系统。

深圳地铁 1 号线（续集）车辆由中国南车股份株洲电力机车有限公司承制。这是首个由中国企业自主知识产权的 A 型地铁车辆项目。它的下线标志着我国成功实现了世界最高端地铁车辆技术的自主化生产，体现了“五自”：自主投标、自主设计、自主制造、自主采购、自主管理。该车车体美观、坚固、节能、环保，创造了国内 A 型地铁车辆的轻量化记录，如图 1-12 所示。由于采用最先进的铝合金全焊接技术，整车车体自重不到 52t，比同类型地铁车辆轻 2t 以上，由此每辆列车每年可减少运营耗电 12 万 kW · h 以上。车体呈鼓形，车身更为流畅美观，宽达 3.1m，大大增加了乘客乘坐的舒适度，最大载客量可达 2502 人。该车静强度试验超过国际标准。同时，该列车具有完备的乘客信息系统，具备自动报站、电子地图、媒体播放功能，具有先进的视频监控系统、火灾探测系统、紧急疏散门系统。

图 1-11　北京地铁 1 号线新型地铁车辆

图 1-12　深圳地铁 1 号线国产车辆

上海轨道交通 3 号线的 AC—03 型电动客车，由法国阿尔斯通公司、南京浦镇车辆厂制造，如图 1-13 所示。其中 301 和 302 号列车从法国进口，其余 26 列在南京浦镇车辆厂完成生产。该车速度 80km/h，6 节编组，铝合金贯通式厢体，整列车最大载客量 2460 人，国产化率大于 70%。

成都地铁 1 号线地铁车辆由中国南车青岛四方机车车辆股份有限公司制造，如图 1-14

所示。成都地铁车辆突出了先进、成熟、环保、人性化等设计理念，列车采用国际先进的交流传动牵引系统，车体采用先进的轻量化不锈钢车体，耐腐蚀性强，耐高温，寿命周期长。车体外表免涂漆处理，既绿色环保又降低了对车体外表面的维护成本。车顶内装结构采用模块化结构，使列车更趋轻量化，节能环保性能更加突出。成都地铁1号线车辆为4动2拖一6辆编组形式，最高运营速度为80km/h，每列车定员为1468人，最多可载客1880人。

图1-13　上海地铁新型车辆

图1-14　成都地铁1号线车辆

2. 我国城市轨道交通车辆发展的差距

目前，我国城市轨道交通车辆发展的现状，与我国各城市轨道交通发展规划的要求以及与世界城市轨道交通车辆的发展水平尚有一定差距，主要表现在以下几个方面。

（1）城市轨道交通车辆品种还不能满足城市轨道交通快速发展的需要　目前我国百万人口以上大城市有36座，50万~100万人口的城市有43座。现在很多大中城市中为了改善城市交通拥堵状态，引导城市经济发展，减少环境污染，保护城市环境，都在积极发展城市轨道交通。由于各城市的需求和发展的差异，城市轨道交通的类型呈现多元化，城轨车辆的品种要求多样化。因此，我国城轨车辆的品种必须满足城市轨道交通发展多元化的需求。

（2）交流传动车辆还不能满足城市轨道交通发展的需求　在2003年8月经专家审定通过的《地铁车辆通用技术条件》（GB/T 7928）中规定，今后我国新造地铁车辆全部采用交流传动车辆。因此，必须大力发展交流传动城轨车辆，满足城市交通发展的需要。

（3）铝合金和不锈钢城轨车辆不能满足城市轨道交通的需要　目前北京地铁、天津地铁和大连快轨的运营公司拥有车辆的车体材料全部采用普通钢和耐候钢。上海地铁车辆和广州地铁车辆都是采用铝合金车体。天津滨海快速轨道车辆采用了轻量化不锈钢车体。必须加大发展不锈钢和铝合金车辆力度，满足城市轨道交通发展的需要。

（4）空调车辆还不能满足城市轨道交通发展的需求　目前，北京和天津地铁大部分车辆都没有安装空调装置，上海地铁、广州地铁和大连快速轨道车辆装有空调。为提高乘客的舒适度，新造车辆都应安装空调装置，同时要加快非空调车辆的改造。

（5）车辆的交流传动装置、制动装置、微机控制及诊断系统还没有完全实现国产化　交流传动装置、制动装置、微机控制及诊断是城市轨道交通车辆的核心技术和关键部件。目前，我国城市轨道交通车辆的交流传动装置，包括辅助电源供电设备以及微机控制与诊断系统，全部由国外的西门子公司、阿尔斯通公司、庞巴迪公司和东芝公司等提供产品与软件。由株洲电力机车研究所自主开发的城市轨道交通车辆交流传动装置至今还没有装车投入运行，所以目前还没有自主品牌的交流传动系统。制动装置基本上由克诺尔公司和日本 NAB-CO 公司提供产品，由四方车辆研究所和铁科院机辆所负责开发的城轨车辆制动装置仍处于样品阶段，还没有装车投入运用考核。因此，加速上述关键部件的国产化是当务之急。

（6）城轨车辆制造质量和技术水平有待提高　目前我国已经生产城轨车辆的工厂有长春轨道客车股份有限公司、中国南车集团南京浦镇车辆厂、南车株洲电力机车有限公司、南车四方机车车辆有限公司和中国北车集团大连机车车辆有限公司。长春轨道客车股份有限公司和中国南车集团南京浦镇厂通过合资或合作方式生产了铝合金车，但最初两列车全部在国外造好后运到国内，验收合格后投入运用，后续车辆在国内组装，而铝合金型材、交流传动装置和制动系统也都是在国外采购后运到国内组装。长春轨道客车股份有限公司为天津滨海快速轨道交通生产的不锈钢车、不锈钢型材全部从日本进口。中国北车集团大连机车车辆有限公司生产的快速轨道车辆的交流传动系统和制动装置由日本东芝公司提供产品。上述工厂正在逐步掌握交流车、铝合金和不锈钢车的制造工艺，并逐步掌握车辆模块化生产技术，线性电机车辆的关键技术等，以不断提高城轨车辆的技术水平和产品质量。

3. 我国城市轨道交通车辆发展战略

为适应未来 20 年城市轨道交通大发展的要求，城市轨道交通车辆发展战略应是：大城市应大力发展 A 型或 B 型地铁车辆，中等城市应兼顾发展 B 型地铁车辆和中运量的轻轨车辆，小城市应积极发展小运量的低地板轻轨车辆。

城市有特殊需求时，可适当发展高架独轨车辆或直线电机车辆。因为 A 型或 B 型地铁车辆单向高峰小时客运量可达 3.0 万人次以上，能够满足大城市大运量运送旅客的要求；中运量的轻轨车辆单向高峰小时客运量为 0.6 万 ~0.8 万人次，能够满足小城市运能的要求。当城市要求线路占地少，车辆能在大坡度（6% 以上）和小半径曲线（50m）上运行，且噪声低、视端广阔和乘坐舒适时，可适当发展高架独轨车辆或直线电机车辆。

（1）发展交流传动车辆，逐步取代直流传动车辆　发展交流传动车辆是当今世界城市轨道车辆发展的方向。据日本京城电铁统计，采用交流传动后与变阻控制车相比，交流传动车每万公里的用电量减少 50% 左右，再生制动率达到 30% 以上，每辆车闸瓦用量减少一半，车轮磨耗少，使用寿命提高 50%；电动机维修量大大减少，三年内不用检修。因此，必须大力发展交流传动车辆。

（2）大力发展不锈钢车辆，适当发展铝合金车辆　目前，我国的不锈钢新车价格便宜，是铝合金的 70% 左右。铝合金熔点低，发生火灾时车体熔化速度比不锈钢车体快，安全性差，因此国外有些城市地铁不采用铝合金车辆。铝合金车体长时间运用后表面发生点蚀、面蚀和变色现象，维修量和维修费比不锈钢车体高。因采用铝合金和不锈钢材料而使车辆自重减轻所带来的节能经济效果不明显。因此，城市交通应大力发展不锈钢车辆。

（3）发展空调车辆，取代机械通风车辆　车辆空调装置是提高乘客舒适度的重要设备，是城轨车辆的发展方向。我国城市大都处于热带或温湿带，春夏秋季气温都较高，特别近几年各地气温达到 35℃以上，城轨车辆安装空调势在必行。因此，今后新造城轨车辆都应是空调车，旧车应加快安装空调的改造步伐。

（4）加快实现车辆交流传动系统、微机控制及诊断系统及制动系统的国产化步伐　交流传动系统、微机控制诊断系统、制动系统是城轨车辆的三大关键技术，长期依靠进口不是长久之计，应有自主的知识产权。国家对城市轨道交通技术装备国产化很重视，专门成立了国产化领导小组和专家小组，加强指导，制定了国产化政策。目前国内有关工厂和科研单位正在联合开发新一代地铁车辆，三大关键技术已掌握，已经生产了样机产品。城轨车辆应加快国产化步伐，尽快取代进口，创造国内品牌，形成新产业，成为国民经济新的增长点。

（5）发展低地板轻轨车辆　用低地板轻轨车辆取代有轨电车已成为世界小城市轨道交通的发展方向，成为城市公共交通的一条鲜亮的风景线。由于该型车辆噪声低、上下车方便、视野宽阔、乘坐舒适、造价低，深受政府和市民的欢迎。我国应加快发展低地板轻轨车辆。

第二章 轨道交通运行的基本工作标准、司机职业等级标准与车辆检修工等级标准

第一节 城市轨道交通车辆运行的基本工作标准

车辆是城市轨道交通运载乘客的最直接设备，列车司机在整个运行过程中起着重要作用，城市轨道交通管理部门规定了列车司机上岗值乘的必要条件，司机必须经过考试合格，并取得“电动列车驾驶证”后方准独立驾驶列车；对司机的组织纪律性和身体状况、心理状况要作出鉴定，必须符合条件。司机驾驶列车时还必须严格遵守各种城市轨道交通车辆运行的规章、工作标准和工作程序，以保证列车正常的运营秩序和列车的运营安全。

现以某运营单位采用接触网受电的车辆正线运行为例，介绍在这些规章、工作新标准和工作程序中基本的“列车司机作业标准”、“列车救援的基本要求”、“列车脱轨、冲突事故的处理程序”和“列车安全驾驶的基本规定”。

一、列车司机作业标准

（一）出勤和接班

出勤和接班前应充分休息，出勤和接班前4h禁止饮酒。出勤时应穿地铁职业识别服，应携带驾驶证、计时工具、工号牌及劳动防护用品。

1. 出勤

在车库报到出勤：

1）定时间到指定地点向值班员报到。

2）认真听取或阅读值班员传达的各项通知并做好记录。

3）邻取列车钥匙、故障单和司机报单。

2. 接班

在列车运营至折返站接班。

1）对口交接，并查阅司机报单内容。内容包括：

① 车辆技术状况。

② 运行情况及注意事项。

2）接班时必须口头交接的内容如下：

① 车辆是否有故障及故障的现象及注意事项。

② 继续有效的行车命令及内容。

（二）接班后在车库内的车辆检查和试验

1. 列车出库前的车辆检查

（1）司机下车巡视　目视检查列车外部下述各项部件：

1）车体外壳检查。车体外壳、安全门、车门、车窗无损坏且关闭良好，外部文字完整、清晰、标记无损坏，列车目的地、车次号显示完好，外部照明、指示灯与灯罩齐全

良好。

2）车体下部检查。目测检查车体下部各项部件：转向架构架、抗侧滚扭杆、空气弹簧、阀门、垂直减振器、人字形橡胶簧等无机械损坏，车钩状态良好无损坏，气动设备阀、阀门无损坏且阀门位置准确、无泄漏，各设备箱锁闭良好。

（2）检查列车内部以下各项物件

1）车体客室内各装饰件清洁、完好无机械性损坏，车顶通风格栅完好，内部照明无损坏，灯管良好，乘客座椅清洁无损坏，列车门窗玻璃无损坏，嵌条和玻璃无损坏，锁闭器件完好、安全疏散门安全销锁闭、无损坏，应急设备无缺（灭火器，脚踏泵等）。

2）客室设备柜检查。客室设备柜各个部件齐全完好、无损坏，各短路器、开关位置正确，设备应锁闭良好。

3）驾驶室设备检查。驾驶室设备柜内各部件齐全完好、无损坏，各开关位置正确，如有铅封的开关沿封应齐全。

2. 列车起动及表态试验

1）将列车控制保护开关扳至合位，检查蓄电池电压表，确认蓄电池电压在规定范围。如果蓄电池电压小于规定值，则按逆变器紧急起动进行。

2）检查风缸压力大于升弓压力。如果主风缸压力小于升弓压力，则按人工升弓方式升弓。

3）把钥匙插入主控制器，扳至工作位，使主控制器工作，观察操纵台有关显示灯状况，落弓灯、停车制动灯、左侧右侧关门灯、高速开关分灯、故障显示复原灯应亮。

4）按升弓按钮，将列车所有受电弓升起，升弓按钮内指示灯亮，列车上逆变器及空压机开始工作，检查触网电压应在工作范围内。

5）检查总风管压力，压力应在规定范围内。

6）打开客室照明开关，客室照明灯应全亮。

7）检查通信、广播系统状态良好，并进行功能试验。

① 将无线电台设置所需信道，并注册进行通信试验。

② 检查司机室、客室广播、报站器状态良好，并进行功能试验。

8）进行气笛功能试验，刮水器功能试验并良好。

9）检查头尾灯功能试验，状态必须良好。

10）进行故障显示屏及驾驶室指示灯功能试验，所有指示灯必须良好，蜂鸣器鸣响。

11）进行全列车车门功能试验，状态必须良好。

12）列车进行气制动试验。

3. 车辆动态试验

1）停车制动试验。

2）常用制动试验。

3）紧急制动试验。

4）警惕按钮功能试验。

5）列车出库时进行牵引、制动试验。

（三）出库及出场

1）出库前确认出库信号开放，库门开启良好。

2）动车前将手柄拉至全常用制动位，建立慢速前行方式确认慢速前进指示灯亮。

3）库门口一度停车确认列车条件具备且平交道上无人员后起动列车。

4）场内行驶要做到瞭望不间断，严守限速要求。

5）列车在出场信号前一度停车。

6）列车发出时要确认出场信号机开放。

7）在进入正线前的信号机外方规定地点一度停车，确认车次号注册良好，信号机信号开放，速度码具备，进路良好后，以 ATP 方式驶入车站，至规定位置停车。

8）在车站调车时，列车要控制好速度，严禁越出阻挡信号，停车后及时进行换向作业，换向后段确认调车信号开放，进路正确，速度码具备后方可起动列车。

（四）正线运行

1）准确平衡操纵，按图运行，严守速度要求，加强信号、线路、道岔的瞭望确认。当发现线路异物时，应对列车采取紧急制动。

2）进站时要注意站内情况，必要时及时采取措施，保证运营安全。

列车的开、关门：在车辆零速、停稳，并停靠在停车线时才能开门，关门时注意避免夹人夹物。

3）ATC 运行方式：按 ATC 方式规定驾驶。

4）ATP 手动运行方式：按 ATP 方式规定，根据列车收到的码速度手动驾驶。

5）ATP 切除人工驾驶方式：按 ATP 切除方式完全人工驾驶，驾驶时注意列车运行速度和停车信号。

（五）退勤

1）在厂内到运转室退勤，在正线至规定地点退勤。

2）退勤内容包括：车辆技术状况，有无遗留故障，列车运行中的安全情况。与值班员办理交接手续，交司机报单及列车钥匙，做好当班行驶情况小结，交值班员鉴定。与列车运行晚点和运行中发生故障以及值班员认为有必要的事情，司机回厂后应写出书面材料交运转室。

二、列车救援的基本要求

1）救援准则。在线列车发生故障需要救援时，应竭力遵循正向救援的准则，以确保其他在线列车正常运行秩序。

2）列车救援连挂作业标准。列车在区间或车站因故障被迫停车，不能继续运行时，故障列车司机应采取有效的制动措施，并及时用列车无线电话或轨旁电话，将故障情况报告行车调度员，已请求救援的列车不得移动（故障排除并经调度员准许时除外）。

3）故障车司机请求救援的要求和内容

① 救援要求：在运行过程中，如果出现故障情况，列车无法继续运行需要救援时，救援车司机应及时向行车调度员报告。

② 汇报内容：列车车次、车号；请求救援事由；迫停时间、地点（以百米标为准）；是否妨碍邻线；其他必须说明的事项。

4）行车调度员接到怀机的救援请求后，应立即向有关车站发布救援命令，封锁救援区间，派出救援列车，并向故障车司机说明救援列车开来方向，向封闭区间开行救援列车，不办理行车闭塞手续，以行车调度员的命令，作为进入封闭区间的许可，凭手信号发车。

5）救援列车接到救援命令后在就近站清客。

6）故障列车在站台清客，如在区间不能清客时，则救援后至就近站清客。

7）故障车司机救援准备工作

① 清客时或在区间停车，用列车广播向乘客说明清客及停车的原因。

② 打开救援列车开来方向的头灯进行防护。

③ 如列车不可缓解，故障车司机迅速关闭车辆制动供气阀门（作用是缓解并旁路车辆制动），然后检查连挂车钩状态。

8）救援列车司机得到救援命令并在就近站清客后，以ATP限速进入封闭区间（注意百米标）当收到0码后以“慢速前进”方式行车，距故障车30m时一度停车，根据故障司机的信号与故障车连挂，连挂速度不超过3km/h。

9）故障车司机请求连挂信号以头灯忽明忽暗的灯光往复两次，救援车司机鸣笛一长声回复，随后连挂。如要求救援车司机采取紧急停车，则鸣笛连续短声、连挂后用列车驾驶室联络广播通知救援车司机。

10）故障车连挂后，故障车司机缓解停车制动并试验无线对讲良好后，通知救援司机试拉，并负责前方进路和停车位置的确认。

11）救援列车推进运行时，前方进路和停车位置由故障车司机负责，推进速度不超过30km/h。牵引列车运行时，前方进路和停车位置由救援车司机负责，牵引速度不超过40km/h，进站及侧向过道岔限速为30km/h。

12）故障救援列车的摘挂调车作业的基本要求

① 调车作业必须按照行车调度员下达的救援命令和有关道岔防护信号机及手信号的显示要求进行，没有救援命令（或信号）不准动车，信号不清立即停车。

② 在进行手信号动车调车时，调车指挥人为故障列车的司机。

③ 调车作业时，调车指挥人必须正确及时地显示信号，司机要确认信号，并鸣笛回示。

④ 故障和救援列车司机（或有关集中站行车值班员）在接受救援命令时要复诵核对，正确无误后再开始救援调车作业。

13）故障救援列车调车进路的确认

① 救援列车单列运行或救援列车牵挂故障列车运行时，前方进路的确认由救援列车司机负责。

② 救援列车推进故障列车运行时，前方进路的确认由故障列车司机负责，并用无线电话经常及时告知救援列车司机，遇有危及安全险情，应立即告知救援列车司机停车。

14）故障救援列车调车速度

① 在正线上应严格按照线路道岔的允许速度运行，瞭望条件不良时应适当降低速度。

② 调动载有乘客的列车或车辆，限速15km/h。

③ 遇天气不良等情况，应适当降低速度。

三、列车脱轨、冲突事故的处理程序

（一）脱轨、冲突的定义

（1）列车脱轨　脱轨指地铁列车的车轮落下轨面。

（2）冲突　冲突指地铁列车相互之间或地铁列车与设备发生冲撞（包括追尾、正面和侧面）后招致车辆破损。

（二）事故汇报

事故发生后，司机或车站值班员应立即向总调所汇报，汇报内容：事故发生的日期、时间、地点、里程（站名）、车次、列车号、当事人姓名、单位（线路/车站）、职务；事故概况，人员伤亡情况，请求救援事项等。

（三）救援组织及指挥

1. 救援组织

1）相关专业的救援队、保健站医生等抢修人员待命。

2）由公司总经理（副总经理）、总调所以及安保、设施、技术、客运等相关职能部门组织救援领导小组。

2. 现场指挥

1）由公司、轨道分局、有关分公司组成现场指挥小组。

2）由现场指挥小组全面负责现场指挥（现场指挥小组成员未到现场之前，由就近车站站长或司机指挥）。

3. 现场处置

1）总调度所下达乘客疏散命令，中断该区段列车运行。

2）抢救伤员，就近协助抢救乘员；向就近车站疏散乘客。

3）车站派员和轨道公安分局共同负责客流的疏散引导。

4）车辆进行脱轨车辆的起复。

5）其他救援队检查行车设备和设施完好。

6）派出求援列车到达事故现场。

7）在抢救结束时救援列车牵引事故列车至就近停车线或回库。

8）恢复运行。

4. 脱轨求援

（1）使用器具　救援汽车装载液压复轨器等车辆救援设备。

（2）起复分类

1）轻微脱轨。

2）严重脱轨。

按脱轨的不同程度采用预定的方法起复脱轨车辆。

（四）列车冲突救援

1. 抢救伤员，疏散乘客

列车发生冲突后首先要抢救伤员并及时疏散乘客。

2. 救援

（1）冲突后不发生脱轨　用轨道交通列车或内燃调车与事故列车连挂后，牵引回库。

（2）冲突后脱轨

1）救援队分离冲突列车。

2）起复事故列车。

3）连挂、牵引事故列车回库。

3. 恢复

1）救援队撤离现场、出清现场。

2）现场指挥小组确认现场无遗留影响行车的人、物。

3）核实行车设施技术状况良好。

4）现场指挥小组通知总调度恢复运行。

四、列车安全驾驶的基本规定

（一）司机的基本要求

1）掌握列车（车辆）的基本构造、性能，具有一般的故障处理能力，能在规定时间内及时、准确地排除故障。

2）熟悉地铁线路和站场等基本设施情况，包括必须明确担任驾驶区段、站场线路纵断面情况。

3）掌握相关的业务能力并具有一定的应变能力。懂得救援的过程和方法，懂得消灭火的要求，学会扑灭初起火的方法，熟悉灭火机的使用等。

4）必须经过考试合格，并取得“电动列车驾驶证”后方准独立驾驶电动列车。

5）脱离驾驶岗位6个月以上，如再需驾驶列车必须对业务知识和安全运行知识等进行再培训与考核并且合格。

6）对纪律性和身体状况、心理状况要有相关管理部门以及有关领导作出鉴定。

（二）司机出勤的安全规定

1）在出勤前必须充分休息，班前4h严禁饮酒，其身体状况必须符合工作要求。

2）出勤必须按照运转行车计划表，提前到达指定地点接受运转值班员的点名、询问与检查。

3）要按规定穿戴规定的识别制服、标志。

4）在运行途中交接班时，必须交接清楚列车的运行技术状态，并填写在司机报单上，内容包括制动性能、故障情况、线路情况、调令接受情况以及其他必须交接的情况。

5）点名出勤时应抄录有关的运行、安全注意事项，了解值乘列车（车辆）的技术状况与故障记录、对于临修后的列车要认真验收确认。

（三）列车整备作业安全规定

1）司机对列车进行各种性能试验和部件检查后，对发现的问题要及时报告运转值班员。由运转值班员通知检修部门派人进行处理，司机要在规定的范围内进行配合，并且对维修后的车辆状况进行验收和试验，确认故障或问题已经排除或解决。列车发生严重故障或影响运行的故障，如“ATP”故障、通信故障、制动故障、列车重要照明故障、走行部无法确定原因的异常等严禁出库投入运营。

2）司机在对电动列车进行动态试验、制动试验、升弓试验以及可能影响其他作业人员安全的试验时，应该确认列车左右、前后、上下的状况，确定安全无碍后才能够进行。

3）加强自我保护和自我防范措施，防止发生工伤事故。司机在车库内进行作业时必须禁止下列行为：

① 跳越地沟。

② 紧靠移动中的车辆行走。

③ 横跨线路时从停留的车辆下部钻越或从列车顶部翻越。

④ 在移动的车辆前抢越。

⑤ 飞乘、飞降以及未抓稳、扶牢即上车和下车。

⑥ 横越线路和行走时脚踏道岔尖轨与道岔转动部分。

（四）列车出库及出场运行的安全规定

1. 列车出库

1）电动列车司机必须掌握该列车的出库时间，保证按照规定正点出库。

2）电动列车出库时，司机必须在出库命令到达后、动车前认真确认车库大门定位开放、信号或者命令正确；与列车相关的其他作业已经停止并且撤离动态限界等列车周围安全情况与状态。确认内容包括在列车驾驶室内无闲杂人员和与运行无关的人员停留。

3）电动列车出库时，司机应使列车头部越出车库大门时一度停车，确认列车四周以及停车库门前平交道口的安全情况，然后以 5km/h 速度行驶出库。

2. 列车出场

1）列车在站场内动车时必须严格按信号显示要求进行。

2）列车出场运行，应在规定的位置一度停车，进行相关的准备后进站，在车站规定站台停车牌处停车。

3）列车出场时严禁冒进信号进入车站或正线。

（五）列车正线运行安全规定

1. 电动列车司机的一般要求

1）列车在运行过程中担任操纵的司机不得离开驾驶位置。当有新司机或实习司机跟车学习、练习操纵时，列车安全由值乘司机负责。

2）列车在运行时，值乘司机包括实习人员不得做与行车工作无关的事情，认真瞭望，密切关注与确认区间和车站站台的情况、动态，随时准备应付突发事件的发生。

3）在运行时必须平稳操作、认真瞭望、按图运行，对发现的危害行车安全和人身安全的情况要反应准确，措施及时。

4）在驾驶过程中必须遵守和执行行车相关的各种限速规定、线路标志规定、信号规定，保证列车正常的运行秩序。

5）禁止列车司机擅自改变运行方式，确保行车安全。

6）列车在运行中遭遇紧急情况时，司机要立刻采取紧急停车措施，报告行车调度员。

7）列车在区间内运行时，在遇到道岔防护信号时，必须按信号显示的要求进行，同时还必须确认该道岔防护信号机与该列车的运行进路是否符合，防止由于信号系统失误或其他因素造成的不良后果。

8）在列车运行时，遇到 ATC 设备故障或多种因素形成的自动控制失常现象，保持冷静，立刻与行车调度员取得联系；严格按行车调度员指示的行车模式进行。当切除 ATP 以人工驾驶方式运行时，要加倍集中精力，谨慎驾驶，严格按照限速规定行车。

2. 运行中对电动列车司机的特殊规定

1）列车在运行过程中遇到大雾、大雨、烟雾、大雪等瞭望视线不佳时，应该加强瞭望。ATP 人工驾驶时要适当减速、鸣笛，ATO 方式运行时在进站时鸣笛示警，发现险情立即采取停车措施。

2）列车在行驶中越过显示红色灯光的信号机或越过显示红色灯光的道岔防护信号而发生挤岔事故后要就地停车，严禁擅自移动列车，并立即报告行车调度员。在有关人员到现场后，司机应根据允许动车的手信号驾车越过或退回该架信号机，并减速运行至规定位置。

3）列车在正线运行时产生故障，司机应立刻采取处理措施并报告行车调度员。司机要根据车辆故障情况快速判断，如果确定或者经处理短时间内无法恢复列车车辆正常运行状态，司机应及时请求救援并作好故障救援的准备（已请求“救援”的列车不得擅自移动）。

4）列车在正线区间运行，发生人员伤亡事故或者发现运行线路有伤亡人员时，司机必须立即停车并向行车调度员报告情况，准确地记录下时间、地点，在停车后及时抢救伤员，配合有关部门进行救助。在处理过程中，只能根据有关规定移动列车，列车重新投入运营必须有行车调度员的命令。

5）列车在运行中发生其他恶性事故（事件），司机必须立刻报告行车调度员，并且组织乘客自救与疏散，最大限度地努力防止事故（事件）的扩大和升级，等待有关部门的救援。

6）报告情况时必须讲清事由、地点、时间、状况，内容要清楚、明了，在得到行车调度员的回答后才能停止通话、关闭通话器。

7）列车求援运行时，救援列车司机负责操纵列车，被救援列车（故障列车）司机负责瞭望线路，前后部司机保持不间断联系，及时、准确通报信息，发现异常立即采取措施。

3. 列车到发时的安全规定

（1）列车发车

1）在列车停站后应认真监护乘客的上下乘车情况，见到乘客上下车基本完毕，发车表示器开始闪光，关闭车门。

2）在关闭车门后确认列车乘客室车门关闭情况良好，确认车门无夹人、夹物。

3）确认进入区间的凭证正确，符合要求，列车发车。

（2）列车到达

1）运行中的电动列车在接近车站时要做好客室的广播工作并且进行监听与确认，防止漏播和错播，及时更正客室广播的失误。

2）列车进站司机必须加强瞭望，密切注意车站站点乘客以及线路，如果发现异常情况，司机必须立即采取制动措施，确保人身安全和行车安全。

3）列车进车站按规定停车位置停车，列车停站后司机应立即开客室车门并下车监视，确保乘客及时上下车。

4. 列车运行速度的规定

1）ATP人工驾驶状态时列车进站速度为45km/h，终端车站时列车进站速度为30km/h，但不得大于ATP指示速度。

2）ATO驾驶状态时列车进站速度按ATP速度码指示的要求运行。

3）列车进站未到停车牌停车时，司机可以按3km/h的速度移动对位至停车牌，然后进行正常的开关门作业。

4）列车进站越过停车位置，并且影响乘客上下客时，列车司机应报告行车调度员，提出“某次列车请求退行对位”，司机根据行车调度员的准许退位命令以3km/h速度退行对位至停车牌。

5）列车反方向运行时有速度码，按要求运行。如无速度码时，区间运行不大于60km/h，进站运行不大于30km/h。

（六）列车入场及回库运行安全规定

1. 列车入场

1）列车驶离车站进入车场，必须认真确认站场的入场信号机的显示，确认站场内的进路以及调车信号机的显示状态。

2）列车入场运行中，禁止司机驾车越过显示红色灯光的入场信号机与站场内调车信号机。

2. 列车入库

1）电动列车至停车库前平交道处 10m 一度停车，确认停车库大门开启良好，安全销定位，库内无异物侵入限界等周围安全情况。

2）列车以 5km/h 速度入库，在规定的位置停车。列车接近停车位置时应严格控制速度，防止意外发生。

（七）退勤的安全规定

1）列车在进库停妥后，司机要全面巡检列车，并且按规定“收车”。

2）回库退勤

① 司机要将列车运行中发生的技术异常情况、安全异常情况向运转值班员汇报，并将司机报单、列车钥匙交运转值班员存放。

② 在运行中发生事故或列车晚点 10min 以上，应写出书面材料或说明交运转值班室值班员。

③ 在正线运行的途中退勤还必须向接班司机明确该列车的技术状态、运行状态以及其他有必要交接的项目和内容。

④ 电动列车司机在运行过程中发生有关运行事件、行车事故等，有关安全职能部门、行车运转管理部门认为有必要令其退勤时，司机应按规定立即退勤到规定处所报到，配合有关部门做好事件（事故）的分析、调查、处理工作。

第二节　城市轨道交通车辆司机职业等级标准

城市轨道交通车辆司机进行列车的驾驶，承担正线载客运营、站场调车以及车辆在调试、维修等过程中的相关列车操纵作业。分初级、中级、高级、技师、高级技师五个等级，技能要求依次递进，高级别包含低级别的要求。

一、初级工

（一）基本要求和列车的检查与准备

1. 领会图样等技术资料

1）能读懂电动列车司机手册。

2）能看懂电动列车车辆平面、侧面位置示意图。

3）能看懂电动列车车辆设备布置图。

4）能看懂电动列车车辆气动设备布置图。

5）能看懂电动列车车辆辅助系统原理图。

2. 列车检查

1）能正确执行列车检查程序。

2）能检查发现列车车体外观操作。

3）能检查发现列车车门、车窗的损坏。
4）能检查发现外部文字、外部照明的缺损。
5）能检查发现转向架、车钩装置的机械损坏。
6）能检查发现气动设备的损坏、漏气，能确认阀门手柄位置。
7）能确认设备箱箱盖安全锁闭情况。
8）能发现风管的损坏和泄漏。
9）能检查发现车内装饰、车顶通风、内部照明、乘客座椅的损坏。
10）能检查发现车内安全和应急设备的损坏。
11）能检查确认驾驶室和设备柜内设备情况。
3. 列车准备
1）能正确起动电动列车。
2）能正确进行故障监视和通信设备测试。
3）能正确进行气动设备测试。
4）能正确进行制动装置测试。
5）能正确进行其他辅助设备测试。
（二）列车驾驶操作
1. 正线驾驶
1）能准备记录列车运行情况。
2）能完成各种驾驶模式下的驾驶操作和模式的转换。
3）能完成各种闭塞模式下的列车正线运行。
4）能在停车位置精确停车。
5）能完成正线终点站折返作业、区间折返作业。
6）能正确使用列车操作设备。
7）能正确使用列车报站设备和无线通信设备。
8）能检查确认线路限界情况和车站站台情况。
9）能看懂正线信号道岔开通情况。
10）能正确领会调度命令。
2. 调车作业
1）能看懂站场图。
2）能看懂站场调车信号。
3）能看懂站场线路、道岔开通情况。
4）能完成站场调车作业。
3. 其他操作
1）能完成洗车作业。
2）能完成列车连挂救援操作。
3）能正确操作和使用列车疏散梯、车门紧急拉手、灭火器等安全设备。
（三）列车故障排除及维修
1. 故障报告及记录
1）能正确报告、描述、记录列车故障及相关信息。

2）能正确填写故障报告《列车故障报告信息流程》。
2. 故障判断
1）能通过故障显示屏判断列车故障情况。
2）能根据驾驶室仪表显示判断列车故障。
3）故障排除
① 能排除常见门控故障。
② 能排除常见照明故障。
③ 能排除常见牵引故障。
④ 能排除常见空气制动故障。
⑤ 能排除常见停车制动故障。
⑥ 能正确使用列车各故障切除开关、旁路开关。
（四）列车调试
1. 临修、周检列车调试
1）能配合进行临修和周检列车调试。
2）能正确填写调试记录。
3）能向检修人员提供相关信息。
2. 月检、双月检列车调试
1）能配合进行月检和双月检列车调试。
2）能正确完成牵引试验。
3）通正确完成各速度级的制动试验。
4）能正确填写月检双月检调试记录。

二、中级工

（一）基本要求和列车的检查与准备
1. 领会图样等技术资料
1）能看懂电动列车主回电路图。
2）能看懂电动列车主要控制回路图。
3）能看懂电动列车气动系统原理图。
4）能正确找出相关车型的相关资料。
2. 列车检查
1）能检查确认列车的机械操作并判断其成因。
2）能检查确认列车车轮踏面的擦伤和剥离情况。
3）能检查确认列车空气弹簧或列车平衡系统故障引起的车体倾斜。
4）能检查确认较隐蔽的空气管路的漏气和堵塞。
5）能检查确认列车车门关闭不同步。
6）能及时处理检查中发现的一般问题。
3. 列车准备
1）能正确完成列车起动及各项测试，并确认列车主要电器设备工作状态。
2）能正确判断列车准备测试中的电气故障成因。
3）能处理辅助供电系统故障的紧急启动。

4）能处理受流设备工作条件不足的应急启动。
5）能及时处理列车准备测试中发现的一般问题。
（二）列车驾驶操作
1. 正线驾驶
1）能整理、审核列车运行情况表。
2）能根据车外参照物目测判断车速，并合理安全控制列车。
3）能根据客流情况合理调整列车驾驶操作。
4）能根据线路坡道和弯道情况合理牵引、制动。
5）能在风、霜、雨、雪、雾、雷电、积水等恶劣条件下合理驾驶操作列车。
6）能正确果断地处理运行中的突发事件。
2. 调车作业
1）能完成复杂调车作业。
2）能完成非完整列车的调车作业。
3. 其他操作
1）能完成切除部分制动装置的列车驾驶操作。
2）能完成切除部分动力装置的列车驾驶操作。
（三）列车故障排除及维修
1. 故障判断
1）能检查、核实列车故障报告。
2）能根据综合线路图分析和判断电动列车故障源及成因。
2. 故障排除
1）能准备判断和处理多个电气叠加故障。
2）能正确处理主回路严重故障。
3）能正确处理气制动严重故障。
4）能正确处理逆变器严重故障。
5）能采取正确的方法维持故障列车载客运行。
（四）列车调试
1. 定修列车调试
1）能完成定修列车的原地起动检查和关车试验。
2）能完成定修列车低速牵引制动试验。
3）能完成定修列车牵引曲线试验。
4）能完成各速度级的常用制动试验。
5）能完成各速度级的紧急制动试验。
6）能正确填写定修调试记录。
2. 架修、大修列车调试
1）能完成架修、大修列车的起动检查和关车试验。
2）能完成架修、大修列车的牵引试验。
3）能完成架修、大修列车的各速度级的常用制动试验。
4）能完成架修、大修列车的各速度级的紧急制动试验。

5）能完成架修、大修列车的门控电气试验。

6）能完成架修、大修列车其他辅助设备试验。

7）能正确填写架修、大修列车的调试记录。

三、高级工

（一）基本要求和列车的检查与准备

1. 领会图样等技术资料

1）能熟练使用综合线路图。

2）能看懂元器件明细表。

3）能根据线路图和元器件明细表查找电动列车电气设备零部件。

4）能讲解技术、运营的有关技术文件。

2. 列车检查和准备

1）能指导工作人员进行电动列车的外观、车底、车内、驾驶室的检查。

2）能指导工作人员正确进行电动列车的起动操作。

3）能指导工作人员进行列车准备测试。

4）能指导工作人员及时处理在列车检查和准备测试时出现的问题。

（二）列车驾驶操作

1. 正线驾驶

1）能熟练驾驶电动列车，安全、正点、合理完成与驾驶有关的列车操作。

2）能指导工作人员完成列车正线驾驶操作。

3）能指导工作人员完成折返作业。

4）能指导工作人员正确使用电动列车操作设备。

5）能及时发现列车运行中的技术问题并提出有效措施。

6）能及时发现列车运行中的安全问题并提出有效的防范措施。

7）能配合协调正线列车运行情况。

8）能检查、核实列车运行情况。

9）指导工作人员正确处理运行中的突发事件。

2. 调车作业

1）能指导工作人员进行站场调车作业。

2）能组织协调复杂的调车作业。

3. 其他操作

1）能指导工作人员正确完成列车连挂救援作业。

2）能配合完成电动列车与非同类型列车的连挂作业。

3）能指导工作人员正确使用电动列车车辆专用操作工具。

（三）列车故障排除及维修

1. 故障排除

1）能指导工作人员正确进行电动列车故障的排除。

2）能根据设备柜故障码显示判断和排除列车故障。

3）能利用计算机读取电动列车故障记录。

4）能总结和编写电动列车故障排除的经验和方法。

5）能够绘制电动列车故障判断和排除流程图。
2. 列车维修
1）能正确使用维修工具。
2）能根据电动列车综合线路图完成简单的接线。
3）能根据操作规程进行电动列车小型零部件的拆卸、安装、更换。
（四）列车调试
1. 技改调试
1）能参与完成电动列车技术改革项目的调试。
2）能作好相关的调试记录。
3）能向规程技术人员提供相关信息。
2. 信号调试
1）能参与完成正线区间、车站、站场的信号设备调试。
2）能作好相关的调试记录。
3）能参与完成 ATO 设备的调试。
4）能参与完成 ATP 设备的调试。
5）能发现调试过程中所存在的问题和安全隐患，并提出有效的措施方案。

四、技师

（一）列车驾驶操作
1. 领会图样等技术资料
1）能详细讲解电动列车主回路图、气路图。
2）能熟练参阅电动列车的有关技术资料。
3）能及时收集与本职业有关的资料。
4）能详细讲解有关行车组织的规则、文件、通知。
2. 列车操作
1）能指导工作人员进行对严重故障列车的检查、并审核有关记录。
2）能参与新型电动列车的牵引、制动试验。
3）能作好相关的调试记录。
4）能向技术人员提供准确的列车相关信息。
（二）新线调试
1）能参与城市轨道交通新线的车辆调试。
2）能完成新线热滑调试。
3）能完成新线线路调试。
4）能完成新线噪声测试。
5）能完成新线其他相关设备调试。
6）能发现调试中所存在的问题并提出有效措施。
（三）列车维修
1）能进行电动列车中小零部件的更换。
2）能参与电动列车重大部件的维修工作。
3）能熟练使用维修工具。

4）能正确填写维修记录。

（四）组织管理，技术管理

1. 质量管理

能应用全面质量管理知识对电动列车运行服务质量进行控制。

2. 技术管理

1）能正确、完整地搜集、整理、填写电动列车运行记录及调试记录。

2）能总结解决电动列车驾驶、运行以及乘务工作中疑难问题的方法。

3）能完成本职工作中的各种报单、技术资料和整理归档工作。

4）能编写本职业技术总结。

（五）培训指导，技术培训

1）能进行初、中、高级工的技能培训。

2）能传授电动列车驾驶操作、故障排除及应急处理的技艺。

五、高级技师

（一）列车驾驶操作

1）能讲解列车本职业所有操作规范、运行组织规则、技术文件，解答疑难问题。

2）能编写有关电动列车驾驶、故障排除及应急处理方法的教材。

3）能检查运行情况是否符合要求，并提出改进措施。

4）能利用工具书阅读有关电动列车驾驶操作的英文技术资料。

（二）列车调试、验收

1）能指导组织工作人员进行电动列车新型的调试工作。

2）能组织指导工作人员进行城市轨道交通信号、线路的调试、试运营工作。

3）能检查、核实电动列车运行调试报告。

4）能参与电动列车新车调试验收工作。

（三）组织管理、技术管理

1）能制定电动列车的运行管理工作计划和进行工作总结。

2）能参加有轨交通行车组织规则的审定。

3）能参加重大行车事故的分析，并提出具体意见。

4）能参加电动列车运行方案、调试方案的审定，并提出有效建议。

5）能完成对电动列车司机工作的检查考核和评定工作，发现问题及时解决。

6）能注意搜集车内外城市轨道交通电动列车车辆的技术资料，了解最新的发展动态。

7）能了解通信、信号、接触网（接触轨）、屏蔽门、轨道（道岔）等与行车有关的运营设备、设施的知识以及它们在车辆运行中的关系和作用。参加当上述设备、设施发生故障时电动列车运行方案的审定，并提出有效建议。

（四）培训指导、技术培训

1）有本职业工作的绝技和绝活。

2）能对高级工作技师进行培训。

3）能传授电动列车驾驶、故障排除及应急处理的特殊技艺。

4）能应用微机完成日常技术管理工作。

第三节　城市轨道交通车辆检修工等级标准

城市轨道交通车辆检修工进行车辆的接收、检修及调试工作，分初级工、中级工、高级工、技师、高级技师等五个等级，技能要求依次递进，高级别包含低级别的要求。

一、初级工

（一）基本要求和检修前的准备

1. 故障咨询

1）能够咨询列车运行的异常现象，查阅列车值班记录。

2）能查阅车辆检修规程和检验规程。

3）能使用工器具与仪器仪表检查车辆一般故障。

2. 修前检查

1）能检查发现车辆及零部件外观缺陷，并作详细记录。

2）能记录车辆及零部件有关技术数据。

3）能查阅、咨询列车运行的异常情况。

4）能使用电工仪表检查车辆电气设备的一般故障。

3. 领会图样等技术资料

1）能看懂一般列车、设备零部件的简图和一般电气线路图。

2）能查阅列车及零部件的主要技术数据和结构参数。

3）熟悉列车及零部件检修技术要求。

4. 准备检修工器具

1）能正确使用保养通用电工工具与机械修理工具。

2）能正确使用保养通用与专用检修工器具。

3）能安装辅助检修器械。

4）能制作简单辅助器具。

（二）转向架检修

1. 日检

能按照规程对电客列车转向架进行检查，作相应调整；详细记录日检情况。

2. 转向架分解

1）能配合架车及拆卸转向架。

2）能分解转向架，清洁、检查各零部件，将零部件分解、归类、编号、运送及放置。

3. 一系悬架检查

能测量构架与轴箱间的距离，检查一系弹簧的状态与连接。

4. 二系悬架检查

能检查二系弹簧是否漏气，空气囊外表是否裂纹，以及二系弹簧的连接状况。

5. 减振器检查

能检查减振器是否漏油，以及减振器的连接状况。

6. 抗侧滚扭杆检查

能检查关节轴承是否漏油，连接状况；能调整下球铰中心与扭杆中心垂向高度。

7. 齿轮与齿轮箱检查
能检查齿轮箱油位及是否漏油，能检查油堵吸附铁屑状况和齿轮箱的紧固件状况。
8. 联轴器检查
1）能检查联轴器的紧固状况、联轴器的偏心度。
2）能检查橡胶轴节的裂纹状况。
3）能检查齿轮联轴器是否漏油。
9. 油箱与轴箱拉杆检查
1）能检查轴箱是否漏油。
2）能检查轴箱油脂情况。
3）能检查轴箱盖紧固情况和轴箱拉杆螺母紧固情况。
10. 中央索引装置检查
1）能检查各零部件是否损坏，能检查各零部件的紧固情况和横向止挡的状态。
2）能测量中心销套筒至磨耗环间的间隙及磨耗环厚度。
11. 中心销检查
能检查中心销的紧固状态和磨损状况。
12. 高度阀检查
能检查高度调整阀的紧固状态和高度阀的气密性，能测量地板面至轨面的距离。
13. 管路检查
能检查管路的气密性和管路的紧固状态。
14. 轮对检查
能检查车辆注油孔、油塞，检查车轴及车轮踏面，测量轮径及轮缘形状。
15. 其他零部件检查
能检查其他零部件的状态，其他零部件的紧固情况。
（三）车体检修
1. 日检
能按照日检规程对车体进行检查，并作相应调整，详细记录日检情况。
2. 客室车门检查
1）能检查车门护指橡胶、紧急手柄防护、车门下滑槽、车门止挡块。
2）能清洁门锁机构及导轨，润滑门锁机构、导轨、护指橡胶。
3）能检查再开门功能。
3. 车窗检查
能清洁车窗，检查车窗玻璃及密封条。
4. 客室座椅检查
能检查各座椅外观及固定情况，清洁座椅及座椅下的设备脚踏泵。
5. 扶手、立柱检查
能清洁扶手、立柱，检查扶手、立柱连接紧固状况。
6. 地板检查
能检查地板是否损坏。
7. 电气设备柜检查

能清洁电气设备柜，检查电气设备柜有无损坏。
8. 灭火器检查
能检查灭火器安装是否牢固。
9. 外部蹬车踏脚
检查踏脚及其是否牢固。
（四）气动系统检修
1. 单元制动机检查
1）能检查紧固螺栓。
2）能测量闸瓦与踏面间的间隙、闸瓦厚度。
3）能检查停车制动功能。
2. 空气压缩机检查
能检查空气压缩机工作状况。
3. 空气压缩机电动机检查
1）能检查换向器端观察盖，换向器表面电刷、刷架、刷盒、压指、压指弹簧。
2）能清除炭粉、灰尘。
3）能进行电动机火花观察检查。
4. 空气干燥器检查
能清除排油水汽出口积垢，检查干燥剂。
5. 空气管路与接头检查
能清洁空气管路与接头，检查空气管路与接头气密性。
6. 压力开关检查
能检查外观及开关功能。
7. 电磁阀、安全阀检查
能检查电磁阀和插座外观及安装，检查安全阀及其功能。
（五）主要部件试验
1. 一系弹簧试验
能对一系弹簧进行功能试验，选配一系弹簧。
2. 二系弹簧试验
能对二系弹簧进行功能试验，判定二系弹簧的性能。
3. 减振器试验
能配合对减振器进行试验台试验，对减振器进行选配。
4. 转向架试验台试验
能配合对转向架进行试验台试验，配合对转向架进行调整。
5. 单元制动机试验
能对单元制动机进行功能试验。
6. 车钩特性试验
能配合对车钩进行试验台试验，配合对车钩进行调整。
7. 车钩缓冲器试验
能配合对缓冲器进行试验台试验，配合对缓冲器进行调整。

8. 空压机特性试验

能配合对空压机进行试验台试验，配合对空压机进行调整。

9. 车辆称重台试验

能配合对车辆进行称重台试验，配合对车辆进行调整。

10. 牵引电机试验

能配合对牵引电机进行试验台试验，配合对电机进行调整。

11. 转向架管路气密性试验

能对转向架进行气密性试验，对管路进行密封调整。

（六）其他部件检修

1. 车钩机械零部件检查

能分解、清洗、检查、润滑车钩及零部件，测量钩头中心至轨顶面的距离（充气状态），参与组装、调试车钩，连接气路。

2. 车钩电气部件检查

能检查车钩电气设备，参与车钩电路的连接与测试。

3. 贯通道折篷检查

能检查折篷骨架、折篷、贯通道渡板，打开过渡板清洁折篷底部垃圾。

（七）主回路的检修

1. 牵引斩波器（含逆变器）检查

1）能检查、装接斩波器可控硅全部电路，按图样装接直流列车可控硅拖动系统，并进行调整。

2）能检查、连接牵引逆变器可控硅全部电路，测量绝缘电阻及波形，按图样装接交流列车可控硅拖动系统。

2. 受电弓检查

1）能参与拆、装受电弓、并润滑、清洗、检查、更换受电弓零部件，检查受电弓构架、电缆及固定状况。

2）能清洁并检查瓷绝缘子。

3）能测量受电弓与触网的接触压力并记录。

3. 主接触器检查

1）能清洁箱体，检查接触器并安装紧固。

2）能检查接触器及灭弧罩，主接触器动作是否灵活，各接线柱上的接线是否牢固。

3）能按照图样要求进行接线。

4. 预励磁装置检查

清洁箱体，检查励磁装置、安装紧固预励磁装置。

5. 牵引电动机检查

1）能清洗、分解、检查、测量牵引电动机零部件，根据组装要求对零件编号。

2）能根据直流电动机、交流电动机的不同特点，选择不同的检修工艺。

3）能参与更换、修复牵引电动机零部件，参与检修轴承，参与检修绕组。

4）参与牵引电动机的组装、试验，并作详细记录。

5）能检查牵引电动机进、出风、检查速度传感器外观。

6）能参与消除试验缺陷。

6. 制动电阻检查

能打开箱体前后盖，用干燥压缩空气吹扫制动电阻箱，检查电线连接状况。

7. 高速开关检查

能清洁高速开关，检查高速开关灭弧罩、主触头。

8. 线路滤波电容

能清洁箱体，检查电线连接状况。

9. 平波电抗器检查

能清洁箱体，检查电线连接状况。

10. 车间电源检查

能清洁箱体。检查车间电源盖板固定情况，打开车间电源箱检查各零部件状况。

（八）控制回路检修

1. 主控制器检查

能打开盖板，清洁主控制器，检查主控制器及连接线，检查主控制器机械联锁功能。

2. 各种传感器检查

能清洁、检查各类传感器，检查各类传感器线缆及线缆夹，检查传感器与车体的接口，检查与探头连接的软管。

3. 各种继电器检查

能清洁、检查各类传感器，检查各种继电器连线，检查各种继电器是否牢固。

（九）辅助回路检修

1. 各种冷却机检查

能清洁各种冷却风机及叶片，检查各种冷却风机的振动。

2. 辅助逆变器检查

1）能清洁安全盖、散热盖及箱体、静止逆变器排气孔、逆变器驱动板、触发板。

2）能检查接线状况和板的安装、熔丝状况。

3）能清洁并保养接触触点。

4）能测量、更换应急电池电压。

3. 主蓄电池检查

1）能清洁蓄电池电池盒。

2）能检查蓄电池箱和开关箱的电缆接线、电解液高度。

3）测量主蓄电池充电电压及各分蓄电池电压。

4. 应急电池检查

能清洁应急电池电池盒，测量应急电池电压，更换应急电池。

5. 熔丝检查

能清洁各类箱体、盒体，检查熔丝情况，更换熔丝。

6. 低压断路器检查

能清洁低压断路器箱体，检查空气开关连接情况。

7. 各种开关按钮

能清洁各种开关按钮，检查各种开关按钮功能。

（十）其他电气设备检修

1. 空调单元检查

1）能参与拆、装空调机组，参与检查蒸发器，参与空调机组功能试验。

2）能清洗、检查、更换空调机组零部件及箱体。

3）能检查空调压缩机位、储液筒液面及制冷剂含湿量，检查空调机组冷凝风机，检查冷凝风扇、阀门及电磁阀，检查所有电缆、电缆夹、接头、插头。

2. 门控系统检查

能测试车门开关功能，检查客室门灯及蜂鸣器，检查行程开关固定是否牢固，能更换门控系统部件。

3. 客室照明检查

能清洁、检查客室灯具及格栅，检查镇流器、灯管接插件和其他附件，检查锁扣应完好，能更换镇流器、灯管等零部件。

4. 指示灯检查

能清洁车厢内外各类指示灯，检查各类指示灯功能，更换各类指示灯。

（十一）计算机各控制单元的检修

1）能使用便携机读取故障，目测检查控制单元模块外观及各指示灯工作情况。

2）能清洁、检查控制单元模块连接插头、插座、电子插件板，并正确复位。

3）能清洁控制单元模块。

（十二）调试

1）能配合进行升弓试验，能参与列车静态试验。

2）能准备动态调试工器具，能参与电客列车动态调试。

二、中级工

（一）基本要求和检修前的准备

1. 日检、月检、周检和定修、架修故障咨询与检查

1）能检查发现列车运行故障，并作详细记录。

2）能正确检查直流列车与交流列车的主要零部件。

3）能查阅电客列车故障记录。

4）能正确检查电客列车的运行状态。

2. 领会图样等技术资料

1）能看懂列车、零部件的装配图和安装图。

2）能看懂列车各单元电路图及电气元件安装图。

3）能查阅列车及零部件的主要技术数据和结构参数。

4）能绘制简单零部件图和电气线路图。

（二）转向架的检修

1. 周检

能按照周检规程对电客列车转向架进行检查，并作相应调整，详细记录周检情况。

2. 转向架分解

能架车及拆卸转向架，能组织拆卸、分解转向架，能测量、更换各零部件。

3. 一系悬架检查

能检查橡胶件及弹簧座、一系弹簧的金属板。

4. 二系悬架检查

1）能检查空气囊内表裂纹状况，检查叠层弹簧表面，测量磨耗板的厚度。

2）能紧固所有空气弹簧固定螺栓并检查空气弹簧的密封性，空气弹簧导板涂二硫化钼。

5. 减振器检查

能安装、拆卸减振器，检修减振器。

6. 抗侧滚扭杆检查

能检查测量扭杆，能对扭杆进行探伤，能给关节轴承注油并装配。

7. 齿轮与齿轮箱检查

1）能将齿轮箱及小齿轮从车轴上拆下，并分解。

2）能清洗已分解的零件以及在车轴上的大齿轮、大轴承和大轴承盖等。

3）能检查小轴承、小齿轮轴、大轴承、大齿轮和各零部件。

4）能进行组装。

8. 联轴器检查

1）能将橡胶联轴器分解成金属组件和橡胶件，检查半联轴器金属组件。

2）能检查花键毂连接螺栓紧固力矩、簧片与圆盘橡胶单元连接紧固力矩。

3）能对机械联轴器主要零部件进行检修。

4）能检查机械联轴器的性能。

9. 轴箱与轴箱拉杆检查

1）能分解轴箱，清洗、检查轴箱零部件，清洗轴承并烘干，进行轴箱和车辆组装。

2）能清洗并检查拉杆、长套筒和垫圈。

10. 中央牵引装置检查

1）能分解中央牵引装置，清洗、检查分解后的零件。

2）能探伤检查销轴、牵引拉杆，测量磨耗环厚度。

11. 中心销检查

能探伤检查中心销及中心销座。

12. 高度阀检查

能检查高度调节阀联动装置，分解高度调整机构，清洗零部件，对零部件进行润滑。

13. 轮对检查

1）能清洗、检查轮对，包括注油孔油塞及保留在轴上的迷宫环和轴承内圈。

2）能测量轮对内侧距。

3）能清洁轮对，并涂润滑油进行防锈处理。

14. 其他零部件检查

能检修、更换其他零部件。

（三）车体检修

1. 周检

能按照周检规程对电客列车车体进行检查，并作相应调整，记录周检情况。

2. 客室车门检查

1）能清洁和检查驱动气缸、解钩气缸、紧急把手装置、上下端门刷、门叶和玻璃。

2）能清洗门锁钩装置，检查门锁钩单元的磨损情况并加油润滑。

3）能清洁和检查门护指橡胶密封条，并加硅油。

4）能清洁和检查轨道，调整紧固轨道螺栓，润滑轨道工作面。

5）能检查车门托轮、压轮、门叶间隙及安全钩的工作情况。

6）能清洁和检查传动钢丝绳，测量其张力。

3. 客室座椅检查

能检查司机座椅，并润滑各活动关节点。

4. 扶手、立柱检查

能更换扶手、立柱。

5. 地板检查

能修补地板。

6. 升弓脚踏泵检修

能检验脚踏泵的功能。

（四）气动系统检修

1. 单元制动机检查

1）能检查锁紧片、橡皮保护套、闸瓦卡簧及其各螺栓。

2）能检查管路。

3）能检查、清洁、涂油于皮老虎。

4）能更换闸瓦。

2. 空气压缩机检查

1）能把空气压缩机与电动机分解开。

2）能拆开检查孔盖，检查压缩机内部。

3）能清洗空压机外表及冷却器叶片。

4）能排气系统中残留的冷却水。

5）能将空压机与电动机重新组装后并补漆。

3. 空压机电动机检查

1）能对空压机电动机进行分解，根据电动机定子的各项技术要求进行检测，对端盖风扇的零部件进行检查，对轴承的个部件进行检测。

2）能根据电动机电枢的各项技术要求进行检测。

3）能对电动机进行组装。

4. 空气干燥器检查

能分解空气干燥器，清洗并检查零部件，重新组装空气干燥器，更换干燥剂。

5. 空气管路与接头检查。

能清洁空气管路与接头，检查空气管路与接头气密性。

6. 压力开关检查

能更换压力开关并测试。

7. 电磁阀、安全阀检查

能更换电磁阀和插座，能更换安全阀。

（五）主要部件试验

1. 一系弹簧试验

能对一系弹簧进行功能试验，并选配一系弹簧。

2. 二系弹簧试验

能对二系弹簧进行测试，判定二系弹簧的性能。

3. 减振器试验

能对减振器进行试验。

4. 转向架试验台试验

能对转向架进行试验台试验，对转向架进行调整。

5. 单元制动机试验

能对单元制动机进行功能试验，并进行调试。

6. 车钩特性试验

能配合对车钩进行试验台试验，能配合对车钩进行调整。

7. 车钩缓冲器试验

能对车钩缓冲器进行试验，对缓冲器进行调整。

8. 空压机特性试验

能对空压机进行试验，对空压机进行调整。

9. 列车称重台试验

能对单节车进行轮轴称重试验，能消除列车轮轴偏重。

10. 牵引电动机试验

能配合对牵引电动机进行试验，能对电动机进行调整。

11. 转向架管路气密性试验

能对转向架制动系统进行密封性试验，能消除管路漏气故障。

（六）其他机械部件检修

1. 车钩机械零部件检查

能分解、清洗、检查、润滑车钩及零部件，测量钩头中心至轨顶面的距离，组装、调试车钩，能连接气路。

2. 车钩电气部件检查

能检查车钩电气设备，能对车钩电路进行连接与测试。

（七）主回路的检修

1. 牵引斩波器（含逆变器）检查

1）能测量分析斩波器各波形的功能和调整。

2）能检查牵引箱通风区域部件、网络、进风口机械离心沉淀收集器；清洁通风区域部件；清洁并检查非通风区域；检查 GTO 模块散热片。

3）能测量分析牵引逆变器各波形的功能和调整。

2. 受电弓检查

能拆、装受电弓并润滑，对集电头、气动装置、主压簧部件的各组成部件进行检测。

3. 主接触器检查

1）能分解并清洁接触器，调换机构复位弹簧，检查软引线，更换引弧片，测量电磁线圈阻值，重新组装接触器，更换主触头、辅助触头。

2）能检查线圈架紧固螺栓扭矩，检查辅助触头装置底部至线圈架距离，检查主触头安装螺母力矩。

3）能进行电磁线圈通电试验，检查触头动作过程，测量辅助触头吸合分断时间。

4）能进行绝缘电阻及耐压试验。

5）能检查连接线及线号。

4. 预励磁装置检查

能检查预励磁装置。

5. 牵引电动机检查

1）能更换、修复牵引电动机零部件，检查轴承，检修绕组。

2）能对磁极、刷架装置进行检测，能对电枢的各项性能指标进行检测。

6. 制动电阻检查

1）能拆卸、清洁、检查制动电阻箱，取出制动电阻，清洁并检查电阻片。

2）能清洁并检查绝缘子。

3）能重新安装制动电阻，检查各电阻值，进行绝缘耐压测试。

7. 高速开关检查

1）能分解、清洁高速开关，检查辅助触头电阻，换主触头，检查辅助触头，检查绝缘件、电缆接线，重新组装高速开关。

2）能进行螺管线圈通电试验，测量触头闭合时间测试和整定过载跳闸值。

3）能进行机械连锁试验。

8. 线路滤波电容器检查

能清洁、检查电容器表面，清洁并检查接触器，测量电容值及电阻值。

9. 平波电抗器检查

能清洁并检查电抗器，测量电感值及其电阻。

（八）控制回路检修

1. 主控制器检查

能分解主控制器及其部件，检修主控制器连接线，测量输出电压（牵引、制动），检查警惕按钮动作，能检修设备柜接地装置。

2. 各种传感器检查

1）能检查传感器与构架的距离，清洁并检查速度传感器表面，检查速度传感器探头与磁轮间间隙。

2）能测试速度传感器输出波形。

3）能安装速度传感器。

3. 各种继电器检查

测量继电器线圈阻值，继电器触头吸合电阻。

（九）辅助回路检修

1. 各种冷却机检查

1）能分解各种冷却风机，清洁检查各零部件，更换风机内需要更换的部件。

2）能检查铭牌、标志牌、接线排，检查电动机定子线圈和转子。

3）能对电动机进行通电试验，并检查电动机轴承。

4）能重新组装风机。

2. 辅助逆变器检查

能保养接触触点，测量、更换应急电池电压。

3. 主蓄电池检查

1）能取出主蓄电池组清洁电池箱，检查电池抽屉及木格、连接电缆，分解、清洁主蓄电池。

2）能对主蓄电池进行充电。

3）检查熔丝及其夹头。

4）能将主蓄电池组装车后，检查各连接线。

4. 低压断路器检查

能清洁低压断路器箱体，检查低压断路器和低压断路器连接，能更换低压断路器。

5. 各种开关按钮

能清洁各种开关按钮，检查各种开关按钮功能，更换各种开关按钮。

（十）其他电气设备检修

1. 空调单元检查

1）能拆、装空调机组。

2）能清洗、检查、维修更换空调机组零部件及箱体。

3）能检查空调压缩机油位、储液筒液面、制冷剂含湿量、空调机组内的各种风机、蒸发器及所有电缆、电缆夹、接头、插头。

4）能清洁及检测驾驶室的电加热设备。

2. 门控系统检查

能测试车门开关功能，调整行程开关，更换门控系统零部件。

3. 客室照明检查

1）能拆卸、清洁日光灯格栅，拆下日光灯管并清洁灯管及灯管底座框架。

2）能检查并安装日光灯管，检查电子镇流器接线及端子。

3）能安装格栅并检查锁扣。

4. 指示灯检查

能根据指示灯显示判定列车故障。

（十一）计算机各控制单元的检修

1）能使用便携式计算机读取故障，目测检查控制单元模块外观及各指示灯工作情况。

2）能拔下电器连接插头，对插头、插座进行清洁；能对电子插件板除尘，并正确复位。

（十二）列车调试

1. 静态调试

1）能进行升弓试验。

2）能进行列车静态试验。

3）能检查空压机进、出风阀、干燥排水口，复核调整空压机调压开关。

4）检查防滑功能、停车制动缓解功能、空调启动功能、检查外部指示灯及运营灯和驾驶室转换功能。

2. 动态调试

1）能够完成牵引试验。

2）能够完成制动试验。

3）能够完成故障显示屏的检测。

三、高级工

（一）基本要求和检修前的组织准备

1. 故障咨询及其判定

1）检查、排除列车常见电气、机械故障，能对比技术数据，初步判定故障原因。

2）能指导工作人员试车，注意观察异常；能指导工作人员记录询问情况与原始数据。

2. 领会图样等技术资料及工作要求

1）能看懂较复杂的列车、设备图及电气系统图。

2）能正确领会制造厂的技术文件及有关部颁标准、规程、规范中的规定。

3）能绘制较复杂的零件图、电气线路图。

4）能掌握不同类型列车的结构安装。

5）能查阅列车各部分电路元件的主要技术参数。

3. 准备检修具体措施与方案

1）能参与编制本职业施工组织措施和工艺、技术、安全措施。

2）能按咨询情况制定检修方案。

4. 检修工器具的准备

1）能正确使用、保养、维护及检修精密仪表、仪器。

2）能进行一般吊装机械的选择、布置与操作，进行电、气焊的普通手工操作。

3）能制作简易的检修工具。

（二）转向架的检修

1. 月检

能按照月检规程对转向架进行检查，指导工作人员对转向架进行检修与调整。

2. 一系悬架检修

能正确选配一系弹簧，更换一系弹簧。

3. 二系悬架检修

能调整空气弹簧的进、出气阀，检查叠层簧的变形量与刚度，根据车轮磨耗调整空气弹簧垫板厚度。

4. 减振器检修

能分析减振器的试验结果（包括示功图等），能判定减振器故障，并提出检修措施。

5. 抗侧滚扭杆检修

能制作抗侧滚扭杆拆、装所需的辅助工具，能指导抗侧滚扭杆的装配。

6. 齿轮与齿轮箱检修

1）能对大齿轮、小齿轮及重要零部件进行测量、探伤，能熟练组装齿轮与齿轮箱，对齿轮箱进行密封。

2）能检测小齿轮轴中心线相对于车轴中心线的平行度。

7. 联轴器检修

1）能熟练分析、装橡胶联轴器与机械联轴器。

2）能检查橡胶联轴器的扭距传递性能。

3）能检修花键毂。

4）能分解机械联轴器并对主要部件进行检修。

8. 轴箱检修

熟悉轴箱组成，了解轴箱零部件的检修标准，熟悉轴箱轴承的拆装工艺，能指导工作人员根据传感器的布置组装轴箱。

9. 中央牵引装置检修

能对下心盘进行焊接修复，对牵引拉杆的橡胶轴套进行拆卸、测量与更换，调整横向止挡。

10. 高压阀

能检修高度调节阀联动装置，分解高度调整机构；对所有零部件进行清洗、润滑。

11. 轮对检修

1）能退轮及退卸迷宫环，对车轴表面进行探伤，对齿轮嵌入部位进行超声波探伤。

2）能测量车轮踏面直径、轮缘高度 S_h、厚度 S_d 及综合指标 Q_r 值，压装新车轮。

3）能镟削车轮。

12. 其他零部件检修

能修复其他零部件，能指导更换其他零部件。

（三）车体检修

1. 月检

能按照月检规程对电客列车车体进行检查，并作相应调整，详细记录月检情况。

2. 客室车门检修

能检修驱动气缸、解钩气缸，校准锁钩装置，调整传动钢丝绳张力。

3. 地板检修

能重新铺设地板。

4. 脚踏泵检修

能检修脚踏泵，测试脚踏泵功能。

5. 客车室内部检修

能更换客室内部装饰板。

6. 车体油漆

能对不同车体采用相应的油漆工艺，对油漆脱落部位予以补漆处理，标明车体外部标记。

（四）气动系统检修

1. 单元制动机检修

能指导分解单元制动机，能对单元制动机主要受力部件进行检修，能调试单元制动机。

2. 空气压缩机检修

1）能正确找出绕组的故障部位，能检查绕组的修理质量。

2）能检查电动机的检修质量。

3）能正确使用新技术、新工艺、新材料、新设备进行电动机修理。

3. 电磁阀、安全阀检修

能检修电磁阀、安全阀。

（五）主要部件试验

1. 一系弹簧试验

能指导一系弹簧选配，能解决一系弹簧试验台的常见故障。

2. 减振器试验

熟悉横向减振器与垂向减振器的测试方式，能对减振器试验台进行调整并消除常见故障。

3. 转向架试验台试验

1）能对转向架试验台进行尺寸标定，能对转向架试验台进行调整与维护。

2）能指导工作人员对转向架进行试验台试验。

4. 单元制动机试验

能指导对单元制动机的试验，能调试单元制动机试验台。

5. 车钩缓冲器试验

1）能指导对车钩缓冲器进行试验台试验，能分析缓冲器试验台试验结果。

2）能对缓冲器试验台进行调整。

6. 空压机特性试验

能指导对空压机进行试验，能消除空压机试验台的常见故障。

7. 车辆称重台试验

能对车辆称重台进行标定，能指导工作人员进行车辆称重试验。

8. 牵引电动机试验

能指导对牵引电动机进行试验，能调整牵引电动机转子使其达到不平衡度要求。

（六）其他部件检修

1. 车钩机械零部件检修

1）能指导不同类型车钩的检修和组装，能调试车钩。

2）能对车钩重要零部件进行探伤。

2. 车钩电气部件检修

1）能指导不同类型车钩电气设备的检修和对车钩电路的连接与测试。

2）测量机械车钩与电气连接器接合面相对位置尺寸。

3. 贯通道折篷检修

熟悉不同车辆贯通道的结构，能检查贯通道的密封性能，指导对贯通道折篷的检修。

4. 贯通道渡板检修

能更换贯通道渡板，能修复贯通道渡板。

（七）主回路的检修

1. 牵引斩波器（含逆变器）检查

1）能应用仪器、仪表调试斩波器电路、牵引逆变器电路并分析判断和排除故障。

2）能合理选用和操作精密仪器、仪表，正确排除测量中发现的故障。

3）能指导测量绝缘电阻。

2. 受电弓检修

1）能检查受电弓与触网的接触压力，检查瓷瓶绝缘性能。

2）能检查受电弓升弓、落弓时间。

3）能对受电弓构架进行探伤。

3. 主接触器检修

1）能拆、装接触器及电压电流互感器。

2）能指导测量电磁线圈阻值、辅助触头装置底部至线圈架距离、辅助触头吸合分断时间。

3）能指导电磁线圈通电试验。

4）能测量绝缘电阻，进行耐压试验。

4. 牵引电动机检修

1）能对牵引电动机组装、试验，并能消除缺陷。

2）能正确使用新技术、新工艺、新材料、新设备进行电动机修理。

5. 高速开关检修

1）能拆装高速开关。

2）能检查高速开关、大容量自动开关的含闸线圈。

3）能指导检修主触头，检查辅助触头及灭弧罩，指导高速开关的组装、测试。

6. 线路滤波电容

能指导检查接触器，指导测量电容值及电阻值。

7. 平波电抗器检修

能指导检查电抗器，指导测量电感值及其电阻。

（八）控制回路检修

1. 主控制器检修

1）能重新组装主控制器，并更换锁芯。

2）能检查主控制器机械联锁功能。

3）能对牵引控制单元电器连接插头、插座和牵引控制单元电子插件板进行检修。

2. 各种传感器检查

1）能检查传感器与车体的接口，检查速度传感器的功能。

2）能检查传感器探头。

3）能指导检查更换传感器。

3. 各种继电器检查

1）能检查、调整各种控制继电器、保护继电器的整定值。

2）能检修、调整各级熔断器的熔体或更换。

（九）辅助回路检修

1. 各种冷却机检查

能检修电动机定子线圈、转子，能指导组装风机。

2. 辅助逆变器检修

能更换辅助逆变器，检查、更换熔丝，检修设备柜接地装置；能指导保养接触触点。

3. 主蓄电池检修

1）能更换主蓄电池组，测量蓄电池总电压。

2）能指导对主蓄电池进行充电，指导主蓄电池装车后检查各连接线。

4. 低压断路器检修

能测试低压断路器；能指导检修、更换低压断路器。

5. 各种继电器检修

能检查各种辅助控制继电器，保护继电器的整定值，检修各级熔断器的熔体并更换、调节。

（十）其他电气设备检修

1. 空调单元检修

1）能对空调机组作功能试验，检查各种阀门及电磁阀。

2）能对驾驶室的负离子发生器进行维修、保养、测试。

2. 门控系统检修

1）能检查门控行程开关、限位开关的触点，检查门控点电气的接地线及整个接地系统。

2）能检查安全门开关功能及各行程开关的功能，能指导测试门开关功能。

3）能更换蜂鸣器。

3. 照明、灯具检修

1）能检查与排列列车照明故障，能检查镇流器、灯管接插件、锁扣和其他附件。

2）能检查客室内外的指示灯具。

（十一）列车调试

1. 静态调试

1）能检修驾驶室开关、驾驶室主控制器钥匙。

2）能检查驾驶室指示灯功能。

3）能进行逆变器应急起动试验。

2. 动态调试

1）能进行起动和关车试验。

2）能进行低速牵引、制动试验：慢行试验和故障牵引试验；警惕按钮手柄释放试验。

3）能够完成牵引和制动功能试验，检查警惕按钮手柄紧急制动功能。

4）牵引曲线试验：在两个方向上进行 20km/h、40km/h、60km/h、80km/h 的牵引试验。

四、技师

（一）基本要求和检修前的组织准备

1. 现场调查

1）能参与电客列车运行异常现象的咨询。

2）能指导工作人员开展调查工作。

3）能根据调查结果分析故障可能的原因。

4）能指导工作人员指定检修方案。

5）能指导工作人员在检修中应用新技术、新工艺、新材料、新设备。

2. 领会图样等技术资料及工作要求

1）能详细讲解列车总装图、主要部件图和电气系统图。

2）能及时收集不同类型电客列车资料。

3）能较全面掌握电客列车的技术参数及要求。

3. 准备检修具体措施与特殊工器具及预算

1）能进行特殊工器具的加工和新型仪器设备的操作与维护。

2）能编制本职业施工组织措施、工艺和技术措施、安全操作事项。

3）能审核本职业检修项目的工、料预算。

4. 能参与国产化工作

（二）转向架检修

1. 常规检修

能根据日、周、月检情况分析转向架故障根源，熟练找出转向架的故障，及时发现主要零部件的缺陷。

2. 一系悬架检修

1）能分析、消除因一系弹簧引起的转向架偏载。

2）掌握一系弹簧与一系弹簧座间加垫片的原则。

3. 二系悬架检修

1）能指导更换叠层簧和空气胶囊。

2）能测试二系悬架系统的性能，分析二系悬架不同结构的车辆运行特性。

4. 减振器检修

熟悉减振器的工作原理与特性，能指导横向和垂向减振器检修，能进行减振器的试验。

5. 抗侧滚扭杆检修

熟悉不同电客列车抗侧滚扭杆的构造。

6. 齿轮与齿轮箱检修

熟悉不同车辆的齿轮减速结构和性能，能制定齿轮的装配技术要求。

7. 联轴器检修

能指导拆、装联轴器；能熟练找出联轴器的故障，解决检修中的难题。

8. 轴箱检修

1）熟悉不同车辆轴箱的结构及检修工艺，能制作轴箱的非标件和检修辅助工器具。

2）能及时发现轴箱内部的缺陷。

9. 中央牵引装置检修

熟悉不同车辆中央牵引装置的结构，能指导中央牵引装置的检修。

10. 轮对检修

1）能根据车轮踏面的磨耗情况制定镟轮计划。

2）能指导拆装车轮并解决组装中的技术难题。

3）能对车辆关键部位进行探伤。

4）能解决车轮加工中的技术难题。

11. 其他零部件检修

能指导车辆其他零部件的检修，能参与其他零部件的改造工作。

（三）车体检修

1. 常规检修

1）能根据日检、周检、月检情况分析车体、车门故障根源。

2）能熟练找出车体的机械故障和电气故障。

3）能及时发现车体主要零部件的缺陷。

2. 客室车门检修

1）熟练气动车门与电动车门的结构与特性，能检修车门气缸、车门驱动电动机。

2）能指导对车门的技术整改工作。

3. 地板检修

熟悉地板铺设工艺，能解决地板铺设中技术问题，参与改进工艺，指导地板铺设。

4. 加热器检修

能对加热器进行检修，能测试加热器的功能，能拆装、更换加热器。

5. 客室内部检修

1）客室内部装饰板、灯罩、通风道的连接方式与结构。

2）能指导检修车内电气设备柜，指导检修座椅、立柱、扶手。

6. 车体其他部件检修

能制定洗车工艺，能解决车体检修中的技术难题，能对车体易损部位进行技术改进。

（四）气动系统检修

1. 单元制动机检修

1）能熟练找出单元制动机故障，解决检修中的技术难题。

2）能组织、指导对单元制动机进行检修、调试。

2. 空气压缩机检修

1）能对空压机主要受力、易损部位进行技术革新。

2）能检修结构特殊的空压机。

3）能指导对空压机进行平衡校验。

3. 空压机电动机检修

1）能及时核查电动机试验结果，发现检修中存在的疑难缺陷，解决电动机装配中的技术难题。

2）能指导电动机的电气试验。

（五）主回路的检修

1. 牵引逆变器（斩波器）检修

1）能指导调试斩波器电路、牵引逆变器电路，并排除故障。

2）能对关键部件、易损件进行技术革新。

3）能进行零部件的挖潜改造计算。

2. 主接触器检修

1）能及时找出主接触器的故障。

2）能对关键部件、易损件进行技术革新。

3）能进行零部件的挖潜改造计算。

3. 牵引电动机检修

1）能进行老电动机的挖潜改造计算。

2）能进行提高电动机性能改造的计算。

3）能解决电动机装配中的技术难题。

4）能指导电动机的电气试验。

5）能及时核查电动机的试验结果，发现检修中存在的疑难缺陷。

6）能参与电动机国产化工作。

4. 高速开关检修

1）能检查高速开关、大容量自动开关的合闸线圈的疑难问题。

2）能检查解决高速开关、灭弧罩和主触头的疑难问题。

5. 其他部件检修

1）能检查主回路接线的疑难问题。

2）能检查各种保护环节（过电流、过电压、欠电压、超速、失磁、零位操作）及信号装置的疑难问题。

（六）控制回路检修

1. 主控制器检修

能解决主控制器检修中的疑难问题。

2. 各种传感器检查

能解决各种传感器检修中的疑难问题，排除传感器的故障。

3. 各种继电器检修

能检查各种控制继电器、保护继电器（如继电器、过流继电器、失磁保护继电器、热继电器）、各级熔断器的熔体的疑难问题。

（七）辅助回路检修

1. 各种冷却风机检修

能排除各种冷却风机疑难问题，指导检修电动机、风机。

2. 辅助逆变器检修

1）能检查辅助逆变器所有连接螺栓是否紧固，检查箱体及电子线路板的疑难问题。

2）能对辅助逆变器关键易损部件进行技术革新。

3. 主蓄电池检修

能排除主蓄电池和其他电池疑难故障。

4. 各种开关检修

能检修低压断路器的疑难故障。

5. 各种继电器检修

能检查各种控制继电器、保护继电器（如时间继电器、过流继电器、失磁保护继电器、过热继电器）各级熔断器的熔体的疑难问题。

（八）其他电气设备检修

1. 控制单元检修

能排除空调机组的疑难问题，能指导组织空调机组的装配和安装，并解决其中的技术难题。

2. 门控系统检修

1）能解决门控行程开关、限位开关的疑难问题。

2）能解决车门驱动系统、蜂鸣器疑难问题。

3）熟悉各种类型车门系统，能指导组织车门的装配和调试，并解决其中的技术难题。

3. 照明灯具检修

能排除车辆照明疑难故障，解决客室内、外指示灯的疑难问题。

（九）计算机各控制单元的检修

能处理控制单元模块的疑难故障，能排除与控制单元模块相关的疑难问题。

（十）列车调试

1. 列车调试

能解决电客列车调试中技术难题，参与制定列车的调试方案。

2. 功能校验

1）能拟订电气部分及其主要零部件的试验方案，解决试验中的技术难题。

2）能正确修复、校验试验仪器、仪表。

3. 试验结果分析与处理

1）能及时核查大型试验的结果，准确整理试验报告，发现检修中存在的疑难缺陷。

2）能及时有效地处理试验技术难题。

（十一）组织管理

1. 质量管理

能运用全面质量管理知识对电客列车检修质量进行控制。

2. 技术管理

1）能正确、完整地搜集整理、填写检修记录及设备缺陷检修记录。

2）能总结解决检修中疑难问题的方法并普及推广。

3）能完成生产中的各种料单、数据和技术资料的整理归档工作。

4）能编写本职业施工技术总结。

（十二）培训指导

1）能进行初、中、高级工的技能培训。

2）能传授检修中判断问题、处理问题的技艺。

3）熟悉 ISO 9000 质量体系标准。

4）熟悉新技术、新工艺、新材料、新设备。

五、高级技师

（一）基本要求和检修前的组织准备

1）能讲解所有生产技术文件，解签疑难问题。

2）能制定特殊工艺技术措施，特殊环境下的技术方案。

3）能审核技、改项目的工、料预算，组织措施，施工措施和技术措施。

4）能检查生产准备是否符合要求，并提出改进措施。

（二）车辆检修质量验收

1. 检查

1）能检查、核实车辆的安装尺寸、检修记录。

2）能检查、核实车辆及其主要部件的检修报告。

3）能检查、核实修复列车及其主要部件的运行记录。

2. 验收

能进行列车验收和签证。

（三）组织管理

1）能应用微机完成日常技术管理工作。

2）能编制检修车辆总体施工生产进程表。

3）能制定车辆检修技术管理工作计划和进行工作总结。

4）能组织技术革新活动。

5）能参与车辆检修重大技术方案和重要技术措施的审定。

6）能参与车辆检修重大质量事故的分析，并提出解决和处理问题的具体意见。

7）能检索、阅读电客列车各系统的零部件及相关文件。

8）能参加技改、技措项目的图样会审，设计变更的审核及调试原则方案，并提出有效措施和建议。

9）能完成电客列车检修施工技术管理工作的检查考核和评定工作，发现问题及时解决。

10）能注意搜集新型电客列车的技术资料和新材料知识。

11）能参与新工程投标中技术标书的编制和施工组织设计的编制。

（四）指导技术培训

1）有车辆检修的绝技和绝活。

2）能对高级工和技师进行培训。

3）能传授车辆检修的特殊技艺。

第三章　地铁车辆的计划维修

第一节　车辆的计划维修

城市轨道交通车辆的计划维修是按车辆的运营里程数或运营时间，对车辆进行不同等级的周期性维修。一个科学的计划维修模型的建立及检修项目和技术标准的制订，是城市轨道交通车辆安全、准点运营的重要保障。同时，也将最大限度地降低城市轨道交通车辆的维修成本。

城市轨道交通车辆的计划维修的修程规定了必须进行计划维修的车辆运营里程数和运营时间，要求在车辆运营里程数和运营时间中有一个达到规定，就要安排车辆的维修。

城市轨道交通车辆的计划维修从日检至大修，一般日检、双周检、双月检、定修（运营 1 年或 100 000km）、架修（运营 5 年或 500 000km）、大修（运营 10 年或 1 000 000km）六级修程。各级修程内容的制订应遵循高一级修程包含低一级修程内容的原则，且在对各类磨损件限度标准的制订上，必须要保留足够的使用余量至下一修程。

一般地铁在运营初期，采用日检、双周检、双月检、定修的修程体系，随着列车投运率的不断提高，用车和检车的矛盾日益突出，均采用月检来替代双周检、双月检，经过几年的实践，月检制在电动车辆的使用率、降低电动车辆库停率和提高检修质量上都取得了良好的效果。

一般地铁运营均实施日检、月检、定修、架修四种修程。

在地铁各级计划维修修程的制订中，根据车辆各设备的功能及安装部位的不同，通常分为车顶电气、客室电气、驾驶室电气、车下电气、转向架、车体、风动系统、空调、静态检查和动态检查十大部分。但不同等级的修程根据检修的深度和广度，对系统分类及检修内容进行相应增减及合并。

一、日检

日检是对当天参与运营回库的电动列车所进行的检修维护，是最初级的检查。其主要目的是对主电路中的受电弓、牵引电动机的安装及状态，走行部分的转向架构架、轮对、齿轮箱及联轴器、车载设备的控制单元及各类信号、指示灯等进行检查，其中除中控单元的检查以外，其余多以目测检查为主。以保证电动列车走行部分的安全和电气控制性能的良好。

日检规程分为车顶电气、车内电气、车下电气、转向架、车体、空气气路及制动系统六个部分。

1. 车顶电气

地铁车辆车顶安装的电气设备有受电弓、避雷器和空调机组。日检检查受电弓和避雷器时，必须有车顶作业平台或其他安全措施，以确保作业人员的安全。

（1）受电弓的日检　重点是检查受电弓滑块工作厚度及工作面状况和弓头羊角。此作业对在新建线路上进行运营的地铁车辆尤为重要。由于在开通的初期供电接触网的状况及其和受电弓之间的配合需不断调整，受电弓滑块可能发生部分碎裂或贯穿至粘接面的裂纹，如不进行及时的更换或整修，可能造成弓网损坏事故。根据上海地铁的检修经验，要求滑块的炭块厚度大于3mm。

在运营一段时间弓网配合良好后，可根据实际情况只在月检（或双周检、双月检）中进行。目前上海地铁采用的是对末班车进行登顶检查的方法，主要是检查弓网的运行关系。

（2）避雷器的日检 应检查避雷器瓷绝缘子表面状况及连接电缆。要求无破损、裂纹、无明显松动。此项检查在雷雨季节特别是地铁车辆在运营中因雷击引起车辆故障后尤为显得重要。

2. 车内电气

车内电气主要包括驾驶室电气、前部照明、侧墙指示灯、驾驶台显示屏、客室照明、客室车门状态显示和各控制单元。其中前部照明是指安装于地铁车辆前端的头、尾灯和运营灯。

1）驾驶室电气的日检，主要如下：

① 检查驾驶室内所有指示灯。要求无损坏，逻辑功能正常。上海地铁现已采用发光二极管替代灯泡。

② 检查驾驶室照明和各种开关的外观及功能检查。要求无损坏，功能正常。

③ 检查蓄电池电压表、双针压力表、网压表，应无损坏，显示符合实际。

④ 检查空调和通风装置。要求无损坏，功能正常。此项检查对于长期运营在露天或寒冷、酷热环境下的地铁列车尤为重要。

⑤ 检查主控制器（司机控制器），要求各联锁功能正常。

⑥ 检查风笛，要求功能正常。

2）前部照明的日检，应检查头灯、尾灯、各运营灯外观及功能。要求无损坏，各灯亮且符合车辆控制逻辑，以确保运营安全。

3）侧墙指示灯的日检，要检查各侧墙指示灯外观及功能。要求无损坏，各灯亮且符合车辆控制逻辑。完好的侧墙指示灯系统可以帮助司机、维修人员快速、准确判断故障点、特别是车门故障、制动故障等。

4）对驾驶台显示屏读取故障并目测检查其外观。要求外观状态正常，并对故障进行存盘及删除。

5）客室照明的日检，要求检查客室灯具及格栅，应无损坏。客室照明的完好将为乘客提供一个舒适的环境。

6）客室车门的日检，检查客室车门灯外观及功能。要求无损坏，功能正常。使乘客能方便、及时、准确地了解附近客室门的状态，同时在车门系统发生故障时，帮助司机在运营中快速判断故障点并采取有效措施。

7）TCU控制单元的日检，使用便携式计算机读取故障，目测检查TCU控制单元外观及各指示灯工作情况。要求状态正常，并对故障进行存盘、排除及删除。TCU控制单元的故障读取，为日检人员正确掌握列车牵引系统状况提供了依据，是十分必要的。

8）BECU控制单元的日检，读取故障并目测检查BECU控制单元。要求状态正常，并对故障进行记录、排除及删除。BECU控制单元的故障读取，为日检人员正确掌握列车制动系统状况提供了依据，是十分必要的。

9）ACU 控制单元的日检，使用便携式计算机读取故障，目测检查 ACU 控制单元及各指示灯工作情况。要求状态正常，并对故障进行记录、排除及删除。ACU 控制单元的故障读取，使日检人员能正确掌握列车空调系统状况，及早排除故障。空调系统的完好将为乘客提供一个舒适的环境。

3. 车下电气

车下电气设备包括 ATC 接收装置、各类电气箱体、各类电缆、速度传感器、接地装置、牵引电动机和车间电源。

1）ATC 接收装置的日检，检查机架、线圈及紧固件。应无操作，无松动。

2）各类电气箱体的日检，检查前后箱盖及电气接插件。要求箱盖锁紧，无异常。一旦各类电气箱的前后箱盖或电气接插件发生松动，轻者由于接触不良致使地铁车辆在运营中发生故障，引起列车下线。重者使电气箱内进水，造成电器设备损坏，甚至发生箱盖侵入限界或掉落，严重影响行车安全。

3）对各类电缆、速度传感器、接地装置进行日检，检查电缆外表和连接状况。要求无操作，无脱落，无松动。

4）牵引电动机的日检，检查进、出风口，应无异常。

5）车间电源的日检，重点检查车间电源盖板固定情况。要求锁扣及尼龙扎带完好。考虑到车间电源盖板作为地铁列车牵引条件之一，一旦盖板松开，地铁列车将失去牵引能力的后果，本项检查十分重要。上海地铁根据以往的经验、教训，在非使用状态下，使用尼龙扎带将车间电源盖板再加锁固。

4. 转向架

转向架包括轮对、轴箱、轴箱拉杆、构架、一系悬架、二系悬架、中央牵引装置、齿轮箱及其支架、联轴器、抗侧滚扭杆、液压减振器和高度调节阀。转向架各部件的检查十分重要，涉及地铁列车的运营安全性。

1）轮对的日检检查

① 检查车轴和踏面。要求车轴轴身无裂纹、碰伤，踏面状况和标准在允许范围内。

② 检查车轮注油孔螺堵，应无丢失。本项检查十分重要，因为涉及今后退轮的作业和轮轴的再使用。

2）轴箱的日检检查

① 检查外盖螺栓及油脂渗漏情况，应无松动，无渗漏。

② 检查轴箱止挡，应正常。

3）轴箱拉杆的日检检查，主要检查拉杆、端部螺栓及开口销。要求无变形，无松动，无丢失。

4）构架的日检检查，主要检查构架内外侧，牵引电动机悬挂座，牵引拉杆座。要求无裂纹，无锈蚀，无冲击损伤，附件完好。

5）一系悬架的日检检查，主要检查橡胶件及簧座。应无明显裂纹，变形。

6）二系悬架的日检检查，主要检查空气弹簧及紧固件。要求无漏气，无松动。

7）中央牵引装置的日检检查

① 检查牵引拉杆及所有附件，应无松动、损坏。

② 检查中心销槽形螺母及开口销。

③ 检查中心盘与中心销套筒之间的距离，应在标准允许范围内。

④ 检查架车保护螺栓与下心盘上部的距离，应在标准允许范围内。

⑤ 检查横向止挡缓冲橡胶。要求无缺损。

8）齿轮箱及其悬挂的日检检查

① 检查齿轮箱外观及其所有附件。要求无明显漏油，松动。

② 检查齿轮箱与支架连接螺栓。要求防松标记无错位。

9）联轴器的日检检查，主要检查联轴器。要求无损坏，无漏油，螺栓无松动。

10）抗侧滚扭杆的日检检查，主要检查抗侧滚扭杆松紧螺套紧固螺母。要求防松标记无错位。

11）液压减振器的日检检查

① 检查紧固件及漏油情况，应无松动，无漏油。

② 检查连接套筒，应无损坏。

12）高度调节阀的日检检查

① 检查高度调节阀。要求完好，无松动，无损伤。

② 检查高度调节阀联动装置。要求完好，无损伤。高度调节阀调节杆应垂直，不准倾斜。

5. 车体

车体主要包括客室车门、驾驶室、通道和各类车钩。

1）客室车门的日检检查

① 检查客室车门外观、橡胶件和紧急手柄。要求完好，无明显损坏。

② 测试车门开关功能，各门动作应基本一致。

2）驾驶室的日检检查，应检查驾驶室遮阳帘，两侧刮水器，左、右滑动门及紧固件，通客室门及观察孔。要求功能正常，无损坏，无松动。

3）地铁车辆车载灭火器，要求每日检查各灭火器，应在原位，外观完好，有效。上海地铁吸取韩国大丘地铁大火的经验，对各灭火器放置处都采用蓄光材料进行指示。使乘客在地铁车辆即使失去全部照明情况下，仍能快速找到灭火器并进行及时处理。

4）车钩的日检检查要求

① 检查全自动车钩钩头、橡胶托架、电缆和电缆夹、气管密封环、缓冲器标志环、各紧固件等。要求各项目正常，无明显损坏，无明显松动及遗落。

② 检查半自动车钩、橡胶托架、电缆和电缆夹、缓冲器标志环、各紧固件等。要求各项目正常，无明显损坏，无明显松动及遗落。

③ 检查半永久车钩抱箍、橡胶托架、电缆和电缆夹、各紧固件等。要求各项目正常，无明显损坏，无明显松动及遗落。

6. 空气气路及制动系统

空气气路及制动系统主要包括空压机单元及空气干燥器、各类气管及阀和单元制动机。

1）日检对空压机单元及空气干燥器的检查要求是检查空压机及空气干燥器外观、紧固件及工作状况。要求外观正常，紧固件无松动。

2）日检对各类气管及阀的检查要求

① 检查各类气管，要求无明显泄漏。

② 检查可见阀门，要求阀门位置正确。

3）日检对单元制动机的检查要求

① 检查锁紧片、橡皮保护套、闸瓦卡簧及其各螺栓。要求无异常。

② 检查闸瓦。要求闸瓦未磨耗到限，更换闸瓦后调整间隙，上海地铁的间隙标准为(12 ± 1) mm。

二、月检

月检是对运营时间或运营里程数分别达到一个月或 10 000km 的电动列车所进行的检修维护。分为 A 检和 B 检两类，其中 A 检项目是每个月都需执行的，而 B 检项目是两个月执行一次。由于各型电动列车的技术水平和使用环境都不相同，因此，在下面的介绍中，不对 A 检或 B 检内容进行特别的标示。

月检的主要目的是对主电路中的受电弓、牵引电动机及其他电气箱，走行部分的转向架构架、轮对、齿轮箱及联轴器，车载设备的控制单元及各类信号、指示灯等进行检查。以保证电动列车走行部分的安全和电气控制性能的良好及易损耗件具有足够的工作尺寸。

月检规程分为车顶电气、客室电气、驾驶室电气、车下电气、转向架、车体、空气气路及制动系统和动态调试 8 个部分。

（一）车顶电气

车顶电气设备包括受电弓、避雷器、空调机组。

1. 受电弓

受电弓是城市轨道交通车辆从供电接触网取得电流的电气设备。在月检中，要重点检查受电弓与触网间的接触压力及滑块的炭块厚度。

1）目测检查构架、连接电缆、连接螺栓和弓头羊角。

2）清洁、检查支持绝缘子，要求表面无破损，无裂纹。在清洁中，应使用软布类材料。

3）测量受电弓与触网间的接触压力。接触压力在测量时，应根据正线和段内供电接触的高度情况，选择有代表性的位置分别进行测量。

4）测量滑块的炭块厚度，检查与底架的固定状况。

5）检查受电弓销及轴承并加润滑脂，应充分润滑。

上述检查是对气缸驱动的受电弓而言，对于电动机驱动的受电弓，对高、低压回路间的隔离绝缘子的检查、检测是十分重要的。

2. 避雷器

1）清洁并检查瓷绝缘子。

2）检查连接线及连接螺栓。

3. 空调机组

1）更换空气过滤材料，要求安装良好。该作业可根据清洁程度，调整更换周期。

2）清洗排水孔，要求排水顺畅，蒸发器箱内无积水。上海地铁一号线交流列车由于排水孔径较小，极易堵塞，此项作业较频繁。其他地铁列车可根据自身情况进行调整。

3）检查蒸发器及其翅片，要求蒸发器两侧无异物，翅片无变形。

4）检查过渡风道，要求风道表面无裂纹、无损伤。

5）检查管路表面及接口，要求管路表面无损伤、无油污，管路接口无漏液、无松动。

6）检查冷凝器及其翅片，要求冷凝器两侧无异物，翅片无变形。

7）检查冷凝风机，要求叶片完好，可自由转动。最后检查客室紧急通风功能。

（二）客室电气

客室电气设备的月检检查主要是对客室车门电气性能、客室照明、各控制单元和设备柜进行检查。

1. 客室车门电气性能

检查客室车门灯、蜂鸣器的外观和功能。

2. 客室照明

首先检查客室灯具及格栅，其次检查客室照明功能（包括应急照明功能）。

3. 各控制单元

1）确认各控制单元状态正常，并对故障进行记录，排除及删除。

2）以北京时间为标准，校正各控制单元的系统时间。

3）根据轮径尺寸设置标准在相关控制单元中检查或重新设置轮径代码。

4. 设备柜

检查设备柜门、锁、照明及设备柜内各开关、各类电气设备。

（三）驾驶室电气

驾驶室电气的月检检查包括对逆变器的应急启动，受电弓操作，故障显示板，头、尾灯，运营灯，两侧指示灯，主控制器和目的地，列车号指示灯进行检查。

1）进行逆变器应急启动功能测试，要求本单元受电弓正常升起，逆变器正常启动。

2）进行受电弓升弓操作，要求所有受电弓正常升弓，网压表有指示，相应指示灯显示正确。

3）对司机显示屏进行检查，主要为：

① 按下故障显示确认按钮，检查各指示灯是否亮。

② 检查或重新输入轮径代码。

4）检查头灯、尾灯、各运营灯和两侧指示灯的外观及功能，要求无损坏，功能正常。

5）检查司机控制器，要求各手柄间的联锁正常。

6）检查目的地、列车号指示灯，要求灯亮，显示正确。本项检查对混线运营的轨道交通车辆尤为重要。

（四）车下电气

车下电气设备包括牵引电动机、空压机电动机、主接触器箱、制动电阻箱、蓄电池、各类电气箱、斩波器箱、AB 箱、车间电源、接地装置、速度传感器、电缆布置和 ATC 接受装置。

1. 牵引电动机

交流电动列车使用的是交流牵引电动机，其维护保养较简单，只要进行进、出风口及速度传感器的检查即可。

直流电动列车由于使用的是直流牵引电动机，除了上述的检查外，对电动机内部炭粉的清洁及对换向器和刷握部分的检查尤为重要。

2. 空压机电动机

交流和直流电动列车使用的空压机电动机是由 DC 1 500V 直接供电的直流电动机，在进行月检检查如下内容：

1）清除电动机内部的炭粉、灰尘。

2）检查换向器表面状态和电刷工作长度。

3. 主接触器箱

直流电动列车设有主接触器箱，因此，对各主接触器的检查必不可少。

1）检查主接触器的触头与灭弧罩（重点检查制动接触器、牵引接触器）。对主触头表面的小面积烧损结瘤的，要刮去砂平。如主触头表面烧损结瘤面积大于触头面积一半或触头顶部磨耗超过3mm者，需更换触头。新安装的触头用蓝印法检查其接触面积。灭弧罩导弧角无积瘤，无积尘，转轴无移位。灭弧罩罩壁烧损深度小于3mm。

2）手动检查接触器动作，应灵活。

3）检查各辅助回路熔丝，应完好。

现在的城市轨道交通交流车辆使用少量主接触器，并将它们安装在牵引箱内，有关的检查要求，归入到牵引箱的检查中。

4. 制动电阻箱

制动电阻是城市轨道交通车辆进行电阻制动的能量消耗器件，由于城市轨道交通车辆频繁起制动的特点，制动电阻也长期工作在高温下。因此，对制动电阻的清洁、检查和检测是十分重要的。制动电阻的良好事关城市轨道交通车辆的正常运行，制动电阻如有故障，轻者引起动车封锁，影响列车正常运营。重者引起电阻原件烧损或主电路其他元器件损坏。在月检中检查如下内容：

1）要使用干燥压缩空气清洁电阻元件、进出风口和箱体。

2）检查电阻元件有无变形或发热痕迹。

3）检查通风冷却电动机。

4）检查差压开关或风速传感器等。

5. 蓄电池

蓄电池是电动列车上非常重要的电气部件，在紧急状态下为电动列车提供紧急电源。因此，对蓄电池的月检检查是很重要的。

1）清洁蓄电池表面污迹。

2）检查蓄电池接线和紧固状态。

3）检查每个蓄电池单体的液面高度。要求液面离最高液位标志线距离小于20mm，否则，需补加蒸馏水至最高液面标志线处。对于新车型，在投运后，应充分考虑充电电压和高温季节的影响，加强对液面高度的检查。

4）给所有蓄电池单体连接板涂润滑脂。要求涂覆完整，表面均匀。并检查保护熔丝、隔离开关及辅助开关。

6. 各类电气箱

此处的各类电气箱是仅对箱体的检查，并不涉及内部安装的电气件的检查。

1）检查前后箱盖及电气接插件。要求箱盖锁紧，无异常。

2）检查连接螺栓及悬挂处，应无锈蚀、无松动、无损坏、无裂纹、安装牢固。

3）检查箱盖和盖板的密封性和警告标记。

4）检查箱盖锁舌标记。

7. 牵引箱

牵引箱是城市轨道交通交流车辆的心脏，且多采用模块化设计，体积较大。根据上海地铁的多年运营经验，保持其通风风道的清洁非常关键。对牵引箱的月检包括如下内容：

1）清洁和检查其冷却系统，保持风道和各模块、电气件的清洁及冷却风机的功能正常。

2）检查线路接触器与预充电接触器。

3）检查各类高压接线。

8. 辅助逆变器

辅助逆变器为城市轨道交通车辆提供辅助电源，是车辆的重要电气部件。在月检中检查如下内容：

1）要清洁逆变器箱内部。

2）打开盒盖，拆下应急电池。清洁应急电池盒内外及排气孔并检查各连接触点有无腐蚀。如有，清除后涂接触油脂。

3）测量应急电池电压，应急电池电压大于105V。

9. 车间电源

车间电源是城市轨道交通车辆进行静态调试时，在受电弓不能从供电接触网得到电源时的辅助受流器。从车辆系统的安全性出发，其和受电弓之间设有联锁，以保证在任何情况下，两者不能同时得电，因此车间电源盖板的位置状态是城市轨道交通车辆是否允许进行牵引的判别条件之一，对车间电源盖板固定情况进行检查是十分重要的。为了保证车辆在运营中车间电源盖板不会弹出，应在锁紧后再用尼龙扎带紧固。

10. 接地系统

城市轨道交通车辆的接地系统包括接地连接线和带接地电刷的接地装置，考虑到月检的检修周期仅两天，在月检中只对接地连接线进行检查如下：

1）检查线缆及线缆夹，应完好，无松动。

2）必须检查线缆与构架间的距离。

11. 速度传感器

对于速度传感器的月检检查如下：

1）检查电缆夹，应完好，无松动。

2）检查与车体的接口插座。要求无松动，橡胶密封件完好。

3）检查电缆软管及其与构架的距离。要求无裂纹，无擦伤。

12. 电缆布置

检查所有电缆的连接有无松动情况及有无绞缠磨损。并检查电缆固定夹有无变形、松动。

13. ATC接受装置

检查机架、线圈及紧固件。

（五）转向架

转向架包括轮对、轴箱、轴箱拉杆、构架、一系悬架、二系悬架、中央牵引装置、齿轮箱及其支架、联轴器、抗侧滚扭杆、液压减振器、高度调节阀和地板高度调整。

1. 轮对

轮对是城市轨道交通车辆走行部的重要部件，在检修中应重点检查。

1）目测检查车轴，要求轴身无裂纹、碰伤。

2）目测检查踏面的擦伤、剥离和沟状磨耗状况，应在允许的范围内。

3）检查轮径，直径应大于770mm。

4）使用轮缘尺测量轮缘，应在允许范围内。

5）使用内侧距尺测量轮对内侧距，尺寸应在允许范围内。

6）目测检查车轮注油孔螺堵，应无丢失。

2. 轴箱

1）检查紧固螺栓及油脂渗漏情况。

2）检查轴箱止挡。

3. 轴箱拉杆

检查紧固螺母、开口销及拉杆套。要求无松动、脱落，拉杆套无弯、瘪现象。

4. 构架

检查构架内外侧、牵引电机悬挂座、牵引拉杆座。要求无裂纹，无锈蚀，无冲击损伤，附件完好。

5. 一系悬架

1）检查橡胶件及弹簧座，应无明显裂纹、变形。

2）测量轴箱与构架的距离。

6. 二系悬架

1）检查空气弹簧及其部件。要求空气弹簧无损坏，无老化裂纹及铅丝裸露。各部件无明显结构性损伤，附件齐全。与空气弹簧接触的部件无明显的锈蚀、疤痕。

2）检查空气弹簧的密封性。

7. 中央牵引装置

1）目测检查中心盘座与车体底架的连接、牵引拉杆及所有部件。

2）测量中心盘与中心销套筒之间的距离。

3）目测检查中心销槽形螺母及开口销。

4）测量架车保护螺栓与下心盘上部的距离。

5）检查横向止挡缓冲橡胶。

8. 齿轮箱及其支架

1）目测检查齿轮箱外观及其所有附件。要求无明显漏油，附件无松动。

2）目测检查齿轮箱与支架连接螺栓。

3）检查齿轮箱油位。要求油位在上下两油位线之间，如低于下油位线，应补油。

4）检查齿轮箱紧急止挡及紧固螺栓。要求止挡无损伤，无裂纹，螺栓无松动。

9. 联轴器

目测检查紧固件状态，要求无松动。对于直流电动列车使用的橡胶联轴器，还需目测检查橡胶件。要求无异常变形，如裂纹深度大于10mm，必须更换。同时检测联轴器偏心度和联轴器轴向距离。

10. 抗侧滚扭杆

目测检查抗侧滚扭杆松紧螺套紧固螺母，要求防松标记无错位。

11. 液压减振器

1）目测检查紧固件及漏油情况。

2）目测检查连接套筒。

12. 高度调节阀

1）目测高度调节阀。要求完好，无松动，无损伤。

2）目测检查高度调节阀联动装置。要求完好，无损伤。高度阀调节杆应垂直，不准倾斜。

13. 垂向及横向止挡

目测检查垂向及横向止挡、止挡间隙、螺栓、衬垫。应完好、无损伤。

14. 牵引拉杆

1）目测检查所有螺栓及衬垫。要求螺栓、锥垫完好，无损伤。衬垫橡胶件无松动。

2）检查拧紧力矩。

15. 转向架上的气管路

1）目测检查管路、托架、夹子。应完好，无遗失，无松动。

2）检查管路接头密封性。

16. 地板高度调整

在充气状态下测量地板面距轨面的厚度。

（六）车体、车门、车钩

车体、车门、车钩包括车体外表、客室车门、客室内饰、驾驶室、驾驶室侧门、安全门、乘务员钥匙、通道、全自动车钩、半自动车钩和半永久车钩。

1. 客室车门

城市轨道交通车辆的客室车门随着客流量的增大，客室车门的故障发生率也不断增高。因此，在月检中必须对客室车门的重要尺寸根据情况进行检查。

1）清洁滑动导轨、底部导轨、滑轮、连杆、紧急排气装置、活塞杆和门叶。要求清洁，无污垢。

2）目测检查客室车站外观、橡胶件、紧急手柄及玻璃。要求完好，无明显损坏。

3）检查所有紧固件和车门止挡块。要求紧固件无松动，止挡块缓冲橡胶无脱落。

4）检查开关门动作。要求开关门动作灵活、整齐，开门时间（2±0.5)s。

5）润滑紧急排气装置、活塞杆，应涂抹均匀。

6）检查、清洁和润滑门锁机构并调整安全钩与门销间隙。要求清洁，无损坏，门锁机构动作灵活；安全钩与门销间隙为1～1.5mm。

7）检查车门门槛条滑槽及门叶。要求门槛条无松动，滑槽内无异物，门叶在门槛条内滑动正常。

8）检查并调整钢丝绳张紧力以及防跳轮和承载轮的间隙。

9）检查并调整各限位开关的状态。要求位置正确，紧固可靠，接线无松动。

10）测试车门开关功能。主要关门压力和开关门时间都符合要求。

2. 客室扶手、立柱

检查扶手、立柱及紧固螺钉、要求扶手、立柱无转动，紧固螺钉无松动。

3. 客室内座椅

检查各座椅的外观及固定情况。要求外观无破损，连接无松动。

4. 贯通道与折篷

检查贯通道渡板及人造革折篷。要求渡板出现严重磨耗（不锈钢板厚度小于0.5mm，铝合金板厚度小于1mm）时，应更换。折篷外观无破损、脱线，斜撑无断裂。

5. 各端墙、侧墙、地板窗及玻璃

检查墙、地板、窗及玻璃。要求墙面无破损、无裂纹。地板无破损，窗及其玻璃完好无损，夹层无积水。

6. 驾驶室

1）目测检查座椅、顶棚、各墙面和左/右挡风玻璃。要求完好，无明显损坏。

2）检查驾驶室遮阳帘、两侧刮水器、左/右滑动门及紧固件、通客室门及观察孔、隔离布帘。要求功能正常，无损坏，无松动。

3）检查灭火器，应在原位，外观完好，在有效期内。

4）检查辅助工具，应在原位，齐全。

7. 安全门

检查电气联锁功能及阻尼杆功能。要求功能正常。

8. 全自动车钩

当城市轨道交通车辆在运营中发生严重故障不能自行运行时，必须进行联挂求援。因此，对全自动车钩的检查十分重要，具体如下：

1）清洁并润滑机械车钩。

2）目测检查全自动车钩各部件、橡胶托架、电缆和电缆夹、气管密封环及各紧固件等。

3）检查电气车钩盖板，车钩电气触头表面防腐处理。

4）检查车钩压溃管是否移位。

5）清洁电气触头保护罩转动轴的表面并润滑。

6）测量全自动车钩中心至轨面的距离，应为（720 +10）mm。

7）对接模拟及自动对中试验。

9. 半自动车钩

1）目测检查半自动车钩各部件、橡胶托架、电缆和电缆夹及各紧固件等。

2）检查电气车钩盖板，电气车钩密封橡胶应无损伤。

3）检查车钩电气触头表面防腐处理并检查各弹性触头弹力。要求全面处理表面，各触头保证足够的弹力，且电气车钩端面应凸出机械车钩端面2~3mm。

10. 半永久车钩

1）目测检查半永久车钩抱箍、橡胶托架、电缆和电缆夹及各紧固件等。

2）检查车钩压溃管是否移位。

3）检查气管连接处，应无泄漏。

（七）空气气路及制动系统

空压机单元及空气干燥器包括空压机单元及空气干燥器、各类气管及阀和单元制动机。

1. 空压机单元及空气干燥器

1）检查空压机及空气干燥器外观、缸盖螺栓等紧固件及工作状况。要求紧固件无松动。空压机工作正常无异声。

2）检查油位，应在游标的上限和下限之间。

3）检查电磁阀，应完好。

4）检查排泄管，要求排水、排气正常，出口无异物。

5）检查滤清器，要求清除积灰。

2. 各类气管及阀

1）检查各类气管，要求无明显泄漏。

2）检查可见阀门，要求阀门位置正确。

3. 单元制动机

1）目测检查锁紧片、橡皮保护套、闸瓦卡簧及其各螺栓、扭簧轴销卡簧。要求无异常，卡簧无断裂、脱落。

2）检查管路及紧固件，要求管路无漏气，紧固件完好，无松动。

3）检查闸瓦，要求闸瓦未磨耗到限，更换闸瓦后调整间隙至（12±1）mm。

（八）动态调试

动态调试是对城市轨道交通车辆的运行性能考核，其包括牵引试验、制动试验和驾驶室显示屏功能检查。动态调试一般在试车线上进行，使用的测试仪器主要是便携式计算机或记录仪。

动态调试时，牵引试验和制动试验交替进行。牵引试验的主要考核指标是牵引加速度。

制动试验分为全常用制动试验和快速制动试验。其主要考核指标是制动距离。驾驶室显示屏功能检查的目的是检测显示功能和逻辑是否正常，通常的方法是拉下任一扇客室门的紧急手柄，检查驾驶室显示屏是否正确（故障类型、单元、车型）。在上述试验完成后，确认驾驶室显示屏和其他控制单元状态正常，并对故障进行记录、排除及删除。

三、定修

定修是电动车运营里程数每达到100 000km或运营时间达一年时进行的检修，一般定修的周期为10天。前5天主要进行无电状态下的检修，后5天进行有电状态下的检修检查和静、动调作业。

在定修中要求对车顶、车顶部件和车下部件如受电弓、空调、避雷器、电气箱、转向架及牵引电动机等进行外表清洁。对此，应做好电器的防水密封工作并选用合适的清洗剂，以防止对车厢外表及橡胶件产生腐蚀。在下面的定修介绍中，不再提出对上述部件的外表清洁要求。

交流电动列车的定修规程，分为车顶电气、车内电气、车下电气、转向架、车体、空气气路及制动系统和动态调试7个部分。

（一）车顶电气

车顶电气设备包括受电弓、避雷器。

1. 受电弓

1）检查构架、电缆和连接螺栓。要求构架无严重变形，无裂纹。电缆无损伤，紧固螺栓无松动。

2）清洁、检查瓷绝缘子，测试瓷绝缘子并记录。要求表面无破损、裂纹。

3）检查受电弓与触网的接触压力并记录。要求在指定高度点的接触压力值符合技术要求。

4）检查滑块并测量工作厚度。要求滑块工作厚度不小于3mm及裂纹深度不应裂至最小工作厚度3mm以下。滑块与衬底粘接状况良好。一般情况下，正常使用的滑块约可运行

200 000km。

5）检查受电弓销和轴承并注入润滑脂，直至注油两侧排出新润滑脂为止。

6）检查脚踏泵升弓功能。要求管路无损伤和泄漏。脚踏泵升弓功能正常，脚踏次数不大于25次。

7）检查受电弓升弓、落弓时间。

2. 避雷器

1）检查瓷绝缘子，要求无破损、裂纹。

2）检查连接线，螺栓。要求连接线无破损，紧固螺栓无松动。

3）测试瓷绝缘子并记录，要求避雷器顶部连接螺栓对地绝缘电阻值在标准范围内。

根据所选用避雷器种类不同，对地绝缘电阻值是有很大差别的，这一点需注意。

（二）客室电气

客室电气设备包括设备柜及客室照明。

1. 设备柜

1）检查电器设备状况。

2）检查设备柜接地装置。再次清洁设备柜。

3）检查滤尘装置，更换过滤网。

2. 客室照明

检查镇流器、灯管接插件和其他附件，要求各部件完好、无松动。

清洁日光灯格栅。

电动列车客室照明灯罩采用隔机形式，长期运营后，积灰会影响客室照明效果和客室环境。对采用透明灯罩的电动列车，可根据实际情况进行。

（三）驾驶室电气

驾驶室电气设备包括设备柜和继电器柜、驾驶室照明、主控制器、正/副驾驶台和头灯、尾灯、运营灯、两侧指示灯。

1. 设备柜和继电器柜

1）检查电器设备状况。

2）检查设备柜接地装置。再次清洁设备柜。

3）检查滤尘装置更换滤尘网。

2. 驾驶室照明

清洁照明灯及其附件。

3. 主控制器（司机控制器）

1）清洁主控制器。

2）检查连接线。

3）检查主控制器机械联锁功能。

电动列车采用的是两手柄形式的主控制器，在定修中，要求对两手柄间及控制钥匙相互间的控制逻辑和手柄功能进行检查。对于其他形式的主控制器，也应有类似的功能检查。

4. 正、副驾驶台

检查驾驶台桌面各指示灯罩和显示屏等。主控制器实际上是安装在主驾驶台上，但考虑到主控制器的重要性和相对独立，将主控制器单列检查内容。

5. 头灯、尾灯、运营灯、两侧指示灯

1）检查头灯、尾灯、运营灯工作状态，要求功能正常。

2）检查两侧指示灯状态，要求功能正常。

6. 目的地和车次号显示装置。

清洁并检查其功能。要求清洁、无损伤，功能良好且显示准确。

（四）电气设备

电子设备包括列车控制单元、车辆控制单元、制动控制单元、空调控制单元、各分站和基准值转换器。

对于各控制单元和分站，要求清洁各部件、更换锂电池并对控制单元进行标准时间校对。

对于基准值转换器，应使用示波器或便携式专用测试仪进行波形测量。

（五）车下电气

车下电气设备主要包括牵引电动机、空压机电机、制动电阻及其冷却风机、蓄电池箱、电容器箱、牵引箱、高速开关、逆变器箱、辅助箱、车间电源、速度传感器、电缆及线夹。

1. 牵引电动机

（1）交流牵引电动机

1）检查电动机的安装是否牢固。

2）检查电缆接头及速度传感器的连接安装。

3）检查电动机的进、出风口。要求清洁、无杂物堵塞。

4）检查注油孔盖，要求油堵锁紧良好。

5）检查轴承泄漏油脂情况并按标准补油。

（2）直流牵引电动机

1）打开换向器端下部观察盖，检查下部观察盖有无损伤及其密封橡胶圈有无破损或老化。

2）清除电动机内部的炭粉和灰尘。

3）使用径跳测试仪测量换向器径向圆跳动量，一般要求径向圆跳动值小于 0.08mm 且无重突跳现象。

4）检查换向器升高片和换向器表面。

5）检查刷提系统，要求刷架绝缘子无裂纹、表面光洁及紧固螺栓无松动；要求刷握、刷盒、压指、压指簧无裂纹，无烧损，无铜瘤，刷盒边缘无毛刺和结瘤，压指有力；要求电刷无烧损，磨合后接触面大于 80%，磨耗面氧化膜均匀，电刷高度大于 25mm，并排电刷偏磨值小于 10%，且电刷安装位置正常，刷辫端紧固螺钉锁紧。

6）检查刷圈螺母、接地排螺钉紧固状况。

7）检查换向器端可见部分的无纬带表面和主负极连接线及其外包绝缘，要求无裂纹，不起毛刺，无烧伤。

8）检查放电螺钉

9）检查牵引电动机两端轴承，应无漏油和发热迹象；按技术标准及时补油并用油堵将注油孔盖锁紧。

10）检查电动机端盖。

11）检查牵引电动机引出线及其压板，要求引出线良好、压板绑扎牢固无松动。

12）测量引出线底部与轮对车轴距离，一般应保持 75 ~ 100mm 的距离，防止引出线与车轴发生摩擦。

2. 空压机电动机

1）检查换向器端观察盖。要求锁紧装置良好，不松动。

2）清除电动机内的炭粉、灰尘，特别是换向器、刷架等处。

3）检查换向器表面。

4）检查电刷状况。要求电刷工作高度大于 20mm。

5）检查刷架、刷盒、压指、压指簧。要求各部件无破损，无裂纹；压指有力；压指簧无断裂。

6）检查换向器端无纬带。要求无裂纹，无烧伤，不起毛刺。

7）观察电动机火花。要求火花等级小于 $1\frac{1}{2}$。

3. 制动电阻及其冷却风机

1）首先使用干燥压缩空气清洁电阻元件并检查元件外形。

2）清洁压力传感器和温度传感器。根据上海地铁的运营经验，传感器的清洁和检查是十分必要的。

3）清洁并检查风扇叶片。

4）使用电桥测量电阻元件的阻值。

5）使用测振仪测试风机振动。可通过查阅标准，对不同功率的电动机定出相应的振动值范围。

4. 主接触器箱

1）检查所有接触器（重点为牵引和制动接触器）及灭弧罩。要求若主触头表面有小面积烧损结瘤，应刮去砂平。如有烧损结瘤面积大于触头面积 50% 应更换主触头。如触头顶部磨耗超过 3mm 也应更换触头。新装触头用蓝印法检查其接触面积。灭弧罩导弧角无积瘤，无积尘，干净，转轴无移位。灭弧罩罩壁无严重烧损变形，烧损深度小于 3mm。灭弧罩内无铜粉遗落。

2）清洁箱体。

3）检查接触器安装紧固状况。要求箱体清洁无杂物，无灰尘，接触器安装良好，接线无松动。

5. 蓄电池箱

在定修时，一般要对蓄电池进行充、放电。

1）将蓄电池拆下，按充、放电要求进行充电。

2）将已充电完毕的蓄电池安装到车辆上，并使用万用表测量蓄电池总电压，要求总电压大于 100V。

3）检查各刀开关。

6. 牵引箱

1）拆下通风电动机，清洁并检查牵引箱内部，特别是通风风道区域和进出风格栅的清洁。

2）检查GTO模块散热片，要求清洁，无油污。

3）清洁并检查主回路接触器和预充电接触器的灭弧罩和触头，详见主接触器箱的介绍。

7. 高速开关

1）清洁高速开关。

2）检查高速开关灭弧罩及主触头的状况。要求灭弧罩无损伤，无积灰，触头无发黑。

8. 逆变器箱

1）清洁逆变器驱动板及触发板。

2）检查各连接线和插件板的状况，要求无损伤，连接线紧固无松动，插件板安装牢固。

3）检查熔丝状态。

4）更换相关插件板上的镉镍电池。最后检查应急电池。

9. 辅助箱

1）检查所有继电器及其连接线状态。要求继电器无异常，连接线完好，连接牢固，如继电器有镇定值，要求镇定值在技术要求范围内。

2）检查全部低压断路器，要求位置正确。

10. 车间电源

清洁箱体并检查车间电源盖板固定情况。要求锁扣完好，扎带完好。

11. 速度传感器

1）检查线缆、线缆夹。要求完好，无遗失，无松动。

2）检查速度传感器与车体间的接口。要求无松动。

3）检查与探头的连接软管。要求无裂纹，无折断。

4）检查速度传感器电缆与构架间的距离。要求无接触。最后检查传感器头与磁轮的间隙。要求间隙为 (0.9 ± 0.5)mm 且探头清洁。

12. 电缆及线夹

1）检查所有电缆的连接情况及有无绞缠磨损，要求无松动，无绞缠磨损。

2）检查电缆固定夹有无变形、松动、损伤情况。要求无变形，不松动。

13. 接地装置

1）检查电缆接头及安装螺栓。要求接口、电缆无损伤。

2）检查连接线。要求无损伤，无老化。

3）检查接地电刷。要求无破损，工作高度大于20mm。

4）检查集电环接触面。要求无明显痕迹、沟槽、油脂。

5）检查主接地排绝缘护套。要求绝缘无破损、老化。

（六）转向架

转向架包括轮对、轴箱、构架、轴箱拉杆、一系悬架、二系悬架、中央牵引装置、齿轮箱及其支架、联轴器、液压减振器、高度阀、抗侧滚扭杆、垂向及横向止挡和各类传感器。

1. 轮对

1）目测检查车轴，车轴轴身应无裂纹、碰伤。

2）开盖对轮座及齿轮座处进行超声波探伤检查。

3）目测检查踏面有无擦伤和剥离及其深度，如有，按标准判断是否进行镟轮。

4）使用轮径尺和轮缘尺测量轮径、轮缘，要求车轮直径大于770mm，轮缘高度、宽度等数值符合标准，如轮缘尺寸不符合标准，则应镟轮。

5）使用内侧距尺测量轮对内侧距。

6）检查车轮注油孔螺堵，应安装牢固，无缺漏。

2. 轴箱

有关轴箱的定修检查项目，主要如下：

1）检查轴箱有无漏油，要求轴箱螺栓完好，无漏油。

2）检查轴箱油脂，如有污染应更换，如耗尽则补油脂。

3）清洁磁轮，应清洁，无油污。

3. 构架

1）清洁构架，主要为外侧、电动机座两侧和构架弓形部分。

2）检查构架，应无严重油漆剥离、无锈蚀、无裂纹。

4. 轴箱拉杆

检查端部螺母、拉杆套、开口销等部件。要求各部件无松动，拉杆套无弯曲、瘪痕。

5. 一系悬架

1）测量检查构架调整垫片与轴箱之间的距离。要求

$$35\text{mm} \leqslant \text{拖车} \leqslant 47\text{mm}$$

$$29\text{mm} \leqslant \text{动车} \leqslant 41\text{mm}$$

2）检查橡胶件状态。要求橡胶与金属件之间无严重剥离，橡胶裂纹在规定允许范围内。

3）检查人字弹簧座与构架的连接情况。要求人字弹簧座与构架的连接处无裂纹。另外需要提出的是更换新的一系弹簧的车辆需静态置放48h。

6. 二系悬架

1）目测检查空气囊外表有无开裂损坏状况。要求橡胶网线层不得有外露和损坏。

2）目测检查与空气囊接触的金属部分。要求无粗糙锈斑。

3）目测检查二系悬架各零部件的紧固状况。

4）在有气状态下检查气路及附加气室接头，要求无泄漏。

7. 中央牵引装置

1）检查中心销座与车体底架的螺栓连接；牵引拉杆及所有附件，要求螺栓良好，无松动，其余各部件无损坏。

2）检查中心销槽顶螺母及开口销，要求无松动、完好。

3）检查牵引拉杆螺母，要求无松动。

4）在充气状态下测量检查架车保护螺栓至下心盘的距离。要求距离为25～28mm。

8. 齿轮箱及支架

对于齿轮箱及其支架的定修检查主要如下：

1）检查齿轮箱外壳及分箱面。要求无严重渗油及泄漏。

2）检查油堵吸附铁屑情况，要求无铁屑。检查完成后油堵用镀锌钢丝紧固。

3）检查油位。要求油位不低于下油位线，否则补油。同时，应考虑对油样进行化验，一般两年化验一次。

4）检查支架中抱箍螺栓和锁紧件。要求查看防松标记，应位置正常，无松动，抱箍槽口应对位。

5）检查齿轮箱紧急止挡及螺栓。要求紧急止挡无损伤，无裂纹，螺栓无松动。另外需要提出的是新装齿轮箱在运行 20 000km 时应进行第一次换油。

9. 联轴器

上海地铁一号线交流电动列车使用的是橡胶联轴器，对联轴器的定修检查首先是检查联轴器，要求无损坏，无漏油，螺栓无松动。然后对齿轮联轴器进行换油。

上海地铁一号线直流电动列车使用的是橡胶联轴器，定修检查：

1）检查其紧固件状态。要求无松动。

2）检查橡胶件，要求无异常变形，如有裂纹，裂纹深度不可大于 10mm。

3）使用样板尺检查联轴器偏心度。要求在空车、充气状态下，样板内间隙分别为 (2.3 ±0.3) mm 和（127.3 ±0.5) mm。

10. 减压减振器

1）检查连接螺栓，要求无松动。

2）检查两端连接套筒和橡胶衬套。要求完好，橡胶无裂纹、剥落情况。

3）检查有无渗、漏油。

11. 高度阀

对于高度阀的定修检查：

1）检查高度阀安装及连杆上的紧固件。要求紧固件无松动，高度阀调节杆应垂直，不准倾斜。

2）检查高度阀阀体上管路接头的气密性和阀体出气口。要求无泄漏，出气口不堵塞。

3）在空车、充气状态下测量检查地板面积轨顶面的高度。应为（1130 ±10) mm，考虑到实际操作方便，上海地铁一号线交流电动列车实际测量从轨顶面至空气囊压板上表面（不包括垫片）之间的距离，要求为（869 ±8) mm。上海地铁一号线直流电动列车实际测量从轨顶面至标志孔之间的距离，为（784 ±3.5) mm。

12. 抗侧滚扭杆

1）检查关节轴承两侧密封圈有否漏油、损坏。如有损坏，应更换，此时轴承腔内应换油。

2）检查连杆球铰的密封是否损坏。如有损坏，应换新球铰。

3）检查各紧固件，要求无松动。

4）测量下球铰中心与扭杆中心垂向高差，要求在充气状态下为（10 ±1) mm（中心线以上）；放气状态下为（8 ±1) mm（中心线以下）。

5）检查扭杆调整螺套及锁紧螺母。

13. 垂向及横向止挡

1）检查垂向及横向止挡、止挡间隙、螺栓、衬垫。

2）检查横向及横向止挡缓冲橡胶。

3）垂向止挡缓冲橡胶顶面至轴箱垂向止挡座上平面距离。应为 6^{+1}_{0}mm。

14. 传感器

1）检查线缆及线缆夹。要求线缆完好，线缆夹无遗失，无松动，线缆与构架无接触。

2）检查传感器与车体的接口。要求插座连接无松动。

3）检查与探头的连接软管。要求无裂纹，无折断。

4）使用塞尺检查速度传感器与磁轮间的气隙。要求为（0.9±0.5）mm，探头清洁。

（七）车体、车门、车钩

车体、车门、车钩包括安全门、灭火器、客室车门、通道、全自动车钩、半自动车钩、半永久车钩和内装饰及辅助设施。

1. 安全门

检查安全门开关门功能及外观。要求开启灵活，部件良好，外表无操作，行程开关固定牢固。

2. 灭火器

检查灭火器，应在规定位置，无漏放，在有效期内。

3. 客室车门

上海地铁一号线直流电动列车和交流电动列车使用的客室车门是内藏式移动门，对于内藏式移动门的定修检查：

1）目测检查车门外观。

2）清洁导轨、滚轮、防跳轮、钢丝绳。

3）使用吊块检测钢丝绳张力并测量防跳轮上部边缘与道轨之间间隙。门叶关上后，测量两护指橡胶外侧边之间的距离，应在规定范围内。

4）清洁、润滑紧急解锁装置、驱动气缸活塞杆及门销。要求无损坏，动作灵活。

5）清洁、润滑门密封条，清洁门叶密封刷。

6）检查车门槛条，要求车门门槛与门叶间隙0.3～1mm。

7）对门锁机构进行分解、清洁并润滑。

8）检查并调整S1、S2、S3、S4限位开关。对于S1限位开关要求当门钩落下锁住时，S1与扇形片不接触。当门钩上去时，S1动作，扇形片与导轮接触，接触位置应在正中、对于S2限位开关要求S2动作时，两护指橡胶外侧之间的距离在技术范围内。

9）检查车门所有紧固件和S2限位开关橡胶挡块。

10）测试车门开关功能，要求开、关门时间为（2±0.5）s，车门平行平稳。使用关门压力计测试最终关门压力，应在130～160N之间。开、关门缓冲功能良好。使用30mm×60mm测试方木检测车门夹物功能，要求客室车门未关好指示灯亮。

11）检查蜂鸣器功能。

12）检查紧急手柄功能，要求功能正常，指示灯亮。

13）检测再开门功能。

4. 通道

1）检查折篷及内侧墙。

2）打开过渡板清洁折篷。

3）检查过渡板，过渡板应活动自如，不锈钢磨耗板厚度应大于0.5mm，铝合金磨耗板应大于1mm，尼龙条厚度应大于2mm。

5. 全自动车钩

1）检查各零部件应完好无损。

2）清洁接合面及其内部。

3）检查润滑点状况。

4）检查车钩橡胶托应紧固，如有裂纹，则深度不大于3mm，长度不大于10mm。

5）检查对中装置的功能。

6）检查钩尾座保险螺栓及其紧固力矩。

7）清洁电气触头。

8）在充气状态下测量钩头中心至轨顶面的距离，应为720^{+10}_{0}mm。

9）检查压溃管（缓冲器）标记环，要求完好无损，标记环紧靠缓冲器端面，样板测量面与压溃管待测面之间的间隙不大于5mm。

10）用铜棒进行模拟对接试验，以检查撞钩动作，要求钩舌联挂动作灵活。

11）进行手动解钩功能检查。

12）进行自动解钩功能试验。

6. 半自动车钩

1）检查各零部件应完好无损。

2）清洁接合面及其内部。

3）检查润滑点状况。

4）检查车钩溃管橡胶托及对中装置。橡胶托如有裂纹，则深度不大于3mm，长度不大于10mm。

5）复核连接抱箍紧固螺母力矩。

6）使用扭力扳手检查车钩与车体之间的连接螺栓的紧固力矩。

7）清洁电气触头。

8）在充气状态下测量钩头中心至轨顶面的距离，应为720^{+8}_{0}mm。

9）检查压溃管（缓冲器）标记环，要求完好无损，标记环紧靠缓冲器端面，样板测量面与压溃管待测面之间的间隙不大于5mm。

10）测量机械车钩接合面与电气连接器接合面相对位置尺寸，要求电气连接器接合面比机械车钩接合面凸出2~3mm，橡胶密封件应无损伤。

7. 半永久车钩

1）检查半永久车钩抱箍、橡胶托架、电缆和电缆夹、各紧固件等，应紧固、完好。

2）检查压溃管（缓冲器）标记环，要求完好无损，标记环紧靠缓冲器端面，样板测量面与压溃管待测面之间的间隙不大于5mm。

3）复核连接抱箍上四个螺母的紧固力矩。

4）检查气管连接处。

8. 内装饰及辅助设施

（1）对于驾驶室内装饰及辅助设施的定修检查

1）检查驾驶室两侧侧门和背门，要求开关门移动或转动灵活，门锁功能正常。

2）检查驾驶室座椅。

3）检查顶板、挡风玻璃、刮水器，要求顶板无破损，刮水器刮片无断裂且功能正常，挡风玻璃及窗封条良好。

（2）对于客室内装饰及辅助设施的定修检查

1）检查扶手、立柱连接紧固状况。

2）清洁客室座椅及座椅下的设备，如脚踏泵、阀门、温度传感器、管路、气缸等。

3）检查客室端墙、侧墙、顶板、窗、地板，要求顶板、风道清洁并安装牢固；墙面、车窗、地板清洁且墙面无破损；车窗及玻璃完好、无积水；地板无破损，地板如有起壳，起壳一处则直径应小于150mm，起壳两处则每处直径必须小于80mm。

（八）空气气路及制动系统

空气气路及制动系统包括空压机总成、空气干燥器、电磁阀、压力控制开关、安全阀、双针压力表、单元制动机和风缸。

1. 空压机总成

1）检查安装紧固螺栓。

2）检查减振弹簧。

3）更换纸质过滤器。

4）更换空压机油，油位在1/2～2/3之间。

5）检查进、出口阀。

6）检查安全吊绳，应完好，连接牢固。

2. 空气干燥器

清除排水出口积垢。

3. 电磁阀

检查电磁阀和插座的外观及安装状态。

4. 压力控制开关

检查压力控制开关的功能，要求当压力小于0.75MPa时，打开；当压力到0.9MPa时，关闭。

5. 安全阀

安全阀的功能检测十分重要，我们要检查安全阀外表及其功能，当压力到1MPa时，应排气。

6. 双针压力表

更换双针压力表。

7. 单元制动机

首先检查闸瓦，要求闸瓦厚度不小于12mm，并测量闸瓦与踏面间的间隙，应为（12±0.5）mm。然后检查停车制动功能，包括人工缓解在内，功能正常。

8. 风缸

主要是进行风缸排水作业。

（九）空调

空调包括蒸发器箱、冷凝器箱、空调总成安装座、过渡风道、系统功能试验和驾驶室空调。

1. 蒸发器箱

1）拆下新风滤尘网并清洗。

2）清洁混合风滤尘网框架。

3）更换混合风滤尘网。

4）清扫箱体进风格栅。

5）清洗蒸发器翅片。

6）清洗排水孔，要求排水顺畅，蒸发器箱无积水。

7）检查蒸发器翅片，要求无损伤、变形，如有，使用翅片梳恢复。

8）清洁循环空气挡板、气动缸及气路外观。

9）检查循环空气挡板和气动缸，要求功能正常、无泄漏。

10）检查通风风扇，要求转动灵活、平稳。

11）在蓄电池供电下进行检查客室紧急通风功能，通风电动机应间断性启动运转。

12）检查各温度传感器。最后使用检漏仪检查管路、阀门。

2. 冷凝器箱

1）清扫箱体、冷凝器翅片、电动机和风叶等。

2）检查冷凝风扇，要求转动灵活、平稳。

3）使用检漏仪检查管路、阀门。

4）检查电磁阀。

5）检查压力传感器。

6）检查压缩机外观。

7）检查压缩机安装座橡胶件及紧固螺栓，橡胶件应无损伤和裂纹，螺栓无松动。

8）检查冷凝器翅片，要求无损伤、变形，如有，使用翅片梳恢复。

9）检查制冷液视镜中心色柱，色柱应呈紫色，腔内洁净。色柱如为粉红色表示制冷剂含水量过高；如为藏青色表示制冷剂内含污垢过多，都需更换干燥过滤器。

3. 空调总成安装座

检查橡胶件及紧固螺栓，要求橡胶件无损伤和裂纹，螺栓无松动。

4. 过滤风道

检查风道外表面及紧固螺栓，要求无损伤，密封良好，螺栓无松动。

5. 系统功能试验

使用便携式计算机控制空调系统试运转。

6. 驾驶室空调

1）检查驾驶室通风机外观。

2）检查通风机的可调风口。

3）对通风机进行性能测试。

4）检查驾驶室操作台下靠侧墙侧的送风风口。

（十）静态调试

静态调试包括轮径代码设置和静态调试。

1. 轮径代码设置

轮径设置是十分重要的作业，上海地铁一号线交流电动列车的轮径设置是按实测数据在显示屏上输入轮径。上海地铁一号线直流电动列车的轮径设置是分别在车辆控制单元和制动控制单元上按轮径设置代码。

2. 静态试验

在静态试验开始前应将空调机组关闭，同时在列车两端端轴轮子下安放止轮器。

静态调试的作业内容应在两端驾驶室分别进行，具体介绍如下：

1）合上驾驶室蓄电池开关和驾驶室主控制器钥匙。检查蓄电池电压表的读数应大于77V。

2）分别对各受电弓进行脚踏泵升弓使用试验（脚踏泵位于B车3号座位下），各弓都应正常升起。

3）在所有受电弓处于落弓位置时用位于副驾驶台上的升弓按钮进行升弓，所有受电弓应正常升起。

4）检查主风缸压力，压力表读数应在0.75～0.9MPa之间，并进行保压试验，每5min泄漏量应小于0.02MPa。

5）按下灯泡测试按钮以检查各指示灯功能，此时驾驶室内指示灯（包括侧墙指示灯）亮。

6）按逆变器应急启动按钮进行逆变器应急启动试验。

7）检查空压机进、出口阀，应功能正常。在空压机停机时查看干燥器排水口，应能正常排水。复核空压机调压开关，要求开关功能正常，当压力小于0.75MPa时，打开；当压力到0.9MPa时，关闭。

8）进行气制动试验，检查防滑功能。

9）按下高速开关盒按钮，按钮内置指示灯亮。

10）按停车制动缓解按钮检查停车制动缓解功能，当列车的所有停车制动缓解后，按钮变亮。

11）检查空调启动功能。

12）检查头灯及运营灯。

13）按下按钮27～S01合上停车制动，关闭主控制器钥匙。将司机操作权转换至另一驾驶室。释放按钮27～S02使停车闸松开，操作正确。

14）对各控制单元校北京时间，要求各单元时间误差小于10s。

（十一）动态调试

动态调试在试车线上进行，如试车线长度足够长，应进行80km/h试验。如受试车条件限制，必须进行60km/h试验。

动态调试包括原地启动和关车试验、低速牵引及制动试验、牵引曲线试验、制动试验和ATC试验。

1. 原地起动和收车试验

由司机按司机手册的起动和收车步骤在列车两端逐项对列车进行操作。

2. 低速牵引及制动试验

在列车两端分别进行低速牵引和制动试验，具体如下：

1）进行慢行试验和故障牵引试验，使用便携式计算机记录下列车速度、触网电压和电动机转矩。慢行时列车限速3km/h，故障牵引时列车限速60km/h。

2）进行警惕按钮手柄释放试验，列车在警惕按钮手柄释放10s后列车自动施加紧急制动。

3）进行列车后退试验，此时列车最大运行速度为（10±3）km/h。

3. 牵引曲线试验

在两个方向上分别进行 36km/h、60km/h 和 80km/h 的牵引试验，使用便携式计算机记录列车速度、触网电压、线路电流、手柄参考值和电动机转矩。要求在各速度下牵引加速度符合技术标准。

4. 制动试验

制动试验分为全常用制动和紧急制动两类，制动距离测试条件为晴天、轨道干燥情况下，如在轨道条件差的情况下进行试验，可适当调整距离参数。同时，二次紧急制动操作中间至少应有不少于 5min 的时间间隔，在按下紧急停车按钮后应过 2min 再升弓。

在两个方向上进行全常用制动试验，具体如下：

将列车分别加速至 40km/h、60km/h 和 80km/h 时施行全常用制动，使用便携式计算机记录制动距离、时间和速度，要求各速度下的制动距离应符合技术标准。

在两个方向上进行紧急制动试验，具体如下：

1）列车加速至 20km/h 时，按下紧急停车按钮，此时列车进行紧急制动并落下受电弓。

2）将列车加速至 40km/h 时，将主控制手柄置零位惰行，方式方向手柄放置零位进行紧急制动，使用便携式计算机记录制动距离、时间和速度，制动距离应符合技术标准。

3）将列车加速至 60km/h 时，将主控制手柄拉至快速制动位，制动距离应符合技术标准。

5. ATC 试验

根据 ATC 的要求对列车进行运行试验。

四、架修

架修是电动列车运营里程数每达到 500 000km 或运营时间达 5 年时进行的检修，一般架修的周期为 20 天。前 10 天主要进行无电状态下的检修，后 10 天进行有电状态下的检修检查和静、动调试作业。架修的周期控制与备品备件的供应密切相关，建议对关键部件采用更换修理。

在架修中要求对车顶、车顶部件和车下部件如受电弓、空调、避雷器、电气箱、转向架及牵引电动机等进行外表清洁。对此，应做好电气箱的防水密封工作并选用合适的清洗剂，以防止对车厢外表及零件产生腐蚀。另外在架修修程的列车分解和运送项目中已提出部分需拆下和安装的部件，故在下面的架修修程介绍中，不再提出对上述部件的外表清洁要求和拆下、安装要求。

（一）列车分解

列车分解是对列车进行解钩和吹扫、将转向架从车体上拆卸、车体运送和定位，以及主要零、部件的拆卸等。

1. 列车解钩和吹扫

先将列车解钩分成两个三节车单元，然后分别进行车底吹扫。要求能基本将车底部分积尘吹扫干净。

2. 转向架的拆卸

1）将三节车组成的单元推上地下架车机械并解钩成三辆单节车，要求解钩后，各单节车对准架车位置。

2）架车分解转向架与车体后推出各转向架，在落转向架时应注意空气弹簧不受损伤。

3）拆下车体上的高度调节阀、垂向减振器、横向减振器等零、部件连同转向架送检，气管留在车体上。

3. 车体运送和定位

先在车体下安装假台车，车体在假台车上应平稳、到位。将各单节车分别用移车台运至架修台位，并在架修台位上对车体四角进行支承，要求车体支承后平稳，受力后不摇晃、不移动。

4. 主要零部件的拆卸

1）受电弓、避雷器、空调机组从车顶上拆卸送检。

2）将牵引电动机、空压机、干燥器、高速开关箱、车钩、蓄电池、制动电阻、制动电阻冷却风机、速度传感器、各控制单元及防滑阀从车体上拆卸送检。

5. 车顶其他部件检查

检查安装在车顶部位的空气管路、接头、电缆及接插件。

（二）车顶电气

车顶电气包括受电弓和避雷器。

1. 受电弓

1）分解受电弓各部件、检查瓷绝缘子、底部框架、下部撑杆部件、下部导向杆、上部撑杆、上部导向杆、集电头、气动装置及主压簧部件等。要求瓷绝缘子表面光洁、无油污、无裂纹、无破损、安装螺纹完好，其余各部件无裂纹、无变形，用模板检查尺寸，符合要求。气动装置压力为0.3～0.6MPa，5min保压试验泄漏量不大于0.02MPa。

2）组装受电弓，组装时更换炭滑板和轴承并润滑各相关部件。

3）对受电弓进行升、落弓时间测试，并在整个工作高度范围内进行接触压力测试。最后对瓷绝缘子进行绝缘电阻及交流耐压试验。

2. 避雷器

1）检查避雷器外观，应表面光洁、无破损、无裂纹。

2）检查安装螺纹。使用兆欧表测量对地绝缘电阻，应大于500MΩ。

3）检查连接线及紧固螺栓。

（三）驾驶室电气

驾驶室电气主要包括驾驶室照明及阅读灯、头灯、尾灯、运行灯、正副驾驶台、主控制器和参考值转换器等。

1. 驾驶室照明及阅读灯

检查照明灯罩、灯管、底座框架和电子镇流器接线，连接线无脱落、松动，线号清晰。

2. 头灯、尾灯、运行灯

检查外罩壳的密封性。

3. 表具

1）拆卸网压电压表及蓄电池电压表，并对两表进行计量鉴定。

2）安装网压电压表及蓄电池电压表，并检查电缆连接。

4. 正、副驾驶台

检查驾驶台桌面各指示灯罩、操作开关、按钮和显示屏等。要求各灯亮、无损伤、无损坏，显示屏工作正常。

5. 主控制器

1）从驾驶室驾驶台上拆卸主控制器并检查主控制器功能，要求主控制器功能正常，无异声。

2）然后检查主控制器联锁功能。检查电气接插件，要求接插件触头无烧灼、无锈蚀、无损坏，无松动。

3）最后与参考值变换器组合进行联调测试并将检测合格的主控制器安装回车辆上。

6. 参考值转换器

1）拆卸参考值转换器。

2）试验示波器进行波形检测，要求参考值变换器输出波形无畸变。

3）将检测合格的参考值转换器安装回车辆上。

7. 设备柜及电子柜

1）检查电气设备安装及电缆、电线接插件的状况。

2）检查设备柜接地装置。

3）清洁设备柜。

（四）客室电气

客室电气包括客室照明、外侧墙指示灯和设备柜。

1. 客室照明

1）拆卸日光灯格栅，要求格栅清洁、无变形。

2）检查日光灯管及灯管底座框架。要求底座牢固、无松动、灯管两头无严重发黑。

3）检查电子镇流器接线及端子，应无脱落、无松动、线号清晰。

4）检查格栅锁扣。

5）安装日光灯格栅。

2. 外侧墙指示灯

1）更换灯罩。

2）检查灯具及连接线，密封良好，接线无松动，无脱落。

3. 设备柜

1）检查电器设备安装及电缆、电线接插件的状况。

2）检查设备柜接地装置。最后清洁设备柜。

（五）电子设备牵引控制单元

电子设备牵引控制单元包括牵引控制单元、制动控制单元、中央控制单元、空调控制单元和 KLIP。

1. 牵引控制单元

1）对电气连接插头、插座进行清洁、检查。

2）拆卸各模块并除尘。

3）对带有电池的插件板更换电池。

4）检查通风风扇。

5）测试控制单元功能。

6）对系统按北京时间进行校正，要求前后误差小于 10s。

2. 制动控制单元

1）对电气连接插头、插座进行清洁、检查。

2）拆卸各模块并除尘。最后测试控制单元功能。

3. 中央控制单元

1）对电气连接插头、插座进行清洁、检查。

2）拆卸各模块并除尘。

3）对带有电池的插件板更换电池并安装模块。

4）检查通风风扇。

5）测试控制单元功能。

6）对系统按北京时间进行校正，要求前后误差小于10s。

4. 空调控制单元

1）对电气连接插头、插座进行清洁、检查。

2）拆卸各模块并除尘。

3）测试控制单元功能。

5. KLIP

1）拆卸各模块。

2）清洁各 KLIP 分站模块和背板。

3）安装模块。

（六）车下电气

车下电气主要包括牵引箱、高速开关、辅助电气箱、主蓄电池箱、制动电阻、速度传感器、静止逆变器、制动电阻冷却风机、牵引电动机和空压机电动机。

1. 牵引箱

1）拆卸各模块和电感进行清洁和目测检查。

2）使用干燥压缩空气或吸尘器对牵引箱内部和进出风口格栅进行清洁和检查。

3）拆卸安装在牵引箱内的线路接触器和预充电接触器，检查灭弧罩和辅助触点并更换主触头，要求灭弧罩内无积瘤、结尘，辅助触点功能正常。

4）拆卸牵引箱冷却风机，更换轴承并检查风机。

5）检查牵引箱内其他部件。

6）检查电缆连接及电缆连接插座，要求触点及连接处无氧化、无锈蚀、无损坏。

7）最后安装各拆卸部件。

2. 高速开关

1）对灭弧罩进行分解，检查灭弧片。

2）更换主触头、导杆装置、减振装置、减振器和叉架。

3）检查叉架与滚轮间的离合间隙，要求为（0.7 ±0.3） mm。

4）上试验台测试大电池跳闸门槛值，应为1 000A。

3. 辅助电气箱

1）检查辅助电气箱外部接插件。

2）检查所有接线、接线排、接线端子，要求接线无松动、无脱落、线号清晰。

3）检查部件代号标牌，要求粘贴牢固、字迹清晰。

4. 主蓄电池箱

1）清洁主蓄电池箱及底部排液孔，要求排液孔通畅。

2）检查电池抽屉、木格及连接电缆，要求抽屉动作灵活，木格无破损，接线良好。

3）分解并清洁主蓄电池。清洗前，用黄色运输塞换下白色气塞，电池、气塞、木格及连接件应清洁、无结晶。

4）使用密度计检测蓄电池电解液密度，应为1.19kg/L。

5）使用充电对主蓄电池进行充放电，要求电池电压大于DC 110V。

6）检查主蓄电池转换开关盒、熔丝刀开关盒及车上各连接线。

7）将充电后的主蓄电池安装上列车并接线。其中导电排应均匀涂抹润滑脂。

5. 制动电阻

1）检查电阻片，要求电阻片上无过热痕迹、无变形、无积灰。

2）检查各绝缘子，要求绝缘子无破损。

3）检查制动电阻箱内部和电阻片安装框架。

4）测量电阻单元阻值。

6. 速度传感器

1）检查速度传感器连接电缆状况，要求无裂纹、无破损。

2）检查传感器探头，应完好、无损坏。

3）检查电缆与车体之间的连接插座，要求插座无损坏，触点无烧灼、无损坏。插座安装螺栓无丢失。

4）检查电缆固定夹，应完好、无丢失。

5）测试传感器后安装传感器，要求传感器输出信号波形无畸变。

7. 静止逆变器

1）清洁过滤网和内部风道区域。

2）拆卸各模块并清洁检查。

3）清洁、检查、测试L1线电感器、F1主熔断器、绝缘子、A18电压传感器、A17电流传感器、A15子系统滤波电容及其他部件。

4）检查清洁主回路各连接排和绝缘子各连接插头、插座，要求无短路，绝缘符合要求。

5）检查清洁冷却风机，更换轴承。

6）检查、清洁逆变器控制单元及各光缆。

7）检查应急电池，要求更换新的电池且接线正确、牢固。

8）安装模块单元后，进行静态调试，要求各模块安装正确，接线牢固。静态调试各技术参数、波形符合技术要求。

9）进行动态调试，要求各技术参数、波形符合技术要求，工况正常。

10）对控制系统进行时间校正，要求与北京时间的误差小于10s。

8. 控制电阻冷却风机

1）检查风机筒和安装处各焊接部位，要求无裂纹，无变形，安装处平整，无开焊。

2）检查风机网罩力风机座板，要求焊缝无开焊，焊区周围无裂纹，网罩无变形。

3）检查电动机机座、定子线圈、端盖，要求机座无裂纹，线圈无损伤，无老化，端盖口良好，端盖轴承座无拉伤，无磨损。

4）进行电动机通电试验，并检查电动机轴承，要求通电30min，轴承不发热。

5）检查风机叶片，要求安装孔应无拉伤，叶片完好，无损伤，无积垢。

6）进行风机振动测试，要求低速振动值不大于 3.0mm/s，高速振动值不大于 7.0mm/s。

9. 牵引电动机

1）检查电动机的进风口及罩盖。

2）检查电缆、电缆接头及速度传感器。

3）润滑两端轴承，要求 D 端加注 160g、N 端加 140g。油脂更换完成后，应清除油腔内的废油脂。

4）检查注油孔盖，要求注油孔盖锁紧装置良好，无松动，无缺盖。

10. 空压机电动机

1）分解空压机电动机。

2）检查定子并测试定子绕组对地耐压，要求定子绝缘无破损、过热现象。在 4 000V、1min 下定子绕组对地无击穿。

3）检查电枢，要求绕组表面无破损、烧伤和过热。无纬带、无毛刺、无开裂。轴颈各工作表面无拉伤，符合要求。键槽完好。4 000V，1min 下电枢绕组对地，冷态下绝缘电阻大于 5MΩ，热态下绝缘电阻大于 2 MΩ。

4）精车换向器表面，要求换向器表面粗糙度 *Ra* 达 0.8μm，下刻深度 1.2mm，倒角 0.5mm×30°，工作表面无拉伤，无毛刺。

5）检查其他各部件并更换电刷。

6）上电动机试验台对空压机电动机进行试验。

（七）转向架

转向架主要包括转向架的分解、构架、一系悬架装置、二系悬架装置、液压减振器（横向、垂向）、横向缓冲装置、垂向止挡、中央牵引装置、抗侧滚扭杆装置、轮对、轴箱、联轴器、齿轮箱支架、齿轮箱、接地装置、转向架组装、转向架试验，转向架组装后的垫片调整、转向架组装后的检查、转向架落车后的抗侧滚扭杆连杆调整和地板面高度调整及悬架装置调整。

1. 转向架的分解

分别从构架上拆下牵引电动机、联轴器、制动单元、层叠弹簧、横向止挡、垂向止挡、中央牵引装置、横向减振器、抗侧滚扭杆、齿轮箱支架、轴箱拉杆、一系弹簧、轮对。其中要注意齿轮箱、联轴器拆卸之前应将润滑油放净。

2. 构架

1）清洁构架，要求一系弹簧固定座与构架拱形结构之间的空腔必须清洁干净。构架应无积垢，无油污。

2）重点检查构架电动机安装座、牵引拉杆座、一系弹簧座等受力部位，要求无裂纹、无腐蚀，无变形。

3）检查构架变形，测量构架一系弹簧座与测试台支座间的间隙。

3. 一系悬架装置

1）清洗一系弹簧和调整垫片，要注意橡胶件清洗后再用清水冲洗并擦干。

2）检查一系弹簧的金属板，要求无翘曲。

3）检查一系弹簧的橡胶，要求无裂纹，或允许一条深度小于 16mm 的裂纹，或多条深度小于 8mm 的裂纹，或一条深度小于 8mm 的整个周向裂纹。

4）垂向载荷性能试验，其中动车为 1 127kN、拖车为 1 027kN。

5）按试验结果进行成组选配。

4. 二系悬架装置

1）清洗并检查所有零部件，要求气囊内外表面无严重损伤、裂纹和刀痕，无金属丝暴露在外的现象，叠层弹簧表面不得有深度大于 2mm 的疲劳裂纹，或大于 5mm 深的橡胶与金属松弛现象。

2）进行层叠弹簧尺寸检查及性能试验。

3）测量磨耗板的厚度，应大于 11mm。

4）紧固所有空气弹簧固定螺栓并检查空气弹簧的密封性，空气弹簧导板涂二硫化钼。

5）将磨耗板安装于叠层弹簧顶部，在转向架安装到车体下之前涂二硫化钼。

5. 液压减振器（横向、垂向）

1）清洗并检查液压减振器外表面，要求无灰尘，无油污，无泄漏，无损伤。

2）测试液压减振器性能，为在规定速度下分别测试拉伸阻尼力和压缩阻尼力。

6. 横向缓冲装置

1）分解横向止挡和横向止挡座。

2）清洗并检查各零件，要求耐磨板无偏磨，橡胶表面无裂纹，无破损和龟裂。

3）按特性曲线进行特性试验。

4）将横向止挡安装在横向止挡座上，测量横向止挡块相对横向止挡座的凸出量，橡胶块凸出量为（15 ±1）mm。

7. 垂向止挡

1）清洗并检查垂向止挡，要求无裂纹，无龟裂。

2）按特性曲线进行特性试验。

3）将垂向止挡安装在已检修完的轴箱上，橡胶凸出量为（6 +1）mm。

8. 中央牵引装置

1）分解中央牵引装置。

2）清洗分解后的零件。

3）检查分解后的零件，要求橡胶件无裂纹、无龟裂、无破损。金属表面无裂纹、无剥离、无破损。螺纹良好，销轴表面无剥离、无腐蚀和擦伤，心盘上保护螺栓撞击凹坑，需焊补磨平后涂刷油漆。

4）进行复合弹簧测量与试验。

9. 抗侧滚扭杆装置

1）分解抗侧滚扭杆，需注意扭臂需水平安置后压出。抗侧滚扭杆拆卸装置不得倾斜或掉地。

2）清洗所有零部件，注意关节轴承用施普清清洗剂清洗。球面轴承检查发现有点蚀或剥离即更换。

3）检查、测量扭杆，要求扭杆左、右侧齿位必须在同一直线上，误差不超过 ±0.5mm。

4）对扭杆进行探伤，要求无裂纹。

5）对关节轴承注油并装配。

10. 轮对

1）测量车轮踏面直径、轮缘高度 S_h、厚度 S_d及综合指标 Q_r值。

2）在测量后，判定镟削后的车轮踏面直径，如车轮直径小于785mm或厚度 S_d小于26，必须换轮。若轮径 d 大于785mm，清洗、检查轮对，车轮上的注油孔油塞，对车轴进行在线探伤。如退轮，在退轮及退卸迷宫环后，对车轴表面进行探伤，齿轮嵌入部位进行超声波探伤，要求无裂纹，无腐蚀，无碰伤。

3）使用内侧距尺测量轮对内侧距，应在（1358 +1） mm间。

4）镟削车轮。

5）清洁轮对，并涂防锈油进行防锈处理。

11. 轴箱

1）分解轴箱。

2）清洗分解下的零部件。

3）检查所有零部件。

4）清洗轴承并烘干，要求轴承外圈、滚球和保持架无裂纹、无变色。

5）把轴箱安装到车轴上，安装时更换所有紧固件和O形密封圈。轴箱注油时，必须完全加满保持架和滚子之间的空间，轴箱体的后腔只加满一半。

12. 联轴器

1）使用清洗剂清洁联轴器，要求外部干净，无油污、无灰尘。清洗水不得进入联轴器油孔。

2）目测检查联轴器，其金属表面应无裂纹、无剥离、无破损，橡胶件无龟裂、无破损。

3）组装联轴器并加油。

13. 齿轮箱支架

使用清洗剂清洗并检查齿轮箱支架，要求干净、无油污、无灰尘。橡胶件无裂纹，无龟裂、无破损。

14. 齿轮箱

1）目测检查齿轮箱体，要求箱体无裂纹，无滴油。

2）使用清洗剂清洁齿轮箱体，要注意清洗水不得进入齿轮箱。

3）进行注油。特别注意在列车上试车线调试后应再次检查齿轮箱油位。

15. 接地装置

1）拆下接地装置。

2）目测检查各零部件，要求各零部件无损伤、无变形。集电环表面平整，无毛刺，如滑痕太深，重新打磨，电刷工作高度符合规定。

3）使用力矩扳手检查各连接螺栓的拧紧力矩。

16. 转向架组装

1）在组装后的轮对上安装速度传感器电缆线并测量间隙，间隙要求为（0.9 ±0.5） mm。

2）安装一系弹簧。

3）落构架至轮对上，安装轴箱拉杆，垂向止挡，各力矩符合规定。

4）安装安全轴销，齿轮箱支架，应注意抬车保护螺栓至心盘上平面间的间隙。

5）安装单元制动机、抗侧滚扭杆、横向缓冲装置、层叠弹簧、抬车保护螺栓、心盘和牵引拉杆、固定速度传感器软管，要求抗侧滚扭杆左右两水平臂必须在同一角度位置，左右两轴承座中心高度差1mm，且转动灵活，无卡死现象。单元制动机与构架连接扭矩应符合要求。最后安装牵引电动机，联轴器及气管。

17. 转向架试验

将组装好的转向架吊至转向架试验台上测轮重和轴平行度，要求轮载偏差不得超过整个转向架轮载平均值2%；两轴平行度不大于0.75mm；AWO工况下，构架基本垫片顶部至轨面的垂向距离为（619±3）mm，并左右两侧至轨顶面的高度差绝对值不大于1mm。

18. 转向架组装后的垫片调整

1）进行层叠弹簧垫片调整并固定垫片，根据转向架试验后数据确定所需垫片厚度，根据技术要求调整轴箱顶部至构架下部调节板下缘距离。

2）进行一系弹簧补偿垫片调整，固定垫片段。

19. 转向架组装后的检查

1）使用力矩扳手对各紧固件拧紧力矩进行复测。

2）对所有止退垫片翻边。

3）做防松标记。

4）检查齿轮箱油位，油位到油尺刻度线，放油孔塞上须用钢丝保险（第一次运营20 000km后，需重新换油）。

5）检查联轴器油位。

20. 转向架落车后的抗侧滚扭杆连杆调整

1）在空气弹簧未充气时，扭杆连杆调整。

2）空气弹簧充气后，扭杆连杆调整。

21. 地板面高度调整及悬架装置调整

1）在充气状态下在零线轨道上调整地板高度。

2）无电状态下再调整齿轮箱与电动机位置尺寸。

（八）车门、车体、车钩

车门、车体、车钩包括客室车门、车体外部、车体内装饰、座椅、地板、贯通道、折篷、驾驶室内装饰、驾驶室侧门、安全疏散门、刮水器、全自动车钩、半自动车钩和半永久车钩。

1. 客室车门

1）使用洗涤剂清洁并检查驱动气缸，润滑驱动气缸的活塞杆和球形铰接头。要求气缸运行自如且无异声。

2）拆卸并使用洗涤剂清洗门锁钩装置，检查门锁钩单元的磨损情况并加油润滑，清洁并润滑解锁气缸的活塞和活塞杆。检查并调整解锁气缸节流阀。

3）清洁和检查紧急开门装置。

4）清洁和检查上下端门刷、门叶和门玻璃护指橡胶密封条，并对护指橡胶加硅油。要求玻璃清洁，门叶无变形，护指橡胶密封条无破损、无老化，润滑均匀。

5）清洁和目测检查导轨，调整紧固导轨螺栓。要注意导轨工作表面的清洁不可使用化学清洗剂。

6）安装车门解钩装置。

7）检查并更换车门承载轮、防跳轮和绳轮。

8）检查门叶与门槛间间隙及安全钩的工作情况，要求车门门槛与门叶间隙为 1 ~ 2mm，安全钩与门销间隙为 1 ~ 1.5mm。

9）清洁和检查传动钢丝绳，并使用悬挂重块的方法测量其张紧程度。

10）使用关门压力计和秒表分别检测开关门时间和关门压力，其中开关门时间为（2 ± 0.5）s，关门压力为 150 ~ 200N。

11）清洁或更换各限位开关。

12）检查各门控接线。

2. 车体外部

1）检查车体外壳有无局部破坏或锈蚀情况，若有，允许用挖补、截换方法进行焊修，修后应表面平整，外观恢复原状并补涂同色油漆。

2）检查车底安装各箱体、缸体支架的紧固元件。

3）检查登车脚蹬的安装。

4）检查车窗安装，要求橡胶框无龟裂、老化和破损现象，玻璃无裂纹和严重划伤，玻璃夹层中无进气和进水现象。

5）检查目的地指示器安装和功能，要求目的地指示器显示准确，部件完好，安装牢固，作用良好，转动部位须润滑。

6）进行中心销孔探伤检查，要求无裂纹、无损伤。

3. 车体内装饰

1）检查客室各部墙、顶板、装饰条外观，要求无破损、无严重变形，油漆良好。

2）检查车边顶弧形盖板及其锁的安装和功能。

3）检查车载灭火器状态，应安放到位，安装牢固，并在有效期内。

4）检查立柱、扶手安装。

5）清洁客室内各部墙板、饰条、扶手、立柱等设施。

6）清洁风道。

4. 座椅

1）检查座椅的安装和外观。

2）检查座椅下盖板及其门锁的安装、开闭功能和外观。

3）清洁受电弓升弓脚踏泵及电磁阀。

5. 地板

地铁车辆的客室地板一般寿命为 10 年，但在大客流运营等情况下会有部分地板出现损坏的情况，因此在架修中先检查地板的安装和外观，要求安装牢固、平整、无破损，清洁无污垢。地板的覆盖层与地板应粘接牢固，如有鼓泡、破损，一处则直径应小于 150mm；两处则每处直径应小于 80mm，否则需将原整块揭掉后重新粘接。

6. 贯通道、折篷

1）检查折篷的安装和外观。

2）检查过渡板的安装和外观，要求过渡板无裂纹及严重磨损，翻转灵活，磨耗条厚度须小于 2mm，否则更换。

3）检查活动侧墙及连接顶板的安装和外观。

4）清洁贯通道处各部。

7. 驾驶室内装饰

1）检查驾驶室座椅安装、功能和外观，主要要求各部件连接、紧固良好，调节功能正常。

2）清洁并润滑驾驶室座椅活动部位。

3）检查和清洁内饰板、挡风玻璃，要求各墙板、顶板和设备柜外表无破损、油漆良好，挡风玻璃及窗密封条完好无损。最后检查和清洁司机操作台。

8. 驾驶室侧门

1）检查和清洁门导轨，并紧固所有门导轨安装螺栓，要求门导轨外侧面与车体侧墙外侧面距离应为（48 ±1）mm，门导轨滑动面清洁、光滑。

2）检修门锁钩板、复原弹簧，门锁钩板、压簧一律更换，其他滑动摩擦部位须润滑。

3）检修门叶及其门锁。

4）检查门槛条安装和外观并清洁门槛条。

5）进行车门安装和调整，要求门叶与门槛条间隙为 1 ~2mm，在驾驶室门的护指条安装时，保证上部间隙比下部间隙大 1mm，防跳轮上部边缘与导轨之间间隙为 0.2 ~0.3mm，调整关门止挡，使门处于关闭位置时，门锁钩完全锁住销子。

9. 安全疏散门

1）检查安全疏散门及门上各部件的安装、功能及外观，要求各部件完好，安装牢固，功能正常。

2）清洁安全疏散门及门上各部件并润滑扶手各转动支点、钢丝绳和弹簧锁。

10. 刮水器

对刮水器进行检修，更换刮水器前刮板且刮水器安装良好，功能正常。

11. 全自动车钩

1）清洗机械车钩的表面和钩头，应采用冷洗方式。

2）测量车钩钩舌间隙。

3）分解全自动车钩。

4）检查钩头各零部件磨损状况，对钩锁连接杆、抱箍、钩锁、舌销进行探伤。

5）对钩头零部件油漆和润滑以及对中心轴进行润滑并组装。

6）清洁、检查、润滑和油漆连接环，进行无损探伤并更换所有垫圈，须注意连接环不得有损伤且连接环的内表面不用油漆。

7）对缓冲器进行静态检查，应检查标志环有无变化并用塞尺检查轴环处间隙。

8）检查垂向支承、接地电缆和软管。

9）检查手动解钩钢绳。

10）清洗和检查解钩风缸及对中风缸部件总成。对风缸内壁清洗、涂油脂以及更换密封圈。

11）组装全自动车钩。

12）进行功能试验和气密性试验，要求无泄漏且车钩联挂后间隙小于 1.3mm。

13）进行电气车钩的清洗和检查。要求检查触点的弹性和表面粗糙度，并按线号检查其导线是否导通。

12. 半自动车钩

1）将支撑板从钩头上拆下，拆下行程开关并进行检测。

2）清洗机械车钩的表面和钩头，应采用冷洗方式。

3）测量车钩钩舌间隙。

4）分解半自动车钩，清洗支撑板及各零件，检查磨损情况。传动齿轮和齿条清洗后再涂油，其余零件补漆。

5）检查电气车钩解钩孔盖板装置，弹簧损坏则更换。

6）检查钩头各零件磨损状况，对钩锁连接杆和钩锁、锁舌以及抱箍进行探伤检查。

7）对钩头零部件油漆或润滑以及对中心轴进行润滑并组装。

8）对缓冲器进行静态检查，应检查标志环有无变化并用塞尺检查轴环处间隙。

9）清洗连接环，并进行探伤，润滑内表面，油漆外表面。

10）清洗并检查垂向支承、接在电缆和通气软管，要求无裂纹，无磨损，橡胶件无老化。

11）检查支撑座，要求无裂纹，轴套无严重磨损，橡胶件无老化。

12）清洗和检查解钩风缸及对中风缸部件总成。对风缸内壁清洗、涂油脂以及更换密封圈。

13）组装全自动车钩。

14）进行功能试验和气密性试验，应无泄漏且车钩联挂后间隙小于1.3mm。

15）测量检查车钩结合面和电气结合面的位置，要求电气头结合面凸出机械结合面2～3mm。最后进行电气车钩的清洗和检查，要求检查触点的弹性和表面粗糙度，并按线号检查其导线是否导通。

13. 半永久车钩

半永久车钩的架修需将车钩从车体上拆下并分解，检修后再组装、试验和装车。对分解的各零部件需进行清洗和检查，要求各零部件无裂纹和严重磨损，然后油漆外表面。其中对抱箍应进行探伤处理和内表面磨损检查，应无严重磨损和裂纹。对缓冲器应进行静态检查，主要检查标志环有无变化并用塞尺检查轴环间隙。对支撑座进行检查，要求无裂纹，轴套无严重磨损，橡胶件无老化。

当所有零部件检查合格后，则进行半永久车钩组装，主要要求支承座与钩尾冲击座紧固力矩及橡胶支撑座处紧固力矩应符合技术要求。

组装完成后，对气路接头进行气密性试验。如气路接头有泄漏，用密封胶重新密封并紧固。对电气车钩触点的弹性和表面粗糙度进行检查，并按线号检查其导线是否导通。最后进行装车。

（九）空气制动系统

空气制动系统包括空气压缩机、空气干燥器、单元制动机、称重阀、压力开关、各种测试接头、双针压力表、过滤器、防滑阀、安全阀和高度阀。

1. 空气压缩机

对于空气压缩机的架修要求如下：

1）先把空气压缩机单元从车体上拆下。

2）然后将空气压缩机与电动机分解开。

3）空压机电动机按上面有关电动机的检修要求进行。空气压缩机的检修首先进行分解，清洗各零部件，检查内部零件是否有损坏。

4）然后清洗空压机外表及冷却器叶片并对需要润滑的零部件进行润滑。

5）组装空压机后将空压机与电动机重新组装。

6）进行整机试验并补漆。

2. 空气干燥器

1）拆开空气干燥器，进行清洗并检查零部件。

2）重新组装空气干燥器，更换干燥剂。

3）进行功能测试。

4）对外表重新油漆。

3. 单元制动机

1）对制动机作外观清扫。

2）松开闸瓦连接螺栓、螺母，取下挡圈环，抽出扭簧心轴，取下吊臂。

3）拧下定位弹簧螺套，对弹簧片进行清洗，清洁后，在弹簧片涂上薄层润滑脂。

4）将制动单元吊至试验台上进行功能及泄漏测试。

5）安装吊臂、扭簧心轴、扭簧，并将挡圈环扣好，其中扭簧和心轴涂上薄层润滑脂，螺杆表面涂润滑脂。

6）将闸瓦托连接螺栓插上，并将螺母拧紧。

7）检查、清洁皮腔，并对其润滑。

8）更换闸瓦。

4. 称重阀、压力开关

1）从车体上拆卸称重阀、压力开关并清洁阀的表面。

2）对阀进行检查、清洁、润滑后上测试台测试阀的功能，要求功能良好、无泄漏。

3）安装称重阀、压力开关。

5. 各种测试接头

1）清洁各种测试接头。

2）对各种测试接头进行外观检查，要求无损伤、无裂纹、无变形。

3）测试各种测试接头的功能。

6. 双针压力表

1）拆卸并清洁压力表外表面。

2）对表进行外观检查后送计量。

3）将校验合格的压力表安装上车。

7. 过滤器

1）从车体上拆卸过滤器并分解，清除过滤器内杂物。

2）将过滤器安装回车上。

8. 防滑阀

1）拆卸并清洁阀的表面。

2）对阀进行检查、清洁、润滑。

3）测试阀的功能后安装回车上，测试中特别要注意绝缘性能应良好。

9. 安全阀

架修中必须更换所有的安全阀。

10. 高度阀

1）从车体上拆卸高度阀并分解。

2）清洗、检查、润滑所有零部件。

3）重新组装后进行功能测试。

（十）空调

在架修开始后，应首先将空调单元从车顶拆下，对蒸发器箱、冷凝器箱、风道等进行检查和试验。

1. 蒸发器箱

1）检查箱体钥匙锁扣、铰链。

2）拆除蒸发器箱内部隔热层。

3）拆下新风滤尘网并清洗。

4）清洁混合风滤尘网框架。

5）更换混合风滤尘网。

6）拆下通风电动机和风叶。

7）分解电动机，更换轴承，烘干定子，加油脂，重新组装电动机，检测电动机，要求电动机运转平稳，无异声。

8）清洗箱体内部及进风格栅内部。

9）清洗蒸发器翅片。

10）清洗排水孔，使排水顺畅，蒸发器箱内无积水。

11）检查蒸发器翅片，应无损伤变形。

12）清洁循环空气挡板，气动缸及气路外观。

13）检查循环空气挡板及气动缸，要求功能正常，无泄漏，结构无松动。

14）清洗并检查风叶。

15）检查各温度传感器。

16）检查管路、阀门，应无损伤变形和泄漏。

17）组装通风电动机总成。

18）粘贴隔热层材料。

2. 冷凝器箱

1）检查箱体钥匙锁扣、铰链。

2）拆下冷凝器电动机和风叶。

3）分解电动机，更换轴承，烘干定子，加油脂，重新组装电动机，测试电动机，要求电动机运转平稳，无异声。

4）清洗并检查风叶。

5）清洗箱体、冷凝器翅片，对于污垢严重的使用中性洗涤剂。

6）检查管路、阀门，应无损伤变形和泄漏。

7）检查电磁阀、冷凝器翅片和压力传感器。

8）检查压缩机外观及其安装座橡胶件和紧固螺栓、接线端。

9）通过视油窗检查压缩机油位，应在视镜的1/2位置以上，2/3位置以下。

10）检查制冷剂视镜中心色柱，色柱呈紫色，腔内洁净；呈粉红色为制冷剂含水量过高；藏青色为制冷剂内含污垢过多，更换干燥过滤器。

11）组装冷凝器电动机总成。

3. 风道

清洁、检查客室风道，应无积灰、无损坏。

4. 运转试验

对组装完毕的空调单元上试验台进行运转试验。

5. 系统功能试验

在空调单元装车后使用便携式计算机控制空调系统试运转，并检查客室紧急通风功能。

6. 驾驶室

1）清洁驾驶室加热设备。

2）检查驾驶室通风机外观。

3）检查通风机的可调风口。

4）检查驾驶室操作台下靠侧墙侧的送风风口。

5）进行通风机性能测试。

（十一）静态调试

静态调试是在列车组装后进行的通电试验，分低压和高压两部分，主要为车辆初始状态检查、列车得电检查、驾驶室得电检查、脚踏升弓检查、驾驶室指示灯测试、升弓落弓检查、辅助电源分配检查、门控检查、故障模拟、客室内指示灯检查、牵引控制单元（TCU）静态调试、高速开关功能检查、制动施加释放操作和轮径设置。下面分别进行简要的介绍。

1. 车辆初始状态检查

1）检查所有设备的手动开关，要求开关位置正确。

2）检查所有设备的低压断路器，所有开关应处于闭合位置。

3）检查蓄电池刀开关及熔丝，刀开关应合上，熔丝完好。

2. 列车得电检查

合上列车控制接通关，检查蓄电池电压表，显示值应大于105V。

3. 驾驶室得电检查

使用司机钥匙打开主控制器。要求钥匙打开、关闭、插入、抽出自如，110V供电正常。

4. 脚踏升弓检查

1）在使用手动开关和低压断路器切除所有空压机组和空调及所有逆变器后，合上列车控制接通开关，再打开主控制器。

2）使用脚踏泵进行升弓，此时驾驶室网压表显示正常，脚踏次数不超过20次。

3）依次打开所有逆变器，逆变器启动正常，无故障，绿灯显示正常，声音正常。

4）接通空压机组并检查空压机组运转情况，打开空调机组，应工作正常，无故障显示。

5. 驾驶室指示灯测试

分别在两驾驶室按下指示灯测试按钮测试驾驶室指示灯，此时控制面板上的所有指示灯闪光发出警报声。

6. 升弓、落弓检查

分别在两驾驶室用升弓按钮和落弓按钮进行升弓、落弓，检查受电弓的升弓、落弓情况，检查指示灯的显示情况。

7. 停车制动检查

分别在两头驾驶室用停车制动施加和释放按钮进行停车制动施加和释放检查，同时检查侧墙停车制动施加灯和驾驶室停车制动施加释放灯的显示功能，要求停车制动施加、释放功能正常，侧墙蓝色指示灯停车制动施加时亮，驾驶室指示灯显示功能正常。

8. 逆变器应急启动

分别在两节A车用逆变器应急启动按钮进行逆变器应急启动操作，检查其功能，要求升弓正常，网压表显示正常，逆变器启动正常，直到对应灯变暗，受电弓自动升起。

9. 风扇检查

分别进行牵引箱风扇工作状态和制动电阻风扇低速运转检查。要求风扇运转正常，无异声。风速、风量正常，风向正确。

10. 客室照明

检查客室内所有照明设备。对于在2min内不能启动的日光灯管或电子镇流器应予更换。

11. 驾驶室各种照明灯及标志灯检查

检查驾驶室照明、速度表、气压表、目的地灯、车号灯和头灯、尾灯、运行灯。要求目的地灯及车号灯显示准确，头灯亮/暗调节功能正常。

12. 辅助电源分配检查

首先将1单元A车逆变器切除，此时一路照明不亮，设备通风正常。然后将2单元A车逆变器切除，此时应另一路照明不亮，设备通风正常。最后分别切除每节动车逆变器，则相应的空调不启动。

13. 门控检查

1）进行车厢门灯检查，当门切除时，车门内外门切除灯亮，车门打开时车门灯亮。

2）进行驾驶室开、关门功能及指示灯功能检查，要求开关门功能正常，开关门时间（2±0.2）s和压力正常（130~150N），驾驶室指示灯、侧墙开门灯（黄灯）显示正常。

3）检查再开门功能，则仅没关好的门再次开门，再次关门。

14. 故障模拟

依次切除每扇门，显示器显示相应门控故障及门位置。依次拉下每一紧急开门手柄，显示器显示相应门控故障及门位置。

15. 客室门指示灯检查

对所有TCU、EBCU、ACU、CCU、KLIP指示灯及数码管信号显示进行检查，要求所有指示灯数码显示管显示功能正常并应显示本单元无故障。

16. 牵引控制单元（TCU）静态调试

分别对牵引箱内主接触器、预充电接触器、牵引箱风扇、紧急牵引、气制动释放、制动风扇响应、TCU信号、牵引命令、制动指令、紧急制动、前进方向、后退方向、制动模块温度、制动电阻温度，空气进风口温度、牵引箱内电阻温度、TCU箱温度、线网电压传感器、U相电动机电流传感器、V相电动机电流传感器、W相电动机电流传感器、连接电压传感器、相同连接电压变压器、ED-Brake 输出、牵引箱风扇接触器、停车制动输出和车辆无动作等信号进行检测。

17. 高速开关功能检查

分别在两个驾驶室进行高速开关的合、分操作，检查高速开关的动作情况及驾驶室指示灯显示情况。

18. 制动施加释放操作

分别施加各制动，检查压力表显示压力情况和指示灯状态，检查气路动作情况。

19. 轮径设置

通过驾驶信息显示屏设置 TCU 轮径，并校验北京时间，要求系统显示时间与北京时间的误差小于 10s。

（十二）动态调试

动态调试主要包括库内试车、慢行试验、紧急牵引试验、常用制动试验、快速制动试验、紧急制动试验、电制动失效试验、牵引特性试验和后退试验。

1. 库内试验

在库内进行牵引手柄低位、低速运行及制动，以观察列车的运行情况，要求所有驾驶室面板信号显示正常，侧墙信号灯显示正常。

2. 慢行试验

在两个方向上分别按下驾驶室的慢行开关，进行 10min 的慢行试验。列车限速为（3 + 1）km/h。

3. 紧急牵引试验

在两个方向上分别将牵引开关转至紧急牵引位，进行紧急牵引试验。在全牵引工况下，列车限速为 60km/h。

4. 常用制动试验

在两个方向上分别进行 40km/h、60km/h 及 80km/h 下的快速制动。各速度下快速制动距离分别符合技术要求。

5. 紧急制动试验

1）在两个方向上将手柄置零位，释放警惕按钮进行 60km/h 的紧急制动，要求功能正常，制动距离符合技术要求。

2）在两个方向上将方式/方向手柄推至零位进行 80km/h 的紧急制动，要求功能正常，制动距离符合技术要求。

6. 电制动失效制动试验

1）在两个方向上分别切除一节动车进行 80km/h 的电制动操作，要求减速度符合技术要求。

2）在两个方向上分别切除二节动车进行 80km/h 的全常用制动操作，要求减速度符合技术要求。

7. 牵引特性试验

1）在两个方向上分别进行列车全牵引至 36km/h，再进行制动的操作，要求从 36km/h 到 0 的减速度符合技术要求。

2）在两个方向上分别进行列车全牵引至 60km/h，再进行制动的操作，要求从 60km/h

到0的减速度符合技术要求。

3）在两个方向上分别进行列车全牵引至80km/h，再进行制动的操作，要求从80km/h到0的减速度符合技术要求。

8. 后退试验

在两个方向上分别将方式方向手柄置后退位置、主控制手柄推至全牵引位进行后退试验，速度应限制在设计速度内。

五、大修

大修是电动列车运营里程数每达到1 000 000km或运营时间达10年时进行的检修，一般大修的周期为25天。前20天要进行无电状态下的部件拆卸、检修和安装，后5天进行有电状态下的检查、静态测试和列车动态测试。大修的周期控制与备品备件的供应密切相关。应以部件更换修为主。

电动列车的大修是最高级修程，因此，在大修中，许多的电气部件和机械部件都将从车辆上拆下送检修车间进行分解维修或直接报废。由于各主要电气部件和机械部件的分解维修在后面的车辆部件维修中都做了详细的介绍，在此，将不再重复。

（一）列车预检

对待修列车进行关键部件的检查和主要功能测试。

（二）列车的分解及清洗

将列车逐节分解，安装假台车并进行清洗和油漆。

（三）部件拆卸

将受电弓、空调等部件从车辆上拆卸下来。

（四）部件检修

1. 受电弓

1）分解受电弓并清洁各部件。

2）检修传动机构、升弓弹簧和集电头等部件。再组装受电弓并油漆。

3）上试验台进行测试，主要是进行气缸保压试验、支持绝缘子耐压试验、升弓压力调整和升、落弓时间调整。

2. 车间电源

检修并测试接触器、电阻、电容单元。装车后应将电源插座板锁紧并使用绑扎带加固。

3. 高速开关

1）分解高速开关并清洁各部件。

2）更换主触头及辅助触头。再组装高速开关。

3）上试验台测试，主要是进行整定值调整、耐压试验及动作时间测试。

4. 牵引斩波器单元

牵引斩波器单元的大修分为牵引斩波器的检修和牵引斩波器冷却装置检修两部分。

对于牵引斩波器，进行清洁、检查和测试作业。

对于牵引斩波器冷却装置：

1）对其通风区域进行清洁并检查。

2）检修冷却电动机风扇并更换风机轴承。

3）进行组装和测试。

5. 牵引电动机

1）分解电动机。

2）进行清洁、检修并更换轴承及电刷。再组装电动机。

3）上牵引电动机试验台进行试验，主要是进行冷态电阻测量、额定试验、小时温升试验、热态电阻测量和换向试验。

6. 制动电阻单元

制动电阻单元的大修分为制动电阻和制动电阻风扇两部分。

（1）对于制动电阻

1）进行清扫。

2）检查电阻元件、绝缘子及其他部件。

（2）对于制动电阻风扇

1）清洁、检查并测试风速传感器及过载保护装置。

2）检修制动电阻风扇并更换所有轴承及密封圈。

3）进行油漆、组装和测试，测试的主要项目是耐压试验，风扇高低速试验和制动电阻单元振动试验。

7. 各控制单元

对各控制单元进行清洁，检查和测试。带有锂电池的更换锂电池。

8. 接地电刷装置

清洁并检修箱体。更换电刷和集电环。

9. 速度传感器

对速度传感器进行清洁、检查和测试，测试要求速度传感器的输出波形的上升沿、下降沿及电位在允许范围内。

10. 接触器

1）分解、清洁接触器。

2）检查各部件并更换主触头、弹簧和辅助触点。

3）进行组装和测试，测试主要是进行耐压试验、分断闭合时间测试和主触头接触状况调整。

11. 静止逆变器

静止逆变器由逆变器基本箱和逆变器输入输出箱组成。

对于逆变器基本箱：清洁并检查冷却装置组件。

对于逆变器输入输出箱：

1）清洁。

2）检查绝缘子、冷却装置组件。

3）更换冷却风机轴承。

4）对应急蓄电池进行清洁、检修并更换电池单元。

5）进行测试。

12. 蓄电池

1）清洁并检查主熔丝及辅助开关。

2）清洁、检查各蓄电池并进行激活处理。

13. 照明

照明分内部照明和外部照明。

内部照明包括客室照明、内部显示灯和驾驶室照明，应进行清洁、检查、测试并更换灯泡。

外部照明包括对头灯和尾灯、运营灯和外部显示灯，应进行清洁、检查、测试并更换灯泡。

14. 空调

空调系统由空调机组、空调控制单元、驾驶室加热通风装置和风道组成。

对于空调机组：

1）应清洁、检查机组并更换橡胶密封条。

2）检修冷凝器和蒸发器。

3）检修冷凝机与通风风机电动机并更换轴承，更换干燥过滤器芯。

4）进行组装、油漆和试验台测试。

对于空调控制单元：应进行清洁、检查，更换存储器后备电容并进行测试。

对于驾驶室加热通风装置：进行清洁、检查和功能测试。

对于风道：进行清洁、检查。

15. 转向架

1）进行部件分解。

2）对各部件进行清洁和检修，其中构架、中央牵引装置、抗侧滚扭杆、车轴、中心销和齿轮销齿轮需进行探伤，更换垂向与横向液压减振器、轴箱拉杆的紧固件、轴箱止挡的橡胶件、轴箱轴承、空气弹簧和应急弹簧、一系弹簧并选配、车轮和齿轮箱轴承。

3）进行组装。

4）进行试验台试验，主要的试验项目有车轮轮载、车轴平行度、构架至轨面的距离和齿轮箱吊杆高度调整。

16. 车钩

车钩分为全自动车钩、半自动车钩和半永久车钩。

（1）全自动车钩

1）对机械部件进行分解和清洗。

2）对电气箱进行检查和清洁并更换触点和密封圈。

3）对机械部件进行检修，更换电磁圈、密封件及限位开关并对钩舌等进行磁粉探伤。

4）进行油漆、组装和试验台试验。试验台试验进行车钩连挂、解钩试验和气密性试验。

（2）半自动车钩

1）对机械部件进行分解与清洗。

2）对电气箱进行检查和清洁并更换触点和密封圈。

3）对机械部件进行检修，更换电磁阀、密封件及限位开关，并对钩舌等进行磁粉探伤。

4）进行油漆、组装和试验台试验。试验台试验进行车钩连挂、解钩试验和气密性试验。

（3）半永久车钩

1）对机械部件进行分解与清洗。

2）对电气箱进行检查和清洁并更换触点和密封圈。

3）对机械部件进行检修，更换密封件并对抱箍进行磁粉探伤。

4）进行油漆、组装和气密性试验。

17. 车门

车门有客室车门、驾驶室侧门和驾驶室背门三种。

（1）客室车门

1）将门叶从车体上拆下进行检修。

2）更换所有门部件，如气缸、滑轮、电缆、橡胶件等。

3）重新安装并进行调整和测试。

（2）驾驶室侧门

1）拆下并进行清洁、检修和油漆。

2）安装回车体进行调整和测试。

（3）驾驶室背门

1）拆下并进行清洁、检修和油漆。

2）安装回车体进行调整和测试。

18. 车窗

车窗有客室侧窗和驾驶室前挡风窗两种。

对于客室侧窗，进行清洁、检查，要求不起雾，无损伤。

对于驾驶室前挡风窗，进行清洁、检查，要求不起雾、无损伤，驾驶室侧挡风玻璃加热除霜功能正常。

19. 安全疏散门

在地下隧道内运行的城市轨道交通车辆，在列车的端部都会设置安全疏散门，以备在紧急情况时能紧急疏散乘客。因此，对安全疏散门的维修十分重要。

对于安全疏散门的大修：

1）要检查门的外观及门上各部件的安装状态、功能及外表。

2）清洁安全疏散门及门上各部件。

3）润滑扶手各转动支点、钢丝绳和弹簧锁。

（五）部件安装

将检测合格的受电弓、空调等部件安装到相应车辆上。

（六）静态调试

静态调试是对静止的列车及车辆进行系统性能测试。主要有列车得电检查、脚踏升弓检查、正常升落弓检查、驾驶室指示灯测试、逆变器应急启动、停车制动检查、客室照明检查、驾驶室各种照明灯及标志灯检查、辅助电源分配检查、客室内指示灯检查、门控检查、故障模拟检查、高速开关功能检查、制动施加释放操作和轮径设置。

（七）动态调试

动态调试是对列车的牵引、制动工况及相关的控制功能所进行的测试。对于牵引工况，主要是进行0—36km/h和0—80km/h的加速度测试。对于制动工况，主要是进行20km/h、

40km/h、60km/h、80km/h 下的全常用制动和紧急制动。同时，还需对列车的洗车工况、故障牵引工况及警惕按钮、紧急停车按钮等的功能进行试验。

第二节　车辆大修项目管理

车辆大修是车辆运营年限 10 年或运营里程达到 1 000 000km 后对车辆进行全面的检修，其作业内容包括车辆预检、部件拆卸、清洁、更换、组装、测试、总装、调试等过程，是车辆最高等级的修程。本节主要从项目管理的角度即项目的前期准备、项目实施、项目评估三个方面来介绍车辆大修的项目管理过程。

一、项目的前期准备

车辆大修是个系统工程，牵涉面广，影响大，为了使项目顺利完成，使车辆尽早投入使用，必须做好项目的前期规划。这里就项目目标、技术质量、人员组织、物流、进度、成本、变更控制等计划工作做一个介绍：

（一）项目目标

1. 性能指标

恢复原出厂性能指标。

2. 库修时间

首例 55 个工作日，第二列 47 个工作日，第三列 32 个工作日，第四列 25 个工作日。

3. 总费用

________万元/例次。

（二）技术质量准备

1. 技术文件

（1）车辆大修规程　车辆大修规程是车辆大修纲领性文件，主要描述大修作业内容。

（2）工艺文件　工艺文件是作业人员的作业指导书，详细描述作业的步骤、测试的数据、使用的工具、设备等，工艺文件按照作业过程分为拆装类、调试试验类，按照部件性质分为电气类、机械类。

2. 工艺装置

根据制订的大修规程及工艺文件、配备工艺装备，它有两个来源：一是标准产品，可采用外观，如电源、斩波器、液压泵等检修工艺装备；二是非标准产品，可采用自行设计研制和委托设计研制。在配备工艺装备时，必须注意要提出详尽的使用要求，否则会影响到整个大修计划。

3. 质量控制

（1）质量记录　根据编与的工艺文件，按照作业步骤使用设备的情况，编制作业记录。它必须包括以下几个方面的内容：完整的作业步骤、使用物料情况、部件好坏的结论、作业者、作业时间，以及作业所使用的工具或设备的名称、编号、质量检查人员的签名等。

（2）质量控制　设计质量控制环节，确定关键点、关键部件的检查方法，制订质量事故处理方法等。

4. 工艺流程

根据大修规程及工艺文件，设计整车及重要部件的工艺流程，按照就近、高效、安全的原则，使产品从预检、拆卸、清洁、更换、组装、测试的整个作业过程，不出现重复的搬运工作，重点要设计好车辆的台位、转向架、轮对、电动机等重要大部件的工艺流程，根据工艺流程，叠放各类设备，接通各类电源、气源、水源等辅助设备。

(三）人员组织

参照车辆大修的总目标及编写的规程、工艺文件，配备各种层次及工种的生产人员、管理人员、设计专业化的生产组织。

1. 人员

(1）生产人员　根据作业层次配备生产人员，预检、调试类配备高等级（高级以上）技术工人，装配、测试类配备中级技术工人，拆卸、清洁类配备初级技术工人，配属的工种应包括车辆维修电工、车辆维修钳工、电机工、制冷工、电焊工、探伤工、起重运输工、油漆工等。

(2）管理人员　依据车辆大修作业的范围，工作的责任，配备物流管理人员、质量安全管理人员、技术管理人员及生产调度管理人员。

2. 生产组织

按照车辆系统结构，或者说按照车辆部件作业范围，设置生产组织。目前，在直流大修作业中，设置了制动、空调、电动机、电子电气、车钩、车体、转向架、轮对、总装调试等9个作业组织。

(四）物流

1. 材料供应

在编写工艺文件后，由物流部门编写大修材料清单，按照分类、分渠道的原则，确定采购方式。从目前车辆部件市场情况来看，采用有限竞争性的邀请招标比较合适，面对一些具有专卖性质的部件如车钩等，可以采取直接采购方式。在采购过程中，必须明确采购条件，尤其是供货周期，从直流电动列车大修所用材料采购过程来看，由于外方的供货周期长，不可预计的因素多，如不预留时间，可能会影响大修进度。

在完成材料采购后，材料管理人员要按照材料定量、分类的方式进行配送到现场作业点。

2. 委外合作

由于设备配属以及人员配备，技术能力的关系，在车辆大修中有些部件在提出维修技术要求后，委托其他厂商进行维修，在选择厂商时，也可以采用邀请招标的方式，选择国内行业中技术领先、信誉比较好的企业，承揽维修合同。

3. 周转件

由于大型部件，如构架、轮对、牵引电动机、单元制动机、空调等，检修周期长，为了加快修理速度，减少库停时间，必须要有足够的周转件，根据车辆的部件数量，核定一定比例的周转件，按照上海地铁车辆大修的经验，当两列车辆同时在台位上修理时，配备一列车数量的周转件为宜。

(五）进度

根据项目的时间目标，对车辆大修的作业内容按照树形结构进行分解，明确到各个最小的工作单元，对工作内容的责任进行分配，对所有的工作进行排序，罗列各个工作之间的逻辑关系，确定关键点，运用 PROJECT2000 软件，制订关键线路图（里程碑计划）和甘特图，根据以往的维修经验，对工作量进行预估，测算人力资源的要求，根据甘特图编制材料需求计划，从而完成进度计划的编制材料需求计划，从而完成进度计划的编制，以此作为车辆大修进度控制的依据。

（六）成本

依据车辆大修的材料清单，以及人力资源、设备能源的要求，测算列车的大修费用，即单列车辆大修的预算。主要由下列费用构成：

1. 物流费用

物流费用包括车辆零部件采购费用、辅助材料采购费用、委托修理费用、周转件采购费用、进口部件配套费用、运输费用等。

2. 设备费用

设备费用包括固定资产添置费用、设备改造费用，这部分费用可以均摊。

3. 工人费用

工人费用包括技术工人、管理人员、技术人员及项目相关的辅助人员等费用。

4. 管理费用

管理费用包括办公设施、资料费、差旅费、公务费等。

（七）风险预估

风险预估，即给大修进度、成本及质量总目标带来的各种影响因素进行预测，然后进行分类、分级，制订相应的技术措施、组织措施及合同措施等方案。各类影响因素可以从以下方面考虑：

1. 人力资源

人力资源不够，无法完成工作量，技术工人技水平低，无法满足作业要求，技术人员分析、处理问题能力差，不能解决现场生产发生的问题，管理人员经验不足，盲目指挥、调度、不统筹安排、重复劳动，影响生产进度及质量。

2. 机器设备

现有的专业设备没有保养好，使用过程中故障频率高或设定的值经常发生偏差，动力源（风、水、电）的容量不能满足现场需要，添置的设备或设计的非标准工艺设备无法使用。

3. 材料

物流部门采购的材料有差错，无法调试，工艺步骤不完善，无法安装或拆卸，没有明确使用的工具及量具等。

4. 外界的影响

如国家的有关政策，导致无法进口电气部件。

对各种影响的因素可采用问卷调查及“头脑风暴法”的方式进行统计、归类后，由大修项目管理人进行分级，从而制订相应的措施，使车辆大修工作按照既定的总目标进行实施。

二、大修项目的实施

（一）进度管理

编制大修实施过程中，因上述涉及的各类影响因素，使计划不断改变，所以，必须要持续监控车辆大修的进程，尽可能按进度计划执行，要实时掌握车辆大修的实施情况，并与计划进行对比分析，及时采取措施，使车辆的时间目标能如期实现。

1. 计划的贯彻

1）检查计划的完整性、逻辑性，检查各类计划，包括整车计划、部件修理计划、设备维护计划、材料计划等是否协调一致，能否互相衔接，然后由负责生产调度的管理人员以生产任务书的形式下达各班组及物流部门。

2）明确责任。项目经理、管理人员、技术人员、作业人员按照拟定的计划目标，即时间、进度、质量目标明确各自职责，以及必须承担的经济责任、权限及利益。

3）计划交底。采用两个层次的计划交底，第一层次是管理层，项目每个管理人员必须明确整车进度计划、部件修理进度计划及材料进度计划。第二层次即作业层次，就是班组作业人员明确零部件修理计划及装配计划，形式可采用进度公告牌的方法在整个项目现场予以明示。

2. 生产调度指挥

由于整个大修时间目标只有25个工作日，实际进度与计划进度的比较分析必须每天进行，要协调好各个班组作业关系及外部合作单位的协作关系。常用手段是由生产调度人员现场跟踪及监督各班组作业完成情况。同时进行现场协调，每天召开调度会议，根据职责范围可以决定对策或向项目经理汇报，每周撰写大修进展报告，报告中内容要包括进度概要、实际进度及说明、材料供应情况、下周的趋势及存在的影响因素、存在的困难等。

3. 控制与调整

当整个大修进度因材料、人员、工艺或设备的原因而延误，必须按照原先预定的对策进行纠编，纠编可以以天为单位，以也可以周为单位，然后更新进度计划，整个时间目标不变，该项工作应由生产调度来完成，并由项目经理来确认、批准，后续的工作按照新的进度计划实施。

（二）质量管理

车辆大修质量是指车辆大修质量方面进行指挥和控制组织的协调活动，它包括制定质量方针、质量目标以及质量策划、质量控制、质量保证和质量改进。在车辆大修项目前期准备中，已明确了质量方针、质量目标以及根据车辆大修作业的特点进行了质量策划。在大修项目具体实施中，主要考虑就是质量控制及质量保证及质量改进的内容。

1. 质量控制

质量控制目标就是确保大修车辆的各项指标能恢复原出厂时的标准。质量控制的范围从大修开始到投入影响包括质量保证期间所做的各项作业、各个过程。质量控制的工作内容包括作业技术及活动，也就是包括专业技术、管理技术两个方面。

（1）专业技术　主要指各类工艺文件或者是作业指导书，解决为何干、如何干的问题。

（2）管理技术　指班组织职责范围，各工种的岗位职责、生产作业管理流程等管理标准，解决由谁干、何时干、何地干等问题。

质量控制就是要全面控制大修作业过程，重点控制作业工序及工作质量，尤其是一些关键工序的交接检验，如齿轮箱装配、车钩、单元制动机的试验，轮对的压装、高低压试验等，要有质量预控对策方案。质量处理必须复查，即出现质量事故按“三不放过”原则处理后，必须对整改结果进行复查并做好记录。必要时行使质控否决权，当质量与时间进度及成本发生冲突时，坚持以质量为主。所有的质量文件，主要是测试报告，作业记录必须归档。

2. 质量保证

质量保证的主要工作是完善质量控制，以及准备好客观依据，并根据用户的要求有计划、有步骤地开展提供证据的活动，其作用是从外部向质量控制施加压力，促使其有效运行，并向用户提供信息，以便及时改进，防止故障或事故的发生。

(1) 手段　根据大修作业特点，对所有产品及工序进行合格控制，合理设置合格控制点，如部件总成，静、动态调试等，同时设立专门的质量检验部门和检验网络，即由项目经理直接指挥的检验小组，班组兼职检验员、个人自检网络，建立三检制和三自检验制度。

三检：

自检——对照工艺，自我把关。

互检——同工序及上下交接检。

专检——全过程抽检。

三自检验：

自检——判断合格与否。

自分——合格品，不合格品分放。

自作标记——完工签名。

(2) 期限　大修后，质量保证期限一般为 12 个月。在 12 个月发生类似的质量问题，对这些部件的质保期可延长至 24 个月。

3. 持续改进

为了提高车辆大修的质量，在作业过程中，技术人员及管理人员必须对工艺文件、工艺流程及管理流程不断进行分析，尤其是工艺步骤、工具、量具等。持续改进与不断创新，使大修车辆投入运营后取得很好效果。

(三) 费用管理

做完费用预算后，在实施过程中，对失败的各项费用进行控制。

1. 费用分析

根据大修费用的构成比例，分别采取不同的控制对策。材料费用约占大修费用 90%，人工费用、设备费用、管理费用约占 10%。

根据大修的进度计划及材料计划，在关键节点进行比较，是否超支，超支的原因是什么，如材料型号不对，因培训不够而造成质量事故，材料消耗增加，然后针对这些问题，制订解决对策。

对人工费用、设备费用、管理费用等，根据定任务、定目标的方式进行控制，力争使各项费用在计划范围内。

2. 协调

费用控制与进度、质量是密不可分的，当与进度、质量发生冲突时，即要加快进度。提高质量必然导致费用提高，根据特定的运营状况，如在运营车辆紧缺的情况下，可追加人手，加快修车速度，当车辆大修前某些部件频繁出现问题时，在大修过程中就需追加费用，对其进行改造，所以费用、进度、质量三个总目标必须是协调一致。

(四) 综合管理

1. 信息管理

(1) 车辆部件编号　由于车辆供应商移交车辆时，在车辆履历簿及调试报告中没有统一的车辆部件号，所以在跟踪车辆部件寿命周期内的动态变化极其困难，而且，车辆运用及维修要有多个部门来完成。为此，根据车辆资产管理系统，要求对重要的部件进行编号。

车辆部件编号的基本原则是以大修最小维修单元为基本编号，根据总成、部件、零件的层次，制订编号规则，然后登录到以车号为根目录的计算机管理系统内，以确保车辆上的每个零件都有系统的编号。它有两个好处：一是便于跟踪、检查和分析其运用情况；二是可以作为材料的库存号和采购编号，便于作业人员保管、检验及采购等。

（2）作业记录　在设置完各类作业记录表式后，给作业记录表进行编号，作业人员做完作业记录后，表示汇总到质检小组，由其汇总、分类、登录。此类信息供项目经理及其他部门检索。

（3）故障信息　故障信息分两类：一类由内部产生的内部检查，发现的故障信息由质检部门按规定处理后，在项目内部流传，以达到通报、重视的功能；另一类信息是外部检查产生，即大修后的车辆投入使用后，发生故障，外部必须提供详尽的故障信息，包括发生地点、发生状况、司机处理方式、现场修理人员处理方式等，然后流传至项目内部，按内部发生的故障信息进行处理、流传。

（4）项目信息　项目信息包括项目进展报告、质量周报、特别报告等。项目信息主要在项目的直接领导及外部相关单位之间进行流转，使他们及时掌握项目动态，以便及时调整与项目相关的计划及资源。

2. 现场管理

现场管理的目标要做到规范场容、文明作业、安全有序、整洁卫生、不损害公众利益。

（1）大修作业现场管理内容　设计各作业现场的平面图，以不同颜色标示设备、区域、道路、周转件使用场地、待修及合格件置放场地，定期检查、监督，做到工完、料净、场清。

（2）大修作业现场管理方法　主要采用标准化管理方法，根据大修的特点，场地大、设备多、人员广、流程多，制订管理标准，以此对执行的结果进行考评，并与个人的绩效挂钩。

（3）大修现场管理措施　首先，是开展“5S”活动，即整理、整顿、清扫、清洁、素养，就是对大修现场的人、事、物及时合理调整，人、机、物、料按照平面布置图定点置放，始终保持场地、设备、物品的清洁，确保良好的作业环境及职工生活环境，其中最关键的就是提高大修作业人员及生产人员的素质，始终做到自我管理、自我实施和自我控制。

其次，是目视管理，即利用各种图片、标志等信息组织实施大修作业，达到提高生产效率和车辆质量的目的。主要内容是把大修各类计划制成图表公布于众；把各项工艺规程制成挂板挂在各个作业区域；把各项安全操作规程置放于设备旁边，各项规章制度张贴在墙上；安全、防火及交通标志张贴在相应位置；用标牌显示管理人员及班组长的岗位责任等。

三、大修项目后评价

大修项目后评价就是对大修的总目标、实施过程、产生的效益、作用进行系统的客观分析。通过大修作业的检查总结，确定项目的总目标是否达到，为大修所作的各项规划工作是否合理有效，通过客观分析找出成效的原因，总结经验教训，并通过信息反馈，为提高类似于大修项目的决策水平及管理水平提供基础。同时对大修过程中出现的问题提出建议，从而使以后的大修作业取得更好的效果。

（1）后评价的内容　大修项目后评价的主要内容就是对大修整个管理进行后评价，包括进度、质量、安全、费用、综合管理等内容，以及外部因素。

（2）后评价的程序　大修项目后评价的程序。首先是确定评价的范围，如大修规程、工艺规程、进度计划、质量计划等，其次是选择后评价的咨询组织及专家，可选择外部的专业管理咨询公司，也可选择同行业的专家，最后撰写后评价报告。

（3）后评价报告　大修项目后评价报告是评价结果的汇总，它包括简单的大修情况介绍、大修项目实施概况、评价的内容、大修过程中的主要变化和存在的问题、原因分析、大修过程中的经验及教训、结论和建议等。

第三节　车辆的临修

一、概述

（一）车辆临修的概念

地铁车辆的正常维修包括日检、月检、定修、架修、大修，各级修程的常规检修项目，内容范围及技术要求由车辆专业公司制定并由上级部门批准颁布的法定文件“各级修程技术规程”限定。车辆临修是指在本次正常计划修程的规定时间内或正常检修力量配备下无法完成，并且超越该修程法定项目内容范围或超越本次修程计划成本的检修任务，以及正线运营列车非正常下线产生的检修任务——超计划维修检修项目以及正线运营列车非正常下线产生的检修。

（二）车辆临修的认定及组织实施流程

1. 车辆临修的认定

“临修”是由正常计划修程派生出来的检修任务。车辆检修项目在满足以下条件之一的情况下被认定为临修任务：一是该检修任务超出本次法定修程内容范围；二是如果实施该检修项目将超出本次修程计划成本；三是如果实施该检修项目将使本次修程无法在规定时间内完成；四是正线运营列车非正常下线产生的检修。

（1）直接被确定的临修　正线运营车辆由于列车故障而掉线、清客、求援回库，由计划部门直接安排相关部门对其实施临修。

（2）由常规计划修程演变而来的临修　地铁车辆常规修程一般包括日检、月检、定修等。如果在实施上述常规计划修程过程中，发现超计划维修检修项目，那么计划部门将该检修项目确定为车辆临修。

2. 车辆临修实施流程

车辆临修实施流程如图 3-1 所示。

3. 车辆临修的分类

车辆临修分为一般临修和重大临修。可以在一般检修线上实施，并不需要使用架车机、镟床、行车、铲车等大型设备就能完成的临修任务我们称其为一般临修；而必须在专用检修线上实施，并且要借助架车机、镟床、行车、铲车等大型设备完成的临修任务我们称其为重大临修。

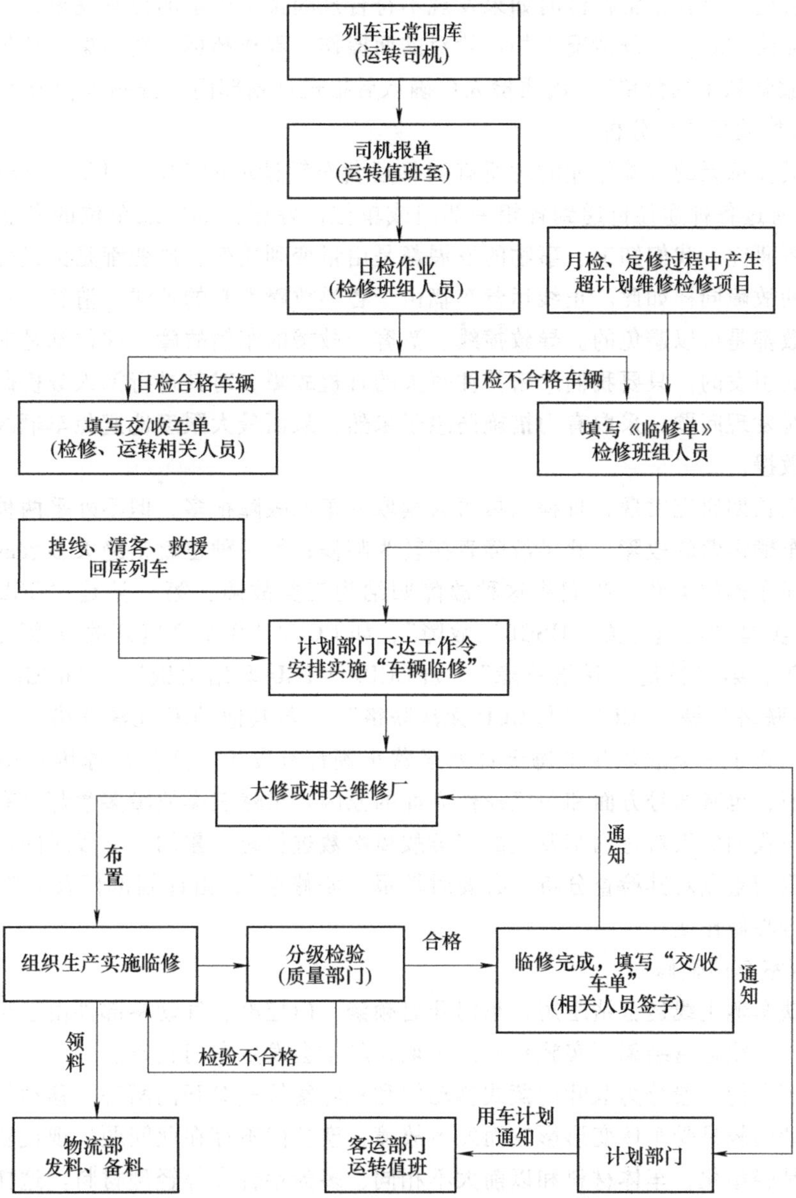

图 3-1　车辆临修实施流程图

二、由日检而产生的临修

由日检而产生的临修大多数为一般临修。

每天地铁列车运营结束，检修人员必须对所有列车实施“日检”。日检人员依据“日检技术规程”对车辆进行检查，同时根据运转部门的“司机报单”，对当日正线运营的故障列车进行重点检查。并且对所有运营列车的 CCU、TCU、BECU（BCU）、ACU 以及 DBU 故障进行读取并存盘保存。日检人员对故障进行初步分析，对影响或可能影响第二天车辆运营的故障列车立刻填报“故障列车临修单”，报送计划部门安排扣车临修，同时计划部门及时通知运转部门调整第二天运营列车。

另外，日检人员在正常检修时如果发现不符合规程技术要求的异常现象，而该故障在本次日检中又无法排除，特殊情况下如：轮对踏面擦伤、剥离超标，转向架裂纹等。日检人员同样填报“故障列车临修单”，由质检人员确认后报送计划部门安排扣车转为重大临修。

（一）日检故障统计分析

日检人员在每天的日检作业时对所有当日运营车辆读取的 CCU、TCU、BECU、ACR 以及 DBU 故障通过各种途径传递到各相关部门或单位，各相关部门或单位的专业人员对故障内容进行分析研究。我们知道，事物的发展都是由量变到质变，质变都是由量变的积累才发生的。车辆的故障同样如此。正线运营车辆由于各类故障引起的掉线、清客、求援，从理论来说绝大多数都是可以避免的。导致掉线、清客、救援的车辆故障，往往都是前朝相关微小故障的积累而引发的。只要我们严密关注每天的日检故障，对其进行深入分析研究、归纳统计，就能及时发现问题，采取有力措施防患于未然，从而最大限度地避免车辆故障引起的掉线、清客、救援。

根据我们长期研究发现，日检人员每天读取的车辆故障很多，但不外乎两种：一种是直接影响正线车辆运营的故障，此类故障直接转为临修；另一种也就是绝大多数的故障并未影响当天的正线车辆的运营。我们将这种故障归纳为三类故障：第一类是“CCU 中的 BECU 故障”；第二类是“高速开关（HSCB）故障”，如 CCU/“B 车高速开关故障”、“C 车高速开关故障”等；第三类是“联络故障”，如 CCU/“TCU 联络失败”、“BECU 联络失败”、“显示屏无法联络”等、TCU/“与 CCU 无法联络”、“与其他 TCU 无法联络”、“与 BECU 无法联络”等。以上三类故障几乎每天每列运营车辆都有发生，产生的原因很多，其中有车辆本身的原因，也有通号方面和司机操作方面的原因。虽然三类故障多数都没有影响当天的车辆运营，但我们每天对每列车发生的三类故障次数进行统计累加，一段时间后，发生次数多的列车，我们重点对其检查分析，必要时填报“临修单”，由计划部门及时安排扣车组织有关部门进行临修作业。

（二）客室车门临修

由于地铁车辆正线运营站距短，车门开启频繁。门控电、气动零部件由于长期超负荷运转造成故障，正线运营结束而实施日检的车辆，经常会发生车门临修。

地铁车辆车门一般分为双叶内藏式移动门和双叶塞拉式对开门两种。移动门和塞拉门各有特点。移动门较易受车体变形影响而发生故障，塞拉门不存在此问题。现代轨道交通车辆的发展趋势是轻型化，车体材料和以前大不相同，多为铝合金等轻型材料。这样其车体在外力作用下很容易产生弹性变形，因此移动门随着现代车体轻量化的趋势将逐渐为塞拉门所取代。当然，塞拉门也有其弱点，但只要我们在其控制软件设计及车门临修方面不断探索研究，就可以扬长避短。

双叶内藏式移动门的开、关门动作的动力为压缩空气，它是由压缩空气推动气缸活塞，再由活塞杆带动钢丝绳，滑轮等机构使两门叶同步反向移动完成车门的开、关动作。车门机械装置主要的特点是，气缸的尾座是铰接连接而活塞杆的头部是球铰连接，因此整个气缸处于浮动状态，不会因车体变形而产生活塞在气缸内卡死现象。每扇门叶的顶部装有四个尼龙轮，吊嵌在 C 字形的导轨内，只要准确地调整好尼龙轮与导轨的间隙，就可使门叶平稳地灵活滑动。尼龙轮（上轮）与导轨的间隙一般在车两端的车门为 0.3mm，而在中间车门为 0.5mm。若门叶在运动时有跳动则适当减小其间隙，但要保证车体在承受最大载荷时，即车体有一定挠度时，车门也能正常地开关。

正线运营时，由于车辆客室某扇门不能正常启闭而将该门切除，运行结束后回库检查，车门开启或关闭又往往恢复正常。那么这又是什么原因呢？正线运营列车往往满载荷或超载，此时车体变形量大。移动式车门各部件都有严格尺寸标准范围，比如：尼龙轮（上轮）与导轨的间隙尺寸应调整在：两端头 4 扇门为 0.2 ~ 0.3mm、中间 2 扇门为 0.4 ~ 0.5mm、其余 4 扇门为 0.3 ~ 0.4mm；车门门钩板与两门板上的两个锁钩销之间的间隙应调整为 1.0 ~ 1.5mm；两门护指橡胶侧边之间距：上端 84mm，下端 82mm，上下间距差为 2mm。由于车辆运行时不断振动，车门各尺寸都有可能变化而超标或者原来尺寸根本就未调整在标准范围内，那么列车在正线满载或超载运营情况下车门就不能正常开启或关闭，而运营结束回库，车辆是空载，客室车门启闭就会恢复正常。因此对于此类车门故障的临修，首先要求运行司机必须准确填报当天运营报表，明确故障车门位置。因为，每列车有 60 扇客室车门，日检人员不可能对每扇车门进行检查，只有通过“司机运转报表”准确获取故障车门信息，才能快速针对该车门进行临修。日检人员尤其要注重各尺寸的检查复测，发现某项尺寸超标必须重新调整至“技术规程”所规定的范围。此外，对各传动部件如门钩及门钩气缸等进行清洁和润滑也是针对此类故障的必要方法；车门另一类故障为门控或传动零部件的损坏，车门驱动气缸损坏，关门按钮的故障，护指橡胶条脱落，各行程开关故障，门钩气缸损坏，车门传动钢丝绳断裂等，都会导致车门无法正常开关，因此此类车门的临修及时更换相关故障零部件。有时根据实际情况，对车门易损零部件严格检查，甚至发现稍有异常就必须提前更换，如钢丝绳虽然未断但起毛刺、气缸异声等，以最大限度地杜绝正线运营车辆的车门故障。车门气动控制原理图，如图 3-2 所示。

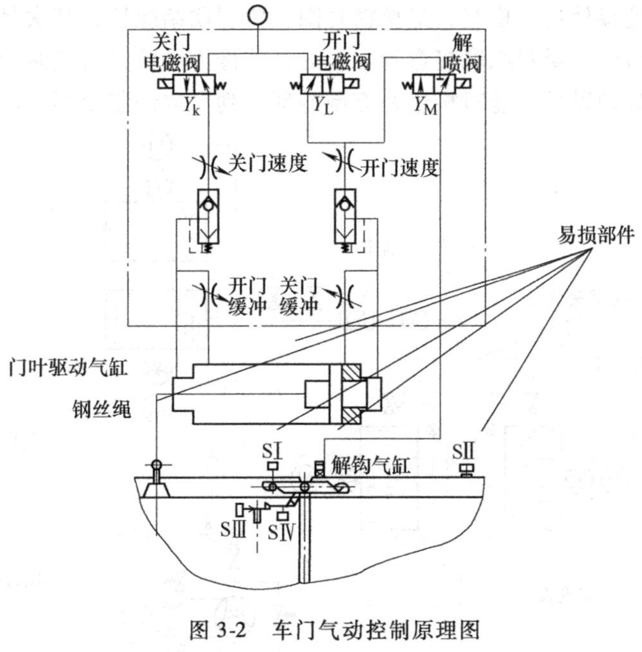

图 3-2 车门气动控制原理图

对于塞拉式车门，由于其传动是靠直流电动机驱动螺杆或齿条再驱动门叶移动。因此与移动式车门相比，塞拉式门的各传动零部件位置没有众多严格的尺寸要求。车门很少由于车体变形而产生故障，塞拉式门受车体变形有影响发生故障的概率较之移动式车门要少得多。但塞拉式门也有弱点，由于靠电动机转动而驱动开关门，因此一旦正线运营时客流量大，乘客由里向外顶住车门，关门数次后仍示关上，那么电动机停转亦即关门驱动力消失，关门动作就停滞；另外，在关门时碰到障碍物后，有时门控电脑系统会死机，这样就会影响车辆的正常运行。针对塞拉式门此类特有故障的临修，我们完全可以通过适当调整门控电脑软件的方法加以避免，如适当加大关门压力（调控电机转速）、增加车门受阻后的再关门次数以及调整最后一次车门受阻后的受控状态。最后一次关门受阻后，通过电脑程序控制电动机，使驱动电动机不停止动作：停→转→停→转……从而使关门动作不停止。

总而言之，对于车门的临修，不管是移动门还是塞拉式门，我们都必须根据各自门控系统的特性，具体问题具体分析，采取有针对性的检查处理方法，及时准确地排除故障，最大限度地避免因车门故障而造成的对正线运营的不利影响。

（三）空调临修

在高温季节，空调故障往往由日检人员检查发现并填报“临修单”，由计划部门统一安排临修。空调故障临修一般包括以下三大类：

第一类是“空调冷凝水滴入客室”，此类主要是由于机组内冷凝水排放不畅而引起，只要疏通排水口即可解决。

第二类是“制冷剂泄漏”问题，制冷剂泄漏会引起空调制冷量不足或不制冷，严重影响正线运营车辆舒适度。此类故障的临修难度较大，检修人员首先必须寻找发现制冷回路的泄漏部位。首先是阀类部件泄漏，一般是压缩机排出口或吸入口的截止阀，由于排出口压力高，因此绝大多数阀类泄漏来自于压缩机高压排出口的截止阀（图 3-3 截止阀 1）。临修处理方法是对其法兰连接处进行检查，更换密封圈，紧固联结螺栓；其次是铜管破裂而导致制冷剂泄漏，一般来自于冷凝器原联接弯管焊接处，临修方法就是对泄漏处重新烧焊。只有找到泄漏处，并对其处理以后才能对机组补充制冷剂。列车空调制冷剂的泄漏，极大的影响正

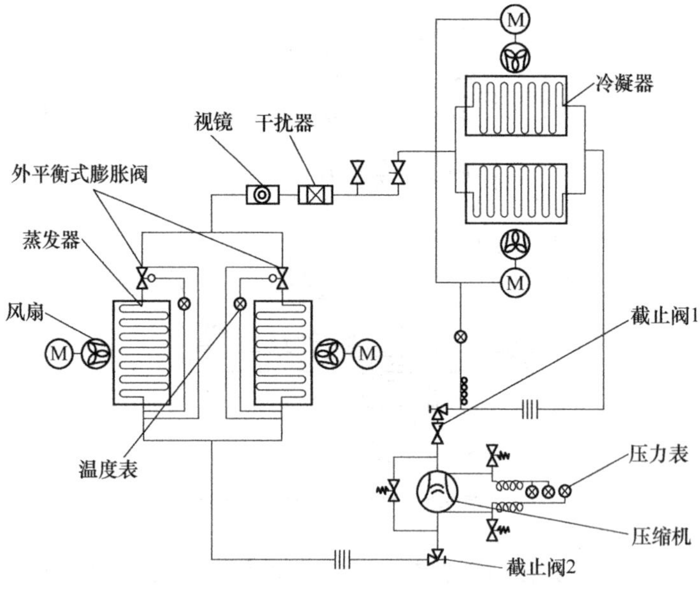

图 3-3　上海地铁交流传动车辆空调制冷回路原理图

线运营列车的舒适度，列车空调制冷量的不足甚至不制冷，往往直接导致乘客的投诉。另外，制冷剂的泄漏又会对大气造成污染。因此，对列车空调机组的制冷剂泄漏问题进行攻关解决已迫在眉睫。一般情况下为方便维修，在压缩机低压吸入口及高压排出口各设置了一个截止阀（图3-3）以便进行压缩机的更换。然而，由于列车长时间的处于运动状态，制冷回路应该尽量减少阀类部件，因此最大限度减少制冷回路阀类部件，应该是地铁车载空调系统设计中的基本思路。相信在不远的将来，经过对既有车辆空调机组的整改，必将大大减少针对“制冷剂泄漏”的临修作业。

第三类是针对空调零部件损坏的临修，如通风电机、冷凝风扇电动机、各温度传感器、压缩机保护单元等部件损坏频率较高，检修人员可以根据ACU的故障码显示，对具体受损部件进行修理或更换。

对于上述空调的第二类、第三类故障，有的是可以直接在车顶处理解决完成的临修，为一般临修；而有的故障分析查找原因比较困难或者处理的时间相对较长，检修人员往往直接更换机组总成，将车上有故障的空调机组总成换下后进行临修处理，此类临修属重大临修。

（四）车辆电气临修

城市轨道交通车辆的电气部分的临修可以分为以下几个部分：主回路、控制回路、辅助回路、信息与监测回路、列车照明回路、辅助设备、车门控制回路、列车自动驾驶（ATC/ATP）。

1. 主回路部分的临修

城市轨道交通列车的主回路是车辆的一个十分重要的部分，对于不同的车型其组成是大不相同的，但根据车辆主回路的基本特点来说，可以分为直流传动列车、交流传动列车。这里直流列车的主回路主要由受电弓、高速断路器、牵引斩波器、直流牵引电动机、制动电阻等组成；交流传动列车的主回路则主要由受电弓、高速断路器、牵引逆变器、交流三相异步牵引电动机、制动电阻等组成。由于交、直流传动列车的主回路的构成上的差异与相似，其临修作业在某些方面将有部分相似与差异。

城市轨道车辆在运营的过程中主回路的临修比较常见的故障如下：制动电阻通风风机故障，各类电压、电流传感器故障，牵引控制单元故障，各种温度传感器故障，GTO模块故障等。

例如，制动电阻通风风机故障是在车辆临修过程中最为常见的故障，制动电阻是主回路的一个极其重要的组成部分，其将列车进行反馈制动无法消耗的那部分电能进行消耗，这时它将产生大量的热能，对其进行有效的散热十分的重要。一般设计，制动电阻采用的是强迫风冷，被动散热，通常使用通风风机对制动电阻进行散热，鉴于此种设计，监控通风十分重要。制动电阻通风量的监控通常采用风速传感器、压力差动开关等元件实现。

由于我国城市轨道交通车辆的运行环境不是十分洁净，线路上可能会经常存在各种垃圾，如报纸、塑料包装袋、树叶等，空气中的各种悬浮固体颗粒较多，列车在运营的过程中制动电阻风机可能将这些垃圾吸附在进风口的网罩上，或者内部风道沉积大量的灰尘，势必造成制动电阻的通风量大大地减少，造成制动电阻出现通风故障。

在检修过程中，应该首先检查制动电阻的通风风机的网罩是否吸附了异物，风道内是否严重积灰，出风口是否悬挂较多的垃圾。如果没有发现异物与大量的积灰，则应该考虑其他相关环节的问题。通常应该着重检查通风风机电动机是否发生了损坏，风机叶片是否损坏，这两种原因也是造成制动电阻通风故障的主要原因。同样，如果用于监控通风量的风速传感器、压力差动开关损坏，初始值设定不当，采样的空气导管发生阻塞、脱落，也会引起制动电阻通风故障。此外如果牵引控制系统相关的输入接口、A/D 转换模块等发生损坏，风速传感器、压力差动开关等监控风量的测量元件所采样的监控信号将无法正确地输入牵引控制系统，由信号处理单元进行处理，也会引起此故障，这几点在车辆的临修中同样应特别注意。

以某种交流列车为例，正常工作条件下，风压开关常开触点将闭合，将 110VDC 监控信号传送给列车的牵引控制单元（TCU）的 110V 数字输入模块（C087），TCU 在得到该信号后进行处理，判断制动电阻通风风机工作正常。如果制动电阻通风口被垃圾堵塞，通风量减小到最低要求后，风压开关的常开触点将自动分断，而常闭触点将闭合，此时没有开关量信号输入 TCU 的数字输入接口 C087，如果这个时间大于 10s，TCU 便判定制动电阻通风风机出现了通风故障。

该型号列车的检修过程曾经碰到 110V 数字输入模块（C087）内与该差压信号采集通道相关的分立元件 R112 损坏，造成监控信号无法正常输入牵引控制系统。同样笔者也碰到过由于压力差动开关损坏，而引发该故障，在此次故障的临修过程中，经过反复的检查才发现了故障产生的原因——压力差动开关损坏。

同样车辆也可能是由于压力差动开关设定值设定不合理而出现制动电阻通风故障。如何对压力差动开关设定值进行合理的设置是十分重要的。以上面的交流列车为例，压力差动开关压力开关出厂时默认初始值设为 60Pa，但该设定值并不一定正确、合理。具体的设定方法如下：风扇开关闭合，使制动电阻通风风机工作，盖上制动电阻进气口的 1/3，调整设定旋钮直到可以听到压差开关动作的声音，同时可以使用必要的测量设备（如万用电表等）判定压力差动开关是否已经动作。

高速断路器在正线运营的过程中跳开也比较常见。一般来说，高速断路跳开的原因有多种，例如列车超速（包括车辆的设计速度、ATP 系统设置的运行速度）、列车牵引系统存在故障、网压过压或欠压、线路过流、ATP 系统存在故障等。

其中 ATP 系统引起高速断路器跳闸的故障最为常见。ATP 系统为了保证列车正线运营的过程中不超过运营所规定速度，将会对超速的车辆施加制动，其中一些公司生产的车载 ATP 系统，往往在列车的高速断路器的继电控制回路中串联了一个高速断路器允许接通继电器，控制列车的高速断路器，从而达到限制列车的行车速度的目的。当列车在运营的过程中由于某种原因而超出 ATP 系统设定的速度，ATP 系统将使高速断路器允许接通继电器失电，进而切断高速断路器。如果 ATP 系统出现了故障或没有收到 ATP 速度码，其也将切断高速断路器，引起故障。一般来说，在此类故障发生前大部分在 ATP 故障或经常发生在比较固定的区间（例如同一车站、折返区间），而且总是全部高速断路器同时跳开。

牵引系统故障造成的高速断路器的故障比较少见，但判断较容易，一般来说为部分高速断路器跳开，高速断路器跳开的那节车辆的牵引系统通常存在一系列的故障。这些故障通常是主电路存在短路，电压、电流传感器有故障，牵引控制系统的相关部件（包括 CPU、SPU、A/D、D/A、I/O、COM 等部件）损坏等。

牵引电动机是列车牵引系统中仅次于牵引逆变器（直流传动车辆为牵引斩波器）的一个重要组成部分。比较常用的牵引电动机有直流牵引电动机、交流异步牵引电动机等。由于牵引电动机结构上的不同，其临修工艺也有所不同。直流牵引电动机的临修比较复杂，临修的工作主要是换向器的打磨与车削、更换碳刷、电动机轴承的润滑与更换、片间槽下刻等。交流异步牵引电动机的临修作业比较简单，一般来说是免维护的，通常只需要进行简单的清洁保养工作。

牵引电动机轴承的再润滑十分重要，若轴承缺油，电动机的轴承可能会“咬死”、“烧坏”，甚至造成电动机报废。鉴于电动机的结构不同，加油再润滑的操作方法、油脂的牌号与添加的质量也有所不同。通常加油时牵引电动机应低速运转，为了使轴承能够得到充分的再润滑，一般可以采取两步作业的办法，即当全部电动机第一次加油作业完成后，列车慢速向前牵引少许，再进行第二次补油作业。

起动监控故障（停车制动未释放）对于某些型号的车辆发生比较频繁。该故障是不缓解故障的一种比较常见的原因。这里列车具体的故障现象主要表现在列车施加牵引指令的时候，列车不能够起动，司机操作台上的相关指示灯显示列车制动不释放；甚至列车一起动就出现此故障。对于此类故障的临修，首先应该根据列车的各相关指示灯判断发生故障的车辆号；在找到故障车辆后，应该着重检查列车的电子制动控制单元是否正常工作，工作电源是否正常，判断它与牵引控制单元之间的连线、牵引控制单元与制动相关的模块是否正常；如果这一切均正常，则应该检查紧急制动电磁阀的线圈是否正常；如仍旧未发现故障的原因，则必须检查所有的制动（包括摩擦制动与停放制动）控制继电器、监控的压力传感器（或压力开关）是否发生损坏，这样通常可以将该故障排除。

2. 控制回路部分的临修

车辆控制回路中各种控制继电器、接触器、电磁阀发生故障的机率比较小，但如果发生了损坏，列车将会出现一些比较严重的故障，甚至引起列车掉线、清客、救援，由此引发的临修作业也是比较复杂的，故障点的查找比较困难。

以采用受电弓为受流器的轨道交通列车为例，受电弓通常采用气动方式升弓，它的控制一般来说需要使用若干继电器与电磁阀，这里比较容易发生故障的是用于升弓控制的电磁阀。电磁阀的常见故障为垃圾等异物阻塞气路、漏气等，这样仅需对之进行彻底的清理、或寻找到漏气点进行紧固处理或更换即可，如果控制电磁线圈发生短路、断路（这里可以使用万用电表进行测量、判断），则必须进行更换。

随着列车运行里程的增长，牵引电动机速度传感器可能由于某些原因附着油污等污物，发生损坏或出现短路现象，进而引发一系列的牵引故障，造成列车限速。通常在这种情况下列车的牵引控制系统中的故障记录单元内有相应的记录，如某电动机速度变化率过高，某电动机速度太低，某电动机在停止状态时速度传感器有脉冲信号输出等），这时需要具体根据故障记录，对速度传感器进行清洁或更换。一般来说，如果故障发生的次数太多，是速度传感器附着了污物，也有可能是速度传感器已经损坏，一般可以先将速度传感器进行清洁，进行跟踪，如果故障依旧出现，则可判断存在故障，需要更换；如果故障发生的次数较多，则极有可能是速度传感器已经存在故障。通常速度传感器具有一定的方向性，在安装的时候应该特别加以注意。为了防止出现安装方向上的错误，一般来说电动机速度传感器采用了“防错”设计，也就是它的安装基座与电动机上设计了一个定位装置。如果出现了安装错误，将会引起许多其他故障，例如牵引控制系统将相关的牵引系统闭锁等，牵引电动机反向旋转，列车在牵引工况下出现“冲动”现象等。

3. 辅助回路部分的临修

城市轨道交通车辆的辅助系统主要包括辅助逆变器系统、空压机控制系统等。其中辅助逆变器系统为列车的各控制继电器、接触器、内外照明系统、空调系统、信息监控系统、广播机控制系统供电，同时为车载蓄电池充电。空气压缩机系统为列车制动、门控等气动系统提供压缩空气。

车辆逆变器系统的故障在车辆的日常临修中比较常见。辅助逆变器的故障尤其以高温季节为突出，它的故障大多是由空调机组的故障引起的，或者可能是由于辅助逆变器内各类接插件在列车运营的过程中因振动而松动引起的，同样也可能是因辅助逆变器内电气元件损坏引起的，在辅助逆变器的临修作业中尤其应该特别注意以上几点。

对于因空调故障引起的辅助逆变器的故障比较容易判断，一般来说，此时这种情况下辅助逆变器记录的故障多为输出三相不平衡等。具体的判断方法如下：将相关负载（即空调）切除，如果辅助逆变器故障消失，那么该故障很有可能是空调机组故障引起的。引起辅助逆变器故障的常见的空调故障一般有以下几种：通风风机故障，冷凝风机故障，压缩机电动机故障，空调机组与车体连接接插件接触不良，辅助设备柜中与空调控制相关控制接触器、低压断路器的接线松动、触点接触不良或已经损坏等，在临修的过程中需要特别注意。

辅助逆变器自身故障，在临修中同样也十分常见。轨道交通车辆在运营的过程中，辅助逆变器受到的振动比较频繁，内部的一些接插件有可能因此松动、脱落，造成控制、监控等信号无法得到正确的传输，引起一系列的故障（如某元件过热、某监控信号无效等）。对于这部分的临修可以根据辅助逆变器的电路图与控制系统中的故障记录，检查相关的接插件是否有松动、脱落现象。如果检查没有发现松动现象，一般来说很有可能是相关的元件发生了损坏，这样将需要根据控制系统中记录的故障信息与辅助逆变器的电路图，借助必要的仪器、仪表与测试软件，进行检修。

由于一些城市轨道交通的线路有部分地面线路或者高架道路，因此在雷雨季节，列车很有可能遭受雷击。一般来说雷击有两种情况：第一种情况是雷电击中触网，然后传递到受电弓上，这种情况在正线运营中比较常见；第二种情况是雷电直接击中受电弓。这两种情况的区别就是由雷击造成的辅助逆变器输入电压的变化率不同，雷击的能量也有很大差别。一般情况下，辅助逆变器可以在雷击发生后自我恢复工作，不会影响列车的运营；如果雷击的能量特别巨大，则有可能造成辅助逆变器关停、闭锁，甚至发生损坏。

对于遭受雷击而出现辅助逆变器故障的车辆，通常可以首先进行收车作业，等待一段时间后重新起动列车，通常辅助逆变器能够重新启动并恢复正常；如果辅助逆变器仍旧不能够启动，则可以进行应急启动，一般来说辅助逆变器将能够启动；如果应急启动同样失败，则有可能是辅助逆变器或车间电源内部的相关元件因为雷击而造成损坏，这时需要仔细检查发生故障的辅助逆变器与车间电源的内部各种电气部件。最为常见的是辅助逆变器车间电源内的熔断器发生熔断、高压隔离二极管被击穿等，必要的情况下需要使用兆欧表对辅助逆变器进行绝缘等级测定，判定是否有其他元件被击穿，保证逆变器完好。

通常为了节约能耗，城市轨道交通车辆一般都采用反馈制动，即列车在制动的过程中，牵引电动机进入发电机模式，将机械能转化为电能，通过受电弓（或其他类型受流器）反馈到接触网（接触轨）上，如果列车的再生制动与牵引变电站配合存在一些问题，接触网（或接触轨）的电压将升高，将造成辅助逆变器过电压保护，通常在一定的时间辅助逆变器内（一般为10s左右，不同车辆有所不同）是可以恢复正常工作，在该段时间内列车将进入紧急照明、通风等工况，列车的控制系统将记录类似辅助逆变器负载等相关信息；但有时网压上升十分迅速，根据公式 $i=du/dt$，通过列车辅助回路瞬间电流将十分巨大，这时辅助回路中的受流器供电熔断器将有可能因此熔断，甚至高压隔离二极管也被击穿，此时列车的辅助回路将失电，辅助逆变器无法正常工作，进而造成设备通风功能丧失，引起车辆救援。

车辆的车载蓄电池目前通常采用镍镉碱性蓄电池，临修最多的是对电池进行补液作业。由于蓄电池在充电的过程中要大量的发热，电解液有可能会有所蒸发，甚至发生液泛，这样在检修的过程中需要经常的查看蓄电池的电解液的液面，如果液面有所下降，则需要及时进行补液，或采取相应的维护措施。如果蓄电池缺液严重，则蓄电池很有可能因此报废，甚至发生爆炸，造成严重的后果。此外如果蓄电池的电解液蒸发过快也有可能是浮充电压过高引起的，此时需要将浮充电压适当调低，这一点也十分重要。

车辆的空气压缩机电动机的临修作业，由于电动机的类型不同而有所不同，它的区别与牵引电动机的临修作业比较相似，这里将不再赘述。

4. 信息、监控、广播部分的临修

城市轨道交通车辆的信息、监控、广播部分主要包括列车各控制回路的监控系统，中央控制系统、客室、司机室广播系统、车载无线电系统。这一部分的临修一般以监控部分最为常见。

现代轨道交通车辆一般采用微机进行控制，这些微机控制系统的体系结构比较复杂，它包括一系列极其重要的监控环节，例如数字输入/输出、模拟输入/输出、信号处理、A/D转换、D/A转换、微机通信等，任何一个环节出现了问题，将引起千奇百怪的故障，列车也有可能控制失灵，甚至完全失去动力、引起车辆救援。此类故障的临修一般首先着重检查各输入输出环节是否工作正常，如果所有的输入输出环节均正常，则应该重点检查相关的通信接口与控制系统的工作状况。

另一种以西门子公司的SIBAS32（西门子铁路自动控制系统）城轨车辆为例，该系统由CCU、TCU、SIBAS KLIP、DDU等组成。其中KLIP发生的故障相比之下较多，其损坏后列车将会出现一系列的故障（如按钮指示灯显示错误，客室照明控制异常、车门控制回路工作异常、列车控制回路工作异常比较严重的故障）。对于此控制系统的临修，要特别注意是否为KLIP故障引起的，检查时需要检查各数字/模拟输入/输出KLIP分站、通信接口(AS318)、电源模块（SV）工作是否正常，接线是否松动、脱落。其他微机控制系统类似。

5. 照明部分的临修

城市轨道交通车辆的照明系统主要完成列车正常运行过程中所必须的全部照明，其包括车辆的外部照明系统、客室照明系统与列车运营与检修所必须的照明系统。这一部分的临修工作一般比较单一，通常是照明灯具的灯泡、日光灯管、日光灯电子镇流器/逆变器损坏，而与照明控制相关的微型断路器、接触器等的临修比较少见。

6. 辅助部分的临修

城市轨道交通车辆的辅助设备包括，列车起动、电源控制回路、解钩与低压电源、车钩继电器、车钩电气连接器与车钩电缆等。如果该系统出现了故障，列车将无法起动，正线运营时将会引起列车控制电路失电、控制回路无法接通，正线运营时甚至造成列车紧急停车、紧急制动、整列车所有轮对严重擦伤等比较严重的后果，甚至引起列车救援。

该系统在车辆的日常的维护与运营中，临修比较少见，但一旦临修却十分复杂，尤其是列车的监控回路最为复杂，故障的查找比较费时。这类故障在临修的过程中应该首先着重检查车辆的起动回路（也有可能是车辆车钩的监控电路）。如果列车在正线运营的过程中出现了此类的故障，可以首先将车钩监控回路进行旁路，使列车的控制得以接通，尽快地将列车开回车辆段，进行检修。

以某种型号的列车为例，根据车钩监控线路图，每节车半自动车钩内部均安装有三个用于监控车钩状态的行程开关：S1（半自动车钩机械头联接/解钩行程开关）、S3（半自动车钩电气头向前联接/向后解钩状态的行程开关）和 S4（半自动车钩保证安全的行程开关）。列车半自动车钩机械头与电气头均联结完好的时候，S1 的 13－14 触点、S3 的 21－22 触点、S4 的 21－22 触点将闭合，如果其中的一个行程开关发生了损坏，将会使列车的车钩监控回路无法接通，造成列车监控无法接通。此类故障一般发生在列车解钩重新联挂后，故障点的查找比较容易，只要分别将各半自动车钩进行旁路（按下列车末端按钮 72－S02），寻找到发生故障的半自动车钩，在机械头与电器联挂好的情况下分别测量 S1 的 13－14、S3 的 21－22、S4 的 21－22 触点的导通状态（在车底半自动车钩底部中间盖板内），查找发生损坏的行程开关，进行更换。行程开关的更换比较费时，需要首先将贯通道的折篷贯通道的折篷拆除，拆下半自动车钩的盖板，才可以寻找到三只行程开关。

7. 车门电气控制部分的临修

城市轨道交通车辆的门控系统主要完成车辆车门的开启、关闭与监控等与车门相关的控制与保护。由于车门开启与关闭的执行机构主要为气动与电动等，它在电气控制系统中的临修也有所不同。一般来说系统可能发生临修的电气部件包括开/关门按钮、门控继电器、蜂鸣器、车门状态指示灯、电磁阀（对于采用气动执行机构的车门）、门控微型电动机（对于采用电动执行机构的车门）、监控车门开启、关闭与切除状态的行程开关等。

以采用气动执行机构的车辆为例，门控系统的电气部分的故障经常发生在车门锁好行程开关（S1）、车门关好行程开关（S2）上。通常是由于这两只行程开关的机械位置调整不到位造成的，同样也有因为行程开关损坏引起的故障发生。如果这些行程开关出现了故障，将会引起摩擦制动不缓解、车门未关好指示灯不来、DDU（驾驶信息显示屏）显示车门未关好等故障出现，此时应该仔细检查 S1，S2 这两只行程开关安装的机械尺寸、电气性能、相关的电路连接等。

城市轨道交通车辆由于车门监控回路接线松动而引发的一系列故障，故障现象比较特别，临修比较复杂。

以某种采用西门子控制系统的城轨车辆为例，一次列车正线运营时，I 单元 A 车驾驶信息显示屏 I 单元 A 车 13/15，17/19 门紧急手柄释放，而车门紧急手柄的状态实际上正常，门灯显示也正常。读取 I 单元 B 车的中央控制单元（CCU）记录的故障码，发现 I 单元 A 车 13/15，17/19 门紧急手柄释放，而无其他相应的故障码。由于列车车门紧急手柄的位置由行程开关 S3 进行监控，于是仔细检查了该两扇车门的行程开关 S3，发现行程开关均正常，检查行程开关的接线，一切也正常。根据此型号列车根据综合线路图，发现列车车门紧急手柄的状态由 41-A1.02（数字输入模块）的 B15 端子输入，使用万用电表的直流电压档测量 B15 端子发现有 110VDC 输入。仔细分析后认为，如果该 KLIP 输入模块的地线发生断路，将会造成故障。于是我们接着测量了该 KLIP 输入模块的地线 B19，发现同样为高电平，这样便证明判断是正确的。查阅列车布线表后检查相关的接线，发现 X3/7732125 接线脱落，重新连接线紧固后故障消失。

ATP 系统故障引发车门故障同样十分常见。由于列车在运营过程中，车门的开启比较频繁，而且方向不是一直固定，如果发生了开错门，后果将不堪设想。因此需要一套系统防止列车发生开错门，通常的做法是采用 ATP 系统来防止开错门。以庞巴迪公司生产的一种交流传动列车为例，如果 ATP 系统中门控使能信号出现了问题或列车停车对位偏差较大，车门无法开启（中央控制单元将记录门控使能故障），这时可以将 ATP 门控旁路，车门便可以自如地开启（此时车辆两侧车门均可以开启）。

列车自动关门的现象在临修的过程中也比较常见，引起列车自动关门的原因很多，例如：速度传感器损坏或附着严重的油污、ATP 列车开门码丢失等，在此类临修的过程中应该特别考虑。

8. ATP 外围电路部分的临修

列车自动驾驶（ATC/ATP）系统的临修不属于车辆方面临修的范围，这里将仅简单介绍 ATP 的外围电路的临修作业情况。

列车出现 ATP 故障通常是由于 ATP 自身的故障造成的，但同样也有可能由 ATP 系统外围的相关的控制继电器损坏造成的。例如一次列车正线运营出现 ATP 中级故障，造成列车在 ATC 驾驶模式速度只有 2km/h，改 ATP 手动驾驶，列车恢复正常。后检查发现为自动驾驶转换继电器由于触点接触不良，造成 ATP 系统无法将牵引指令传输给列车的牵引控制系统，造成故障。

由于城市轨道交通建设进度的问题，一些线路的 ATP 系统没有调试完毕，线路已经开始试运营。这样列车的在运营的过程中必须将 ATP 系统旁路，否则列车出现高速断路器分断且无法合上、摩擦制动不缓解等一系列的故障，这一点在临修中尤其应该特别注意。

ATP 系统另外一种比较常见的故障为引起高速断路器跳闸。具体的情况在前文中已经作了比较详细的分析，这里将不再赘述。

三、由月检、定修而产生的临修

由月检、定修而产生的临修很多属于重大临修。而重大临修多数为机械部分的维修作业。

（一）各类尺寸超标的临修

月检、定修按技术规程必须对车辆各类尺寸进行全面检查测量，尤其是车辆走行部分的各类部件及尺寸都要严格测量。对轮对各类尺寸：轮对内侧距、轮径尺寸（D）、轮缘高度厚度综合值（S_h，S_w，Q_r）踏面磨耗情况等等测量，技术标准：直径大于 770mm，$28\text{mm} \leqslant S_w \leqslant 32\text{mm}$，$Q_r = 6.5 \sim 13.5\text{mm}$，$28 \leqslant S_h \leqslant 34\text{mm}$，同一轮对轮径偏差不大于 2mm，同一转向架轮径偏差不大于 4mm。如有尺寸超标或踏面严重擦伤或剥离，即填报“故障临修单”送计划部门，计划部门等待月检或定修完成后立即组织安排上“不落轮镟床”对超标轮对进行镟削修正。轮对在正常状态线路上运行时，轮缘的内侧距是影响运营安全的重要因素，地铁车辆轮缘内侧距有严格规定：（1 358 ± 1）mm 或（1 353 ± 1）mm（根据车型情况而定），这样才能保证车辆在各线路上运行时轮缘与钢轨之间有一定的游隙，同时又能保证在最不利的情况下，轮对踏面在钢轨上仍有足够的搭接量，不致造成脱轨，并安全通过道岔。因此，如果检查发现轮对内侧距超标，车辆必须立即转为重大临修，更换轮对。

同样，对于车轮与钢轨接触面的踏面以及沿圆周突起的圆弧轮缘，是保持车辆沿钢轨运行，防止脱轨的重要部分。地铁车辆运营时车轮踏面常有擦伤及剥离现象。车辆车轮踏面上的每一处擦伤或剥离，可以形象地比喻一个运动者的锤子，车轮转动时，它周期地以很大的力捶击钢轨，同时又反作用到轮对上，发出噪声。有时擦伤、剥离严重的车轮，会使它所通过的钢轨发生大量损伤。另外，由于车轮冲击、振动而引起车辆配件的磨耗和损坏，也会危及行车安全。

地铁车辆运行，一般情况下轮对擦伤、剥离不会很多。对由于司机操作（紧急制动）或 ATP/ATC 系统故障而引发的轮对擦伤剥离超标，只要对擦伤剥离超标车辆轮对进行镟轮修正即可；而如果运营车辆经常发生轮对擦伤、剥离或沟槽等非正常磨耗现象，那么就必须更深入地分析其原因。在地铁运营初期，经常发现拖车闸瓦及轮对踏面非正常磨耗情况严重。闸瓦由于磨耗超标经常更换，轮对踏面由于磨耗沟槽超标而经常镟轮。经过分析研究，才知道这是由于制动系统的拖车、动车制动力分配比例及气制动、电制动分配比例不当造成。德国车辆供货方及时对制动系统控制软件进行适当调整，问题才得以解决。

（二）车辆走行部主要部件的临修

对车辆走行部的状态检查以及制动系统的全面检查，是月检、定修的重要内容，如发现轮对车辆裂纹、构架裂纹、橡胶联轴器裂纹超标、一系橡胶簧裂纹超标、电动机受损、空压机异声等严重威胁运营安全的隐患，该车辆必须立即转入专用临修线，启用架车机、行车、铲车等大型设备，对发生裂纹的转向架、橡胶联轴器、受损电动机、故障空压机等部件进行更换。此类临修属于重大临修。

关于转向架裂纹的临修。自 1994 年起陆续出现了转向架构架的疲劳裂纹。裂纹的出现部位主要集中在电动机吊座内侧面和牵引拉杆支座，出现的裂纹不仅涉及一号线直流车，而且交流车也有发现。转向架是电动列车的走行部，是列车牵引动力、车辆载荷和作用力。转向架构架是结构件，其设计寿命是 30 年。但目前上海采用的进口构架在一般运行 3 ~ 4 年后，便陆续出现裂纹，严重影响到列车的行车安全及地铁车辆的正常运营。我们采取的措施是，一方面将补焊过的直流车裂纹构架替换正常列车拖车的构架，作直流车备用构架。并通过购买一定数量的国产转向架构架，并配备抗侧滚扭杆和空气管路，增加应急备用数量；另一方面对所有车辆转向架构架都必须逐步进行补强焊接处理。

关于直流车橡胶联轴器，如发现裂纹超标必须立即采取临修予以更换。联轴器是齿轮箱齿轮及牵引电动机转动轴间的重要连接部件。如果其橡胶一旦产生严重裂纹，那么在车辆运行时将极有可能撕裂断开，危及行车安全。橡胶联轴器的临修更换，其紧固件的拧紧力矩标准及联轴器偏心度等都必须严格按技术规程执行控制操作。

在月检、定修作业时，不必须对车下各机械部件润滑情况是否良好、是否漏油进行检查。牵引电动机轴承、轴箱轴承、刚性联轴器、齿轮箱、横向垂向减振器、空气压缩机等部件如有缺油及漏油现象，必须立即找出原因并进行一般临修。保证车辆各部件的润滑良好，油的泄漏必将导致相关部件润滑的不充分，从而损坏转动轴承甚至各传动部件，严重的还会引起运行车辆轴温升高，车辆咬死，切轴等现象，直接威胁到行车安全。

（三）车辆制动系统的临修

地铁车辆制动系统的气路系统包括：供气设备（空气压缩机等）、制动控制设备、安装在转向架上的基础制动装置、微机控制的制动及防滑设备、空气悬架设备、气动喇叭、车门控制装置、挡风玻璃刮水器、受电弓气动控制设备、车钩操作气动控制设备等。

直流车和交流车制动系统的组成结构基本相同，只有在两种车的空压机、空气干燥器及空气悬架气路等部分略有差异。

制动系统的临修主要来自于微机控制的制动及防滑装置和空气悬架装置。前者的临修主要产生于防滑及防空转控制系统。我们知道，当黏着状态不好时，列车的速度和车轮的速度之间形成一个速度差，防滑控制系统就是用来控制车轮的速度，来消除这个速度差。列车起动后，防滑系统就对每个车轮的圆周速度进行监测，然后形成一个参考速度以取代列车速度并用排气阀门来控制车辆的滑行和减速度。轮对的速度和减速度与设定的规范数值相比较就形成控制排气阀的指令。由于轮对踏面镟削和磨耗的差别，轮对的线速度有差异，所以在防滑系统中设置了人工的轮径调整装置。将每辆车的I位轴调整到它的规定范围，而其他轴也将会根据轴端的速度传感器传出的速度值相应进行自动调整。参考速度从原理上讲是在牵引时取四根轴中的最大速度，在制动时则取最小速度，然后让其余三根轴的速度与其比较，以确定牵引时的空转和制动的滑行。而实际上为了获得速度传感器传出的电压信号与基准电压的差值能足以使门电路翻转，因此在防空转时，取四根最小转速的那根为基准。同理，防滑时，取四根最大转速的那根为基准。从而防滑控制系统将分别切断牵引回路的电源和打开制动阀缸的防滑排气阀，以分别取消空转和滑动现象。在实际车辆临修中，防滑及防空转系统的控制电路及各控制模块几乎很少出现故障，而作为采集最原始车轴速度信息再输入控制系统的重要部件——速度传感器却经常损坏，导致系统异常，无法正常工作。由于防空转和防滑控制系统本身具有整个控制系统故障自诊断及故障储存功能，因此检修人员可以通过事后读取制动微机控制单元（EBCU）的故障记录情况，来及时发现故障，分析判断车轴速度传感器的位置，及时采取临修措施予以处理或更换。另外，由于速度传感器损坏，采集的轮对速度和减速度信号出错，当此信号与设定的规范数值相比较时就会形成错误的控制排气阀的指令，车辆在运行时，防滑阀由于接收了错误的排气控制指令就会频繁动作而不断产生放气声音。因此检修人员往往也通过正线运行车辆的走行部是否有频繁的放气声来判断防滑、防空控制系统的异常情况，及时采取临修措施。同时，也可以通过事后查看列车中央控制系统（CCU）所记录的BECU发生次数，来判断防滑、防空转控制系统的车轴速度传感器是否发生故障。一般情况下，如果CCU中记录的每节车当天发生的BECU故障次数有几十次以上（一般正常情况为5次以下），那么就可以初步断定此类故障，随后检修人员可以进一步读取当天该节车的BECU故障记录，来判断故障发生的具体位置，从而采取临修措施及时处理，此外，车辆各计划维修以后或者车轮镟削及更换轮对和转向架等重大临修后的重新对防滑控制系统中人工设置的轮径尺寸进行正确更改显得极为重要，因为人工轮径设置一旦完成，那么，作为防滑控制系统的对每个轮对圆周速度进行检测的基准值也同时确定。因此，相应重大临修后，对防滑系统的人工轮径调整装置及时、准确地重新设置轮径尺寸，是确保防滑控制系统乃至整个制动控制系统正常运作的必不可少的首要条件。

在车辆运行中，制动系统气路中的空气悬架部分也会经常发生问题。车辆在有电正常情况下，我们时常会发现：车体地板高度明显下降超标、空气弹簧无气等现象，检修人员又应如何处理呢？如果弄清了空气悬架控制装置的组成及原理，那么问题就容易解决了。

地铁车辆空气悬架设备是一个由三点（直流车）或两点（交流车）控制的平衡装置，当空气弹簧失效时能发挥平衡车体的功能，另外还具有保压作用。如图3-4所示，空气悬架系统的空气是经空气过滤器、截断塞门、溢流阀（L03）、风缸（L4）、排水开关（L05）向转向架供气。每个转向架装备有两个空气弹簧装置（L09），它们由一个转向架上的一个高度调整阀 L07（交流车）和另一个转向架上的一个高度调整阀共同控制，每个高度调整阀可分别用塞门（L06）单独关断。高度调整阀共同控制，每个高度调整阀可分别用塞门（L06）单独关断。高度调整阀装在车厢底架上并与转向架上一根长度可调的螺杆连接，由此决定转向架相对车体的位置，成比例的空气量被引入波纹管，可被排放，从而使车厢维持恒定高度和保持水平，同时也为空气弹簧悬架装置提供必要的反作用力。由此可看出，对于地板面高度超标的临修，可以通过调整转向架上一根长度可调的螺杆，来调节车厢高度及水平度，从而使地板面高度恢复到规定要求。那么，车辆在有电正常情况下，有时为何会发生空气弹簧无气或冲气不足这种异常现象呢？在实际临修中，我们根据 BECU（BCU）的相关故障记录情况，检查后会碰到两种情况：同一节车的一个转向架上两个空气弹簧无气而另一个转向架空气弹簧正常、同一节车两上转向架的四个空气弹簧均无气，地板面高度明显下降。对于前一种故障现象，根据图 3-4 可以看出，当控制此转向架上两个空气弹簧充气状态的高度调节阀 L07 出现异常，此高度阀处于排气状态，而控制另一转向架充气的高度阀正常，就会导致此种故障的发生。临修时，检修人员只要重新调节此高度阀 L07，恢复对转向架供气，调整地板面高度后即可恢复正常；对于后一种故障现象，多数是由于溢流阀（L03）损坏，截断了对整个空气悬架装置的供气，从而才会导致同节车的四个空气弹簧（L09）以及四个缸（L12）都无气。根据图 3-4，压力较高的压缩空气通过溢流阀（L03）的减压后对整个空气悬架装置供气，溢流阀的内部结构较精密，一旦出现异常就会卡壳关断或泄漏。检修人员必须及时采取临修措施，在切断相关气路后更换该阀，以确保空气悬架装置的正常供气。

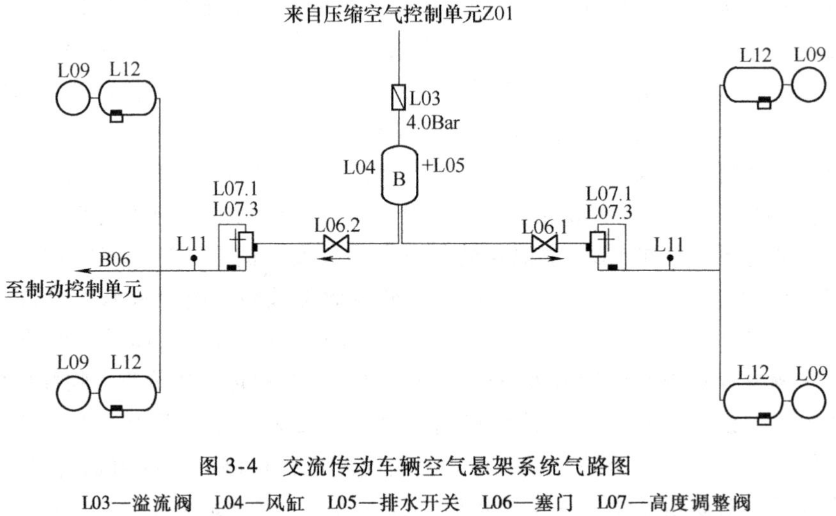

图 3-4　交流传动车辆空气悬架系统气路图

L03—溢流阀　L04—风缸　L05—排水开关　L06—塞门　L07—高度调整阀

L09—空气弹簧　L11—气压测试接口　L12—空气弹簧风缸

第四章　车　　体

第一节　概　　述

一、车体的作用与分类

车体是容纳乘客和司机（对于有驾驶室的车辆）的部分，又是安装和连接其他设备及组件的基础。

按照车体所使用的材料可分为碳素钢车体、铝合金车体和不锈钢车体三种。早期的城轨交通车辆车体材料基本上是碳素钢（包括普通低碳钢和耐候钢），目前主要使用铝合金和不锈钢。

按照车体结构有无驾驶室可分为带驾驶室车体和无驾驶室车体两种。

按照车体尺寸可分为 A 型车车体、B 型车车体和 C 型车车体，如广州地铁 1 号线、2 号线和深圳地铁车辆采用了 A 型车；昆明 1 号线、广州地铁 3 号线、4 号线和天津滨海轻轨采用了 B 型车。

按照车体结构工艺不同分为一体化结构和模块化结构，如广州地铁 1 号线车辆采用的是一体化结构，而 2 号线车辆采用的是模块化结构。

二、车体的基本特征与结构

城市轨道交通车辆是专门用作城市或近郊客运的交通工具，因而车体具有一些独特的特征。

1. 车体的基本特征

1）城市轨道交通一般为电动车组，有单节、双节、三节式等；有头车（即带有驾驶室的车辆）和中间车，以及动车与拖车之分，其车体结构也就有其多样性。

2）由于城市轨道交通车辆是服务于城市内的公共交通，乘客数量多，旅行时间短，上下车频繁，因此车内设置的座位数量少，车门数量多而且开度大，服务于乘客的车内设备简单。

3）对车辆的质量限制较为严格，特别是高架轻轨，要求列车质量轻，轴重小，以降低线路设施的工程投资。

4）为减轻列车自重，车辆必须轻量化，对于车体承载结构一般采用大型中空截面挤压铝型材、高强度复合材料或不锈钢等，采用整体承载筒形车体结构，车辆的其他辅助设施也尽量采用轻型材料和轻量化结构。

5）城市轨道交通车辆一般运营于城市人口稠密地区，并用于乘载旅客，所以对车辆的防火要求严格，特别是地铁车辆。通常车体的结构采用防火设计，材料需经过阻燃处理。

6）对车辆的隔音和噪声有严格要求，以最大限度降低噪声对乘客和沿线居民的影响。

7）城市轨道交通车辆主要用于城市内交通，所以车辆外观造型和色彩必须考虑城市文化，环境美化，与城市景观相协调。

2. 车体的结构形式

按照车体结构承受载荷的方式不同，车体可分为底架承载结构、侧墙和底架共同承载结构及整体承载结构三类。

（1）底架承载结构　全部载荷由底架来承担的车体结构，称底架承载结构，也称自由承载结构。

（2）侧墙和底架共同承载结构　由侧、端墙与底架共同承担载荷的车体结构，称侧墙和底架共同承载结构，也称侧墙承载结构。其侧、端墙与底架等通过固接形成一个整体，具有较高的强度、刚度。

（3）整个承载结构　在板梁式侧、端墙上固接由金属板、金属梁组焊接而成的车顶，使车体的底架、侧墙、端墙、车顶连接成一个整体，成为开口或闭口箱形结构，此时车体各部分结构均参与承受载荷，因而称这种结构为整体承载结构，如图 4-1 所示。

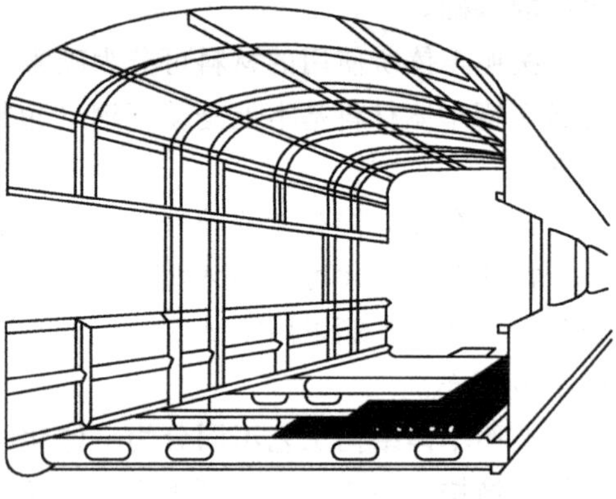

图 4-1　钢制车体整体承载结构

为满足安全运载旅客的需要，车体钢结构必须有足够的强度。为提高乘坐舒适度，车体必须有足够的刚度，保证车体的自振频率与转向架的自振频率不一致，避免产生共振现象而降低乘坐舒适度。试验表明，转向架采用空气弹簧时，车体钢结构的自振频率应达到 8Hz 以上。

3. 车体的基本结构

近代城市轨道交通车辆车体均承载的钢结构或轻金属结构，以达到满足强度和刚度要求的同时降低车辆自重。我国地铁车辆的车体结构从 20 世纪 80 年代就开始采用耐候钢无中梁整体承载结构，车体侧墙、车顶的梁柱与蒙皮结合后与底架构成封闭断面，以增强车体的强度和刚度。到 20 世纪 90 年代又生产了断面为鼓形的地铁车辆，使其能更好地利用限界。GB/T 7928—2003《地铁车辆通用技术条件》规定我国地铁车辆车体采用整体承载结构。

地铁车辆整体承载结构车体是由若干纵向、横向梁和立柱组成的钢骨架（也称钢结构），以及内饰板、外蒙皮、地板、顶板、隔热材料、隔音材料、车窗、车门及采光设施等组成部件。一般包括底架、端墙、侧墙、车顶、车窗、车门、贯通道和车内设施等部分。

车体一般由缓冲梁（端梁）、枕梁、小横梁、大横梁、中梁、倒梁、门柱、侧立柱、上侧梁、角柱、车顶弯梁、顶端弯梁、端立柱和端斜撑等结构形式组成，如图 4-2 所示。底架是车体结构和设施的安装基础，承受主要的动、静载荷，因此底架必须具有足够的强度和刚度，是检修作业的重点。在底架中部，断面较大并沿其纵向中心线贯通全车的梁称为中梁，它是底架的骨干。底架两侧边沿的纵向梁称为侧梁，侧墙固定其上。底架两端部的横向梁称缓冲梁（或称为端梁），端墙固定其上。在转向架的支承处设有枕梁，为横向梁中断面最大的梁。在两枕梁之间设有两根以上的大横梁。为了吊挂设备，铺设地板，底架上还设有若干小横梁和纵向辅助梁，同时达到了增强底架强度和刚度的目的。上述梁件构成底架的一般结构，其中，中梁和枕梁承担载荷最大，因而最为重要。

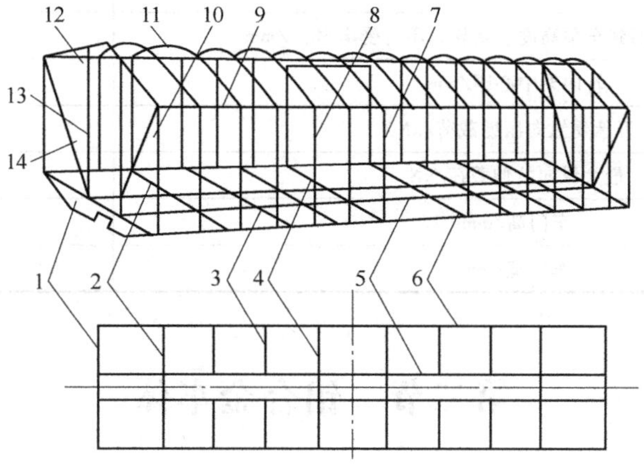

图 4-2　车体的一般结构形式

1—缓冲梁（端梁）　2—枕梁　3—小横梁　4—大横梁　5—中梁　6—倒梁　7—门柱　8—侧立柱　9—上侧梁　10—角柱　11—车顶弯梁　12—顶端弯梁　13—端立柱　14—端斜撑

侧墙由杆件、墙板和门窗组成。杆件包括侧立柱、端立柱、上弦梁、大横梁、小横梁和其他辅助杆件，它们与底架的上侧梁、倒联结成一体。

墙板有蒙皮和内饰板，蒙皮是用钢板、不锈钢板和铝合金板制成，内饰板具有车内装饰的功能，经过阻燃处理。

端墙结构与侧墙基本相同，除端梁外，还设有角柱、端立柱、上端梁和地板等。

车顶结构包括车顶弯梁、车顶横梁、车顶端弯梁及车顶板等。

三、车体结构的基本参数

1. 上海地铁 1 号线、2 号线车辆车体规格

上海地铁 1 号线、2 号线车辆车体规格，见表 4-1（括号为交流传动车辆的参数）。

表 4-1　上海地铁 1 号线、2 号线车辆车体规格　　（单位：mm）

两端车钩连接中心线长度	有驾驶室	24 140
	无驾驶室	22 800
车体最大宽度		3 000
车顶中心线距轨面高度		3 800
客室地板面距轨面高度		1 130（1 500）
车门高		1 800（1 860）
车门宽		1 300（1 400）
两转向架中心距（定距）		15700

2. 天津滨海轻轨车辆车体规格

天津滨海轻轨车辆车体规格，见表 4-2。

表 4-2　天津滨海轻轨车辆车体规格

两端车钩连接中心线长度/mm	有驾驶室	19 000
	无驾驶室	19 500
车体最大宽度/mm		2 800
车辆高度（轨面到车顶高度、新轮、不含受电弓）/mm		3 800
转向架中心距/mm		12 600
可承受纵向压缩载荷/kN		800
最大纵向拉伸载荷/kN		650
车门高/mm		2 012
车门宽/mm		1 550

第二节　铝合金车体

铝合金车体是一种轻型整体承载结构，主体材料是铝合金型材，通常采用模块化结构或全焊接组装，是一种新型的车体结构。铝合金材料密度小，强度大，铝合金材料构造的车体在满足车体强度和刚度的同时，大幅度地减轻了车体的质量。

一、铝合金材料特性

（1）质轻且柔软　铝合金密度为 $2.71g/cm^3$，约为钢密度（$7.87g/cm^3$）的 1/3，杨氏模量也约为钢的 1/3。

（2）强度好　纯铝的抗拉强度约为 80MPa，是低碳钢的 1/5。但经过热处理强化及合金化强化，其强度会大幅增加。如铝合金车体常用的材质 6005A—T6，最低抗拉强度为 360MPa，能达到低碳钢的强度值。

（3）耐蚀性能好　铝合金的特性之一是接触空气时表面会形成一层致密的氧化膜，这层膜能防止腐蚀，所以耐蚀性能好。若再实施“氧化铝膜处理法”，就可以全面防止腐蚀。

（4）加工性能好　车辆用型材挤压性能好，二次机加工、弯曲加工也较容易。

（5）易于再生　铝的熔点低（660℃），再生简单。在废弃处理时也无公害，有利于环保，符合可持续发展战略。

根据铝合金车体结构及制造、运用情况，选择材料时应遵循以下原则：一是从轻量化方面考虑，要求强度、刚度高，而质量轻；二是从寿命方面考虑，要求耐蚀性、表面处理性、维护保养性好；三是从制造工艺方面考虑，要求焊接性、挤压加工性、成型加工性高。

根据以上原则，铝合金车体主要使用 5000 系列、6000 系列、7000 系列的铝合金。3 个系列铝合金材料的特性及用途见表 4-3。

表 4-3　车辆常用铝合金材料的特性及用途

铝合金种类	主要成分（质量分数）	特　　性	主要用途
5000 系列	Al Mg（0.2%～5.6%）	耐蚀性、焊接性、成型性良好，强度也较高，代表合金有 5052，5083，5066，5N01 等	建筑、船舶、车辆机械部件、饮料罐等

（续）

铝合金种类	主要成分（质量分数）	特　性	主要用途
6000系列	Al Mg（0.45%～1.5%） Si（0.2%～1.2%）	耐蚀性、强度好，有的挤压加工性也好，代表合金有6005A、6061、6063、6N01等	车辆结构材、结构杆件、建筑用框架、螺栓、铆钉等
7000系列	Al Zn（0.5%～6.1%） Mg（0.1%～2.9%） Cu（0.1%～2.0%）	焊接性、耐蚀性差，强度最高。Al-Zn-Mg合金的焊接接头效率高，代表合金有7005A、7005、7178、7N01、7003等	车辆结构材、飞机杆件、体育用品

二、铝合金材料车体的特点

世界上最早的铝合金车体是1952年英国研制的伦敦地铁电动车组。铝合金车体的发展经历了板梁期、开口型材期和现在的大型中空挤压型材期三个发展阶段，现在逐渐走向成熟。

铝合金车体具有如下优点：

1）能大幅度降低车辆自重，在车辆长度相同的条件下，与碳素钢车体相比，铝合金车体的自重降低30%～35%，强度质量比约为碳素钢车体的2倍。碳素钢车体、不锈钢车体、铝合金车体的质量之比约为10∶8∶6。

2）具有较小的密度及杨氏模量，所以铝合金对冲击载荷有较高的能量吸收能力，可降低振动，减少噪声。

3）可运用大型中空挤压型材进行气密性设计，提高车辆密封性能，提高乘坐舒适性。

4）采用大型中空挤压型材制造的板块式结构，可减少连接件的数量和质量。

5）减少维修费用，延长使用寿命。

三、铝合金车体形式

1. 纯铝合金车体

纯铝合金车体大约可分四种形式：

第一种，车体由铝合板和实心型材制成，铝板和型材通过铝制铆钉、连续焊接和金属惰性气体点焊等进行连接。除了车钩部分及车体内的螺钉座使用碳素钢外，其他部位都使用比重仅为碳素钢1/3的铝合金，实现了车体的轻量化。这些铝板和型材等多为拉延材料（板材、挤压型材、锻造材料）。最近，很多地方使用大型挤压型材，进行热处理后，其力学性能有很大的提高。大型挤压型材的组合使车辆制造时焊接大量减少，但制造成本增大。

第二种，车体结构是板条骨架结构，用气体保护的熔焊体为连接方法。

第三种，在车体结构中应用整体结构，板皮和纵向加固件构成高强度大型开口型材。

第四种，车体采用空心截面的大型整体型材，结构更加简单。型材平行放置并总是在车体的全部长度上延伸，通过自动连续焊接进行连接。该车体结构以具有多种多样截面的型材为基础，并充分利用铝合金良好的力学性能。

2. 混合结构铝合金车体

除了上述纯铝合金车体外，还有钢底架的混合结构铝合金车体。这种车体侧墙与底架的连接基本都采用铆接或螺栓联接的方式。其作用有两点：一是可避免热胀冷缩带来的问题，二是取消了成本很高的车体校正工序。

采用铝合金材料制造车体可最大限度地减轻车体自重，从而带来提高车辆的加速度、降低运能消耗、牵引及制动能耗低、减轻对线路的磨耗及冲击、扩大输送能力等诸多好处。此外铝合金车体还有以下优点：耐腐蚀性好（但在有湿气的潮湿地方便容易腐蚀，所以应特别注意排水和密封），外墙板可不涂漆，不仅节能，还节省涂装费，而且不需设置油漆场地，缩短制造周期，并可延长检修周期；可以采用长大宽幅挤压型材，与一般钢结构相比，人工费节省约 40%，车辆质量减少约 30%。

四、铝合金车体架车

由于车体采用铝合金焊接结构，车体碳素钢结构容易产生变形，因此在日常架车检修工作中应特别注意使用合适的顶车位置，以防车体翘曲变形。为此制造商制定了顶车位置，并在外墙下沿标有顶车标记，其标记为“▲”。

按不同的修程规定其架车点。架车点如图 4-3 所示。

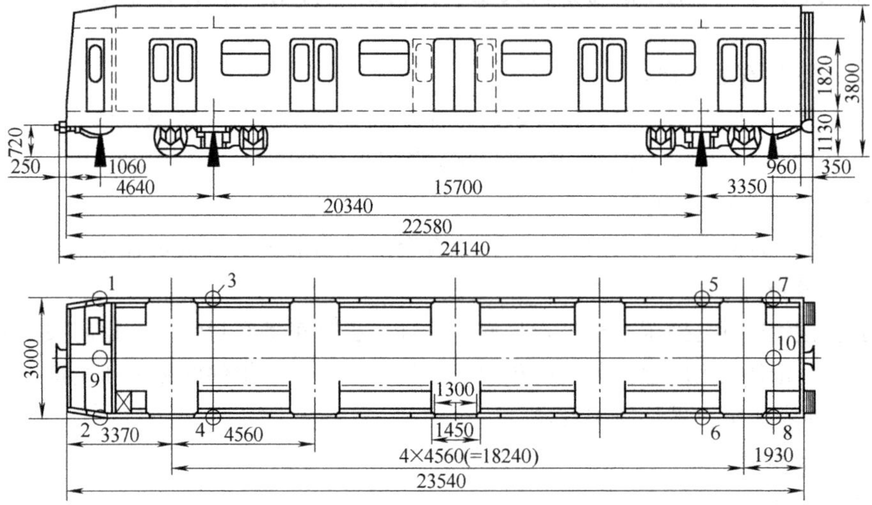

图 4-3　上海地铁车辆（A 型）架车点

1）整车架起（带转向架）顶车点号为 3、4、5、6。

2）无转向架架车的顶车点号可为 1、2、7、8 或 1、2、5、6 或 3、4、7、8 或 3、4、5、6；也可用三点架车，其顶点号为 1、2、10 或 3、4、10 或 7、8、9 或 5、6、9。

五、铝合金车体结构

图 4-4 为上海地铁车辆铝合金车体的断面，其形状类似鼓形，这种外形可以使车辆在圆形隧道内获得最大截面积（或称之为充塞比），增大车内空间；另一方面有利于提高车辆在圆形隧道内的活塞效应，加强隧道的自然通风能力。它是由底板、侧墙、车顶、端墙等组成整体承载的薄壳型结构。

车底板由地板、侧梁、枕梁、小横梁和牵引梁组成，五块宽度为 520mm、高度为 70mm 与车体等长的地板梁通过两侧的接口拼焊成车体地板，每块地板梁由上下翼板、腹板和六块肋板组成，中梁由上下翼板、腹板和六块肋板组成，中空截面挤压铝型材，各板厚度仅为 2.5mm。底板侧梁为宽度 200mm、宽度 324mm，与车体等长的薄壁中空截面挤压铝型材，壁厚 4～6mm。A 车底板的前端设有撞击能量耗散区，其上开有三排椭圆孔，当车辆受到意

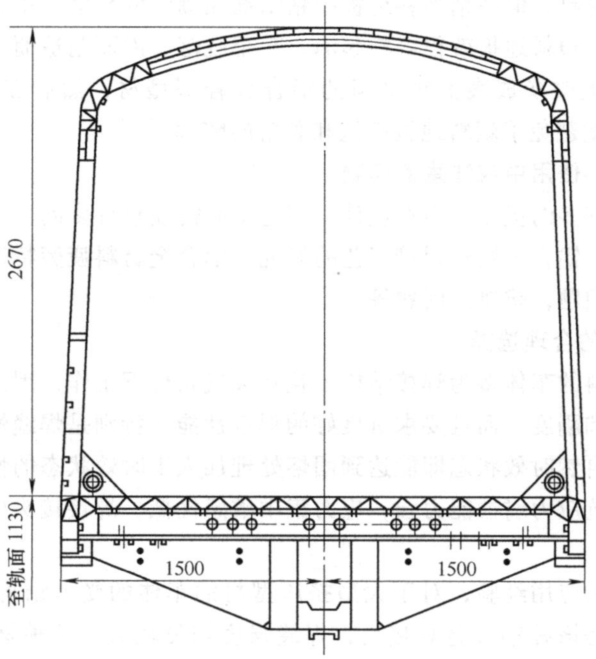

图 4-4　上海地铁车辆铝合金车体的断面

外撞击时，它能产生较大的塑性变形，从而吸收纵向冲击能量，起到保护司机、乘客和车辆的作用。底板的两端还设有牵引梁和横向承载梁，用来安装车钩牵引缓冲装置和传递车辆间的牵引和冲击力。车顶、侧墙、端墙中部填充有玻璃纤维或矿物棉，以起到隔热作用。同时车顶、侧墙及其地板下涂有隔音及防水涂料，转向架对应区域的地板下部粘结有隔音材料，起到隔绝噪声的作用。下面介绍一下车体结构各大部件的结构特点。

1. 车顶

车外顶板两则小圆弧部分采用形状复杂的中空截面挤压铝型材，中部大圆弧部分为带有纵向加强杆件的挤压成型的车顶板，其长度与车顶等长，车顶组装时仅留下几条与车顶等长的纵向长焊缝。

客室内顶板由三部分组成，中间为平板，平板两侧为多孔的通风口平板，最外侧为客室照明灯的灯箱。平板安装在悬挂的车顶吊架上。

2. 侧墙、端墙

车体的侧墙，由于左右各有 5 扇车门和多个车窗，侧墙被分隔成 6 块带窗框、窗下间壁、左右窗间壁或门间隙的分部件，全车共 12 块，在组装时分别各自与底板、车顶拼接，各块分部件也为整体的挤压铝型材。

客室内的侧墙、端墙都采用阻燃的密胺树脂胶合板。由于在组装焊接的侧墙、端墙的铝合金材料的内侧部涂抹阻尼浆并敷贴保温材料，所以侧墙、端墙都具有隔热保暖的功能。

3. 地板

直流传动车与交流传动车的客室地板结构是不同的。直流传动车的地板是先在底板上纵向布置 4mm 厚的橡胶条，再铺设 16mm 厚的多层夹板，用螺钉将多层夹板固定在底架上，然后在多层夹板上粘接 2.5mm 厚的灰色 PVC 材料地板。这是一种理想的具有耐磨、阻燃和防滑功能的地板面材料，但粘结塑料地板的粘结剂在潮湿的环境中很容易丧失粘性，因此当多层夹板一旦受潮，塑料地板就很容易起泡，甚至脱落。因而制造商在生产交流传动车时做了改进，将多层夹板改换成表面很平坦的铝合金轻型型材，然后在铝型材表面直接粘贴 PVC 塑料地板，这就避免了塑料地板起泡和脱落的弊病。

六、铝合金材料使用中应注意的问题

铝合金车体有许多的优点，但在设计、制造中尚需注意许多问题。如铝合金选材，大型铝型材料成型技术，铝合金结构焊接工艺的研究，铝合金材料疲劳特性和寿命的试验，结构优化设计，刚度的问题，防腐的问题等。

1. 铝合金材料的合理选择

使用铝合金材料的车体多为焊接结构，且在大气条件下工作，因此要求铝合金材料不仅应具有适当的强度和刚度，而且要求有良好的焊接性能，特别是焊缝性能要接近母材性能水平。最好在焊后的自然时效状态即能达到固熔处理加人工时效状态的性能水平。此外还要求材料的抗腐能力和抗应力腐蚀能力强，应力集中敏感性低，焊接接头处的抗脆断能力和抗疲劳能力高。

参照国外成熟的应用经验，对于大型挤压型材的车体的受力结构件建议选用 6005A 的铝合金材料，主要是该种铝合金焊接后，焊缝强度恢复较大。该种材料虽然国内无相应牌号，但西南铝加工厂已研制出该铝合金。板材建议采用 5083（国内牌号为 LF4）。

2. 铝合金车体的组装

铝合金的密度只相当于钢的 1/3，弹性模量也只有钢的 1/3。材料的刚度与弹性模量有关，因此，铝合金车体的设计不能采用钢质车体的结构形式，而应该充分利用新型铝合金性能的特点，采用大型中空挤压型材。

采用大型中空挤压型材使大多数焊缝接头位于长度方向上，因此可以集中焊接；与板梁结构相比较变形大量减少，并且机械化程度高，大大减少了人工，提高了劳动效率。

整体结构的铝合金车体有着非常好的耐冲击性能，因为其工作断面面积与碳钢结构车体相比增大 2 ~ 3 倍，零件的长细比也明显地减小。

车体基本由六大部件即地板、车顶、两个侧墙及两个端墙装配而成。而铝型材的边缘设有通长的成型槽，即可供组合整个车体用。当型材沿边缘连接时，能自动形成适宜的焊接坡。

端墙完全采用板材，梁采用焊接结构，四角立柱及端顶弯梁采用弯曲型材，端顶横梁采用矩形铝合金型材，外端板选用厚 5mm 的铝合金，并考虑大小风挡结构的需要。

底架各梁应设置坐椅安装滑槽、侧门滑槽及底架吊挂滑槽，滑槽为 T 形。底架与转向架的连接件、铝合金车钩安装座使用铝合金锻件，锻件与底架型材开坡口焊接。

车顶边梁拟采用大型挤压型材，中间部分采用两种开口铝合金挤压型材，车顶上边梁与侧墙共用，并考虑边梁自带雨檐。组焊时，边梁焊在侧墙上，并由矩形横梁将两边梁连接，保证车顶有足够的刚度。车顶开口型材在总装时，组焊即可。

第三节　不锈钢车体

不锈钢车体的制造始于美国，1934 年美国首次在车体车辆上采用不锈钢材料。但使这项技术得到发展的是日本。日本从1950年开始，在车辆上采用不锈钢材料，并使用量很少，仅用于有室内装饰作用的管道等处。此后，于1958年，为了使车体外表面不用涂漆，仅外墙板使用不锈钢材料，称为蒙皮不锈钢车体，也叫半不锈钢车体，所用不锈钢材料是SUS304。这种车体的制造一直延续到1980年，在日本一共制造了1800辆。这种蒙皮不锈钢车体，其内部梁、柱、骨架仍采用普通碳素钢，这样的车体不能达到轻量化的目的。经过运用发现，车体表面维护减少，但普通碳素钢部分腐蚀依然严重，特别是门口、窗有缝隙处需要大量维修，因此费用还是无法降下来。日本于1962年开发出了所有零部件均为不锈钢材料的车体钢结构，称为全不锈钢车，此时所用的材料为SU301和SU302。此后，随着制造焊接及材料加工技术的不断提高，日本于1978年开发出轻量化不锈钢车辆，所有材料为SUS301L。轻量化不锈钢车体的开发，使车体钢结构的质量降为碳素钢车体的1/2，在节能和降低维修费用方面的优越性得到了用户的肯定，越来越多的国家开始使用不锈钢车。

我国于1987年开始在地面客车上使用不锈钢材料，主要用于外墙板及易腐蚀的梁柱。

1996年我国与韩国合作，开发出了点焊结构的不锈钢车体。但真正意义上的轻量化不锈钢车体的制造是2002年制造完成的北京城市轨道交通两列轻量化不锈钢样车。天津滨海轻轨也使用我国生产制造的轻量化结构不锈钢车辆。

一、不锈钢车体的结构

图4-5所示为天津滨海轻轨车辆的车体，除底架端部采用碳素钢材料外，其余部分均采用SUS301L高强度不锈钢材料。梁、柱间通过连接板相连接，各部件间采用点焊连接，形成不锈钢骨架结构。整体玻璃钢车头、金刚砂地板布直接粘接在铝蜂窝地板上，头车的顶板、圆头、间壁做成一体，与贯通道连接，达到整体美观的效果。

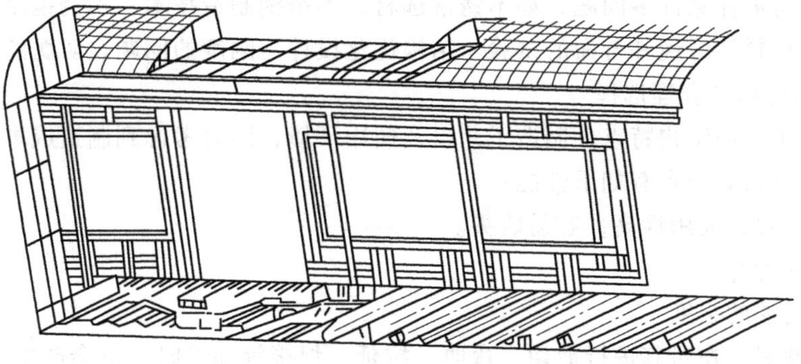

图4-5　天津滨海轻轨车辆车体模型

1. 车顶

车顶由波纹顶板、车顶弯梁、车顶边梁、侧顶板、空调机组平台等几部分组成。

车顶采用波纹顶板无纵向梁结构，顶板间搭接缝焊连接，与车顶弯梁点焊在一起。空调机组平台由纵梁、弯梁、顶板点焊组成部件，再与车顶通过点焊及塞焊组成一体。由于车顶是无纵梁结构、波纹顶板要传递车体纵向力，所以选择强度较高的SUS301LMT材料，厚度为0.6mm。

车顶弯梁采用SUS301L—ST材料，厚度为1.5mm。

车顶边梁是车顶也是整车主要承载部件，所以选用强度最高的HT材料，整体冷弯成形，材料厚度为 1.5mm。

2. 侧墙

侧墙需选用塞拉门、连续窗结构。为适应该要求，侧墙钢结构部分采取了比较特殊的方法，一扇连续窗全长 4 070mm，在此范围内，钢结构必须便于车窗的安装、固定，不得有任何与车窗相干涉的结构。同时工艺性要好，结构上必须可实现点焊。设计中，将窗间有玻璃通过的侧立柱压出凹形，再通过窗带过渡与窗框相连接。为便于加工，压出凹形的立柱采用了强度较低的 SUS301L—ST 材料，同时为保证该处强度，在其背面加了一根补强梁。为保证窗口及侧墙的平面度，窗口周围所有梁柱、补强部分均为点焊结构。

由于车门开口（宽 1550mm、高 2012mm）对钢结构的强度和刚度影响很大，为此需采取补强措施，比如加长门上框翻边长度，在门上加补强板，将底架碳素钢边梁延长过车门口等。为消除门角应力集中的问题，采用在门口外围进行补强及加过渡圆弧，在门角内加门角补强铁的方法。通常采用上述这些措施来增加车体刚度及强度。

3. 端墙

端墙的板、梁均采用点焊结构。

4. 底架

碳素钢端底架与不锈钢底架采用塞焊连接，主横梁与边梁利用过渡连接板实现点焊连接，底架边梁采用 4mm SUS301L—HT 材料，以提高底架的整体强度和刚度。

二、不锈钢材料使用中应注意的问题

不锈钢车体由于具有耐腐蚀性较好、不用修补、使用寿命长等优点，因此，使用不锈钢材料作车体在保证强度、刚度的条件下，板厚可以大大减少，从而实现车体的轻量化。但在设计、制造中尚需注意许多问题，如不锈钢选材、不锈钢制造技术、不锈钢结构焊接工艺的研究、不锈钢材料疲劳性和寿命的试验、结构优化设计、刚度的问题、防腐的问题等。

1. 不锈钢材料的合理选择

根据城轨车辆的结构特点、制造工艺以及使用环境，同时考虑到制造成本，要求车体所使用的不锈钢材料必须具有如下性能：

1）价格便宜，通用性高，容易购买。

2）耐腐蚀性好。

3）具有足够的强度。

4）加工性好，在对其进行剪切、弯曲、拉延、焊接等加工时，不会产生缺陷。

能满足以上条件的不锈钢材料有 30 ~ 40 种，其中具有代表性的是 SUS304（S30400）和 SUS301。1983 年开发出的低碳不锈钢 SUS301L（L 表示低碳），其碳的质量分数在 0.03% 以下，目前的城轨车辆都在使用这种强度高、耐腐蚀性好的不锈钢材料。

SUS301L 这种不锈钢材料在进行冷压延加工时，一般分为 5 个强度等级。

1）SUS301L—LT：不进行冷压加工，其特点是强度较低，与 SUS304 基本相同，多用于强度要求不高处，拉伸加工料件。

2）SUS301L—DLT（1/4H）：其特点是压延加工度低，板的平面度在几种调质材料中最好，多用于外板。

3）SUS301L—ST（1/2H）：其特点是具有较高强度，同时拉伸性良好。多用于车顶弯梁、仙立柱、端立柱等处。

4) SUS301L—MT (3/4H)：其特点是强度很高，但不易进行弧焊加工，加热至 600℃以上时，强度会大幅降低，系为冷弯型钢用料。

5) SUS301L—HT (H)：其特点是屈服强度和强度极限在几种调质材料中都是最大的，与 MT 相同，加热至 600℃以上时，强度会大幅下降，多用于底架边梁、主横梁、侧立柱等对强度要求很高的部位。

2. 不锈钢材料的焊接

碳素钢车体采用弧焊组装钢结构，靠电弧产生的热量熔化填充金属，使两个构件熔敷接合。弧焊所产生的热量很大，对构件的热输入量也很大，这种焊接方法对于焊接不锈钢材料是很不利的。

不锈钢导热系数只有碳素钢的 1/3，而线膨胀系数是碳素钢的 1.5 倍，热量输入后散热慢而变形大，不利于构件尺寸及形状的控制，但由于不锈钢材料的电阻较大，所以对不锈钢材料的焊接一般都采用电阻焊（即点焊）。点焊就是将两个或两个以上相叠加的金属用电极加压，通过电流，利用金属的电阻产生高热，使叠加的金属在加压区产生熔合，使金属连接到一起。点焊的特点是构件的热输入量小，容易实现自动控制，焊接时技能不是很高、很熟练的操作者也可以保证焊接质量。

不锈钢车体采用点焊结构，这就决定了不锈钢车体必须采用很多与以往碳素钢车体不同的特殊结构，以实现点焊连接的目的。不锈钢车体在组合外板、梁、柱时为了减少热量的输入，采用点焊代替弧焊，梁、柱的结合部位采用连接板传递载荷。但由于受到设备、工装、工序等各方面的限制，有些部位无法实现点焊，可以采用塞焊来减小热影响区。

轻量化不锈钢车体中几乎所有的零、部件都是通过点焊连接的，所以焊点的质量将直接影响车体钢结构的质量和强度。为保证车体质量，在日常生产中，控制焊点质量是必须的。

现在采取的方法是在每次作业前进行点焊拉伸试验和切片试验，检验合格后再按照试验的焊接规范进行作业。

第四节　车体的模块化结构

一、模块化结构的概念

就车体结构形式而言，几十年来国内外都是采用全组焊结构，即底架、侧墙、车顶和端墙均为焊接而成，然后这四大部件组装时也采用焊接工艺（图 4-2），这种车体结构称为整体焊接结构，也称为一体化结构，这种结构是大家比较熟悉的。随着技术的发展，近几年来，国外研制了一种称为模块化的结构，我国深圳和广州地铁 2 号线车辆也采用了模块化结构。

模块化车体结构与整体焊接结构车体相比，最显著的特点就在于将模块化的概念引入到车体设计、制造与生产管理的各个环节之中。整体焊接结构车体是先制造车体结构的车顶、侧墙、底架、端墙、驾驶室等部件，然后进行整个车体总成焊接，车体总成后再进行内装、布管、布线。模块化车体设计是将整个车体分为若干个模块，如图 4-6 所示。在每个模块的制造过程中完成整车需要的内装、布管与布线的预组装（车顶模块如图 4-7 所示）并解决相互之间的接口问题。各模块完成后即可进行整车组装。每一模块的结构部分本身采用焊接，而各模块之间的总成采用机械连接，如图 4-8 所示。

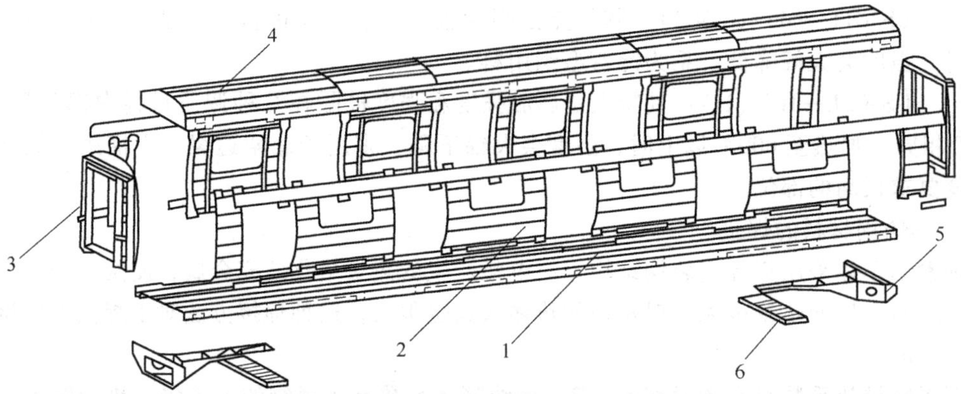

图 4-6　车体模块组成

1—底架模块　2—侧墙模块　3—端部模块　4—车顶模块　5—牵引梁模块　6—整梁模块

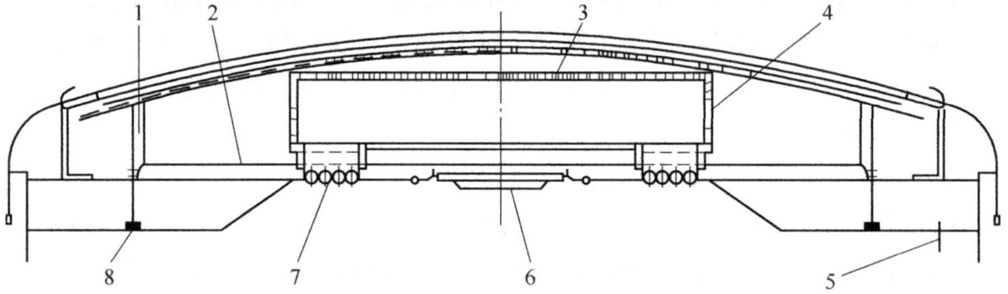

图 4-7　车顶模块

1—顶板吊架　2—顶板槽梁　3—空调风道　4—隔音、隔热材料　5—内部装饰　6—灯带　7—出风口　8—顶板悬挂

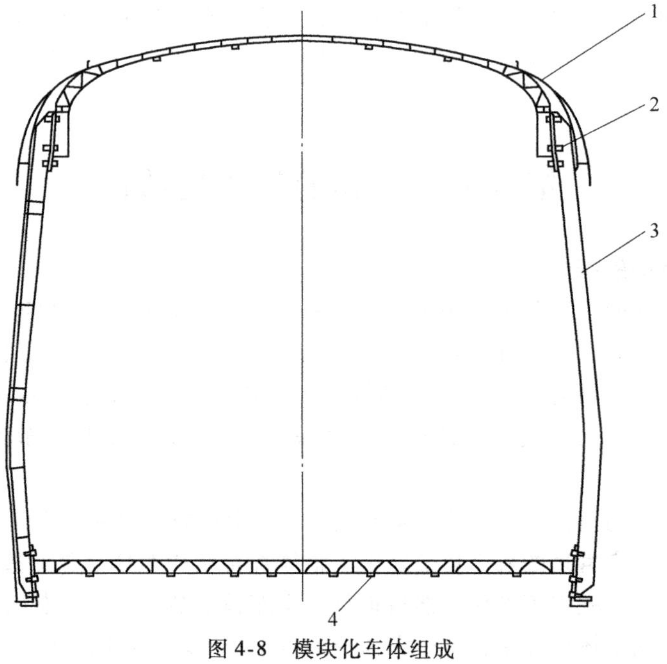

图 4-8　模块化车体组成

1—车顶模块　2—螺栓　3—侧墙模块　4—底架模块

二、模块化结构的优点

1）在每个模块的制造过程中均注意验证其质量。模块制成后均需进行试验，从而保证

整车总装后试验比较简单，整个质量也容易保证。

2）由于每个模块的制造可以独立进行，并解决了模块之间的接口问题，因此，各模块和部件可以由不同的工厂同时生产。而且，模块化生产对总装生产线要求不高。

3）可以改善劳动条件，降低施工难度，提高劳动效率，保证整车质量。

4）可以减少工装设备，简化施工程序，降低生产成本。

5）在车辆检修中，可采用更换模块的方式进行，方便维修。目前国内地铁车辆生产企业在模块车体的设计、制造、试验与生产管理过程中已形成了整套的经验，从而保证了批量生产的质量。

三、模块化结构的缺点

从车体结构局部来分析，模块化结构存在如下缺点：模块化结构的个别部件（如驾驶室框架）有的采用了部分钢材制造，各部件之间又采用了钢制螺栓联接，所以车体重要比全焊结构稍重。

由于车体是容纳旅客的场所，就车辆结构而言，其强度是保证旅客安全的关键特性，因此在设计过程必须进行详细的强度、刚度计算，在此理论的指导下进行设计。试制完成后，必须进行相应的试验，证实确实满足要求，才能投入批量生产。

为保证隔热、隔音性能，在车体组装后，在内部需喷涂隔音阻尼和安装玻璃棉或其他隔热、隔音材料。

车体结构在使用中一般对表面涂装进行必要的维修，就结构自身而言，在正常工况下可以满足使用寿命30年的要求。如果由于事故和大修中需对车体某部件进行检修时，可以采用更换模块的方式进行，以减少维修工作量。

第五节　车　　门

一、车门的类型

随着世界城市轨道交通的发展，各个国家的轨道交通车辆的车门类型多种多样，但根据城市轨道交通自身的特点，车门应具有以下要求：

1）要有足够的有效宽度。

2）车门要均匀分布，以方便乘客上、下车。

3）要有足够数量的车门，可使乘客上、下车时间满足地铁列车运行密度的要求。

4）车门附近要有足够的空间，方便乘客上、下车。

5）要确保乘客的安全。

6）要具有较高的可靠性。

对城市轨道交通车辆而言，按照车门功能分类可分为客室侧门、驾驶室侧门、驾驶室隔间门和逃生门。按照车门的驱动系统的动力来源可分为电动式车门和气动式车门。下面以南京地铁1号线和上海地铁3号线的车辆为例来说明。

二、车门系统概述

1. 客室门

南京地铁1号线车辆的每节车厢两侧各有5扇客室门，呈对称布置，六节车编组共60扇客室门，如图4-9所示。客室门为双叶式电动塞拉门，其中门叶由铝框架、铝板、层压板、双层玻璃等组成。门叶边用橡胶条压嵌而成。门叶上方设有一套电动驱动机构，由门控单元（EDCU）、丝杠、制动单元、压轮、导轨、驱动电动机、滚轮摆臂等组成。开关门的速度及压力可以通过调节车门控制单元（EDCU）来改变。每扇客室车门设有一套机械解锁机械（每节车的5A和1B门设有两套机械解锁机构）和一套门切除机构，以便在紧急情况下，能从客室内或外直接打开和切除车门。

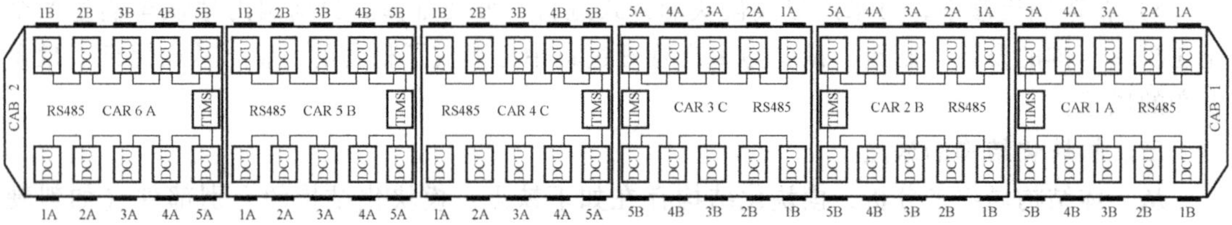

图 4-9 南京地铁 1 号线车门示意图

客室门的位置及编号如图 4-9 所示。客室门技术参数见表 4-4。

表 4-4 客室门技术参数

开门时间/s	3.0（可调整）
关门时间/s	3.0
温度范围/℃	-25 ~ 70
供电电压/V	DV 110
平均电流消耗/A	1
最大电流消耗/A	4
门框宽/m	1.690
门框高/m	2.155
水平净开度（宽度）/m	1.4
垂直净开度（高度）/m	1.95

2. 驾驶室侧门

每节拖车的驾驶室两侧各有1扇侧门，呈对称布置，侧门为单门叶的内藏式门，手动操作，在门叶上方配有可上下移动开启的玻璃窗。驾驶室侧门技术参数见表 4-5。

表 4-5 驾驶室侧门技术参数

高度/m	1.933
宽度/m	0.654
门密封性/m	0.14
质量/kg	32

3. 驾驶室隔间门

每节拖车安装有一个驾驶室隔间门，用于分离驾驶室和客室，在紧急情况下打开此门能使乘客通过驾驶室从逃生门离开列车。驾驶室隔间门技术参数见表 4-6。

表 4-6　驾驶室隔间门技术参数

高度/m	1.900
宽度/m	0.613
门密封性/m	0.035
质量/kg	30

4. 逃生门

每节拖车还有 1 扇逃生门。逃生门设在驾驶室的左前方，在紧急情况下，打开它能使乘客安全离开列车。逃生门由铝合金复合材料制成，三层折叠形式，回收到位后又呈固定装置。梯子底部与车体铰链，打开时，可向前倾倒在轨道上，梯子两侧设有固定绳索，可作为乘客扶手之用，如图 4-10 所示。逃生门可从驾驶室内外简单地手操作打开和回收，限位开关同时指示门关好与否。逃生门技术参数见表 4-7。

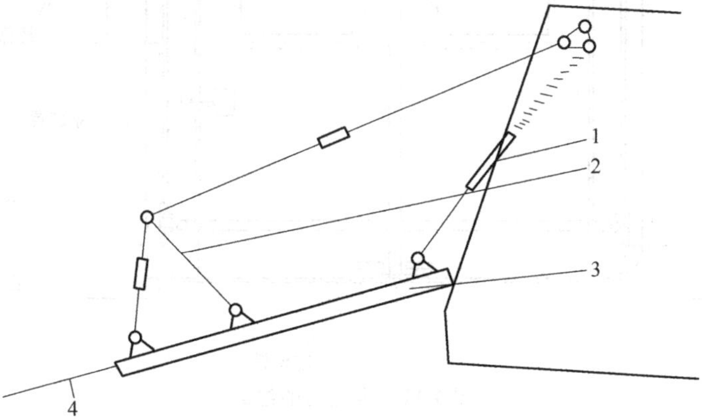

图 4-10　逃生门

1—弹簧杆　2—连杆　3—安全疏散梯　4—伸缩杆

表 4-7　逃生门技术参数

高度/m	1.800
宽度/m	0.662
疏散梯高/m	0.215
疏散梯宽/m	0.600

三、车门系统组成及重要部件介绍

1. 客室门的组成如图 4-11 所示。

（1）门叶和定位销　每扇门叶是由两块铝合金板对折覆盖在一块铝合金挤压型材的框架上组成。中间夹芯由铝合金蜂窝组成。门叶上半部还装有一块 19mm 厚的双层钢化透明玻璃。门叶边压嵌有橡胶密封条，分别起到密封和防夹作用。

在每一扇门叶的前部下边缘处安装了一个附加的定位销，它可以与安装在门槛的定位槽相配合，以满足车门关闭时的门叶偏差要求。

（2）支承杆　支承杆通过一个能承载整个门机构重量的底板固定到车体上。在开门和关门时，这个支承杆承载着整个门叶的重量，并且使门叶与车体保持平行位置。

（3）滑车/轮架　滑车可以通过滚珠轴承在导杆上滑行，同时也将来自门机械装置的力

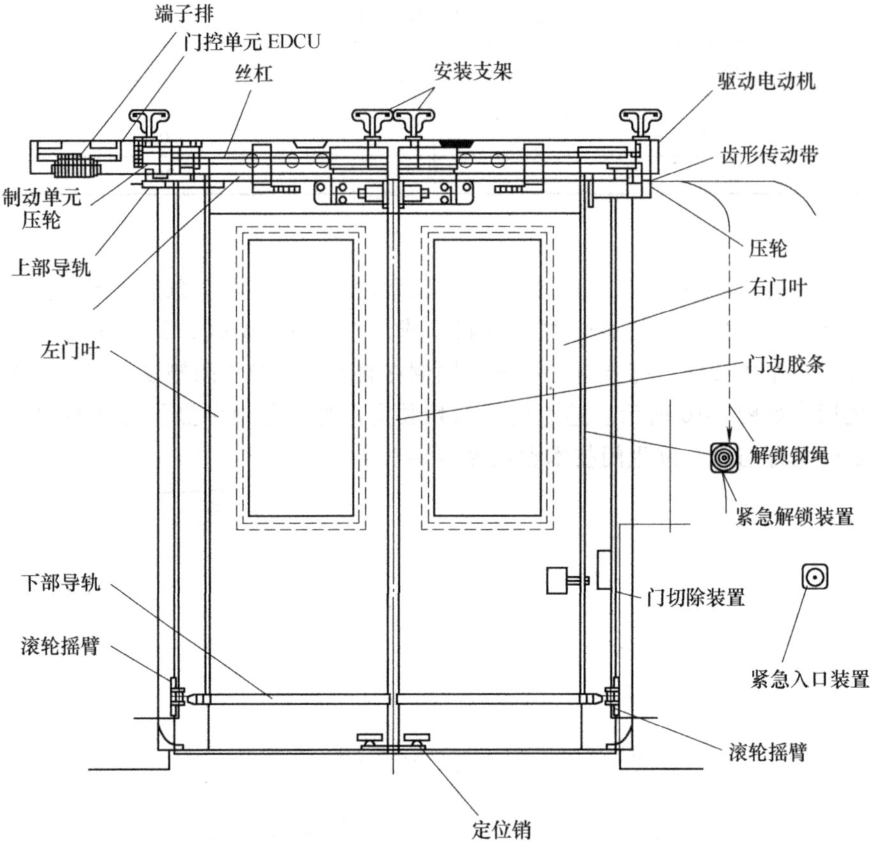

图 4-11　客室门的组成

传给门叶，反过来也一样。此外，它使门叶托架和导杆保持平衡。门叶托架一方面通过两个球轴承连接到滑车上，另一方面通过用螺栓刚性地连接到门叶上。因此它可以将门叶的重量和运行力全部传递到支承杆上。

（4）驱动电动机　门的移动主要由一个带齿轮的电动机驱动。电动机驱动一个从动转轴（一半左旋，一半右旋），丝杠螺母连接在带有平等臂叉的滑车上，然后通过滑车和门叶承载臂驱使门叶移动。

（5）制动单元　一个由自由轮和离合器组成的车门制动单元通过法兰连接在丝杠上。车门关上后，它们相互啮合，通过机械运动防止打开车门。在开门的同时，它被电磁解锁。在紧急情况下，可以手动解锁自动轮和离合器装置。

（6）紧急解锁装置和外部紧急解锁装置　为了能够在紧急情况下打开客室车门，在客室内每扇门的右侧内墙上装有一个紧急解锁装置，如图 4-12 所示。该装置装有一个带锁紧卡的旋转手柄，乘客在遇到突发或紧急情况时，可将旋转手柄转到解锁位，也可由司机用方孔钥匙来操作，再用手将车门扒开。在紧急手柄扳回原始位置后，车门开关又重新回到正常工作状态。

另外，在每辆车的 1B 门和 5A 门外部还装有一个外部紧急解锁装置。外部紧急解锁装置仅能由司机或检修人员用方孔钥匙来操作。

操作解锁装置时，门驱单元上的主轴（丝杠）解锁自由轮和离合器装置将通过弓形钢缆进行解锁，弓形钢缆将解锁车门，并触发门驱单元制动装置上的限位开关。

（7）门切除装置 在每一对门的一扇门叶上安装有门切除装置，可以机械地切除车门，在出现故障时，工作人员可以在车内或车外通过方孔钥匙切除车门，如图 4-13 所示。

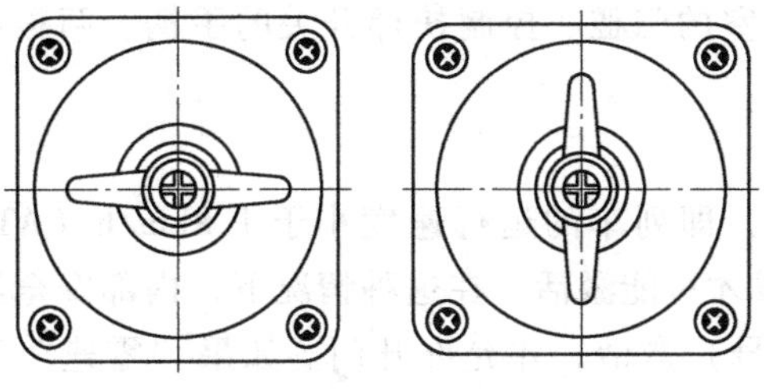

a) b)

图 4-12 紧急解锁装置

a）正常位 b）解锁位

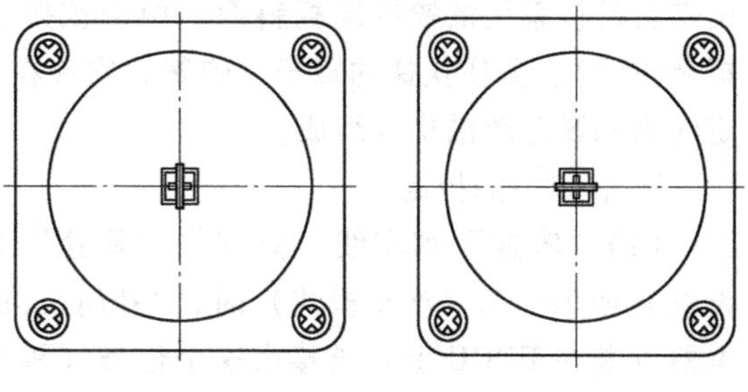

a) b)

图 4-13 门切除装置

a）正常位置 b）门切除位置

（8）上、下导轨 上部导轨被安装在门头机构上，托架上的滚柱沿导轨滚动。下部导轨安装在门叶上，与安装在车体结构上的滚轮摆臂相配合，滚轮摆臂上滚柱可以引导每叶门下部的运动。

滚柱只能提供横向力而不能提供纵向力和垂向力。

2. 驾驶室侧门的组成

驾驶室侧门如图 4-14 所示，主要由铝制门板、上部玻璃窗、下部玻璃窗、门窗橡胶条、防水橡胶条、门框密封条、门锁装置、上下铰链和手动锁等组成。

3. 驾驶室隔间门的组成

驾驶室隔间门的组成如图 4-15 所示，安装在驾驶室与客室之间，它主要铝制门板、门窗玻璃、在驾驶室侧的一个带手柄的门锁、在客室侧的 9mm 正方形锁、铰链和门侧等组成。

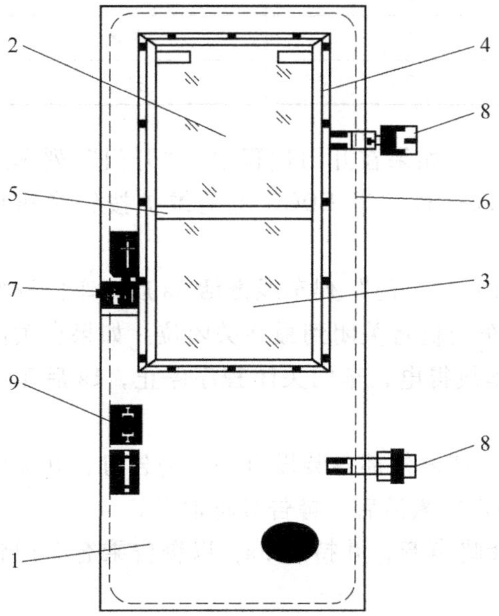

图 4-14 驾驶室侧门的组成

1—铝制门板 2—上部玻璃窗 3—下部玻璃窗
4—门窗橡胶条 5—防水橡胶条 6—门框密封橡胶条形
7—门锁装置 8—上下铰链 9—手动锁

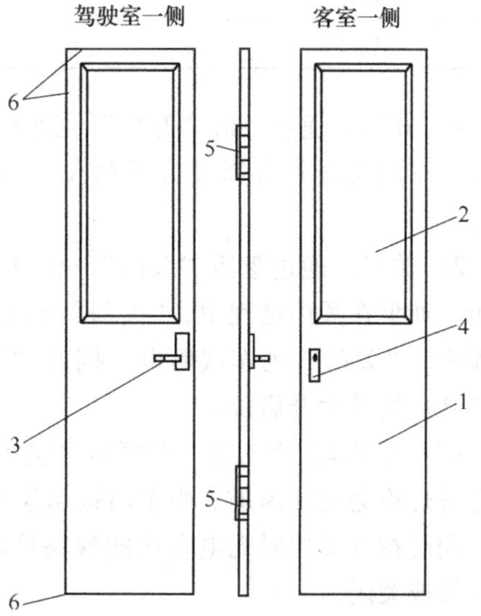

图 4-15 驾驶室隔间门的组成

1—铝制门板 2—门窗玻璃 3—带手柄门锁
4—正方形锁 5—铰链 6—门刷

4. 逃生门的组成

逃生门主要用于车辆在隧道中发生火灾等紧急情况时，供乘客紧急逃生用。逃生门主要由带有铰接系统的铰接地板斜面、两个铰接扶梯元件、两个制动装置、固定扶梯的锁（在折叠位置）、盖住扶梯的罩子、弹簧、安装在驾驶室的门槛、控制扶梯开关的手柄、两根固定绳索和紧急疏散梯等组成。

5. 客室门的控制

（1）“零速”列车线　只有当“零速”出现，即列车的运行速度小于1.8km/h（ATC设置）或3km/h（洗车模式）时，“开门”列车线才可能激活。在这种情况下，内部安全继电器（装在EDCU上）直接由这个信号（零速信号）激活，才允许开门。如果“零速”列车线一旦失电，即列车运行速度大于1.8km/h或3km/h（洗车模式）时，开启的车门将立即关闭。

（2）开门/关门　客室车门的开关是由车门控制单元（EDCU）根据列车控制（开门列车线、关门列车线、零速列车线）电平信号和车门驱动机构上的元件（限位开关、车门位置传感器）电平信号来控制的。客室车门的开关电平信号见表4-8。

表4-8　客室车门的开关电平信号

“零速”列车线	“开门”列车线	“关门”列车线	车门状态
0	0	0	关闭
0	0	1	关闭
0	1	1	关闭
0	1	0	关闭
1	0	0	关闭
1	0	1	关闭
1	1	1	关闭
1	1	0	打开

1）开门。通过激活“开门”列车线来执行开门。如果在开门过程中，“开门”列车线断电，车门仍将开启到最大开启位。另外，还可以通过按下EDCU上的维护按钮来执行开门。

2）关门。通过激活“关门”列车线来执行关门。“关门”列车线激活3s后，车门开始关闭。如果在关门过程中，“关门”列车线断电，车门仍将关闭到最终关闭位。如果在关门过程中，“关门”列车线断电，同时“开门”列车线得电，车门关闭程序停止，1s后车门重新开启到最大开启位。

（3）警告灯/蜂鸣器　在每扇客室车门的上方车体内外部各装设有一个警告灯，开关门时警告灯将会亮并闪烁。当车门被切险或遇障碍物六次激活后，警告灯将常亮。

同时在开关门时光电管式的蜂鸣器将会发出蜂鸣声音，并持续3s，以警告乘客车门将要打开或关闭。

（4）障碍物探测

1）关门防夹（关门时的障碍物探测）。车门在关闭的过程中，如果遇到障碍物，车门的防夹功能将被激活，将施加一定的关门力（小于300N），持续时间为0.5s。然后车门驱动电动机将会处于解锁状态（在电动机上短路）2s，以便可以手动移动车门并移开障碍物。

这样的循环能重复六次，如果防夹功能在第六次关门过程中仍被激活，此时车门将反向运动，打开并停留在开启位。车内外的两个指示灯将亮，以引起司机的注意。司机可再启动关门指令来关闭车门。

2）开门时障碍物探测。开门时障碍物探测也能被激活六次。在开门方向上检测到障碍物时 EDCU 将中断开门程序，中断时间为 2s。在进行第六次尝试开门被激活后，车门将停留在这个位置上，同时车门控制单元（EDCU）认为这个位置就是车门可达到的最大开门位。然后只有通过关门命令将门关闭后再开启。

（5）车门切除　一旦运营中有车门开关故障时，司机可以通过用方孔钥匙将故障车门切除。切除开关有方向性，车体切除应是逆时针，车内切除应是顺时针，否则会造成切除机构损坏。转动方孔钥匙时必须将车门拉到关闭并锁紧位。转动方孔钥匙时会激活车门切除限位开关并机械锁紧这扇车门。车门切除限位开关 S2 的触点将向车门控制单元（EDCU）发送该扇车门已被切除的信号。这时车门控制单元（EDCU）将切除这扇门所有的功能，同时警示灯常亮。

（6）主隔离开关　在每扇门的驱动机构上安装有一个主隔离开关。可以通过该主隔离开关切断该扇车门的供电电源，以便于对车门做维护、检修工作。

（7）紧急解锁

1）在速度低于 1.8km/h 或 3km/h 时，操作紧急解锁装置将导致以下情况的发生：

① 传给门控单元的信号将使门控单元切断其所有的门控功能。

② 通过弓形钢缆手动解锁丝杠的制动装置，使车门处于解锁位。

③ 解发门驱动件上制动装置处的限位开关。

④ 将中断车门关闭和锁定环路。

⑤ 门控单元发出信号。

⑥ 门可以通过手动在开门和关门方向上移动。

2）当速度大于 1.8km/h 时，操作紧急解锁装置将导致以下情况的发生：

① 产生一个持续 1s 的 8A 的脉冲发给电动机（完全关门），在这个短暂的脉冲之后，将会给电动机施加连续的大约为电动机正常工作电流的 50%（1.5A）电流以使车门保持在关闭位。而且这个连续电流施加的时间不限。

②“紧急解锁”限位开关上的常闭触点断开，这时“门关闭和锁定回路”中断。

③ 如果乘客企图打开门，“门关闭并锁定”限位开关将监控到车门正在被打开，这将引起：

a. 持续时间为 1s 的 8A 的脉冲电流，以较大的关门力关门。

b. 脉冲电流过后，将以 150%（4.5A）的电流关紧车门，持续时间为 3s。

c. 持续 3s 后，再次产生持续时间为 1s 的 8A 脉冲电流。

d. 脉冲电流过后，将以 150%（4.5A）的电流关紧车门，持续时间为 5s。

e. 持续 5s 后，再次产生持续时间为 1s 的 8A 的脉冲电流。

f. 脉冲电流过后，将以 150%（4.5A）的电流关紧车门，持续时间为 5s。

g. 一直如此循环下去，在这一期间，加在车门门板上的推力将大于 300N。

h. 60s 后，由于电动机发热的原因，上面所说的过程又将开始，但是两脉冲电流之间的电流将为电动机电流的 100% (3A)。

i. 180s 后，这个功能将下降到 50% 的持续电流，并且没有脉冲。

当旅客停止开门，门会自动回到关紧位。

3）当速度大于 5km/h 时，操作紧急解锁装置还将导致列车产生紧急制动。

四、与其他系统的接口说明

每扇门上均装有 1 个车门控制单元（EDCU），所有 EDCU 连接到 RS485 车辆母线上，并通过 RS485 车辆母线与列车综合管理系统（TIMS）进行通信。TMIS 发送请求命令并询问 EDCU，EDCU 通过应答该请示来进行响应，上传不同的门状态（例如：“紧急装置被操作”）和诊断信号（例如：“车门位置传感器故障”）。

EDCU 根据列车控制系统（“开门”列车线、“关门”列车线、“零速”列车线）的电平信号和车门驱动机构上的元件（限位开关、车门位置传感器）的电平信号来控制门的开关。

使用笔记本电脑，通过 EDCU 上的 RS232 服务接口可以安装软件和更新软件。

第五章　转　向　架

第一节　概　　述

转向架是车辆最重要的组成部件之一，它的结构是否合理直接影响车辆的运行品质、动力性能和行车安全。转向架是支承车体并担负车辆沿着轨道走行的支承走行装置。为了便于通过曲线道路，在车体和转向架之间设有心盘或回转轴，转向架可以绕心盘或回转轴相对车体转动。由于车辆在线路上运行时通过道岔、弯道及车辆加速、减速等原因会产生各种冲击和振动，为了改善车辆的运行品质和满足运行要求，在转向架上设有弹簧减振装置和制动装置。转向架还应保证车辆以最小的阻力在轨道上安全、平稳、高速地运行，顺利地通过道岔及曲线，并应保持摩擦制动作用，保证列车的减速和停车。对于动车，转向架上还装有牵引电动机和减速机构，将牵引电动机的转矩通过齿轮转动传给轮对，转化为列车前进的牵引力，以驱动车辆运行，这种转向架称为动力转向架。

一、转向架的作用与要求

在铁路运输及城市轨道交通发展的初期，世界各国均采用二轴车辆。车轴直接安装在车体下面，这种二轴车比较短小。为便于车辆通过曲线，前后两轴中心线之间的距离一般不大于10cm。二轴车的总质量受到车轴容许轴载质量的限制，载质量较小，一般不大于20t。

随着铁路、有轨交通事业的发展，二轴车已不能满足运行的要求，于是出现了与二轴车结构类似的三轴车或多轴车。三轴车虽然能增加载重质量，但要通过小半径曲线时，中间的轮对相对车体要有较大的横向游动量，使得车辆结构复杂，因此这种三轴车没有被推广使用。同样形式的多轴车也是没有被采用。

常用的多轴车是采用带转向架的结构形式，把两个或几个轮对用专门的构架组成一个小车，这个小车称为转向架或台车，而车体就架承在前、后两个转向架上。为了方便通过曲线，车体与转向架之间可以相对转动。这样将一个车体落在两个转向架上，使车辆的载质量、长度和容积都可以得到增加，以满足轨道交通发展的需要。目前大多数车辆都采用转向架的结构形式。

转向架的基本作用及要求：

1）车辆采用转向架是为了增加车辆的载质量、长度和容积，提高列车运行速度。

2）保证在正常运行条件下，车体都能可靠地座落在转向架上。通过轴承装置使车轮沿着钢轨的滚动转化为车体沿线路的平动运动。

3）转向架能支承车体，承受并传递从车体至轮对之间或从轮轨至车体之间的各种载荷及作用力，并使轴重均匀分配。

4）保证车辆安全运行，并顺利地通过曲线。

5）采用转向架的结构便于弹簧减振装置的安装。弹簧减振装置使转向架具有良好的减振特性，以缓和车辆和线路之间的相互作用，减小振动和冲击，减小动应力，提高车辆运行的平稳性和安全性。

6）转向架能充分利用轮轨之间的粘着力，传递牵引力和制动力。

7）对地铁车辆的转向架来说还要便于安装牵引电动机及传动装置，以驱动车辆沿着钢轨运行。

二、转向架的组成

由于车辆的用途、运行条件、制造和检修能力及历史传统等因素，使转向架的类型非常多，结构各异。但它们都具有转向架的共同特点，其基本作用和基本组成部分是相同的。转向架的基本组成可以分为以下几个部分。

1. 轮对、轴箱装置

轮对沿着钢轨滚动，除了传递车辆质量外，还传递轮轨之间的各种作用力，包括牵引力和制动力。轴箱与轴承装置是联系构架和轮对的活动关节，使轮对的滚动转化为车体沿钢轨的平动。

2. 弹性悬架装置

为了减少线路的不平顺和轮对运动对车体的各种动态影响（如垂向振动、横向振动和通过曲线等），在轮对与构架之间或者构架与车体之间，设有弹性悬挂装置，前者称为轴箱悬架装置（又称一系悬架），后者称为构造（有的构架还带有摇枕）悬架装置（又称二系悬架）。

弹性悬架装置包括弹性装置、减振装置和定位装置。

3. 构架

构架是转向架的安装基础，它把转向架的零部件组成一个整体。它不仅仅承受和传递各种作用力及载荷，而且它的结构形状、尺寸和大小都应满足各零部件的结构、形状及组装的要求（如应满足制动装置、弹簧减振装置、轴箱定位装置的安装要求）。

4. （基础）制动装置

为了使车辆在规定的距离内停车，必须安装制动装置，其作用是传递制动缸产生的制动力或单元制动机产生的制动力，使闸瓦与轮对之间产生的转向架的内摩擦力转换成轮轨之间的外摩擦（即制动力），从而使车辆承受前进方向的阻力，产生制动效果。

5. 转向架架承车体的装置

车体与转向架联结部分的结构应能满足安全可靠地支承车体，并传递各种载荷和作用力，同时车体与转向架之间应能绕一定旋转中心相对转动，以使车辆顺利通过曲线。一般转向架架承车体的方式有心盘集中承载、非心盘承载和心盘部分承载三种。

三、转向架结构的种类

由于转向架用途的不同，运行条件的差异，对转向架的性能、结构、参数和采用的材料及工艺等的要求不同，从而出现了多种形式的转向架。各种转向架主要区别在于：所用车轴的类型和数目、轴箱定位的方式、弹簧装置的形式、载荷传递的方式等。轨道交通的转向架一般都采用二轴转向架。以下介绍几种轨道交通常见的转向架。

1. 按轴箱定位方式分类

（1）拉板式轴箱定位转向架　用特种弹簧钢材制成的薄片形定位拉板，其一端与轴箱连接，另一端通过橡胶节点与构架相连。利用拉板在纵、横向的不同刚度来约束构架与轴箱的相对运动，以实现弹性定位。拉板上下弯曲刚度小，对轴箱构架上下方向的相对位移就约束很小，如图 5-1a 所示。

（2）拉杆式轴箱定位转向架　拉杆的两端分别与构架轴箱销接，拉杆两端的橡胶垫、套分别限制轴箱与构架之间的横向与纵向的相对位移，实现弹性定位。拉杆允许轴箱与构架在上下方向有较大的相对位移，如图 5-1b 所示。

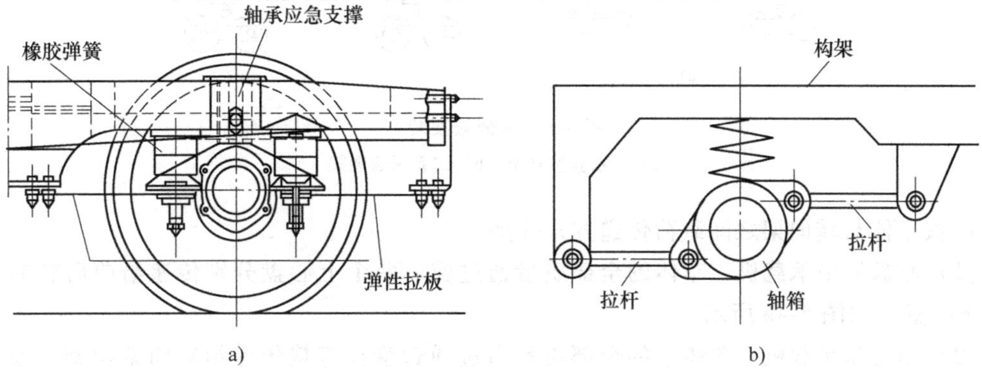

图 5-1　拉板式和拉杆式轴箱定位
a）拉板式轴箱定位　b）拉杆式轴箱定位

（3）转臂式轴箱定位转向架　该转向架又称弹性铰定位，定位转臂的一端与圆筒形轴箱体固接，另一端以橡胶弹性节点与构架上的安装座相连接。弹性节点允许轴箱与构架在上下方向有较大的位移，弹性节点内的橡胶件设计成使轴箱在纵向和横向具有适宜的、不同的定位刚度的要求，其结构有如图 5-2a 所示的形式。

（4）层叠式橡胶弹簧定位转向架　在构架与轴箱之间装设压剪型层叠式橡胶，其垂向刚度较小，使轴箱相对构架有较大的上下方向位移，而它的纵、横向有适宜的刚度，以实现良好的弹性定位，如图 5-2b 所示。

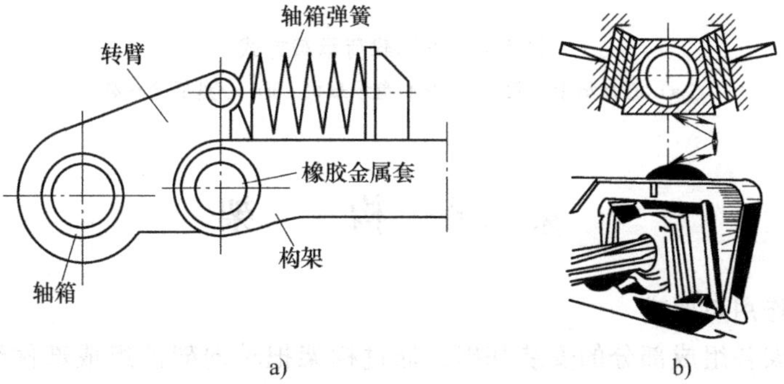

图 5-2　转臂式轴箱定位和层叠式橡胶弹簧定位
a）转臂式轴箱定位　b）层叠式橡胶弹簧定位

以上所述的定位方式，均为无磨耗的轴箱弹性定位的装置，通过对橡胶金属弹性铰或弹性节点的设计，可以实现轴纵、横向不同定位刚度的要求，达到较为理想的定位性能。

2. 按弹簧系统分类

（1）一系弹簧悬架　在车体与轮对之间，只设有一系弹簧减振装置，如图 5-3a 所示。它可以设在车体与构架之间，也可以设在构架与轮对之间。

(2) 二系弹簧悬架　在车体与轮对之间设有二系弹簧减振装置，即在车体与构架同设弹簧减振装置，在构架与轮对间设轴箱弹簧减振装置，两者相互串联，使车体的振动经历两次弹簧减振的衰减，如图 5-3b 所示。

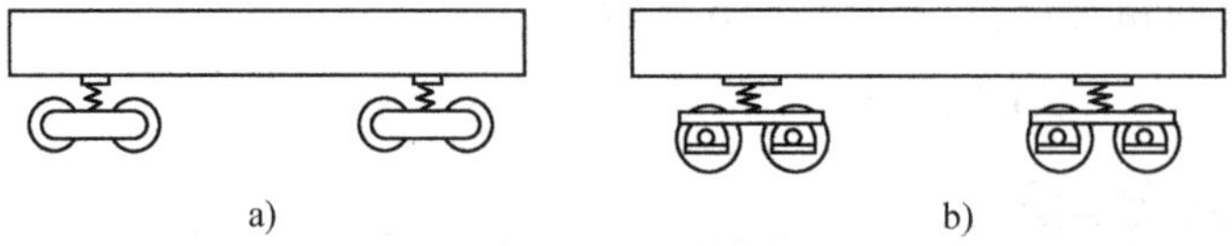

图 5-3　弹簧悬架装置

a）一系弹簧悬架　b）二系弹簧悬架

3. 按车体与转向架之间载荷传递方式分类

(1) 心盘集中承载机　车体的全部质量通过前后两个上心盘分别传递给前后转向架的两个下心盘，如图 5-4a 所示。

(2) 非心盘承载机　车体上的全部质量通过弹簧悬挂直接传递给转向架构架，或者通过弹簧悬挂装置与构架之间装设的旁承装置传递，如图 5-4b 所示。这种转向架虽还设有心盘回转装置，但它作用是牵引和转动。

(3) 心盘部分承载机　车体上部质量按一定比例分配，分别传递给心盘和旁承，使它们共同承载，如图 5-4c 所示。

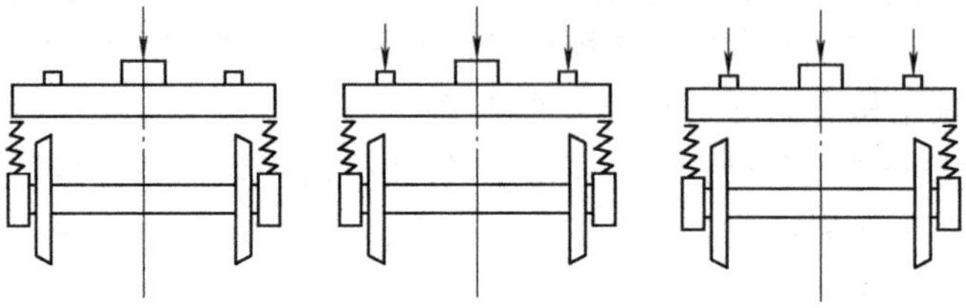

图 5-4　车体载荷承载方式

a）心盘集中承载　b）非心盘承载机　c）心盘部分承载

第二节　构　　架

一、构架的作用与要求

构架是转向架各组成部分的安装基础，通过构架把转向架的组成部件组合成一个整体，构架也是转向架承载的主要部件。对其基本要求如下：

1）部分尺寸精度要求较高，使一些部件安装具有较高的定位精度，如轮对定位，使转向架具有较好的运行性能。

2）便于各部件及附加装置的安装，包括轮对安装、传动齿轮装置的安装、牵引电动机的安装、制动系统的安装。

3）结构经过设计，具有足够高的强度，承受并传递牵引力、制动力、车体质量以及各种冲击、振动、保证列车运行安全。

二、构架的分类

就制造工艺而言，转向架的构架主要有铸钢构架和焊接构架两种形式。铸钢结构由于质量大，铸造工艺复杂，使用中受到一定程度的限制，城轨车辆中一般采用铸钢构架。焊接构架的组成梁件中为空箱形，质量轻，节省材料，又能满足强度和刚度的要求，所以应用比较广泛。尤其是压型钢板的焊接构架，其梁件可以按等强度设计，箱形截面尺寸可以依据各部位受力情况而大小不等，使各截面的应力接近，并可合理地分布焊接，减少焊缝数量。这样不但具有足够的强度，而且质量轻，材料利用率更高，只是对制造设备较高，成本也较高。上海、广州地铁均采用了压型钢板焊接构架。

也可以依据其他分类，如按结构形式有：开口式、封闭式，或 H 形、日字形、目字形等。

三、构架的组成

构架由左、右侧梁，一根或几根横梁及前后端梁组焊而成。没有端梁的构架，称开口式构架；有端梁的构架，称封闭式构架。广州地铁 1 号线车辆转向架的构架的组成如图 5-5 所示。

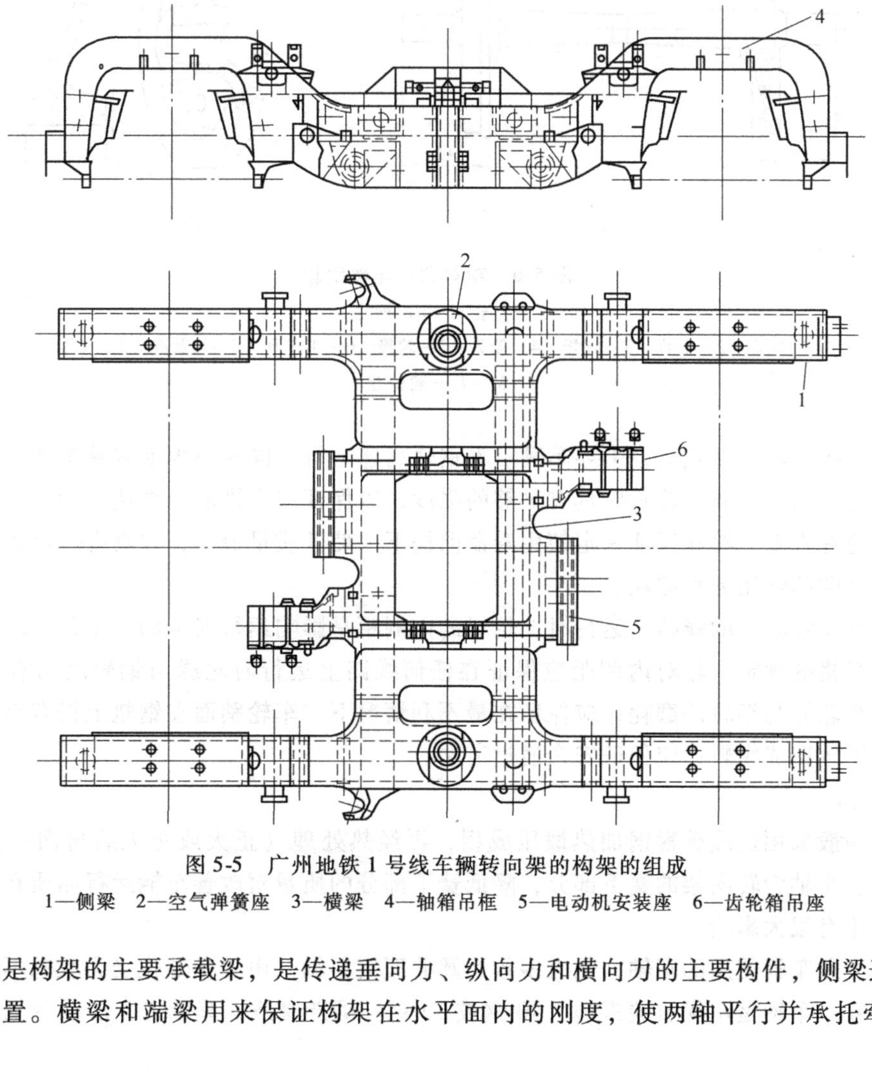

图 5-5 广州地铁 1 号线车辆转向架的构架的组成

1—侧梁 2—空气弹簧座 3—横梁 4—轴箱吊框 5—电动机安装座 6—齿轮箱吊座

侧梁是构架的主要承载梁，是传递垂向力、纵向力和横向力的主要构件，侧梁还用来确定轮对位置。横梁和端梁用来保证构架在水平面内的刚度，使两轴平行并承托牵引电动机等。

构架上还设有空气弹簧座、中心座安装座、轴箱吊框、电动机安装座、齿轮箱吊座、制动吊座、牵引拉杆安装座、高度调整阀座、抗侧滚扭杆座、减振器座和止挡座等，用于安装相关设备。

构架的强度和刚度对转向架的性能十分重要，其主要破坏形式是裂纹和变形。

第三节 轮对轴箱装置

一、轮对

轮对是由一根车轴和两个相同的车轮采用过盈配合牢固地结合在一起，是组成转向架的重要部件之一，如图 5-6a 所示。

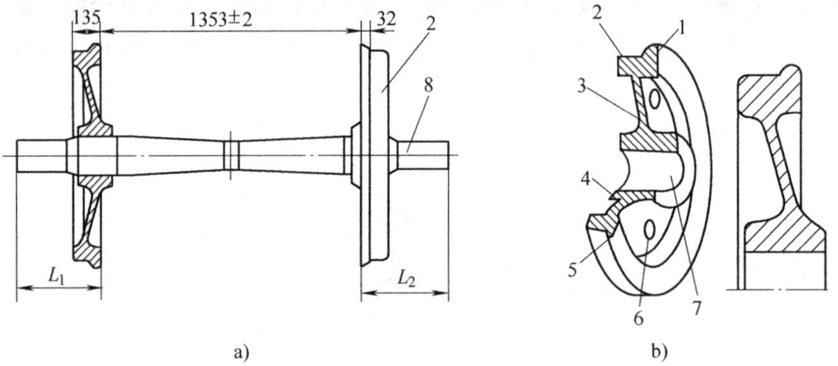

图 5-6 轮对和整体辗钢轮

a）轮对 b）钢轮

1—轮辋 2—路面 3—辐板 4—轮毂 5—轮缘 6—工艺孔 7—轮毂孔 8—车轴

$L_2 - L_1$—轮位差

轮对承担车辆全部载荷，引导车辆沿着钢轨高速运行，同时还承受着从车体、钢轨传来的各种力的作用。因此，轮对应具有足够的强度，以保证在允许的最高速度和最大载荷下安全运行。应在强度足够和保证一定使用寿命前提下，使其质量最小，并具有一定的弹性，以减少轮对之间的作用力和磨耗。

轮对在正常状态的线路上运行时，轮对的内侧距是影响运行安全的一个重要因素。轮对内侧距有严格的规定。轮对内侧距应保证在任何线路上运行时轮缘与钢轨之间有一定的游隙，以减少轮缘与钢轨的磨耗；应保证在最不利情况下，车轮踏面在钢轨上仍有足够的安全搭接量，不致造成脱轨；应保证安全通过道岔。

1. 车轴

车轴一般采用优质碳素钢加热锻压成型，再经热处理（正火或正火后再回火）和机械加工制成。车轴为转向架的簧下部分，降低簧下部分的质量对改善车辆运行品质和减少对轮轨动力作用有很大影响。

轨道交通车辆使用的车轴，绝大多数为圆截面实心轴，由于各部位受力状态不同，其直径也不一致。车轴是用优质碳素钢（40 钢或 50 钢）锻造制成。车轴表面需锻造光平，不得有起层、裂纹、溶渣或其他危害性缺陷。根据车轴使用轴承形式的不同，车轴可分为滑动轴承车轴和滚动轴承车轴。现阶段滑动轴承车轴已全部淘汰，故这里只介绍滚动轴承车轴。

车轴滚动轴承车轴除端部形状外，其余和滑动轴承车轴相似。车轴两端伸进轴箱的部分叫轴颈，安装轴承和承受车辆载荷、压装车轮的部分叫轮座，车轴中部是轴身。动车转向架的轴身上安装有齿轮箱，传递电动机产生的转矩驱动轮对，再通过构架和中央牵引装置带动车辆前后运行。

动轴承车轴结构如图 5-7 所示。

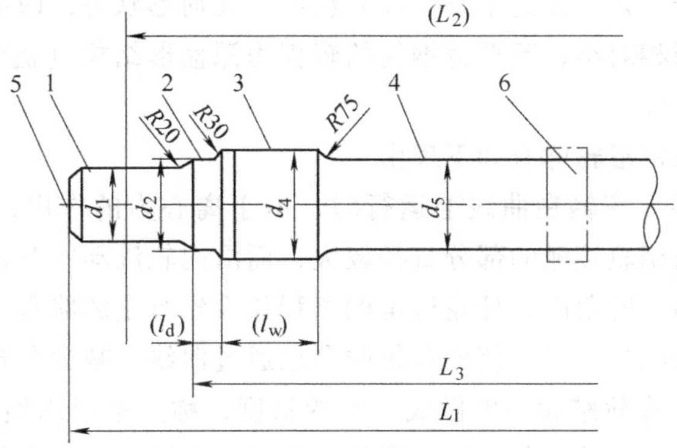

图 5-7　动轴承车轴结构

1—轴颈　2—防尘板座　3—轮座　4—轴身　5—轴端螺栓孔　6—制动盘安装座

L_1—车轴长度　L_2—两轴颈中间点距离　L_3—防尘座外侧距

l_d—防尘座宽度　l_W—轮座宽度

1）轴颈安装滚动轴承和承载的部位。

2）防尘板座为车轴与防尘板配合部位，其直径比轴颈直径大，比轮座直径小。

3）轮座是车轴和车轮配合的部位，是车轴受力最大的部位。

4）轴身是两轮座的连接部分，为增加其强度和减少应力集中，车轴轴身呈圆柱形。

5）轴端螺栓孔是滚动轴承车轴安装轴端压板的地方，轴端压板的作用是防止滚动轴承内圈从轴颈两端窜出。

6）制动盘安装座供压装制动盘用。一般一根车轴上设有两个制动盘安装座，过渡圆弧半径 55mm。

2. 车轮

车轮的结构、形状、尺寸、材质是多种多样的。按其结构分为整体车轮和带箍车轮两种。整体车轮按其材质可分为辗钢轮和铸钢轮等。带箍轮又可分为铸钢辐板轮心、辗钢辐板轮心以及铸钢辐条心的车轮。以降低噪声，减小簧下质量，还有橡胶弹性车轮、消声轮等。

整体辗钢轮由踏面、轮缘、辐板和轮毂组成，如图 5-6b 所示。车轮与钢轨的接触面称为踏面；一侧沿着圆周突起的圆弧部分称为轮缘，是保持车辆沿钢轨运行，防止脱轨的重要部分；踏面沿径向的厚度部分称为轮辋；轮毂是轮与轴互相配合的部分；轮辋与轮毂联接的部分称为辐板。

新型铸钢生产工艺是采用电弧炉炼钢、石墨铸钢、雨淋式浇口浇铸工艺。采用电弧熔炼钢水，钢水纯度高。采用石墨铸型，使铸件表面光洁，尺寸精度高。由于石墨导热性能优良，铸件凝固速度快、晶粒细化，可提高材质的力学性能和车轮的内在质量。采用雨淋式浇铸工艺，冒口和浇口设在同一位置，浇涛时钢水由轮辋、辐板至轮毂顺序凝固，补缩用的钢水自冒口沿补缩通道不断补充，达到最佳的补缩效果。铸成后的车轮，进行缓冷处理，使铸件各个部位均匀冷却，以消除内应力。随后进行热轮抛丸用以清除表面余砂及氧化铁皮再进行加热、淬火以及回火等热处理工艺，对辐板要求进行执丸处理，提高车轮的使用寿命。由于采用了先进的生产工艺，新型铸钢轮具有尺寸精度高、安全性好、制造成本低等优点。与辗钢轮比较明显的区别在于：铸钢轮直接由钢水铸造成型，工序减少，节约劳动力，生产能耗低；采用石墨型浇铸工艺，提高了车轮尺寸精度，几何形状好，内部组织均匀，质量分布均匀，轮轨间动力作用相对小；新型铸钢轮的辐板为深盆形结构（流线型结构），较辗钢轮耐疲劳，抗热裂性能更优。

车轮轮缘踏面采取锥形轮廓有如下理由：

（1）便于通过曲线　车辆在曲线上运行时，由于离心力的作用，轮对偏向外轨，于是在外轨上滚动的车轮与钢轨接触的部分直径较大，而沿内轨滚动的车轮与钢轨接触部分直径较小。这样，造成在同一转角内，外轮行走的路程长而轮行走的路程短，正好和曲线区间线路的外轨长内轨短的情况相适应，使轮对较顺利地通过曲线，减少车轮在钢轨上的滑行。

（2）可自动调中　车轮踏面一般做成一定的斜度，称为锥形踏面，如图 5-8a 所示。由于踏面中部设有斜度，为使踏面与钢轨顶面接触良好，钢轨铺设时也使它向线路中心有相同的斜度，因此钢轨对车轮作用力的方向是指向线路中心的。车辆在直线线路上运行，当轮对受到横向力的作用使车辆中心线与轨道中心不一致时，则轮对在滚动过程中能自动纠正偏离方向。运行时车轮与钢轨接触的滚动直径在不断地变化，致使轮轨的接触点也在不停地变换位置，从而使踏面磨耗更为均匀。除了锥形踏面外，近年来在研究轮轨磨耗的基础上提出了磨耗踏面，如图 5-8b 所示。实践证明，锥形踏面车轮的初始形状在运行中将很快磨耗，当磨耗成一定形状后，车轮与钢轨的磨耗都变得缓慢，磨耗后踏面形状将相对稳定。如果把车轮踏面一开始就做成类似磨耗后的稳定形状，即磨耗形踏面，可明显地减少轮轨的磨耗，小轮轨接触应力，提高车辆运行的稳定性和抗脱轨安全性。

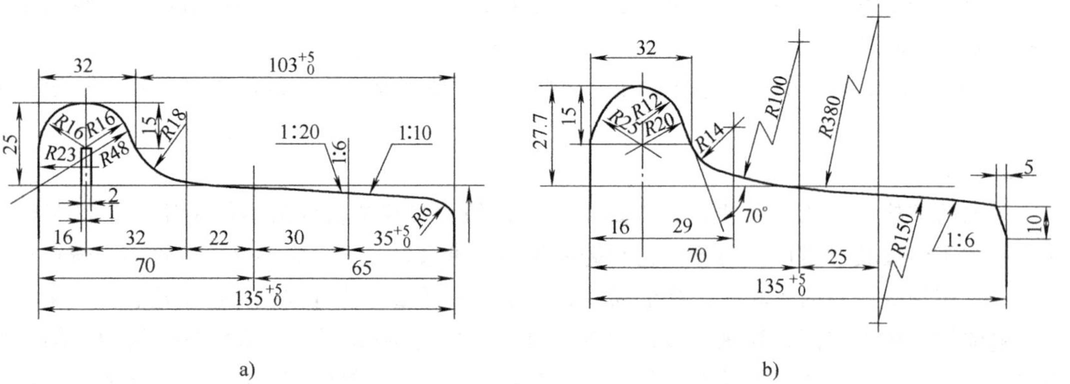

图 5-8　车轮踏面

a）锥形踏面　b）磨耗形踏面

（3）能顺利通过道岔　线路上的道岔对车辆运行的平稳性和安全性影响极大，因此踏面的几何形状也应适应通过道岔的需要。由于尖轨前端顶面低于基本顶面，当轮对由道岔的尖轨过渡到基本轨时，为了防止撞到基本轨，要求踏面具有一定的斜度。并且把踏面的最外侧做成 $C5$ 的倒角，以增大踏面的轨顶的间隔，保证车轮顺利通过道岔。

（4）使踏面磨耗比较均匀　由于车轮踏面具有一定斜度，当车轮在轨道上运行时，回转圆直径也在不停地变化，致使车轮在钢轨上的接触点也不停地变换位置，结果使踏面磨耗比较均匀。

（5）防止车轮脱轨　当车轮通过曲线时，常使轮缘紧靠外侧钢轨，如图 5-9 所示。此时如果车轮受到较大的横向力，则车轮可能从轮缘外侧面爬上钢轨而脱轨，但由于轮缘面有一定的斜度，尽管车轮有少量抬起，也会在车轮载荷的作用下顺着轮缘的斜坡滑至安全位置。这种情况不但曲线上出现，在直线区段上轮对受较大的横向水平力时，也会出现。可见轮缘上斜度的大小，对车辆运行的安全有着十分重要的作用。

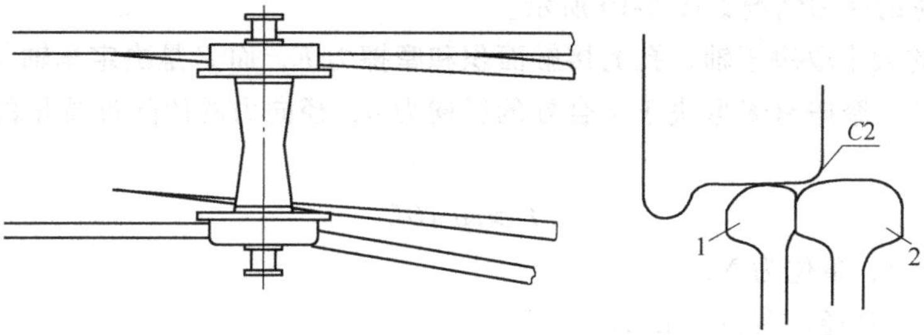

图 5-9　轮对通过曲线

1—尖轨　2—基本轨

由于车轮踏面有斜度，各处直径不相同，因此根据国际铁路组织规定，在离轮缘内侧 70mm 处测量所得的直径为名义直径，作为车轮的滚动圆直径。上海地铁车辆车轮的轮径为 840mm。轮径小，可以降低车辆重心，增大车体容积，减小车辆簧下质量，给小转向架固定轴距；但阻力增加，轮轨接触应力增大，踏面磨耗加快。

地铁、轻轨车辆及高速列车车辆也有采用弹性车轮。这种车轮在轮心轮毂与轮箍之间装有橡胶弹性元件，使车轮在空间三维方向上具有一定的弹性。弹性车轮减小了簧下质量，减小了轮轨之间的作用力，缓和冲击，减小轮轨磨耗，降低噪声，改善车轮与车轴的运用条件，提高列车运行平稳性。

二、轮对的组装

1. 轮对组装的一般要求

为保证轮对组装的质量和运行安全，轮对在压装时须符合下列要求：组装成轮对的两个车轮须是同型号、同材质的车轮（称另有规定外，不同国家或不同厂家制造的车轮不得混装）。

如车轮是经平衡试验的，则两车轮的不平衡度应在同一侧面、同一直径平面内。组装表面必须清洁，不应有任何损伤。压装过盈量的范围应在轮毂孔直径的 0.8% ~1.8% 之间。禁止用压力法移动车轮在轴上的位置，以调整轮对内侧距离。同一轮对上，车轮内侧面三处轮对内侧距的差值不得超过 1mm。在同一轮对上的轮位差（图 5-6 的 L_2-L_1）不得超过 3mm（客车为 2mm）。同一轮对上，两个车轮直径差不得超过 1mm。厂、段修后，标准轮对内侧距应为（1 353 ±3）mm。车轮的轮缘踏面应符合要求。

2. 轮对组装

轮对组装采用压力机压入法。轮毂孔与轮座的接触部分应选用纯净的植物油（禁用桐油）润滑。压力机必须备有正确校正的压力计和记录压装压力曲线图的自动记录器。压装时轮轴中心与压力机活塞中心应一致并平行压入。压装速度应保持均匀，压装速度应在 30～200mm/mm 范围内。压装过盈量应符合规定要求，以保证轮毂与轮座间有足够的结合力，又不致使轮毂因过盈量过大而使轮毂产生过大的逆性变形。车轴轮座被压入轮毂孔时的受力情况如图 5-10 所示。

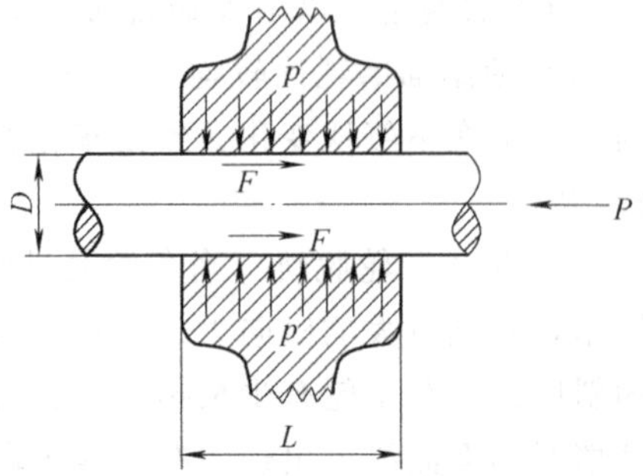

图 5-10　车轴轮座被压入轮毂孔时的受力情况

压入力 P 的大小取决于轴、孔的接触面积和摩擦力 F，而 F 是决定车轴与车轮结合是否牢固的主要因素。摩擦力 F 取决于结合处的径向力 p，径向力的值随过盈量的大小变化，它们之间的关系为

$$P \geqslant p\mu\pi DL \tag{5-1}$$

式中　P——压力，单位为 N；

D——轮座直径，单位为 mm；

L——装配面长度，单位为 mm；

μ——摩擦系数；

p——配合面的压强，单位为 MPa。

在一般情况下，公式中的 μ、π、D、L 为定值，所以压入力 P 仅取决于接触面的压强 p，而压强由公式 $p=(1+c)F'$ 决定，其中 F' 为过盈量修正系数，由公式 $F'=\varepsilon E(H^2-1)/2H^2$ 决定。其中 ε 为系数，整体车轮为 0.20；ε 为过盈量比，即 Δ/D（Δ 为过盈量）；E 为弹性模量；H 为尺寸系数 $H=[(D_4-D_3)/D_0]$，轮心尺寸如图 5-11 所示。

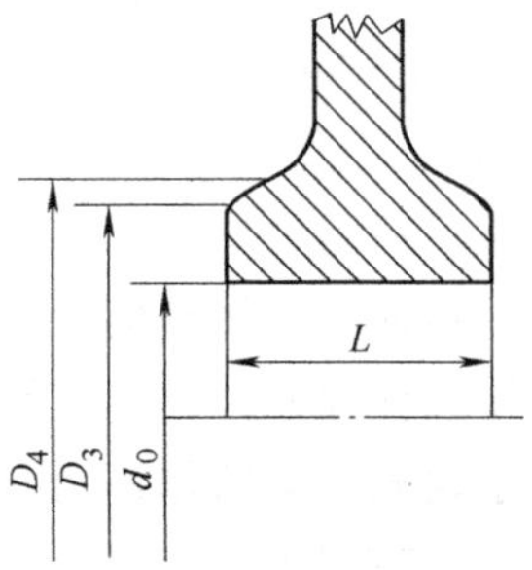

图 5-11　轮心尺寸

从以上诸公式的分析可以看出，对于一定型号的轮对，E，H 为常数，压入力 P 主要取决于过盈量的比，即主要取决于过盈量 Δ。因此，为保证车轴与车轮牢固地结合，过盈量的选择成为压装的关键，故过盈量一定要符合规定的要求。当过盈量一定时，式（5-1）在理想情况下 p、μ、π、D 均为常数，此时压入力的值仅正比于接触面的长度 L。如以压装长度 L 为横坐标，压入力 P 为纵坐标时，压入过程可用图线表示，此即压力曲线。在理想情况下压力曲线应为斜直线，但实际压装时由于受各种因素的影响，使压力曲线出现各种不同的变化，压力曲线的变化又反映了组装的质量。迄今为止，压力曲线已成为衡量轮对压装质量的重要标志。

3. 轮对检验

每个轮对组装后应进行压力曲线检验和电阻检验，不符合技术要求时为不合格品。最高运行速度超过 120km/h 的客车轮对装车前应进行动平衡试验。车轮压装时，轮对组装压装力曲线理论长度计算公式为

$$S=(L+A-K-r)i \tag{5-2}$$

式中 S——轮对组装压装力曲线理论长度，单位为 mm；

L——车轮轮毂孔长度，单位为 mm；

A——伸出于轮毂孔外端的轮座长度，单位为 mm；

K——车轮轮毂孔内侧的圆弧半径，单位为 mm；

r——车轴半径，单位为 mm；

i——压力指示器的传送系数，即指示器圆筒行程比活塞行程的缩短系数，根据各厂压力指示器构造决定。

压力曲线应均匀平稳上升，曲线投影长度不小于理论投影长度的 80%（图 5-12）。起点陡吨不得超过 10t（图 5-13），全部曲线不得有跳吨。曲线中部不准有降吨，平直线长度不得超过该曲线投影长度的 10%（图 5-14），平直线的两端均应圆滑过渡。曲线末端平直线长度不得超过该曲线投影长度的 15%（图 5-15）。末端降吨曲线的长度不得超过该曲线投影长度的 10%（图 5-16），其降吨不得超过按该轮毂孔直径计算的最大压力的 5%（图 5-16，图 5-17），如末端平直线和降吨同时存在，而降吨数又不超过规定时，其合并长度不超过该曲线投影长度的 15%（图 5-17）。曲线的最高点压力，不得大于按该轮毂孔直径计算的最大压力吨数（图 5-18），曲线终点的最小压力，不得小于按该轮毂孔直径计算的最小压力吨数（图 5-19）。曲线开始上升的一点与终点处的一点（按该轮毂孔直径计算的最小压力吨数的一点）连成一直线，压装曲线须全部在此直线以上（图 5-20）。

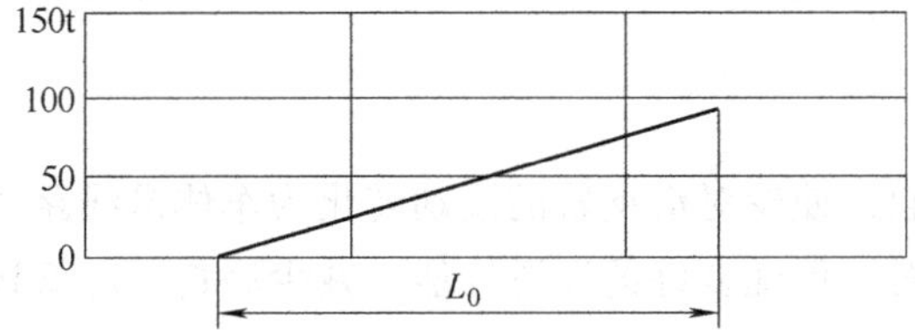

图 5-12 良好曲线（$L_0/L \geqslant 80\%$）

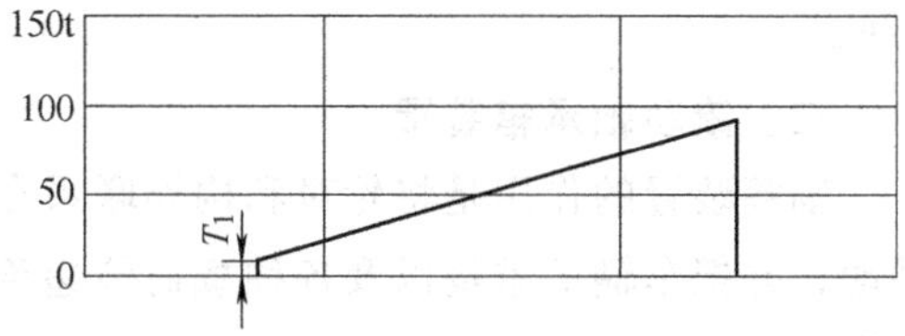

图 5-13 合格曲线（陡吨 $T_1 \leqslant 10t$）

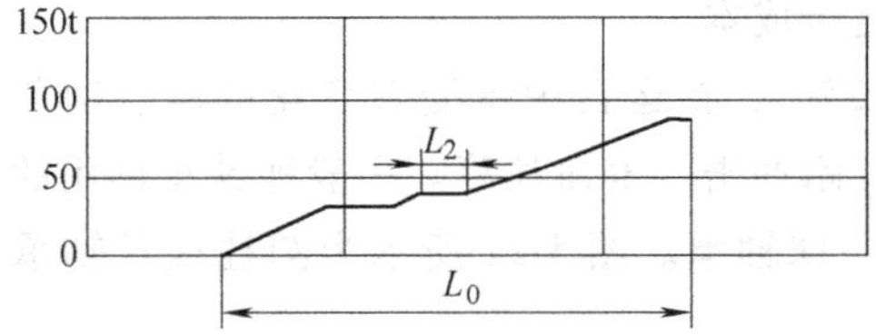

图 5-14 合格曲线（中间平直线 $L_2/L_0 \leqslant 10\%$）

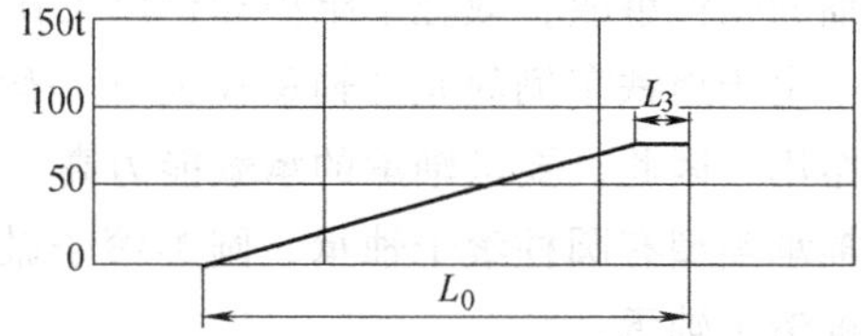

图 5-15 合格曲线（末段平直线 $L_3/L_0 \leqslant 15\%$）

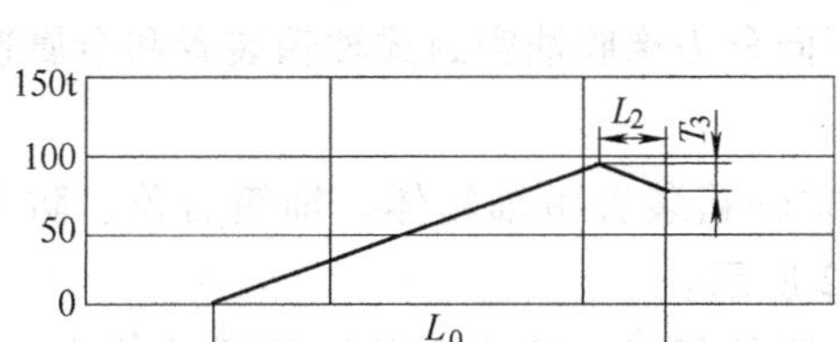

图 5-16 合格曲线（末段降吨 $T_3/T_{max} \leqslant 5\%$，$L_2/L_0 \leqslant 10\%$）

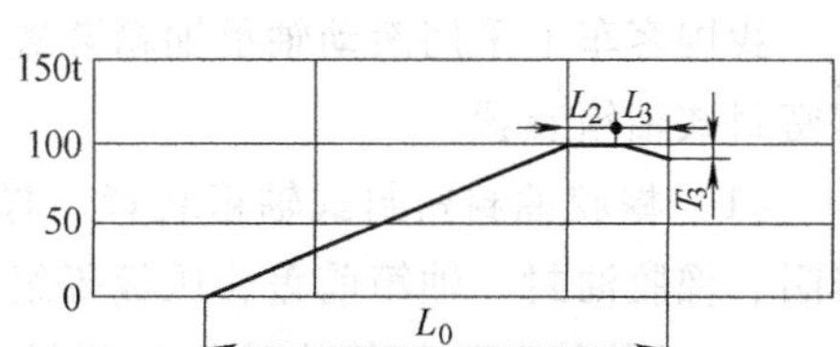

图 5-17 合格曲线［末段平直线与降吨 $(L_2+L_3)/L_0 \leqslant 15\%$，$T_3/T_{max} \leqslant 5\%$］

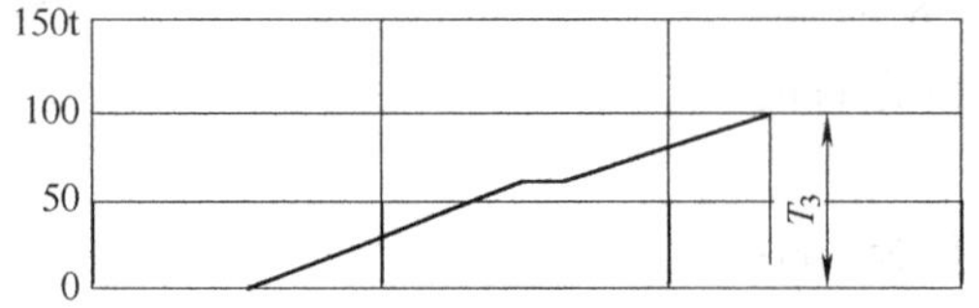

图 5-18　合格曲线（最大吨位 $T_3 \leqslant T_{max}$）

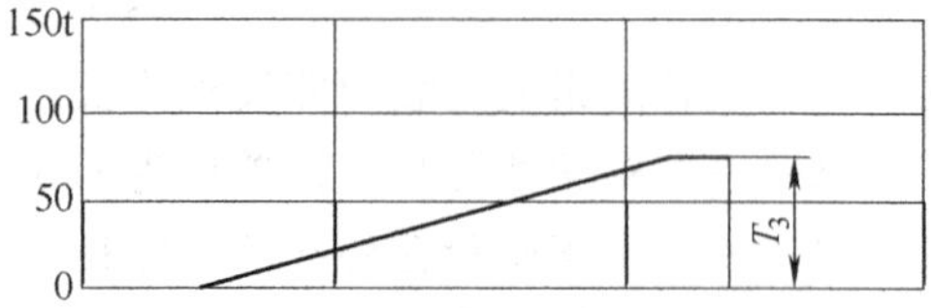

图 5-19　合格曲线（最大吨位 $T_3 \geqslant T_{min}$）

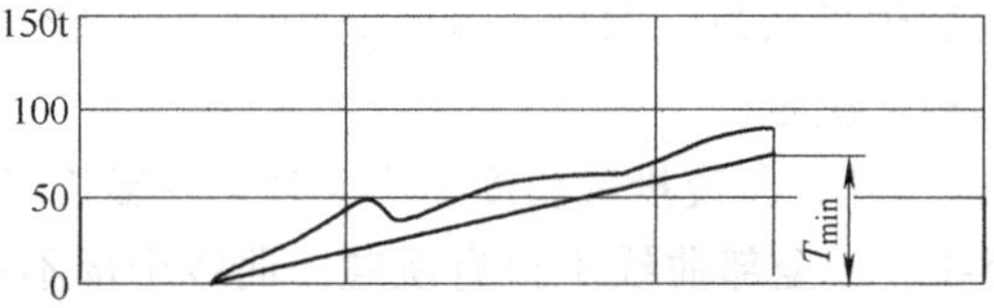

图 5-20　合格曲线（中间低凹）

轮对组装后若压力曲线不合格，在原有原孔的表面无损伤的情况下，允许重装一次；如超过规定最大压力吨数时应加工，达到质量要求后，允许再压装一次；第一次组装小于规定的最小压力吨数或过盈量不足时，均不得重装。允许重装的轮对，第一次组装不合格的压力曲线图表与第二次组装合格的压力曲线图表应合并保存。

每个车轮的压力曲线图上应填写下列内容：轴型、轴号、组装单位代号、左右侧别、车轮制造标记、轮座直径与轮毂孔直径（或配合过盈量）、最终压入力、压装年月日，并由操作者、工长、检查员和验收员签章。车轮压装压力曲线图表由各单位统一保存，保存期限为6年。

三、滚动轴承箱装置

轴箱装置的作用是将轮对和构架联系在一起，使轮对沿钢轨的滚动转化为车体沿线路的平动，并把车辆的重量以及各种载荷传递给轮对，保证良好的润滑性能，减少磨耗，降低运行阻力，防止燃油。

采用滚动轴承可降低车辆的起动阻力和运行阻力，改善车辆走行部分的工作条件，减少燃轴的惯性事故，减轻了维护和检修工作，降低运行成本。

由于地铁车辆的允许轴重较大（一般为 10 ~ 25t），在运行中承受着变化的静、动载荷的作用，因此，要求轴承的承载能力高，强度高，耐冲击，寿命长等。一般地铁车辆用的滚动轴承类型有圆柱滚子轴承、圆锥滚子轴承、调心球轴承。图 5-21 所示为圆柱滚子轴承和圆锥滚子轴承。

1. 圆柱滚子轴承轴箱装置

我国客车上采用滚动轴承轴箱装置按密封形式不同分为橡胶油密封式轴箱装置和金属迷宫密封式轴箱装置。

（1）橡胶油封密封式轴箱装置　橡胶油封密封式轴箱装置由轴箱体、轴箱后盖、防尘挡圈、橡胶油封、轴箱前盖、压板等组成，如图 5-22 所示。

1）轴箱体。轴箱体为铸钢筒形结构，两侧铸有弹簧托盘，用来安装轴箱弹簧等配件。筒两端各有 4 个轴箱耳，分别与轴箱前、后盖用螺栓联接，如图 5-23 所示。轴箱筒内安装滚动轴承，与轴承外圈为间隙配合。其主要作用是组装、支承各零件，连接构架，传递载荷。

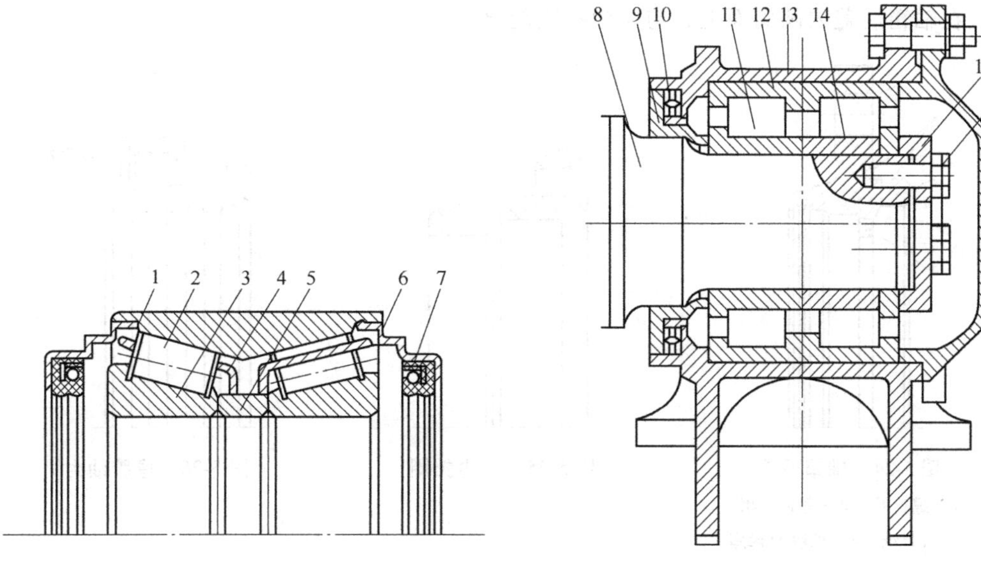

a) b)

图 5-21 轴箱轴承

a）圆锥滚子轴承 b）圆柱滚子轴承

1、12—外圈 2—滚子 3、14—内圈 4—保持架 5—中隔圈 6—密封圈 7、10—密封 8—车轴 9—防尘挡圈 11—滚柱 13—轴箱 15—内圈压板 16—轴箱盖

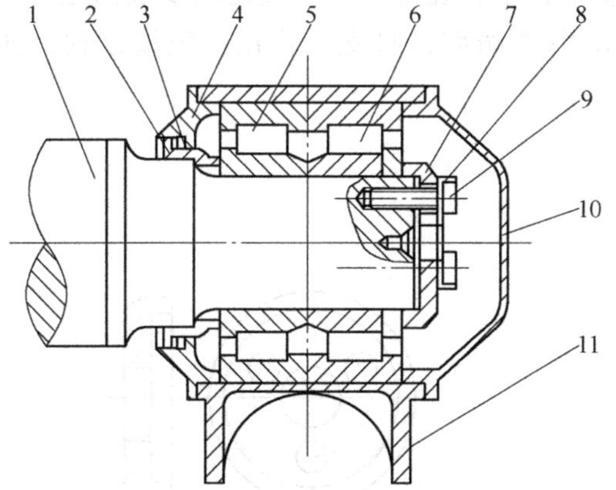

图 5-22 橡胶油封密封式轴箱装置

1—车轴 2—防尘挡圈 3—油封 4—后盖 5—42726T（NP3225X1）轴承 6—152726T（NJP3226X1）轴承 7—压板 8—防松片 9—螺栓 10—前盖 11—轴箱体

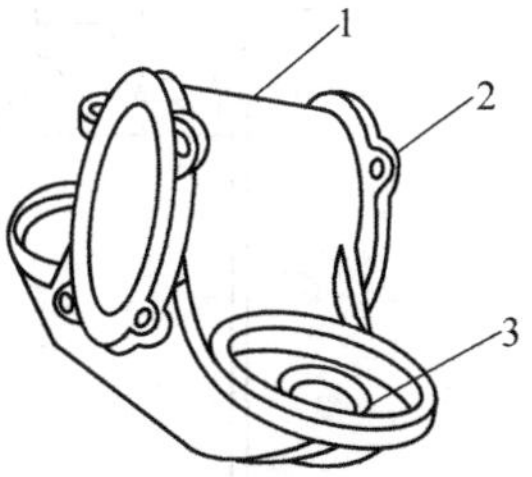

图 5-23 轴箱体

1—轴箱筒 2—轴箱耳 3—弹簧托盘

2）轴箱后盖。轴箱后盖如图 5-24 所示，安装于内侧轴箱体筒内，支承内侧轴承外圈。在凸起缘外圆周面上和根部有密封圈槽，用以安装密封圈。在内圆周面安装橡胶油封。

3）防尘挡圈。防尘挡圈如图 5-25 所示，过盈配合于车轴防尘板座上，与橡胶油封配合起密封作用，其内圆周端面支承内侧轴承内圈端面。

4）橡胶油封。橡胶油封如图 5-26 所示，橡胶油封内有钢骨架，以增加其刚度。橡胶油封安装在轴箱后盖内圆周面上，与防尘挡圈配合。

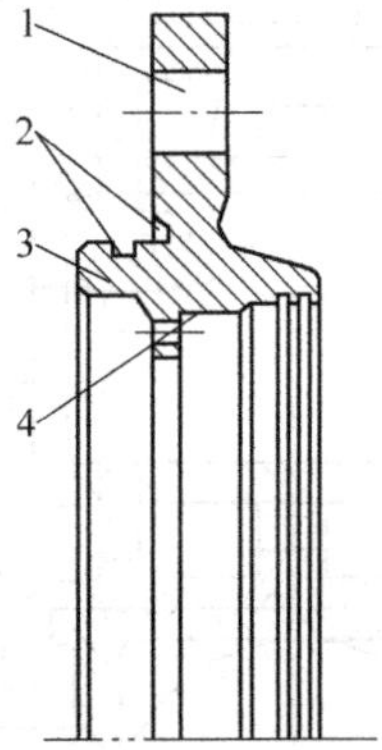

图 5-24　轴箱后盖

1—螺栓孔　2—密封圈槽

3—凸起缘　4—橡胶油封座

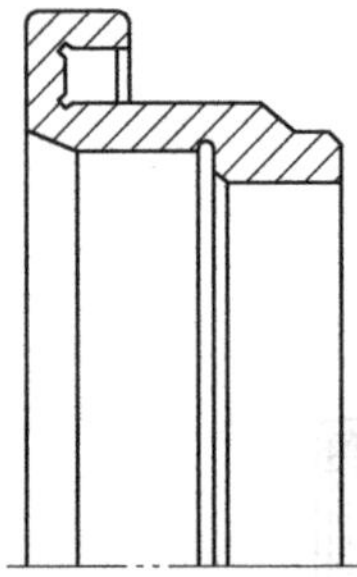

图 5-25　防尘挡圈

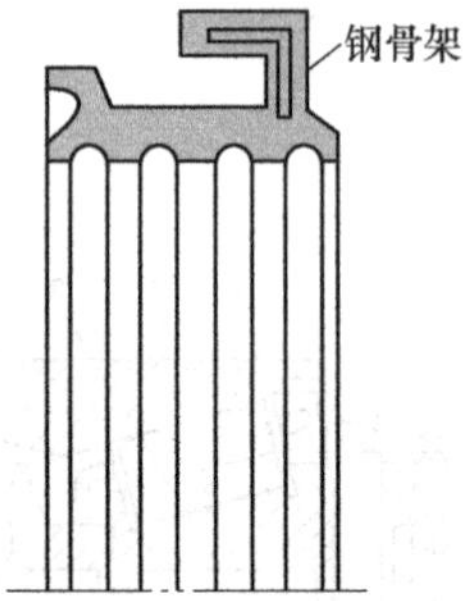

图 5-26　橡胶油封

5）轴箱前盖。轴箱前盖如图 5-27 所示，内侧凸起缘嵌入轴箱体筒内，支承外侧轴承外圈。在凸起缘外圆周上和根部设有密封圈槽，以安装密封圈。轴箱前盖的作用是密封轴箱前部。

轴箱前盖组装时，其凸起缘必须压紧外侧轴承外圈端面。装配时，前盖外缘与轴箱体前端面必须留有 0.5 ~ 1.5mm 间隙。

6）压板。压板用 3 个螺栓固定在车轴端面上，在螺栓和压板之间安装防松片，以防止螺栓松动，压板内侧凸起缘顶在外侧轴承内圈端面，起支承作用。压板结构，如图 5-28 所示。

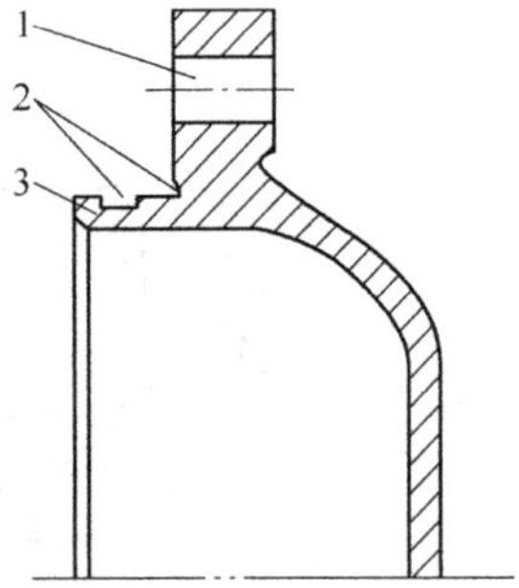

图 5-27　轴箱前盖

1—螺栓孔　2—密封圈槽　3—凸起缘

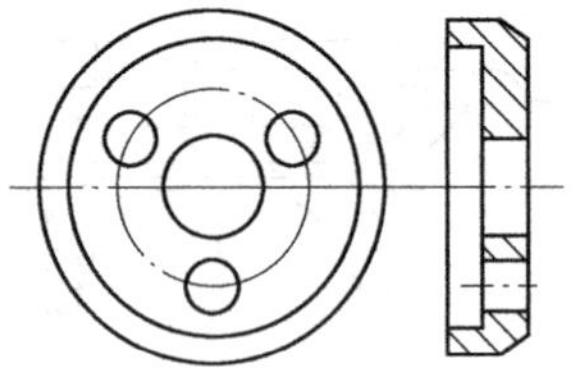

图 5-28　压板

采用 RD_4（RC_4）型车轴的轴箱装置，车轴一端安装有发电机传动带轮，如图 5-29 所示，除轴箱前盖和前端密封 RD_3（RC_3）轴箱不同，其余部分相同。

（2）金属迷宫密封式轴箱装置　金属迷宫密封式轴箱不带轴箱后盖，在轴箱体后端设有迷宫槽，迷宫槽的底部设有排水孔。在圆筒后端设有凸台，以支承内侧轴承的外圈，其结构如图 5-30 所示。

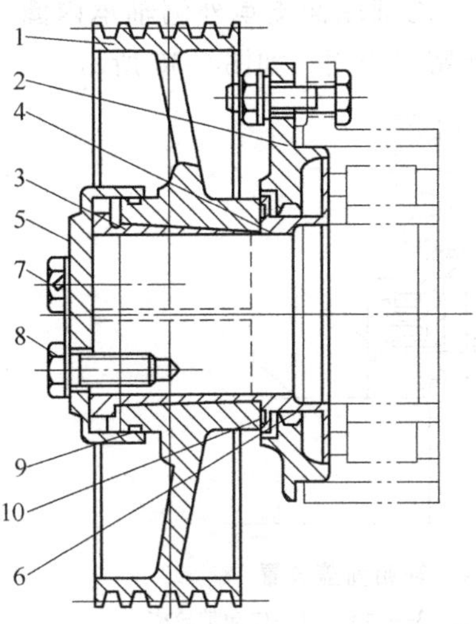

图 5-29 RD_4（RC_4）型车轴传动带轮

1—轴端 V 带轮 2—轴箱前盖 3—推卸套 4—顶套
5—轴端压盖 6—毡封 7—防松片
8—螺栓 9、10—O 形密封圈

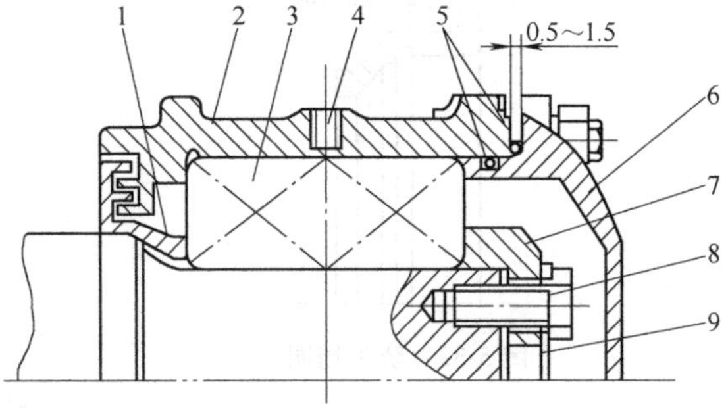

图 5-30 金属迷宫密封式轴箱装置

1—防尘挡圈 2—轴箱体 3—圆柱滚子轴承
4—轴温报警器安装孔 5—密封圈 6—轴箱前盖
7—压板 8—压板螺栓 9—防松片

1）轴箱体。轴箱体与橡胶油封密封式轴箱装置的轴箱体基本相同。所不同的是轴箱体后端不设油箱耳（没有轴箱后盖），而设有迷宫槽，与防尘挡圈迷宫槽配合起密封作用。并在后端筒内设有台阶，以支承内侧轴承外圈，如图 5-31 所示。

CW—2 型准高速客车转向架采用了转臂式轴箱定位装置，其轴向装置采用金属迷宫式密封，轴承为短圆柱滚子轴承。轴箱只有一侧铸有弹簧托盘，弹簧托盘外侧铸有垂直油压减振器安装孔和轴箱控制杆定位销孔，轴箱的另一侧铸有弹性定位套孔。通过弹性定位套与构架上的定位座连接。轴箱结构的设计可使垂直载荷在轴箱弹簧和弹性定位套之间的分配比例为 2∶1，这样可以改善轴箱弹簧的受力状态。转臂式轴箱如图 5-32 所示。

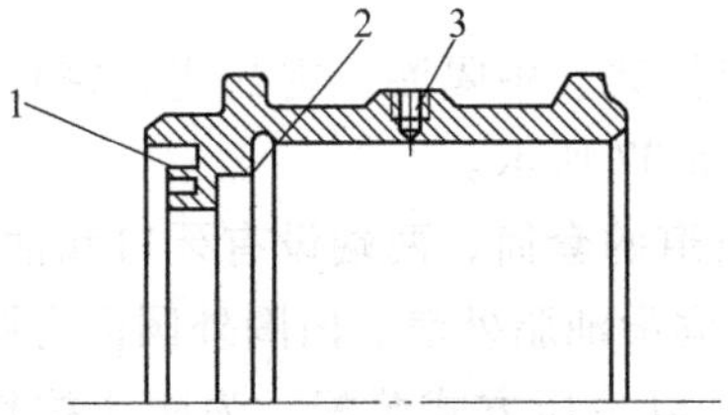

图 5-31 轴箱体

1—迷宫 2—台阶 3—轴温报警器安装孔

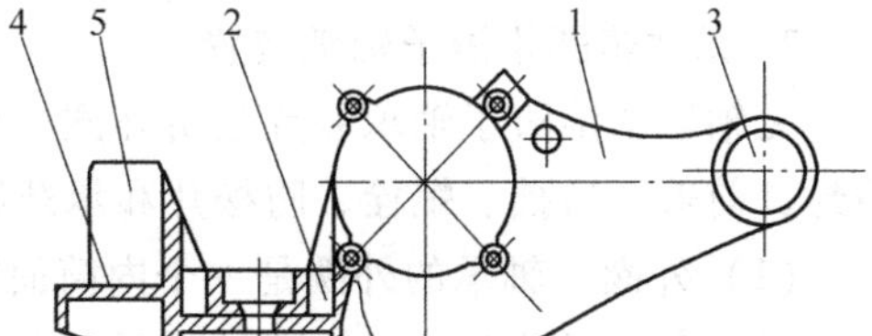

图 5-32 转臂式轴箱

1—轴箱体 2—弹簧托盘 3—弹性定位套孔
4—油压减振器安装孔 5—轴箱控制杆座

2）防尘挡圈。防尘挡圈与防尘板座过盈配合，其外圆设有迷宫槽，与轴箱体上迷宫槽配合。内圆端面支承内侧轴承内圈端面，如图 5-33 所示。

3）安装发电机传动带轮车轴轴箱前盖装置。这种装置由前盖和顶套组成，如图 5-34 所示。

① 前盖。与一般端盖基本相同，中间为一透孔，设有迷宫槽，与顶套迷宫槽配合起密封作用，如图 5-35 所示。

② 顶套。顶套外圆设有迷宫槽，与前盖迷宫槽配合。内圆端面支承外侧轴承内圈。外端面上设有密封圈槽，以安装密封圈，与传动带轮配合起密封作用，如图 5-36 所示。

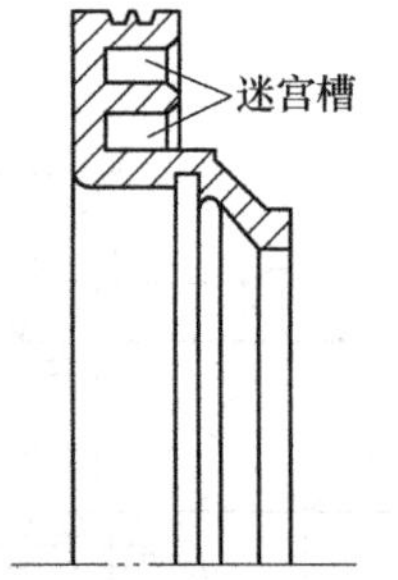

图 5-33　防尘挡圈

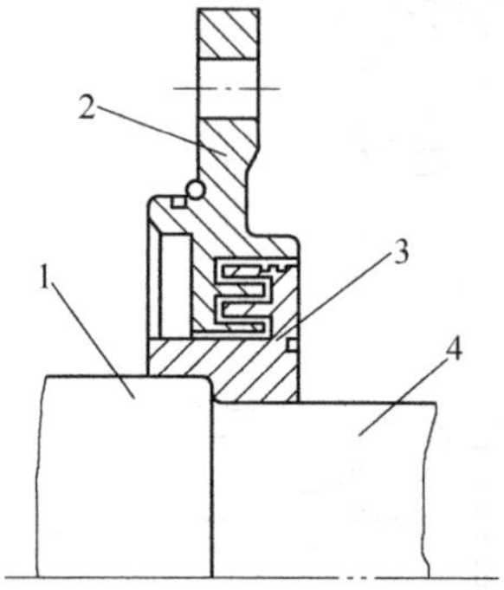

图 5-34　轴箱前盖装置

1—轴颈　2—前盖　3—顶套　4—传动带轮座

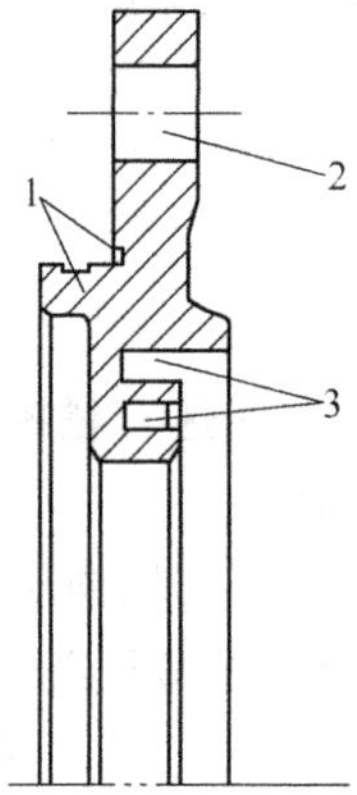

图 5-35　前盖

1—密封圈槽　2—螺栓孔　3—迷宫槽

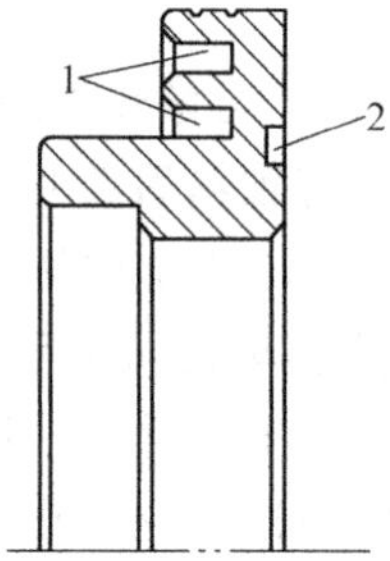

图 5-36　顶套

1—迷宫槽　2—密封圈槽

2. 无轴箱圆锥滚子轴承装置

无轴箱圆锥滚子轴承装置是由外圈、内圈、滚子、保持架、中隔圈、密封座、密封罩、油封、前盖、后挡、螺栓、防松片和承载鞍等组成，如图 5-37 所示。

(1) 外圈　轴承的外圈是一个内筒面带有两个圆锥滚道的套筒，两端设有牙口和油沟，用以嵌入密封罩凸台，保持密封罩不至于发生脱落并防止润滑油脂外泄。内圈外圆面有圆锥滚道和大、小两个挡边，内圆面与车轴轴颈为过盈配合，以冷压方式装配，为防止拉伤轴颈，两端都设有倒角。每套轴承两个内圈，两小端相对安装。内外圈均采用渗碳轴承钢，经过渗碳淬火热处理，获得表层硬度高、心部韧性好的良好组织结构，不仅提高了轴承内外圈表面的耐磨性，而且保持了较高的韧性，从而提高其抗压强度和冲击韧性。为了防止内外圈锈蚀和提高润滑效果，其表面全部进行了磷化处理。

(2) 滚子　滚子为 CCr15 轴承钢制造的圆锥体结构，经过完全淬火热处理，硬度为 60 ~ 64HRC。为使滚子与滚道的接触应力分布均匀，避免滚子端部产生应力集中，滚子两端均带有弧坡。

(3) 保持架　保持架由 10 低碳钢冲压而成，它将滚子和内圈组合在一起，其表面也进

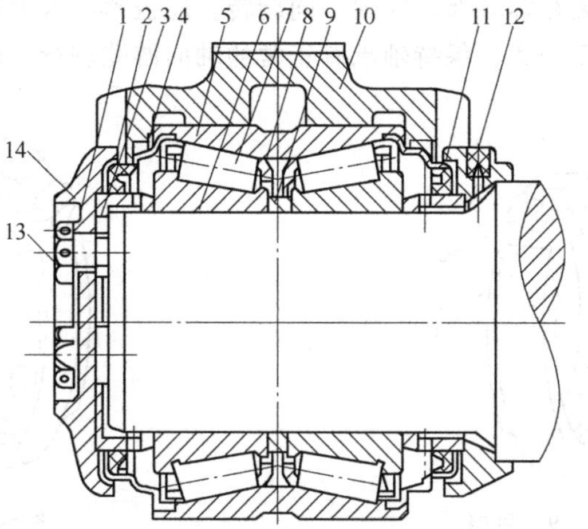

图 5-37 无轴箱圆锥滚子轴承装置

1—防松片 2—密封座 3—油封 4—密封罩 5—外圈 6—内圈 7—滚子 8—保持架
9—中隔圈 10—承载鞍 11—后挡 12—通气螺栓 13—螺栓 14—前盖

行了磷化处理。

(4) 中隔圈 中隔圈由45钢制造，其表面经磷化处理，放置在两内圈之间，除起隔离作用以外，还可通过选择不同宽度的中隔离，来调整轴承的轴向游隙。

(5) 密封装置 圆锥轴承的密封装置由密封罩、油封、密封座组成，轴承前后端各装一套。其作用是防止油脂外泄及外部砂尘及雨雪的侵入。密封罩由2.2mm钢板压制成形后经磷化处理，它的大端外径以过盈压入外圈牙口，另一端压装有油封。密封罩大端外径设有凸台，当压入外圈牙口后，凸台卡在牙口油沟内，以防止密封罩在使用过程中脱出。橡胶油封是由橡胶密封圈、钢骨架、自紧弹簧组成，如图5-38所示。橡胶密封圈由耐油丁腈橡胶硫化在钢骨架上，压入密封罩内。骨架是由1.5mm厚的钢板冲压而成，用来保持橡胶密封圈的几何形状，且在压装和退卸时不易变形。油封的两个唇口与密封座外圆面过盈配合，主唇口的作用主要是密封，防止润滑剂外泄；副唇口的作用主要是防止外部异物侵入。自紧弹簧由直径0.5mm的钢绕制成环形再对接成圆形，套在橡胶密封圈弹簧槽内，使油封主唇口与密封座保持合适的过盈量，保证唇口有稳定的密封性。

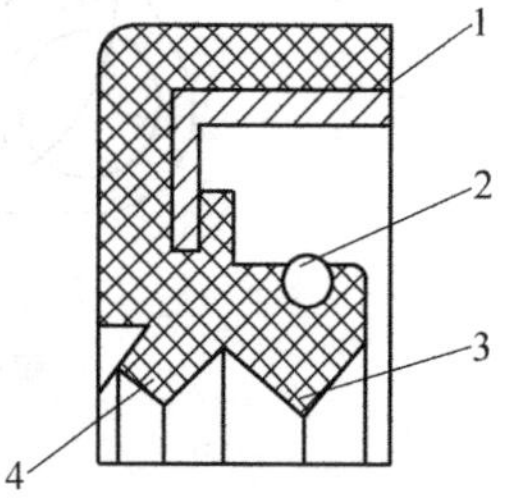

图 5-38 橡胶油封

1—骨架 2—弹簧
3—主唇口 4—副唇口

密封座内圆断面为“¬ ”形状，形成两个圆孔结构，小孔与轴颈过盈配合，大圆孔内圆面与轴颈表面的缝隙形成进油（前密封座）和排气通路。其圆柱壁上有4个油孔，以供加油时油脂进出和排气之用。密封座与轴承内圈接触一端的外径面加工成一段锥形，以避免组装时，在插入油封的过程中，使油封副唇口翻边或损伤唇口。密封座外面粗糙度较低，以减少与油封的阻力和磨损。

(6) 后挡 后挡如图5-39所示。其凸起缘遮住密封罩后端，起保护作用。其密封座槽为内侧密封座支承。后挡的防尘板座槽过盈配合于防尘板座上。

(7) 前盖 前盖如图5-40所示，是用30钢或Q235钢经模锻加工而成，表面经磷化处理。它通过3个螺栓安装在轴端部，随轴一同旋转。前盖紧压着前密封座，使轴承在运用中不至于因轴向力的作用而分离，保持轴承有正常的轴向游隙进行工作。

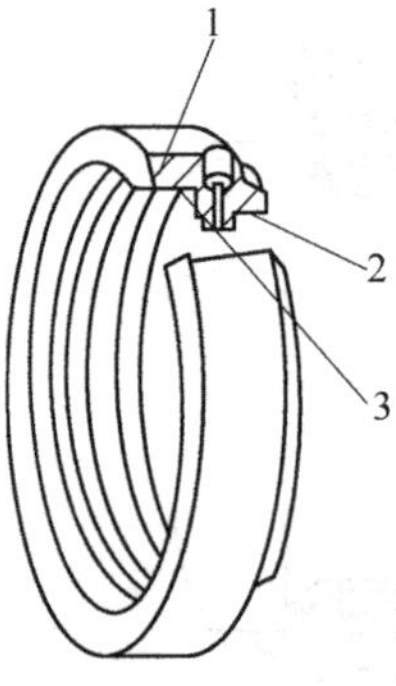

图 5-39　后挡

1—凸起缘　2—防尘板座槽　3—密封座槽

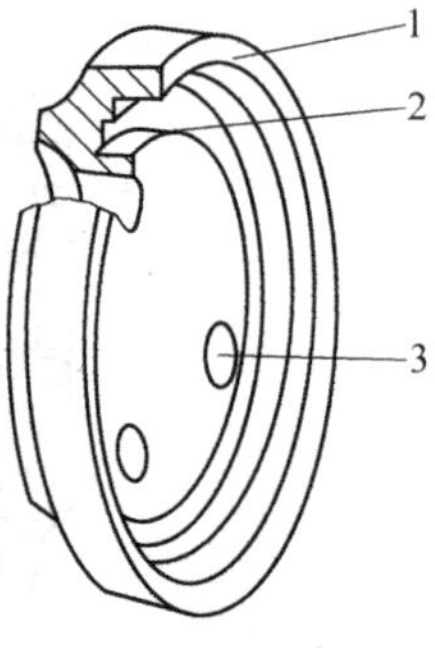

图 5-40　前盖

1—凸起缘　2—密封槽座　3—螺栓孔

（8）防松片　防松片由厚1.5m单钢板压制而成，如图5-41所示。防松片安装在前盖与螺栓之间，螺栓拧紧之后，将止耳翘起，挡住螺栓头部，防止其转动。每个防松片只可以使用一次，以免止耳裂损推动止转作用。

（9）承载鞍　承载鞍由铸钢制成，如图5-42所示。它是无轴箱轴承与转向架侧架的连接部件，在承载鞍顶部制有R2 000mm的圆弧面，以使车体传来的载荷集中在圆弧面中部，然后平均分布到轴承及轴颈上。

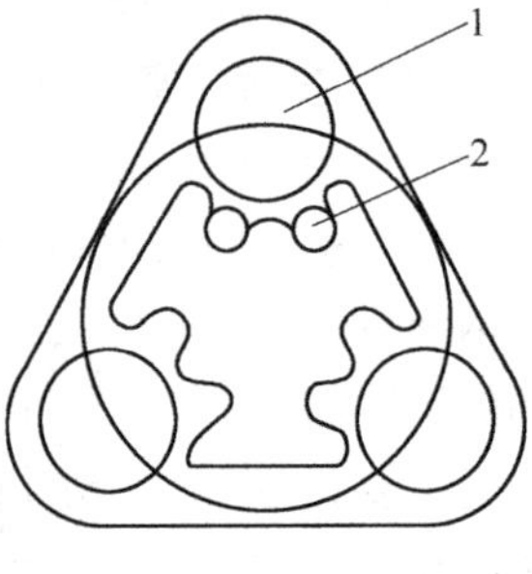

图 5-41　防松片

1—螺栓孔　2—止耳

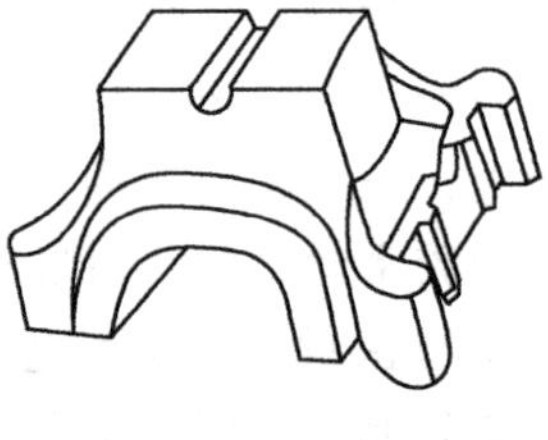

图 5-42　承载鞍

第四节　弹簧减振装置

车辆在轨道上运行时，由于线路不平顺、轨隙、道岔，轨面的缺陷和磨耗以及车轮踏面的斜度、擦伤和轮轴的偏心等原因，必将伴随产生复杂的振动和冲击。为了提高车辆运行的平稳性，保证乘客的舒适，必须设有弹簧减振装置。

一、弹簧结构及特性

车辆上采用的弹簧减振装置按其作用的不同，大体可分为三类：第一类为主要起缓和冲击的弹簧装置，如空气弹簧和钢制弹簧；第三类为主要起衰减振动（消耗振动能量）的减振装置，如垂向、横向减振器；第三类为主要起弹性约束作用的定位装置，如轴箱定位装置、心盘与构架的纵、横向缓冲止挡等。

1. 弹簧特性及串、并联

弹簧的主要特性参数有挠度、刚度和柔度。挠度是指弹簧在外力作用下产生弹性变形的大小或弹性位移量，而弹簧产生单位挠度所需力的大小，则称为该弹簧的刚度，单位载荷作用下产生的挠度称为该弹簧的柔度。

弹簧的特性可用弹簧的挠力图表示。如图5-43所示，纵坐标表示弹簧承受的载荷P，横坐标表示其挠度f，图5-43a表示力与挠度呈线性关系，即弹簧刚度为常量。一般常见的螺旋圆弹簧就属此例。图5-43b表示力与挠度呈曲线关系，即刚度随载荷的变化而化为非线性。图5-43b中的曲线1的刚度随载荷增加而逐渐增大，如车辆上采用的一些橡胶弹簧、横向缓冲器就属于这种特性。显而易见，在车辆悬挂系统中，为了减小振动，控制振动位移在一定范围内，不能使用曲线2的特性，即随载荷增加，刚度逐渐变小的弹簧。

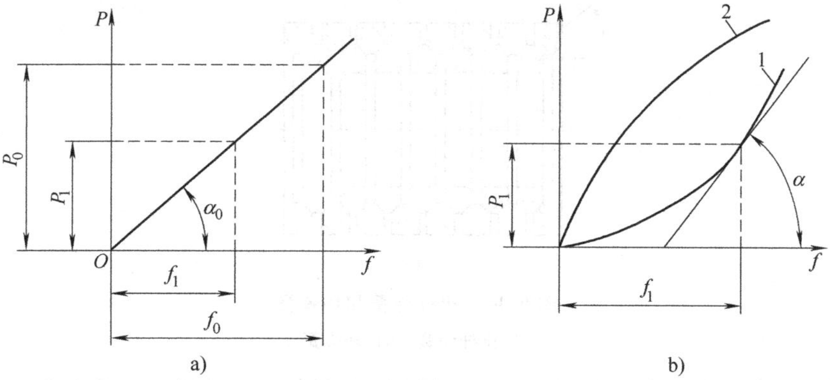

图5-43　弹簧的挠力图

a）线性关系　b）曲线关系

为了改善弹簧的特性，适应安装位置及空间大小的需要，在轨道车辆上时常采用组合弹簧，这些弹簧有串联、并联和串并联三种组合。

组合弹簧的总刚度、挠度（或称当量刚度、挠度）的特点是：并联布置的弹簧系统的当量刚度等于各个弹簧刚度的代数和。串联布置的弹簧系统的当量挠度等于各个弹簧挠度的代数和。

2. 弹簧的分类

（1）扭杆弹簧和环弹簧

1）扭杆弹簧。扭杆弹簧不同于螺旋弹簧，它只承受扭转变形，在载荷相同的情况下，扭杆弹簧比螺旋弹簧质量轻。扭杆弹簧为一根直棍，它的两端支承在轴承支座上，端部固定两个曲柄，支座固定在构架上，如图5-44a所示。当两个曲柄相反转动时，扭杆则产生抵抗扭矩。

2）环弹簧。环弹簧由多组内、外环簧组成，彼此以锥面相互接触，当受到轴向载荷后，内环受压缩小，外环受拉伸长，从而使内环与外环的锥面产生轴向变形，同时内外摩擦面做功吸收能量。环簧常用于缓冲器中，如图5-44b所示。

（2）橡胶弹性元件　橡胶元件的力学性能不同于一般的金属元件，橡胶的弹性模量比金属小得多，可以获得较大的弹性变形，容易实现预想的非线性特性。可以自由确定其形状，可以根据设计要求达到各个方向上不同刚度的要求。橡胶具有较高的内阻，对衰减高频振动和隔音有良好效果。橡胶相对密度小，自重轻。由于这些特性，橡胶元件在轨道车辆上

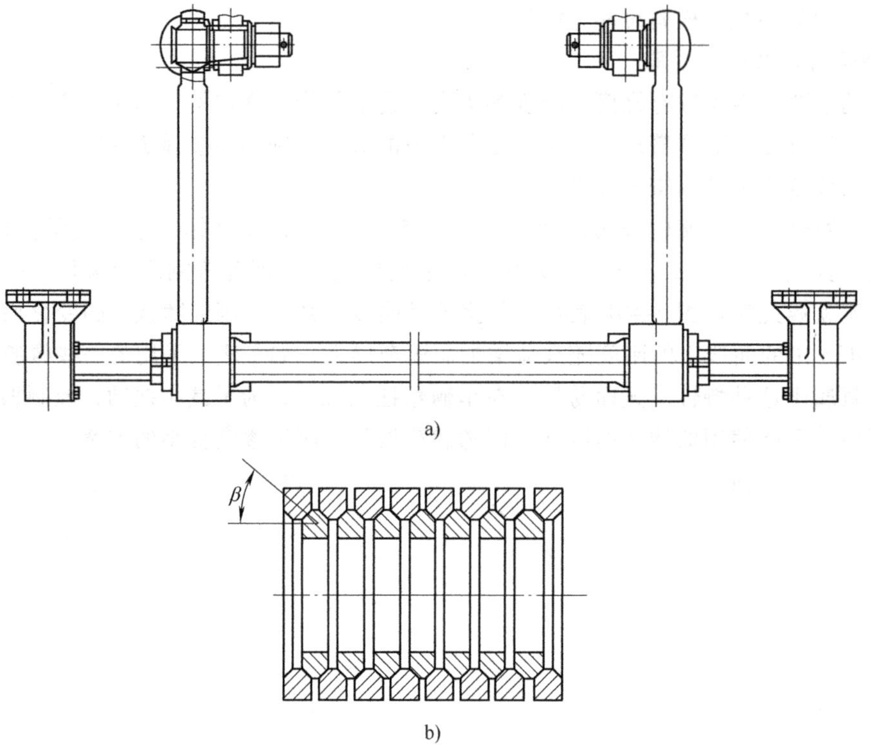

图 5-44　扭杆弹簧和环弹簧

a）扭杆弹簧　b）环弹簧

获得越来越广泛的应用，常常用于转向架弹簧装置和轴箱定位装置，弹簧支承面上采用橡胶缓冲垫、衬套、止挡等。

橡胶元件的性能（弹性、强度）受温度影响较大，一般温度升高，刚度和强度有明显的降低。橡胶具有时效蠕变的特性，即当载荷加到一定值后，虽不再增载，但变形仍在继续，而当卸去载荷后，也不能立即完全恢复原状。一般硫化橡胶要在 120 天后，蠕变才趋向稳定。因此，橡胶的动刚度比静刚度大。

另外，橡胶具有体积基本不变，使用时间较长后容易老化等特性。

（3）空气弹簧

1）空气弹簧优缺点。空气弹簧相对于钢弹簧，在改善车辆的动力性能和运行品质上具有显著的优点，所以在近代的地铁、轻轨以前调整列车上获得广泛的应用。轨道车辆悬架装置采用空气弹簧的主要优点：

① 空气弹簧的刚度可选择较低的值，从而降低车辆的自振频率。

② 空气弹簧具有非线性特性，可以根据车辆动力学性能的需要设计成具有比较理想的弹性特性曲线。在平衡位置振动幅度较小时（正常运行时的振幅），刚度较低，若位移过大，刚度显著增加，以限制车体的振幅。

③ 空气弹簧的刚度随载荷的改变而改变，从而保持空、重车不同载荷时车体的自振频率几乎相等。使空、重车不同状态的运行平稳性几乎相同。

④ 空气弹簧用高度调整阀控制时，可使车体在不同静载荷下，保持车辆地板面距轨平面的高度不变。这一性能应用在地铁和轻轨上则可保持车辆的地板面与站台面的高差始终不变。

⑤ 同一空气弹簧可以同时承受三维方向的载荷。这可简化转向架结构及减轻减振器。

⑥ 若在空气弹簧本体与附加空气室之间设有适宜的节流孔，则可代替垂向油压减振器。

⑦ 空气弹簧具有良好的吸收高频振动和隔音性能。

空气弹簧的不足之处是它的附件较多，成本高，较钢弹簧来说维护与检修工作量大。

2）空气弹簧的分类及组成。空气弹簧大体上可分为囊式和膜式两类。

① 囊式空气弹簧。囊式空气弹簧可分为单曲、双曲和多曲等形式。双曲囊式空气弹簧的结构如图 5-45 所示，这类空气弹簧可分为单曲、双曲和多曲等形式。这类空气弹簧使用寿命长，制造工艺比较简单。但刚度大，振动频率高，所以铁道车辆上已不采用。

② 膜式空气弹簧。目前应用较多的为膜式空气弹簧，它有两种结构形式，即约束膜式空气弹簧，如图 5-46a 所示，自由膜式空气弹簧，如图 5-46b 所示。

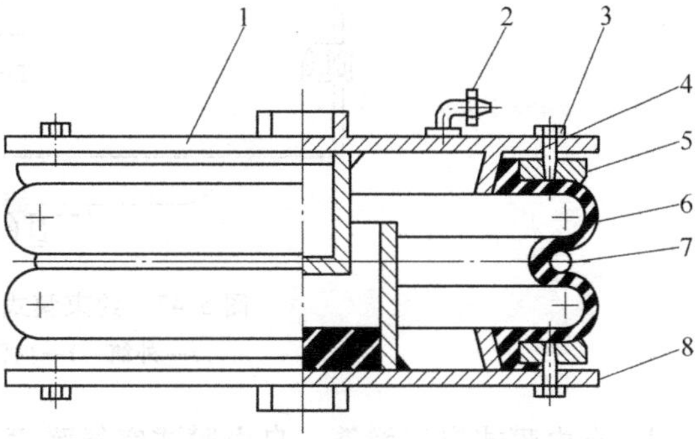

图 5-45　双曲囊式空气弹簧的结构

1—上盖板　2—气嘴　3—紧定螺钉　4—钢丝圈　5—法兰盘　6—橡胶囊　7—中腰环钢丝圈　8—下盖板

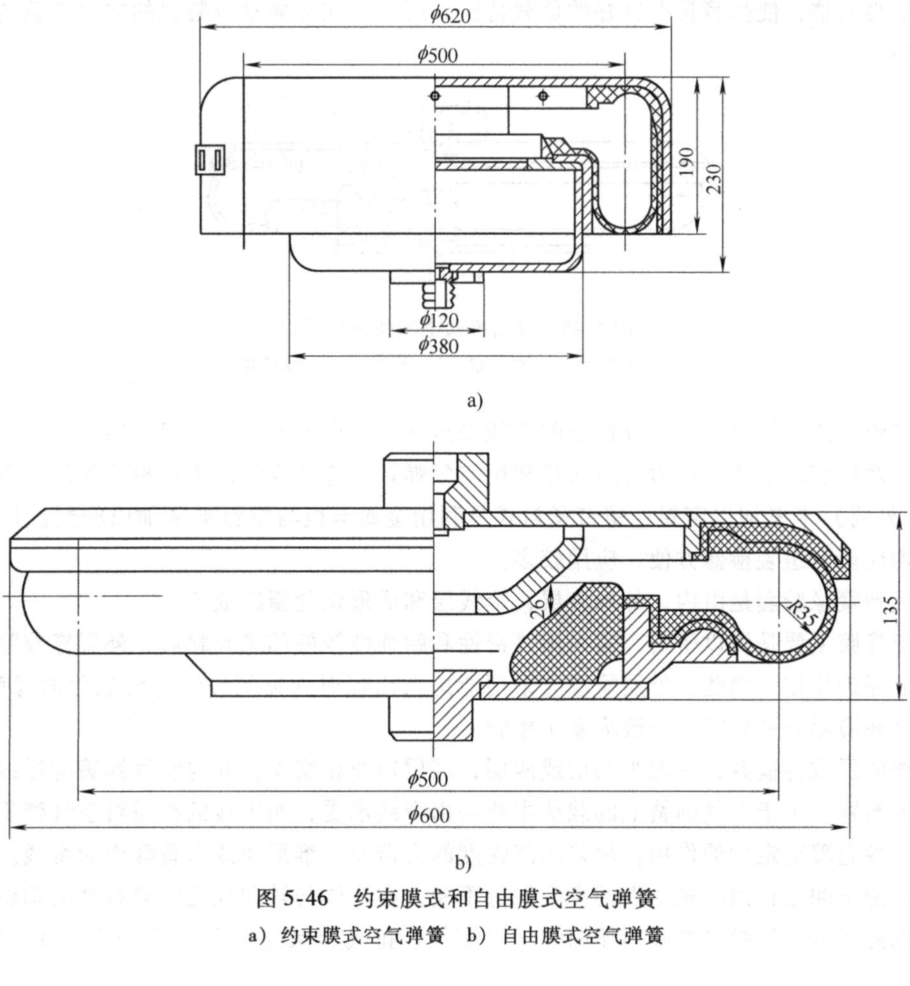

图 5-46　约束膜式和自由膜式空气弹簧

a）约束膜式空气弹簧　b）自由膜式空气弹簧

a. 约束膜式空气弹簧。约束膜式空气弹簧的结构如图 5-47 所示，它由内筒、外筒和将两者联结在一起的橡胶囊等组成。这种形式的空气弹簧刚度小，振动频率低，其弹性特性曲线容易通过约束裙（内、外筒）的形状来控制，但橡胶囊工作状态复杂，耐久性较差。

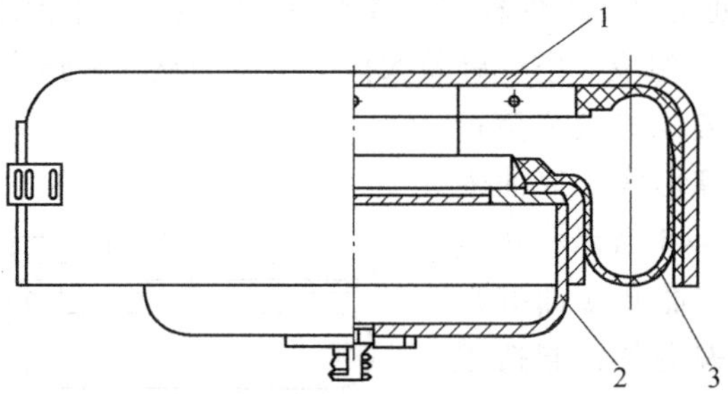

图 5-47　约束膜式空气弹簧的结构

1—外筒　2—内筒　3—橡胶囊

b. 自由膜式空气弹簧。自由膜式空气弹簧的结构如图 5-48 所示，由于它没有约束橡胶囊变形的内、外筒，可以减轻橡胶囊的磨耗，提高了使用寿命。它本身的安装高度比较低，可以明显降低车辆地板面距轨面的高度。质量轻，并且弹性特性可以通过改变上盖边缘的包角加以适当调整，使弹簧具有良好的负载特性。所以，在无摇动台装置的空气弹簧转向架上应用较多。

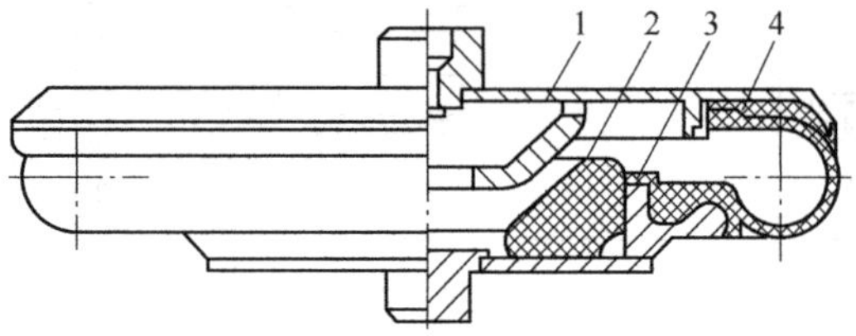

图 5-48　自由膜式空气弹簧的结构

1—上盖板　2—橡胶垫　3—下盖板　4—橡胶囊

空气弹簧的密封要求高，以保证弹性能稳定和节省压缩空气。一般采用压力自封式和螺钉紧封式两种密封形式。压力自封式是利用空气弹簧内部的空气压力将橡胶囊的端面与盖板（或内、外筒）卡紧加以密封；螺钉紧封式是利用金属卡板与螺钉夹紧加以密封。压力自封式的结构简单，组装检修方便，应用较多。

空气弹簧橡胶囊是由内、外橡胶层，帘线层和成形钢丝圈组成。

内层橡胶主要是用以密封，需采用气密性和耐油性较好的橡胶材质，外层橡胶除了密封外，还起保护作用。因此，外层橡胶应采用能抗太阳辐射和臭氧侵蚀并耐老化的橡胶材质，还应满足环境温度的要求，一般为氯丁橡胶。

帘线的层数为偶数，一般为两层或四层，层层帘线相交叉，并与空气弹簧的径线方向成一定角度布置。由于空气弹簧上的载荷主要是由帘线承受，而帘线的材质对空气弹簧的耐压性和耐久性起着决定性的作用，故采用高强度的人造丝、维尼龙或卡普隆作为帘线。

为了使车厢地板面距轨平面的高度保持不变，在车体与转向架之间装有高度调整阀。高度调整阀能调节空气弹簧橡胶内压缩空气（充气、排气和保持压力），使车辆地板面不受车内乘客的多少和分布不均匀的影响，始终保持与轨面的距离。

车辆上的高度调整阀是空气弹簧悬架系统装置中一个重要组成部件。空气弹簧的优点只有在采用良好的高度调整阀情况下，才能充分体现出来。

二、空气弹簧装置系统的组成

空气弹簧装置的整个系统如图5-49所示，主要是由空气弹簧车体、附加空气室、高度调整阀、差压阀及滤尘止回阀等组成。空气弹簧所需要的压力空气，由列车制动主风管1经T形支管2、截断塞门3、滤尘止回阀4进入空气弹簧储风缸5，再经纵贯车底的空气弹簧主管向两端转向架上的空气弹簧供气。转向架上的空气弹簧管路与其主管用连接软管6接通，压力空气再经高度调整阀7进入附加空气室10和空气弹簧本体8。

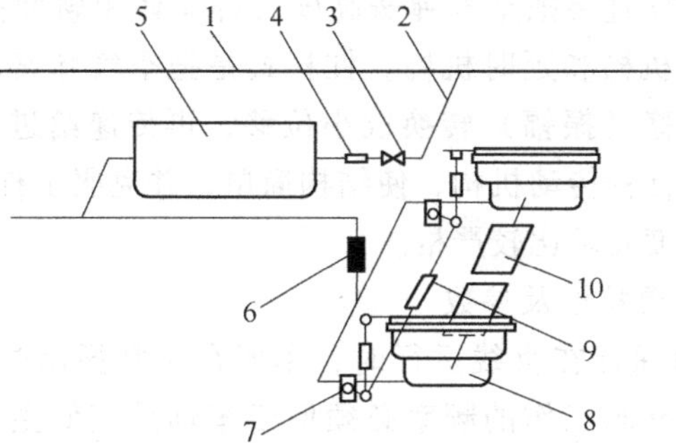

图5-49 空气弹簧装置的整个系统

1—列车制动主风管 2—T形支管 3—截断塞门 4—滤尘止回阀 5—储风缸
6—连接软管 7—高度调整阀 8—空气弹簧本体 9—差压阀 10—附加空气室

1. 高度调整阀的作用与组成

高度调整阀的主要作用及要求是，维持车体在不同静载荷下都与轨面保持一定的高度；在直线上运行时，车辆在正常的振动情况下不发生充、排作用；在车辆通过曲线时，由于车体的倾斜，使得转向架两侧的高度调整阀分别产生充、排气的不同作用，从而减少车辆的倾斜。

高度调整阀一般可分为机械式和电磁式两种，按组成的不同又可分为有延时机构和无延时机构；按引起高度调整阀产生近、排气作用的传动方式还可分为直顶式和杠杆式等。

高度调整阀的组成如图5-50所示，一般是由高度控制机构、进排气机构和延时机构等部分组成。

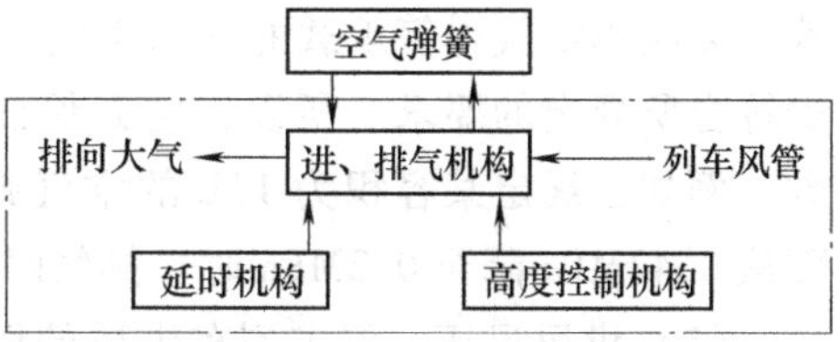

图5-50 高度调整阀组成

2. 高度调整阀的工作原理

由于车体静载荷的增加（或减小），空气弹簧被压缩（或拉伸），使空气弹簧高度降低（或增高）。随之，车体距轨面高度发生改变，这样，高度控制机构使进、排气机构工作，向空气弹簧充气（或排气），当空气弹簧内压与所承受的静载荷相平衡时，空气弹簧恢复到原来的高度，高度控制机构停止工作，进、排气机构处于关闭状态，充气（或排气）停止。

延时机构一般是由缓冲弹簧和阻尼减振器（油阻尼或空气阻尼）组成，该机构使得车辆运行时，空气弹簧在正常的振动情况下，即使空气弹簧高度（幅度）变化，但不发生充、排气作用。此时仅仅是该机构的缓冲弹簧伸缩变形，而进、排气阀并不作用。但是，当振动的频率低于某一值时（该频率值要低于车辆正常振动的频率，又称为截止频率），进、排气阀工作，使空气弹簧进、排气，为此，需选取适宜的缓冲弹簧刚度和减振器阻尼值。这样，就可实现车辆运行时在正常振动中（振动频率高于截止频率），空气弹簧不进气或不排气，而当静载荷变化或车辆通过曲线时（变化频率低于截止频率）空气弹簧要充气或排气的要求。

进、排气机构一般是由几组阀门组成，而阀门的开启或关闭受到高度控制机构和延时机构的控制。

高度调整机构一般是由杆件组成的。按传动方式不同，可分为直顶式和杠杆式。直顶式是由高度调整阀的接触杆直接把空气弹簧高度（即车体距轨面高度）的变化情况（幅值和频率）传递给进、排气机构和延时机构。杠杆式是把空气弹簧高度变化情况，通过杠杆机构，将空气弹簧的大位移（振幅）转换成小位移，再传递给进、排气机构和延时机构。直顶式比杠杆减少了一套杠杆传动机构，使结构简单，并克服了杠杆传动中销套连接产生的误差，但对其安装的垂直度要求比较严格。

3. 高度调整阀的主要特性及参数

（1）截止频率　为保证在直线运行时，车辆在正常振动过程中，空气弹簧不发生充、排气作用，要求高度调整阀工作的频率必须低于车辆垂直低主振频率，此频率称为截止频率。只有车辆高度变化的频率低于该值时（如静止状态车辆载荷的变化及车辆通过曲线时），高度调整阀才充、排气。对于高速车辆，因弹簧悬架装置的刚度非常柔软，则要求较低的截止频率。由上可以看出，截止频率是延时机构正常工作的重要参数。一般该值为1Hz左右。

（2）无感区　为避免车辆载荷发生微小变化而高度调整就发生充、排气作用，以及为安装高度调整阀必然存在的高度差确定所允许的适宜值，需要该阀有无感区，在无感区高度变化的范围内，高度调整阀不发生充、排气作用。一般无感区约为 ±4mm。

（3）延迟时间　高度调整阀设有延时机构，目的是使高度调整阀具有“截止频率”和“无感区”的性能。为此需要有确定的延迟时间，一般为1s左右。

（4）充、排气时间　设有该参数值是为保证转向架左右高度调整阀充气快慢尽可能一致，以减小空气弹簧承载的不均衡性，并保证在规定的时间内，空气弹簧的充、排气量的多少符合所规定的要求。所以，它是保证高度调整阀充、排气的快慢符合规定要求的特性参数。例如，规定某容积为12L的空气弹簧，内压从0升到0.42MPa时，充气时间为5.5s，而从0.42MPa降至0.2MPa时，排气时间为7.75s。

（5）供风风压　要求列车供风的风压符合高度调整阀正常工作所需的数值，铁道车辆列车管风压一般为0.6MPa。

（6）检修期　为保证高度调整阀的正常工作，减少维修量，延于使用寿命，保证质量，要规定无检修期。例如，对某型高度调整阀规定车辆运行20万km之内无检修。

在确定上述各主要特性参数值时，应注意要结合车辆悬挂参数、运行速度、空气弹簧类型、线路条件及高度调整阀的结构形式等具体条件选择。

4. LV—3型高度调整阀的结构

普通双层客车和准高速客车采用的LV—3型（国产型号为GTF—Ⅱ）高度调整阀的结构，如图5-51所示。高度调整阀由高度控制机构，进、排气机构和延时机构三部分组成。

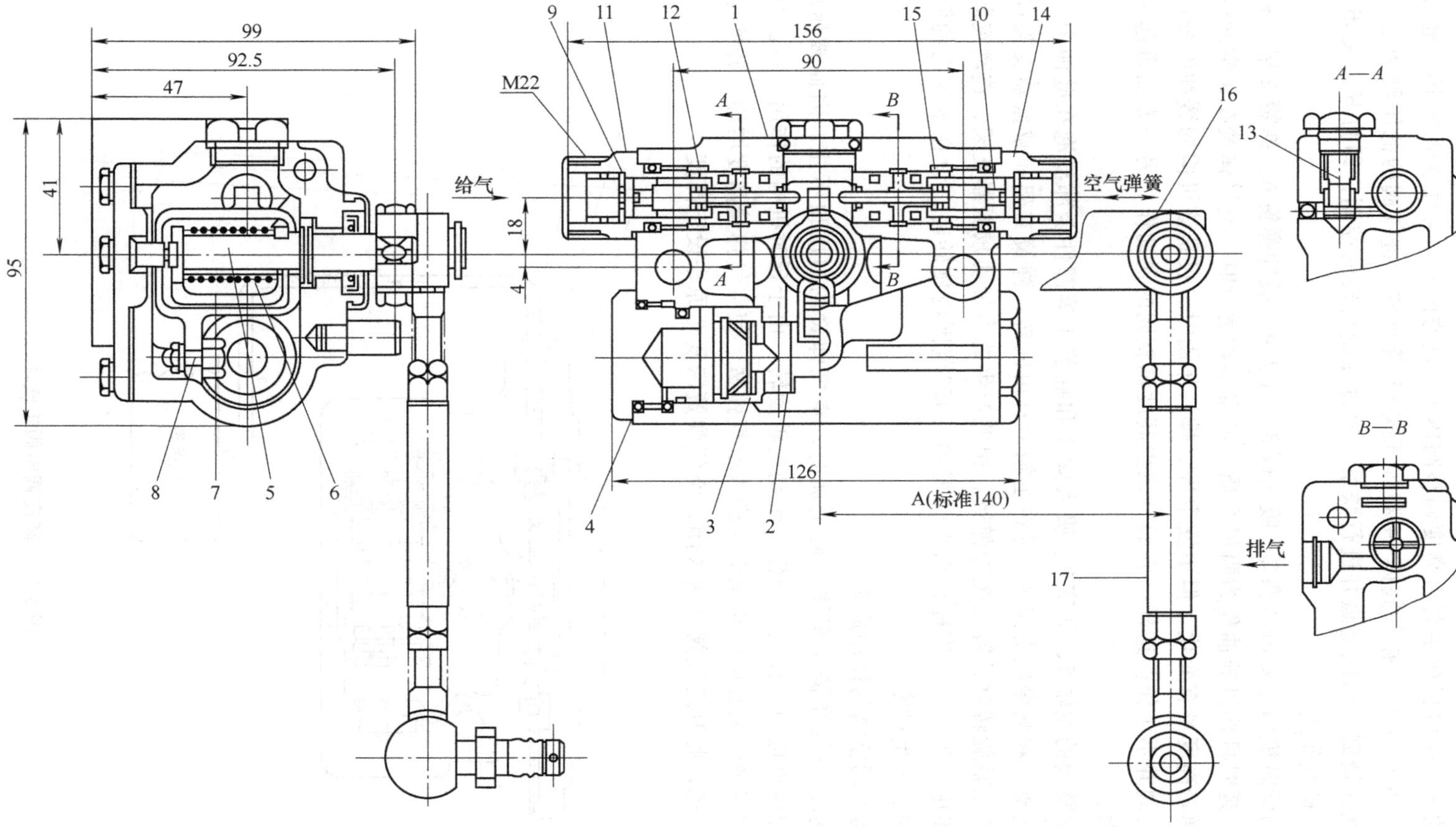

图 5-51 LV—3 型高度调整阀的结构

1—高度调整阀体 2—活塞 3—吸入阀 4—缸盖 5—主轴 6—缓冲弹簧 7—弹簧支架 8—减振器支架 9—过滤网 10—空气节流阀 11—进气阀体 12—进气阀 13—单向阀 14—排气阀体 15—排气阀 16—连杆 17—连杆套筒

高度调整阀的控制机构主要包括连杆套筒 17、连杆 16 和主轴 5，它们主要是完成进、排气的控制作用。

高度调整阀的进、排气机构主要由高度调整阀体 1、过滤网 9、空气节流阀 10、进气阀体 11、进气阀 12、单向阀 13、排气阀体 14 和排气阀 15 等组成。进气阀的低压侧和排气阀的高压侧（即空气弹簧侧）组成通道并进行联系。通过控制机构的控制，即打开或关闭进、排气阀来完成进、排气作用。

高度调整阀的延时机构主要由活塞 2、吸入阀 3、缸盖 4、缓冲弹簧 6、弹簧支架 7 和减振器支架 8 组成。延时机构以硅油作为阻尼介质，使得车辆运行时，空气弹簧在正常的振动情况下，即空气弹簧高度虽有变化，但不发生进、排气作用时，仅是该机构的缓冲弹簧扭转变形，而进、排气阀并不工作。这样一方面可减少高度调整阀的误动作，另一方面可起到节省压力空气的作用。

另外，高度调整阀的主轴 5、活塞 2、吸入阀 3 和缸盖 4 等部件全部浸泡在硅油中。在主轴上装有弹簧支架 7 和减振器支架 8，可在主轴上自由回转，弹簧支架和减振器支架同时接触缓冲装置。在主轴旋转时，转动缓冲弹簧，由此产生的力带动减振器支架，连动突起的活塞，使进气阀和排气阀动作。连杆在水平位置约 ±45°范围内旋转时，设在本体内的限位机构能够限制缓冲器产生过度动作。

5. LV—3 型高度调整阀的作用原理

如图 5-52 所示，空气弹簧在车体载荷增加时，空气弹簧的内压顶不住，因而被压缩，高度降低。此时控制机构的连杆向上动作，带动主轴旋转。由于延时机构的作用，一定时间后打开进气阀，空气弹簧风缸中的高压空气进入空气弹簧，使空气弹簧高度增加，并使连杆逐渐恢复到水平状态，此时进气阀迅速关闭，空气弹簧恢复至原来设定高度。

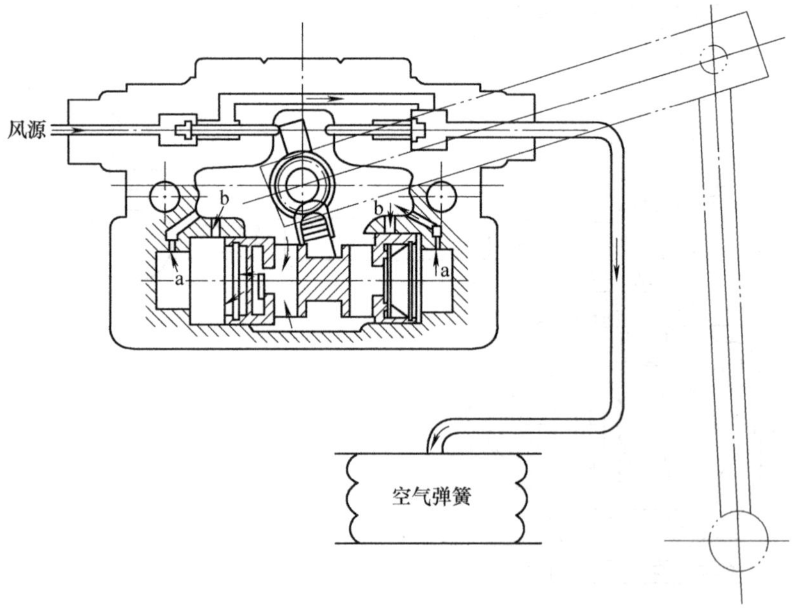

图 5-52　高度调整阀进气图

相反，如图 5-53 所示，空气弹簧在车体载荷减小时，空气弹簧的内压将过剩，因而空气弹簧伸长，高度增加。此时控制机构的连杆向下动作，带动主轴旋转。由于延时机构的作用，一定时间之后打开排气阀，空气弹簧内的压力空气由排气阀进入大气，空气弹簧的高度随之下降，同时连杆逐渐恢复到水平状态，排气阀迅速关闭，空气弹簧高度恢复至原来设定位置。

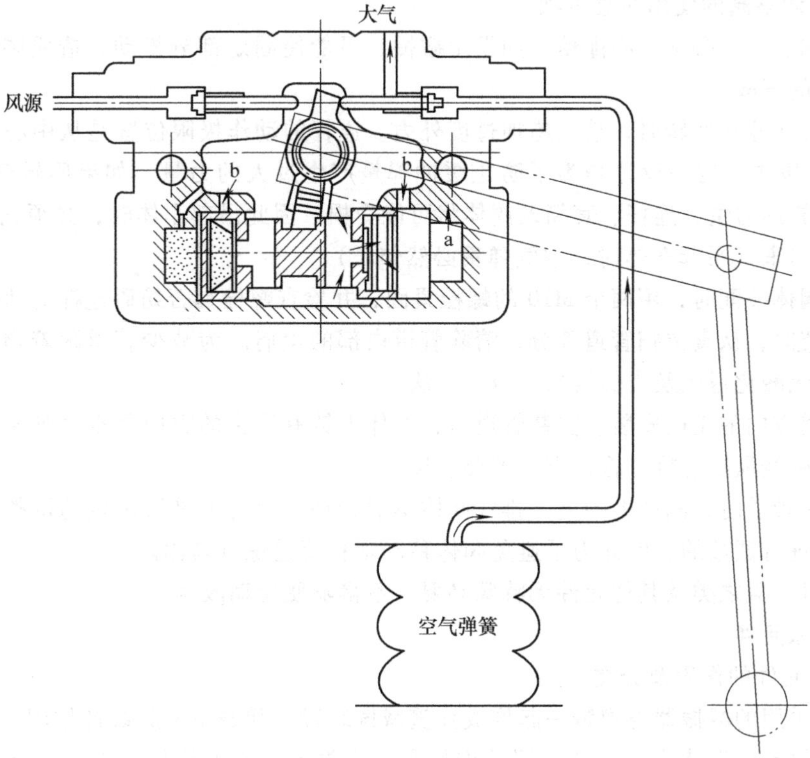

图 5-53　高度调整阀排气图

进气阀和排气阀的开启动作，需要一定时间的间隔。相比之下，进气阀和排气阀的关闭动作却要迅速得多，这便是高度调整阀的最大特点。这种效果的产生，是由于延时机构的作用。为加深对进、排气阀动作的理解，稍作以下说明。

如图 5-52 所示，连杆向上动作，带动主轴旋转，转动缓冲弹簧，由此产生的力将减振器支架下的活塞向右侧推动，活塞的吸入阀上有单向阀。由于活塞的动作，活塞的右侧成为液压泵（即油缸），在油缸盖上设有液压节流孔 a，形成减振作用，液压油经节流孔 a 排出，从高度调整阀的侧面通路流回中心油室。正是由于节流孔的节流作用产生了抵抗力，使打开进气阀的动作得到延时。

此时活塞的左侧呈负压状态，吸入阀的单向阀开启，来自中心油室的油作为补充。随着活塞的动作，减振器支架转动，进气阀打开，进行充气。

相反，在进气阀关闭过程中，缓冲弹簧和减振支架突起部分动作，使活塞往中心部位归位。这时减振器成了不起作用的机构，活塞右侧前面几乎不存在反作用力，左侧油室的油可不经过压缩从通道孔 b 流出，进入中心油室。同时右侧吸入阀的单向阀开启吸入油，活塞逐渐返回中心部位时，两侧通道孔 b 均被堵死。这样在下次活塞动作时，又可形成时间上的延迟。由此可见，进气阀关闭比开启迅速。同样排气阀的开启与关闭原理与进气阀的开启与关闭相同，可参见图 5-53 所示。

由于具有以上动作，行驶的车辆产生振动，即使是弹簧支架随之振动，由于减振器产生的抵抗力，减振器支架不会振动，结构振动被缓冲弹簧吸收，进气阀和排气阀不致因误动作而开启，从而防止了压缩空气的浪费。另外进、排气阀的复位迅速，使振动性能稳定。

6. 高度调整阀的使用注意事项

1）运输、搬运必须小心谨慎。如发生碰撞、可能使固定部分松动，造成调整困难，产生难以预料的事故。

2）连杆在停止回转时，禁止施加过度外力。连杆的动作极限位置是从中心水平位置开始约 ±45°范围内，这一设计是为了防止缓冲弹簧产生过大的力量。如果回转到极限位置，仍旧人为地施加力量，连杆、套筒及阀体将可能受损。因此吊起车体时，必须先将连杆从连杆套筒中取出来（吊起车体时，空气弹簧必然伸长）。

3）在阀体装配时，用两个 M10 的螺栓紧固，并检查螺栓是否妨碍连杆的动作。

4）安装时，认真清扫管道部分，清除管道内部的尘屑。为减少管道附着物，对管道须退火，采用无酸化退火及类似效果的退火方法。

5）管道方向的正确安装。安装管道时，阀体上铸有箭头的方向是空气弹簧一侧，反方向则与空气弹簧风缸连接。管道方向不要装反。

6）安装管道时，阀体上的进、排气阀体不能转动。因为不灵敏区域的调整是根据阀体固定的位置进行调整的，因此为了避免阀体移动须将管道螺母紧固。

7）螺母、盖之类及其他元件无特殊必要，不得随便变动改制。

三、减振元件

1. 减振元件的作用及分类

车辆上采用的减振器与弹簧一起构成弹簧减振装置。弹簧主要起缓冲作用，缓和来自轨道的冲击和振动的激扰力。而减振器的作用是减少振动，它的作用力总是与运动的方向相反，起着阻止振动、消耗能量的作用。通常减振器是将机械能转化为热能，减振阻力的方式和数值不同，直接影响到减振性能。轨道车辆采用的减振器按阻力特性可分为常阻力和变阻力两种减振器；按安装位置可分为轴箱减振器和中央减振器；按减振方向可分为垂向、横向和纵向减振器；按结构特点又可分为摩擦减振器和液压（又称油压）减振器。有轨交通的车辆一般都使用油压减振器。

油压减振器主要利用液体的粘滞阻力所做的负功来吸收振动能量。它的优点在于其阻力是振动速度的函数，最显著的特点是振幅的衰减与幅值大小有关，振幅大时衰减量也大；反之，亦然。这种“自动调节”减振的性能，正符合地铁车辆的要求。

2. 油压减振器的结构及工作原理

一般油压减振器主要由活塞、进油阀、缸端密封、上下联结环、油缸、储油筒及防尘罩等部分组成。减振器内部还充有专用油液，如图 5-54 所示。

活塞部分是产生阻力的主要部分，它由活塞杆、单向节流阀、弹簧的活塞组成。减振器阻尼力的大小取决于单向节流阀的节流孔的大小。

在油缸的下部是进油阀，也是向油缸补充油液的通道。

缸端密封部分设有严密的密封结构，它一方面起着活塞杆上下运动时的导向作用，使活塞杆中心线保持一致，另一方面是防止油液流出和灰尘进入减振器，影响减振器的正常工作。

减振器上下的联结环是减振器与车体及转向架结构连接的部分，通过串入短销与其联结安装。

油压减振器所用的油液对减振器的性能和可靠性起着重要的作用。要求油液的物理、化学性能稳定，具有防冻性，在 -40 ~ +40℃范围内粘度不应有很大变化，无腐蚀性等。一般应用专用油，但也可用锭子油、仪表油、变压器油等替代。

油压减振器的工作原理可用图5-55来说明。

活塞把油缸分成上下两部分，当车体振动时，活塞杆随车体运动，与油缸之间产生上下方向的相对位移。当活塞杆向上运动时（即减振器为拉伸状态），油缸上部油液的压力增大，这样，上下两部分油液的压差迫使上部分油液经过图5-55中活塞的节流孔（相当于图5-54中节流阀）流入缸下部。油液通过节流孔也会产生阻力，该阻力的大小与油液的流速，节流孔的数量形状和孔径的大小有关。当活塞杆向下运动时（即减振器为压缩状态），受到活塞压力的下部油液通过活塞的节流也流入油缸上部，也产生阻力。因此，在车辆振动时，油压减振器起了减振作用。

由于活塞杆具有一定的体积，当活塞上下运动时，使得油缸上部和下部体积的变化是不相等的。

设油缸直径为 D，活塞杆直径为 d，若活塞杆从初始位置Ⅰ向下移动距离 S 后达到位置Ⅱ。这样，油缸下部体积缩小 $1/4\pi D^2S$，而上部体积增大 $1/4\pi(D^2-d^2)S$，上下两部分的体积差为 $1/4\pi d^2S$，下部排出的油液多于上部所需补充的量。为了保证减振器正常工作，在油缸处增加一储油筒，在油缸底部设有进油阀，当活塞杆由位置Ⅰ向位置Ⅱ运动时油缸下部迫使多余的油液通过减振器活塞上的节流孔流入储油筒，使减振器

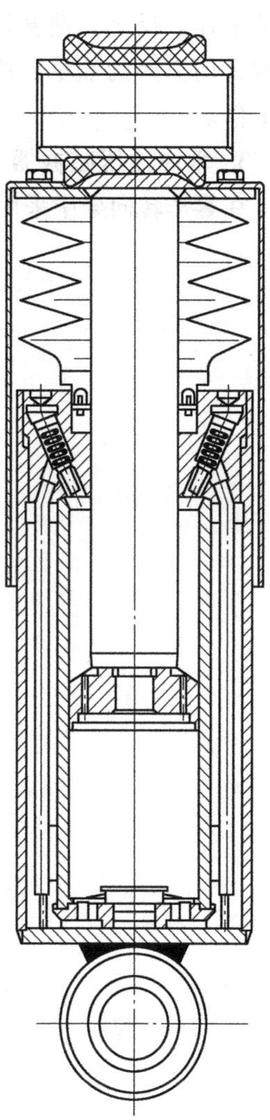

图5-54　油压减振器

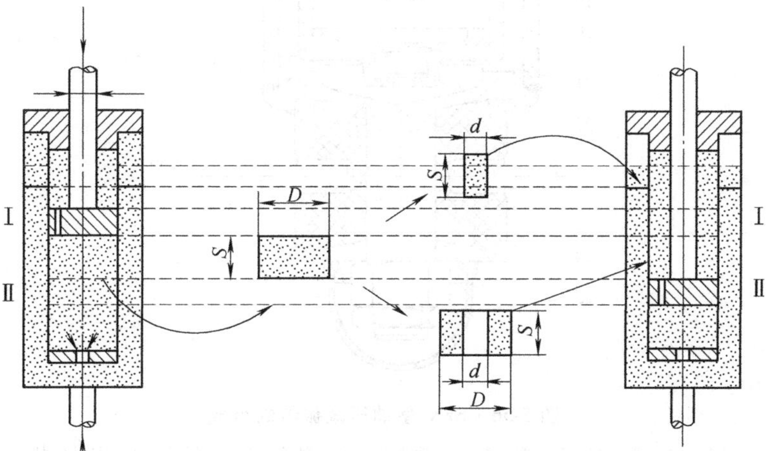

图5-55　油压减振器的工作原理

正常工作。反之，活塞杆向上运动，则上部因体积缩小而排出的油液量将填充不足下部因体积增大而需要的油量，所欠的油量从储油筒经油缸底部的进油阀进入油缸下部，使减振器正常工作。

3. 垂向油压减振器

在客车转向架中采用的是SFK_1型油压减振器。图 5-56 所示为SFK_1型油压减振器的组成。

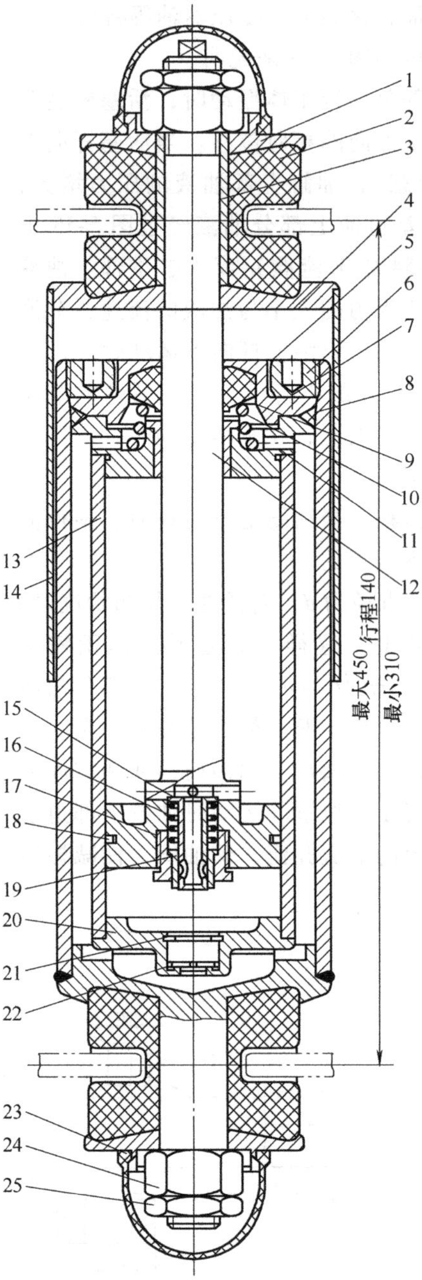

图 5-56 SFK_1型油压减振器的组成

1—压板 2—橡胶垫 3—套 4—防尘罩 5、8—密封圈 6—螺盖 7—密封盖 9—密封托垫 10—密封弹簧 11—缸端盖 12—活塞杆 13—缸体 14—储油筒 15—芯阀 16—芯阀弹簧 17—阀座 18—涨圈 19—阀套 20—进油阀体 21—锁环 22—阀瓣 23—防锈帽 24、25—螺母

SFK_1型油压减振器的结构主要由下列部分组成：活塞部分、进油阀部分、缸端密封部分和上下联结部分。此外还有防尘罩、油缸和储油缸。减振器内部装有油液。

（1）活塞部分　活塞部分是产生阻力的主要部分。如图 5-57 所示，活塞部分由活塞、芯阀、芯阀弹簧、阀套、调整垫、阀座等组成。在芯阀侧面下部开有两个直径为 2mm 和两个直径为 5mm 的节流孔。组装后，节流孔的一部分露出阀套，露出部分的节流孔称为初始节流孔，减振器的阻力主要决定于初始节流孔的大小。为了调整阻力的大小，在芯阀、阀套和阀座的底部，设有 0.2mm 和 0.5mm 厚的调整垫 27 和 29。在活塞的头部装有涨圈，它的主要作用是提高活塞的密封性，防止活塞磨耗以后阻力变化过大。

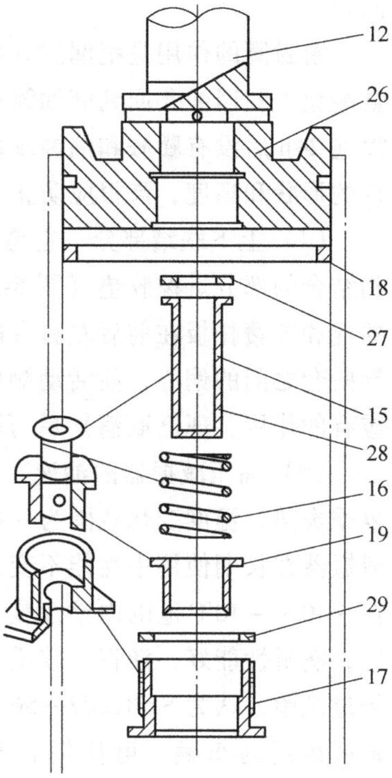

图 5-57　活塞部分

26—活塞　27、29—调整垫

28—节流孔　其余同图 5-56

（2）进油阀部分　进油阀部分装在油缸的下端，是补充和排出油液的一个通道。在进油阀体上装有阀瓣和锁环。在阀瓣和阀体座上的阀口之间，以及进油阀体和油缸筒之间都要求接触严密，防止泄漏，如图 5-58 所示。

（3）缸端密封部分　油缸端部有专门的密封结构，一方面使活塞上下运动时起导向作用，使活塞中心和油缸中心线路始终保持一致；另一方面，防止油液流出和灰尘流入减振器内，影响减振器正常工作。当减振器工作时，油缸内油压最高可达 2.5MPa，所以密封是一个很重要的问题。SFK_1型油压减振器的密封部分，曾进行过多次改进。现在采用的结构是在油缸筒上装缸端盖、密封弹簧、密封托架、密封圈，并通过密封盖及螺盖把这些零件紧紧压住，如图 5-59 所示。

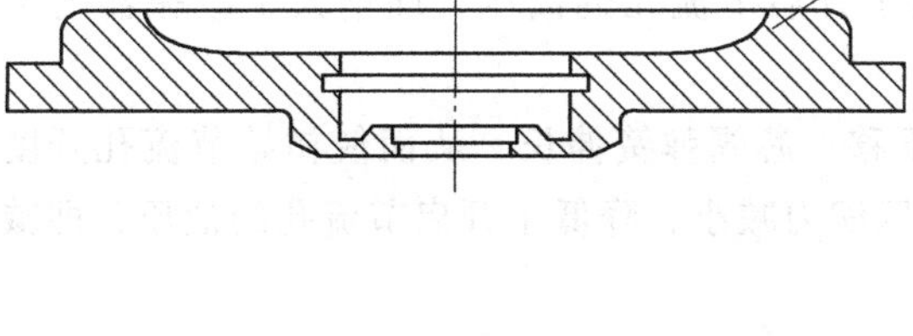

图 5-58　进油阀部分

图注同图 5-56

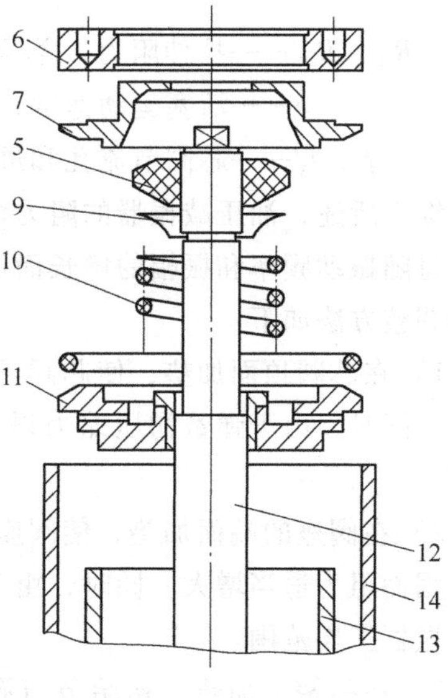

图 5-59　缸端密封部分

图注同图 5-56

为了保持密封部分的性能，必须特别注意零件的各种加工精度，如同心度、垂直度和表面粗糙度等，减少零件之间的磨耗和变异。另外，在缸端上还压装一个由铸锡青铜做成的导向套。

密封圈的作用是把漏过导向套和活塞杆之间缝隙的小量油液从活塞的杆上刮下来，经过缸端盖上的回油孔回到储油筒中。密封圈的材质必须用耐塞耐油的橡胶，要求橡胶在汽油中浸泡 24h 后没有膨胀和油蚀现象，并要求在低温下保持一定的弹性。密封圈的刮油齿要有合理的形状和高度，齿根应防止裂纹。

（4）上下联结部分　它是油压减振器上下两端与转向架的摇枕和弹簧托板上的安装座相结合的部分。橡胶垫（图 5-56）的作用：一方面可缓和上下方向的冲击；另一方面，当摇枕和弹簧托板在前后左右方向有相对偏移时，橡胶垫可有变形，减少活塞与油缸、活塞与导向套之间的偏心，使活动顺滑减小偏磨。减振器两端加装防锈帽（因经常丢失，起不到应有的作用，现已取消）后可防止雨水浸入端部，避免螺母锈蚀。

（5）油压减振器的油液　由于我国南北气温相差很大，东北地区冬季严寒而南方地区夏季炎热，温度变化范围为 -40 ~ +40℃。减振器要在不同温度下正常工作，而且还要保证减振器在长期使用中性能不变，就必须合理选择减振器油液。减振器油液应满足以下要求：在 -40 ~ +40℃范围内粘度变化不大，-40℃不凝固；不应混入空气或产生气泡，无腐蚀性；润滑性能好，沥青、胶质、灰渣、杂质少；物理化学性能稳定，不易变质；价格便宜。经过试验，认为 SYB1207—56 号仪表油具有较好性能。但在冬季温度不低于 -20 ~ -15℃地区运用的车辆，可使用其与 22 号透平油各半的混合油。每一油压减振器内规定装油 0.9dm^3。

（6）油压减振器的阻尼特性计算　根据理论分析和试验结果，SFK_1 型油压减振器的阻尼特性如下：

$$R_{拉} = 23.8v^2/f_2^2$$

$$R_{压} = 23.8v^2/f_2^2 + 7.9v^2/f_3^2$$

式中　$R_{拉}$，$R_{压}$——拉伸阻力，单位为 N；

v——活塞运动速度，单位为 mm/s；

f_2，f_3——芯阀节流孔和进油阀小孔面积，单位为 mm^2。

综上所述，油压减振器的阻力取决于活塞运动速度和节流孔的大小。前者表示减振器的阻力将随振动频率和振幅的增长而增大，后者可用来调整油压减振器的阻力。油压减振器阻力的调整方法如下：

1）在芯阀顶面加垫，使芯阀下移，而阀套不动，因而使初始节流孔加大，使阻力适当减小。同时，由于弹簧初压缩力增大，提高了开启节流孔的油压，即增大了减振器的工作范围。

2）在阀座的端面加垫，使阀座及套阀下移，芯阀弹簧伸长，从而使初始节流孔开度减小，因而阻力适当增大。同时，由于弹簧初压缩力减小，降低了开启节流孔的油压，即减小了减振器工作范围。

3）在弹簧上加垫，初贻节流孔开度不变，即芯阀和套阀的相对位置不变，故阻力不变。由于弹簧初压缩力增大，因而增大了减振器的工作范围。

第五节　牵引连接装置

牵引装置必须具备的功能如下：

1）能够传递纵向力、驱动力和制动力，同时允许二系弹簧在垂向和横向柔软地动作。

2）纵向具有适当的弹性，以缓和由于转向架点头、车轮不平衡质量等引起的纵向振动。

3）结构上应便于车体与转向架的分离和连接。

4）由于取消了摇枕，需安装横向油压减振器、横向缓冲橡胶、空气弹簧异常上升止挡等，这些部件的安装和拆卸不能增加车体与转向架分离作业的工时。

一、中央牵引装置

图5-60所示是一种典型的城市轨道交通车辆的中央牵引装置。长春客车厂设计的地铁无摇枕转向架就采用了这种结构的中央牵引装置，其结构是中心销上端用螺栓固定在车体枕梁上，下部插在能够传递纵向力的牵引梁孔中，能够自如地垂向运动和回转。牵引梁与构架

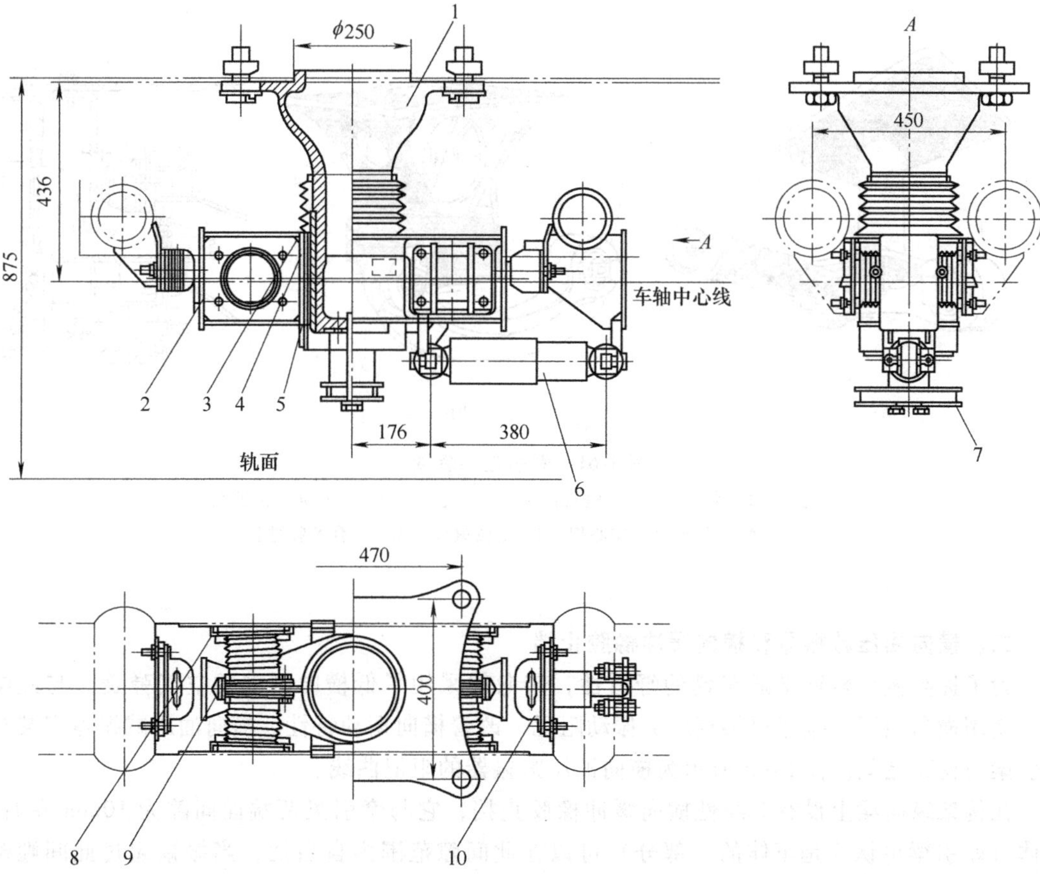

图5-60　中央牵引装置

1—中心销　2—牵引梁　3—防尘罩　4—衬套　5—中心销套　6—横向油压减振器
7—空气弹簧异常上升止挡　8—安装板　9—牵引叠层橡胶　10—横向缓冲橡胶

横梁之间设有牵引叠层橡胶，它的特性是纵向较硬、横向柔软，所以既能有效地传递纵向力，又能随空气弹簧做横向运动。每台转向架设四组牵引叠层橡胶，安装时能使其在纵向倾斜，以便牵引梁对准转向架中心。可按隔离纵向振动的要求选定牵引叠层橡胶的纵向刚度值，同时要保证纵向无滑动部位和间隙存在。中心销下部连有空气弹簧异常上升止挡，当空气弹簧因故过充时可以限制车体不断上升，保证安全；在起吊车体时，可使转向架同车体一起被吊起。

图 5-61 所示是几种中央牵引连接装置结构，它们都有各自的特点。例如，图 5-61b 的中央牵引装置结构，由于牵引两端与中心销和转向架的连接部位都有橡胶关节，橡胶关节的弹性定位能保证转向架绕中心销在各个方向上有一定程度的摆，这既保证了转向架抗蛇行运动的性能，又能实现转向架与车体之间的转角，保证车辆顺利通过曲线。广州地铁 2 号线车辆采用的就是图 5-61b 所示的牵引连接装置结构，1 号线采用的是图 5-61c 所示的牵引连接装置结构。值得提出的是，与广州地铁 1 号线车辆转向架相比，2 号线车辆转向架的牵引连接装置比较简单。2 号线车辆转向架通过带有橡胶关节的牵引杆连接到与车体连接的车体中心销上，没有中心销座和复合弹簧，更便于拆装转向架。

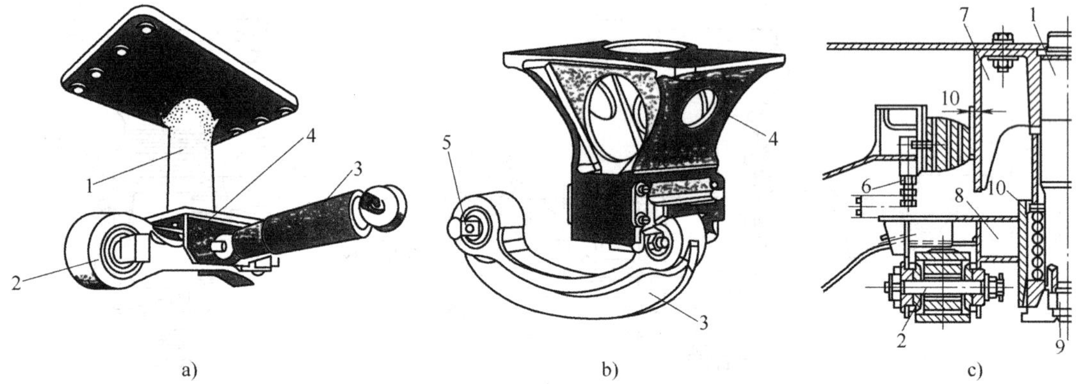

图 5-61　牵引连接装置

1—中心销　2—牵引杆　3—减振器　4—牵引座　5—轴　6—起吊保护螺栓
7—中心销导架　8—中心架　9—定位螺母　10—复合橡胶衬套

二、横向油压减振器和横向缓冲橡胶止挡

为了提高城市轨道交通车辆的舒适性，转向架采用了低横向刚度的空气弹簧。与此配套，使用横向油压减振器提供相应的振动阻尼，改善横向振动特性。横向油压减振器安装在牵引梁与构架之间。图 5-62 所示为横向油压减振器的阻尼曲线。

在构架纵向梁上设有非线性横向缓冲橡胶止挡，它与牵引梁两端面间隙为 10mm 左右。车体（牵引梁可认为是车体的一部分）可以在此间隙范围内自由摆，当振幅超过此间隙范围时，横向缓冲橡胶止挡开始起作用。在横向缓冲橡胶止挡初始压缩时弹性特性很柔软，其后稍硬，刚度随振幅增大而增加。图 5-63 所示为其挠度曲线。

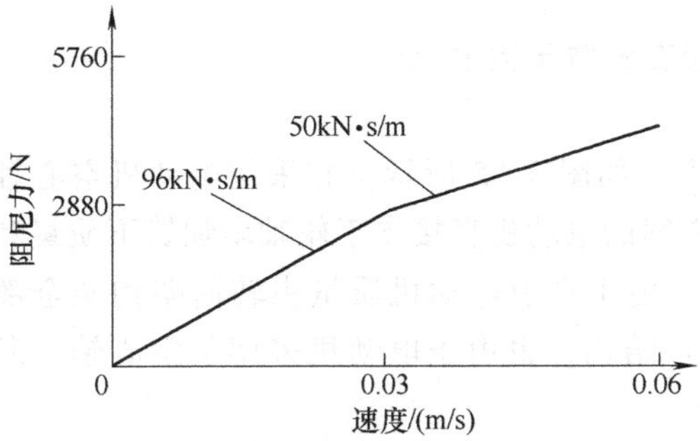

图 5-62　横向油压减振器的阻尼曲线

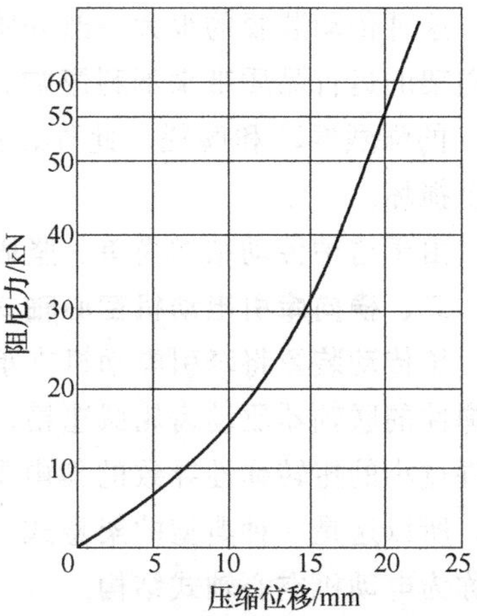

图 5-63　横向缓冲橡胶止挡挠度曲线

第六节　传 动 装 置

城市轨道交通车辆的动力转向架，不论是采用直流牵引电动机还是交流牵引电动机，均需通过机械减速装置，才能将电动机的扭矩转化为轮对转矩，再利用轮轨的粘着作用，驱动车辆沿着钢轨运行，而牵引电动机的布置形式直接影响着转向架的动力性能。根据牵引电动机在转向架上（或车体上）配置的特征，以及电动机转轴与转向架轮对之间传动的特征，传动装置大致可分为六种结构形式。

一、爪形轴承的传动装置

这是城市轨道交通车辆最古老的传动形式，它是直接利用牵引电动机驱动轴上的齿轮带动轮对轴传递扭矩。这时电动机驱动轴与轮对轴呈平行配置，牵引电动机的一部分质量通过两个爪形轴承支承于轮对轴上，另一部分质量通过弹簧支于构架梁上，也称抱轴式。一般牵引电动机的小齿轮与轮对上的大齿轮之间的传动比取为 1 : 4 ~ 1 : 6，如图 5-64 所示。

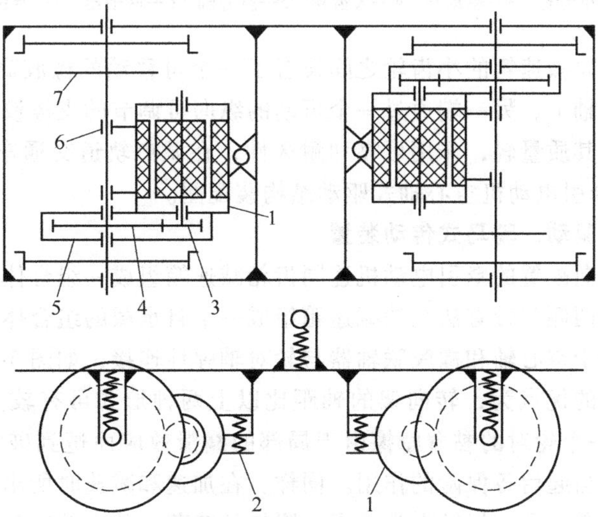

图 5-64　爪形轴承的传动装置

1—牵引电动机　2—电动机弹性支架　3—驱动小齿轮　4—车轴上大齿轮　5—减速齿轮箱　6—爪形轴承　7—制动盘

这种传动装置的很大一部分质量非弹性直接支于轮对轴上，增加了簧下部分的质量，给转向架的运行品质带来不利影响，而且必然导致相关的运动零件（如轴承、齿轮和集电器等）的强烈振动和磨耗。此外，由于这种传动的扭转弹性很低，往往会造成集电器过载，甚至损坏。

由于这种传动结构简单、坚固，所以至今仍在轻轨车辆上应用。

二、横向牵引电动机空心轴式传动装置

该传动装置将牵引电动机支承于构架栋梁上，如图 5-65 所示，它采用电动机空心轴和高弹性的联轴器驱动齿轮减速箱，解决了上述方案的电动机直接支于轮轴增加簧下质量和传动件过小的扭转弹性导致的集电器过载的问题。由于牵引电动机质量由转向架构架全部承担，所以这是一种典型的架悬式（一种全悬挂）结构，也由于电动机采用了空心轴，所以又称为电动机空心轴式结构。

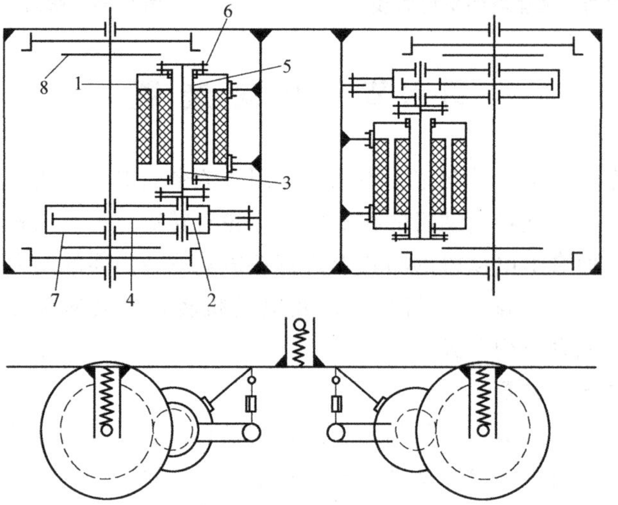

图 5-65　横向牵引电动机空心轴式传动装置

1—牵引电动机　2—小齿轮　3—驱动轴　4—大齿轮　5—空心轴　6—联轴器　7—减速齿轮箱　8—制动盘

在空心电枢和齿轮减速箱的小齿轮之间设置了一个可移动的橡胶高弹性的钢片联轴器。减速箱一端支于轮对轴上，另一端通过一个可动的纵向可调节的支撑铰接于钩架上。

空心轴传动由于其质量轻，作用可靠和耐久性，在城市轨道交通车辆中获得广泛应用。图 5-66 所示为横向牵引电动机空心轴式驱动结构装配图。

三、两轴一纵向驱动、骑马式传动装置

沿转向架运动方向配置的牵引电动机连同齿轮减速箱组成一组合体跨骑在转向架的两轮对上，牵引电动机的两侧与带有法兰的减速箱组成一个自承载的组合体，牵引电动机驱动轴经齿轮减速后，借助于空心轴和橡胶联轴器与轮对轴弹性连接，如图 5-67 所示。

两轴一纵向驱动的优点为，转向架的轴距比以上两种形式可有较大的减小，有可能到 2m 以内。另外，当一个轮对的黏着摩擦由于局部的蠕滑效应而遭到破坏时，则另一具有良好摩擦条件的轮对担当起后备保险的作用。同样，在加速和减速时所出现的轮对卸载将不起作用，因为一根轴卸载，另一根轴上就要承担附加的载荷，整个转向架所传递的摩擦力矩总和仍不变。而在单轴分离配置牵引电动机时，轮对的摩擦极限有被超过的危险，卸载的轮对

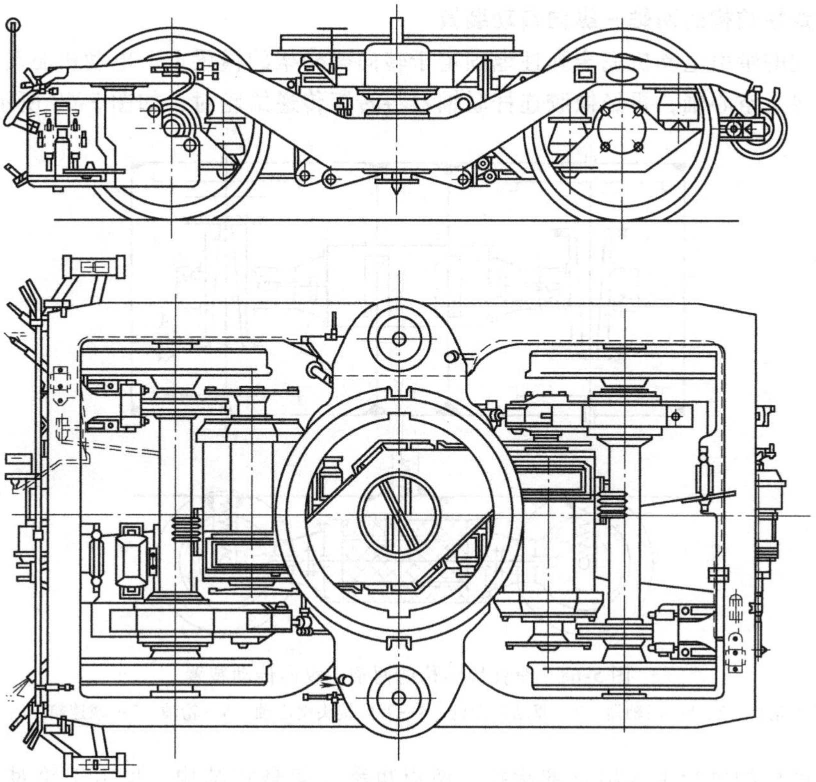

图 5-66　横向牵引电动机空心轴式驱动结构装配图

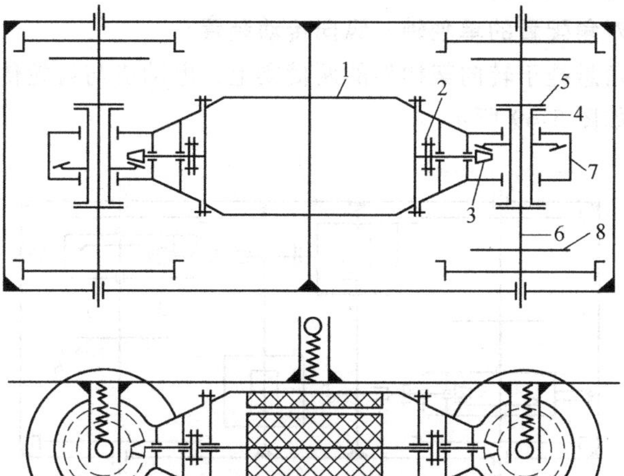

图 5-67　两轴一纵向驱动、骑马式传动装置

1—牵引电动机　2—联轴器　3—驱动锥齿轮　4—空心轴　5—橡胶联轴器　6—轮轴　7—减速箱　8—制动盘

就有可能打滑空转。

这种结构通过机械联结强制驱动转向架的两个轮对具有相同的角速度，若两轮对的车轮直径存在差异，也会造成运行阻力上升和磨耗的增加。另外，它的整个装置均由转向架的两轮对直接支承，增加了簧下质量，增强了转向架运行的动力作用。

四、全弹性结构的两轴一纵向传动装置

这种装置的牵引电动机完全弹性地固定于转向架构架的横梁上，电动机驱动轴经减速齿轮驱动万向接头空心轴，再经橡胶连杆联轴器将转矩传递给轮对，如图 5-68 所示。

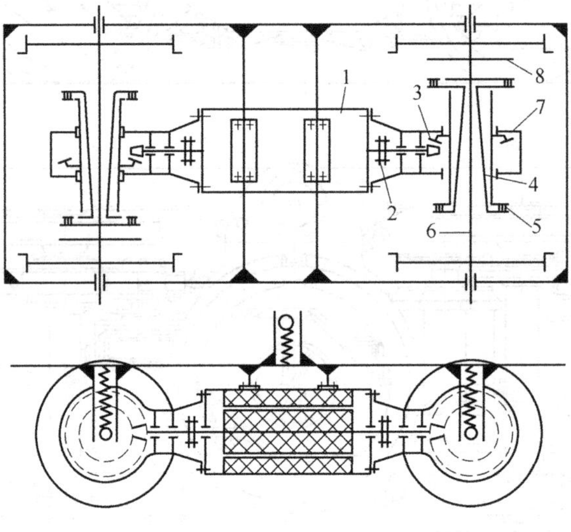

图 5-68　全弹性结构的两轴一纵向传动装置

1—牵引电动机　2、5—联轴器　3—驱动锥齿轮　4—万向接头空心轴　6—轮轴　7—减速箱　8—制动盘

由于电动机的质量由构架全部承担，所以也称为架悬式结构，也由于轮对采用了空心轴，所以又称为轮对空心轴结构。

五、牵引电动机对角配置的单独轴一纵向传动装置

两牵引电动机对角悬挂于转向架构架的两横梁上，电动机与齿轮传动装置之间转矩的传递经由连杆轴实现，如图 5-69 所示。

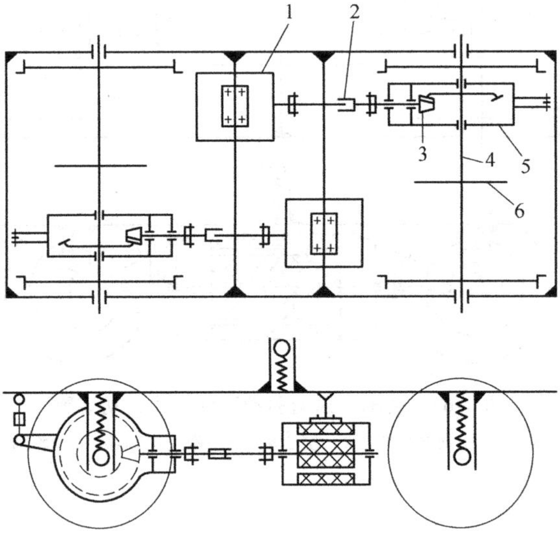

图 5-69　对角配置的单独轴一纵向传动装置

1—牵引电动机　2—连轴杆　3—驱动锥齿轮　4—轮轴　5—减速箱　6—制动盘

齿轮减速箱一端弹性悬挂于构架的端梁，另一端抱在轮对车轴上。转向架上两套电动机

及其传动装置独立地配置，各自驱动一轮对。

六、牵引电动机置于车体上的传动装置

牵引电动机装于车体上，电动机驱动轴经万向联轴器将转矩传递给置于转向架上的减速装置，从而使轮对转动。其驱动装置原理图如图 5-70 所示。由于牵引电动机质量由车体全部承担，所以称为体悬式。该传动方式广泛用于城市轨道交通车辆独立旋转车轮车辆的驱动。

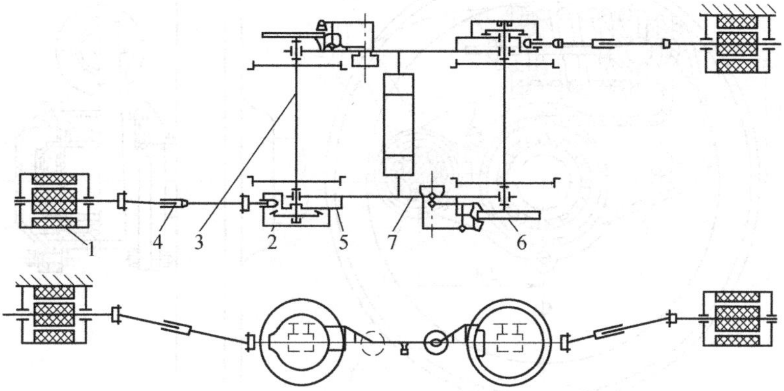

图 5-70 牵引电动机置于车体上的传动装置

1—牵引电动机 2—齿轮传动装置 3—轮轴 4—连杆轴 5—传动支撑 6—制动盘 7—制动装置

第七节 地铁及轻轨车辆转向架

地铁和轻轨车辆是城市轨道交通车辆的两种主要形式，它们的转向架技术水平体现了城市轨道交通车辆的发展水平。目前地铁、轻轨车辆转向架的种类很多，这里只介绍几种典型转向架的结构和原理。

一、DK 型地铁电动客车转向架

长春客车厂设计制造的地铁客车转向架为无摇动台式 DK 型转向架，属于该系统、数量较多的 DK3、DK4、DK8、DK16、DK20 等多种型号。

图 5-71 所示为北京地铁 DK3 型转向架，它由构架、轮对轴箱弹簧装置、摇枕弹簧装

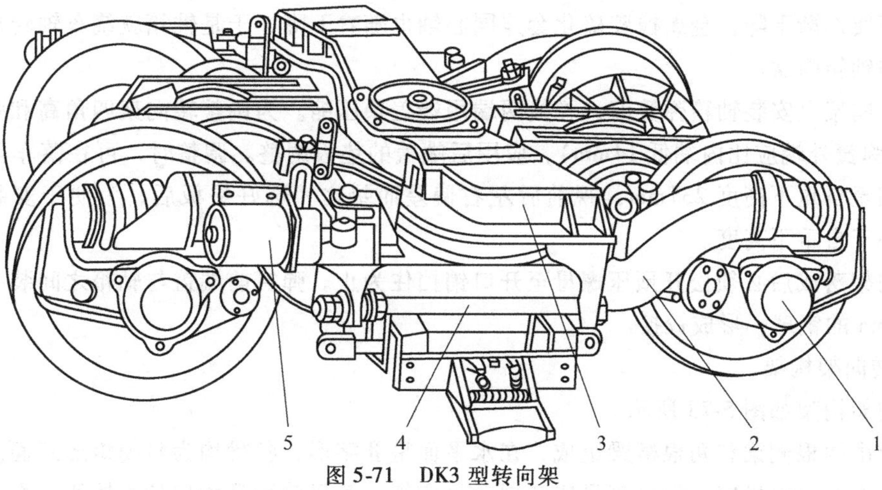

图 5-71 DK3 型转向架

1—轴箱弹簧 2—构架 3—摇枕弹簧 4—纵向拉杆 5—基础制动装置

置、齿轮减速箱、齿式联轴器、基础制动装置和受流器等组成。

1. 轮对轴箱弹簧装置

轮对轴箱弹簧装置如图 5-72 所示。

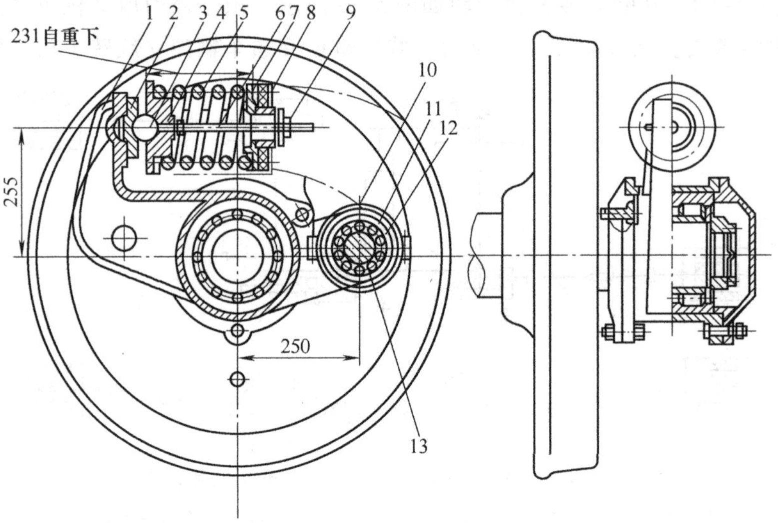

图 5-72　DK3 型转向架轮对轴箱弹簧装置

1—轴箱体　2—滚道座　3—钢球　4—弹簧前盖　5—轴箱弹簧　6—螺栓　7—弹簧定位座
8—橡胶缓冲垫　9—螺母　10—外套　11—硫化橡胶　12—内套　13—心轴

DK3 型转向架轮对轴箱弹簧装置的特点是轴箱弹簧水平放置，采用金属橡胶弹性铰式轴箱定位装置。

DK3 型转向架采用非标准 RC_0型车轴，车轴两端尺寸与 RC_0型车轴相同，轴身加粗并设齿轮减速箱安装座。为了降低车辆重心、充分利用地铁车辆限界，采用直径为 840mm 的车轮轴箱，轴承采用 42724T、152724T 型滚动轴承。金属橡胶弹性铰式轴箱定位装置允许轴箱相对构架绕金属橡胶弹性铰的中心弹性转动，也允许轴箱相对构架在前后方向有少量位移。轴箱的一侧有角形弯道，轴箱弹簧水平地放置在构架和轴箱弯臂之间。当构架的载荷增加时，构架便逐渐下降，金属橡胶硫化套连同心轴也随着下降，于是轴箱就绕车轴转动，弯臂开始压缩轴箱弹簧。

往转向架上安装轴箱弹簧前，弹簧两端用端盖预压缩。为调整转向架四角高和弹簧水平（自重下弹簧外端应比内端低 14mm），应用后端盖的垫板调整。调整时，可在落车前先将弹簧预压缩至自重下高度 231mm，视前后左右偏差而垫之。选好垫板后，为便于安装，可预压缩至小于自重下高度。

转向架落成后必须松开预压螺母至开口销挡住为止。弹簧前端盖与轴箱之间装有一个直径为 60mm 的钢球，形成铰接。

2. 转向架构架

转向架构架如图 5-73 所示。

构架由两根侧梁和两根横梁组成，在水平面呈Ⅱ字形，各梁均为封闭矩形断面。两根横梁上焊有牵引电动机座、齿轮箱吊座和制动吊座等。两根侧梁是构架的主体梁。在两根侧梁

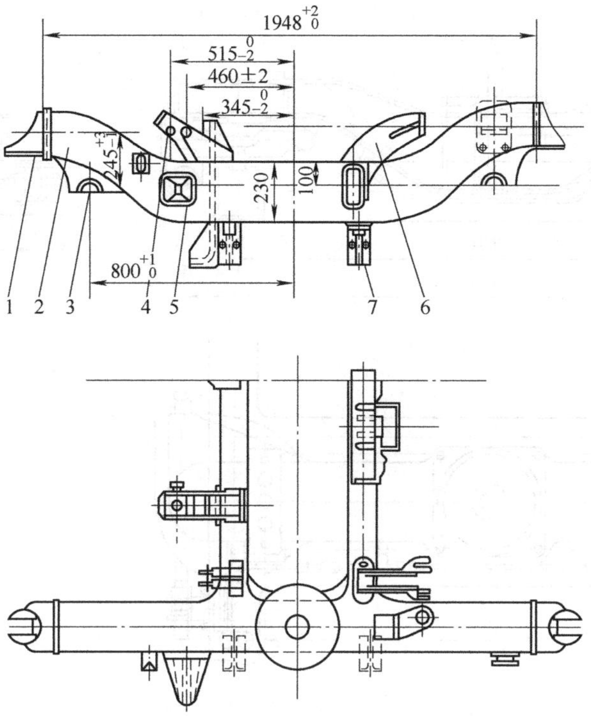

图 5-73　转向架构架

1—轴箱弹簧座　2—构架　3—节点座　4—齿轮箱吊座　5—牵引拉杆座　6—制动吊座　7—受流器座

中央上平面各开有一个直径为 60mm 的空气弹簧安装孔，侧梁两端各有两个轴箱弹簧安装座。侧梁两端下部各有两个安装轴箱定位装置的半瓦，它应与瓦盖一起镗铣。侧梁上还有牵引拉杆座、制动吊座、受流器座等。为便于铸造和机械加工，各种座、吊座、座板均采用焊接或铸钢结构，组焊于构架各梁上。

3. 摇枕弹簧装置

摇枕弹簧装置如图 5-74 所示。

DK3 型转向架摇枕弹簧装置为无摇动台结构，两个自封式自由膜式空气弹簧直接坐落在构架侧梁上，摇枕坐落在空气弹簧上，车体通过上下心盘坐落在摇枕上，以此传递着车体垂直载荷。

空气弹簧由上盖、下盖、碗形橡胶垫和橡胶囊等组成，如图 5-75 所示。它的主要特点是橡胶囊和下盖之间无螺栓联接，靠橡胶囊内的空气压力自封。橡胶囊变形时不受上下盖的形状约束，故称自由膜式空气弹簧。利用空气流经节流孔所产生的阻力来衰减垂直振动，故不用设置专门的垂直减振器。由于膜式空气弹簧具有横向复原力，DK3 型转向架不再设置摇动台。空气弹簧充气前，上盖落在下盖的碗形橡胶垫上，可避免车体遭受硬性冲击，车辆可以低速运行。

摇枕弹簧装置中设计的高度控制装置可以自动调整空气弹簧高度。当乘客数量变化时，它能保证地板面高度基本不变。DK3，DK4 型转向架采用电磁式高度调整阀，后来的转向架采用机械式高度调整阀。左右两个空气弹簧之间设置压差阀，用螺栓固定在摇枕底部。压差阀的两孔分别与摇枕中分隔的两个附加空气室相通。当转向架任一侧空气弹簧爆破或压差超

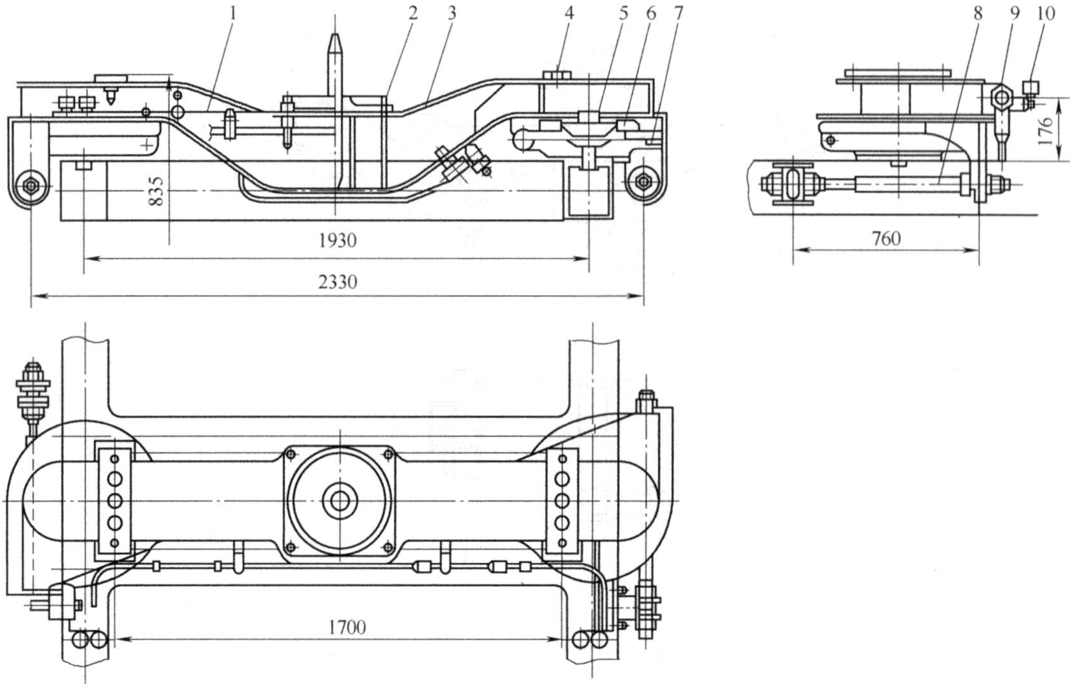

图 5-74　摇枕弹簧装置

1—摇枕配管　2—下心盘　3—摇枕　4—下旁承摩擦板　5—密封环　6—橡胶垫　7—空气弹簧　8—牵引拉杆　9—高度控制装置　10—电磁阀及单向阀组成

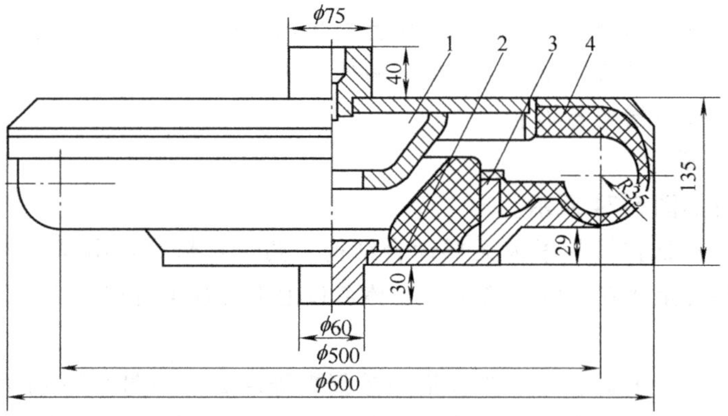

图 5-75　空气弹簧

1—上盖　2—下盖　3—碗形橡胶垫　4—橡胶囊

过 80～140kPa 时，压差阀被打开，两侧连通，从而避免车体过分倾斜，保证列车安全运行。摇枕与构架之间装有牵引拉杆用来传递牵引力。

4. 基础制动装置

基础制动装置如图 5-76 所示。

基础制动装置采用吊挂式单侧塑料闸瓦踏面制动。有两个直径为 178mm 的制动缸分别安装在构架侧梁上，每一个制动缸控制转向架一侧车轮的制动。当使用空气制动时，制动缸

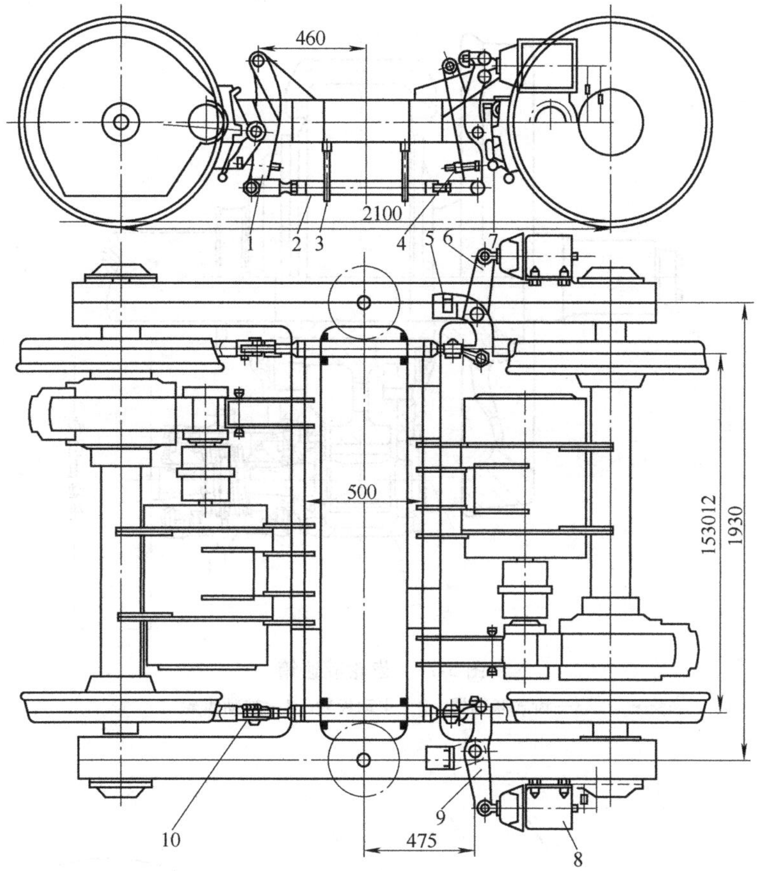

图 5-76 基础制动装置

1—固定拉杆 2—下推杆 3—安全吊 4、5—移动杠杆
6、9—水平杠杆 7—闸瓦及吊 8—闸缸 10—固定杠杆

推动水平杠杆、移动杠杆及两轮之间的水平下推杆，使移动杠杆中部的塑料闸瓦压紧相应的车轮，起制动作用。转向架制动倍率为 5.8；制动缸行程为 70～90mm，它可用下推杆的螺母进行调整。闸瓦托上设有横向挡，用来限制塑料闸瓦横向移动，保证闸瓦与踏面正常接触，使磨耗均匀。

5. 驱动装置

驱动装置如图 5-77 所示。

每台转向架配置两台牵引电动机，电动机与轮对平行，用三枚 M27 螺栓紧固在构架栋梁的电动机吊座上。牵引电动机通过齿式联轴器、齿轮减速箱将转矩传给轮对。

齿式联轴器由两个半联轴器、两个齿轮套及两个弹簧等组成。

齿轮减速箱采用圆柱斜齿轮传动及迷宫式密封装置。减速箱体为分箱式铸钢结构。箱体内放有一定量的润滑油，箱体上还设有油针、放油堵、检查盖、透气塞等，如图 5-78 所示。减速箱悬吊装置将减速箱体一端弹性地吊挂在构架横梁的齿轮箱吊座上，吊杆下部设有球面关节轴承。

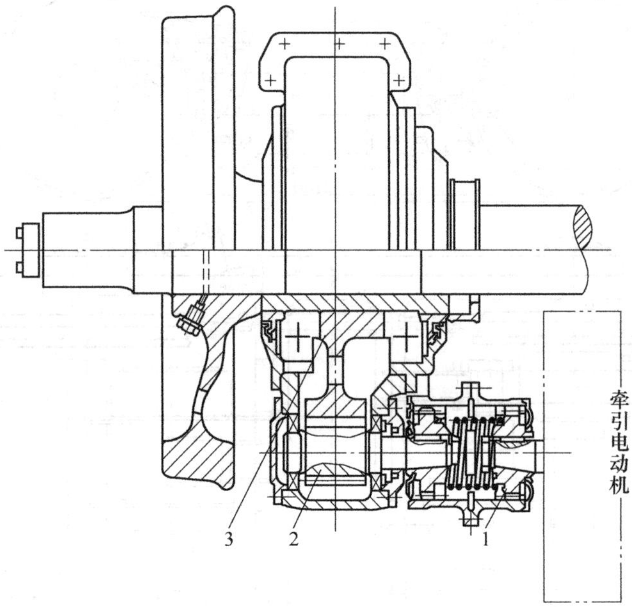

图 5-77　齿轮减速箱

1—齿式联轴器　2—主动齿轮　3—被动齿轮

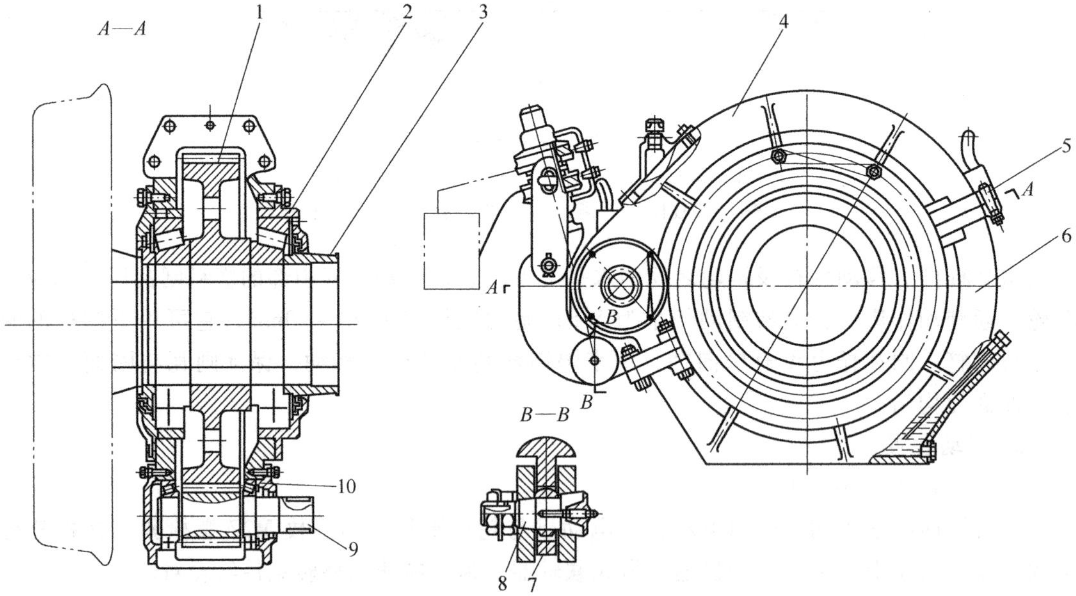

图 5-78　齿轮减速箱

1—被动齿轮　2—7255 轴承　3—集电环　4—上箱体　5—定位销
6—下箱体　7—关节轴承　8—销轴　9—主动齿轮　10—7215 轴承

二、天津滨海快速轨道交通车辆转向架

天津滨海快速轨道交通车辆动车转向架如图 5-79 所示。

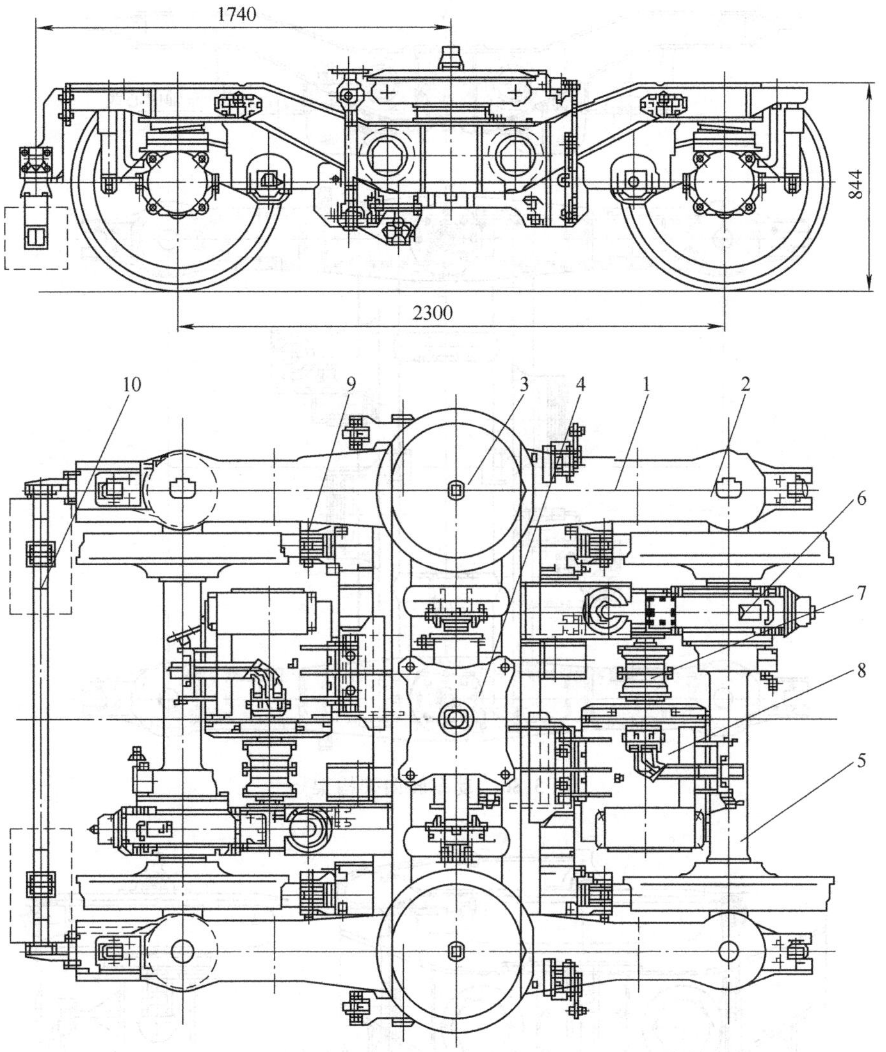

图 5-79 动车转向架

1—转向架结构 2——系悬架装置 3—二系悬架装置 4—牵引装置 5—轮对
6—齿轮减速箱 7—齿式联轴器 8—牵引电动机 9—基础制动装置 10—ATP 安装梁

1. 构架

构架分为动车转向架构架（图 5-80）和拖车转向架构架。它们的主要结构相同，属于 H 形构架。都是钢板焊接结构的箱形侧梁、与侧梁相贯通的无缝钢管作横梁，且尺寸一致。主要区别在于所安装的设备不同而已，如动车构架带有电动机吊座、齿轮箱吊台等。

2. 二系悬架装置和牵引装置

（1）二系悬架装置 如图 5-81 所示，二系悬架装置主要包括空气弹簧、高度调整阀、水平杠杆、调整杆、压差阀、抗侧滚扭杆等。

1）空气弹簧。为了改善车辆的乘坐舒适性和通过曲线的性能，天津滨海快速轨道交通车辆采用了低横向刚度的新结构空气弹簧，能缓和车体的垂向和横向振动。构架侧梁内腔作空气弹簧的附加气室，空气弹簧的下部通风口与附加空气室连接，上部进风口与车体上的空

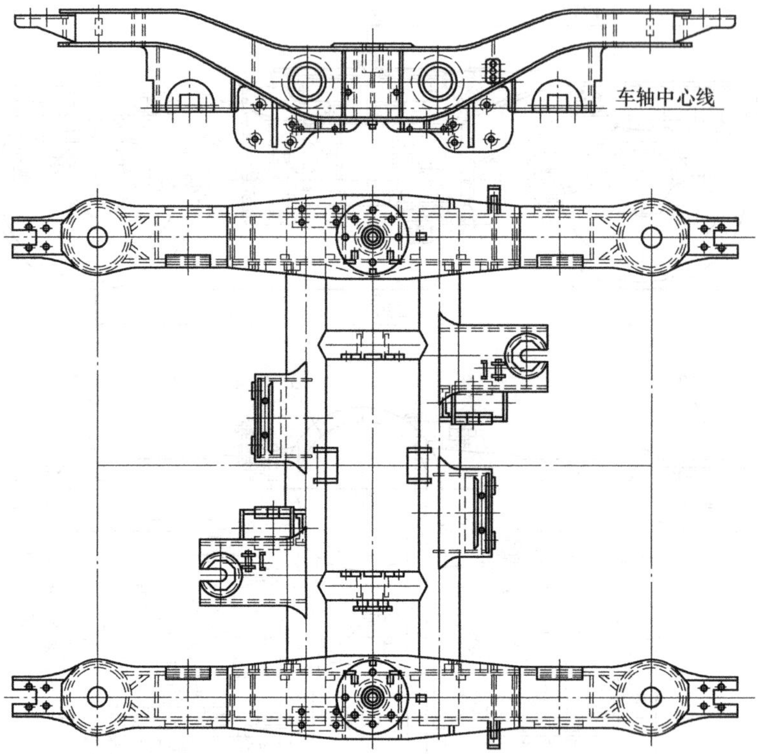

图 5-80　动车转向架构架

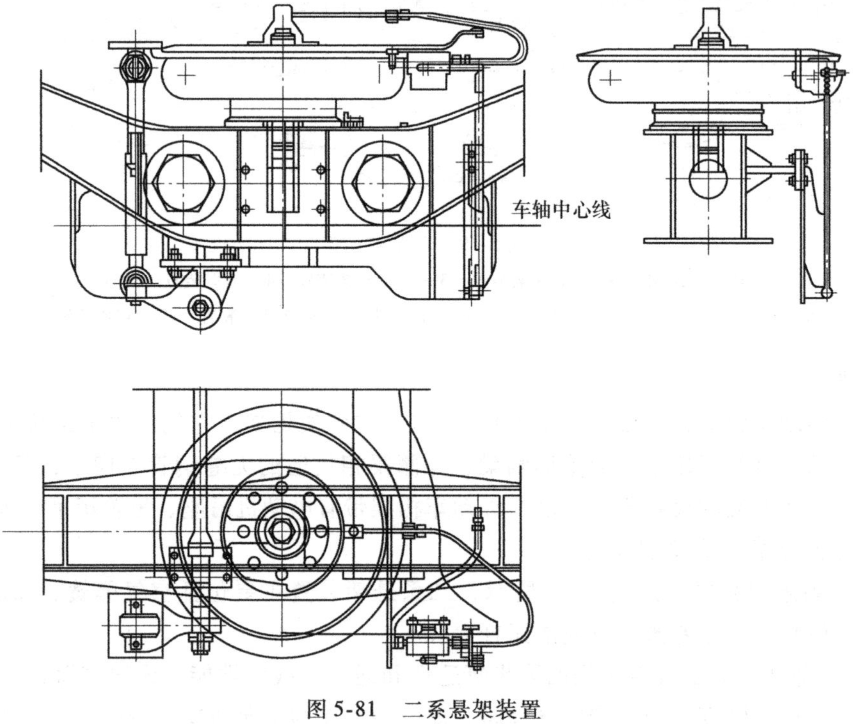

图 5-81　二系悬架装置

气弹簧充气管路连接。空气弹簧气囊与附加气室设有节流孔，对车体的垂向振动起到衰减作用，因此二系不需要加装垂直油压减振器。气囊下部的叠层橡胶堆可以减小车辆通过曲线时气囊的载荷。当空气弹簧内无空气压力时，橡胶堆能起到一定的垂直减振作用，保证车辆安全行驶（需要限速）。空气弹簧的正常工作高度为（200 ±2）mm，其高度是通过测量车体底架的工艺块下平面（与空气弹簧上平面共面）与构架的工艺块之间的距离来确定。

2）高度调整阀。在每辆车的转向架和车体这间安装 4 个高度阀，调节空气弹簧的充气、排气。高度阀体用来检测车体与转向架之间由于乘客负载引起的高度变化，使车辆地板面与站台面保持高度一致。它不能用于补偿车轮和转向架等零件的磨损引起的车辆高度变化。高度阀不感带为 ±5mm。

3）压差阀。当一个空气弹簧失压时，两空气弹簧内部的压差达到限度时，压差阀就会发生动作，将两个附加空气弹簧导通，使另一个空气弹簧也同时卸压，防止车辆倾翻。

4）抗侧滚扭杆，如图 5-82 和图 5-83 所示。抗侧滚扭杆横向贯穿转向架，扭杆臂上端与车体联结，在构架的下方靠近枕梁外侧有其安装座。该装置能抑制车辆的侧滚，对车辆的垂向、横摆、点头、摇头及沉浮等振动不产生影响。

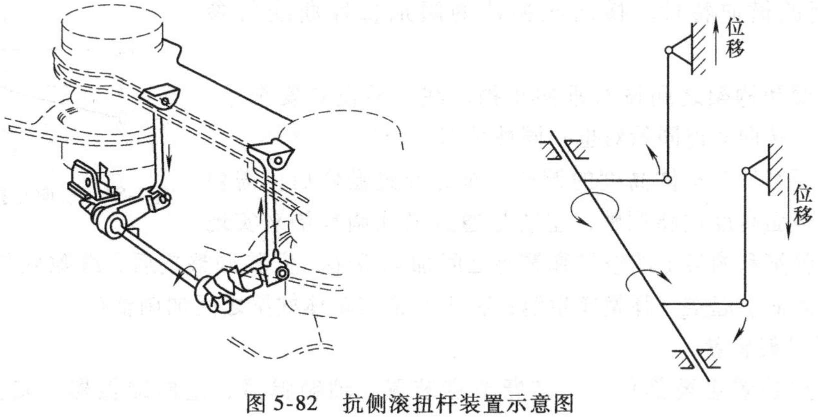

图 5-82　抗侧滚扭杆装置示意图

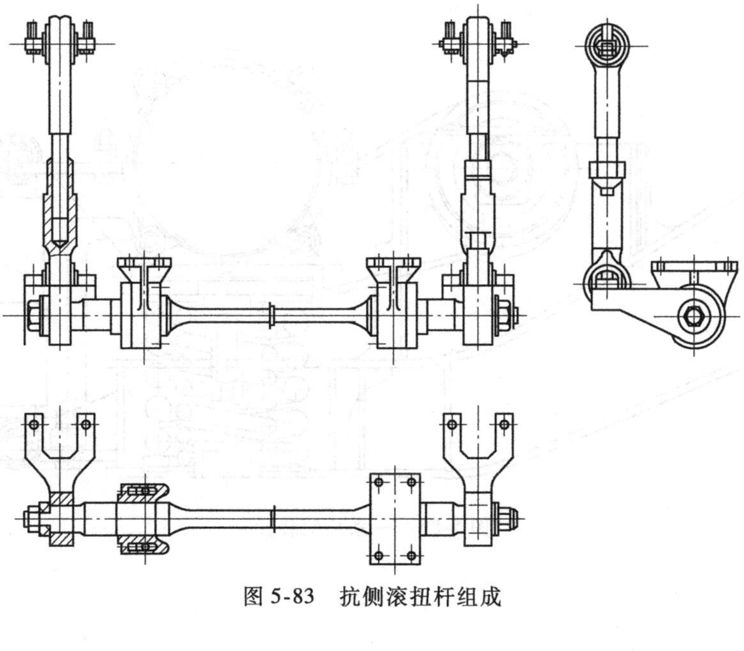

图 5-83　抗侧滚扭杆组成

（2）牵引装置　牵引装置包括横向止挡、中心销、复合弹簧、牵引梁、牵引拉杆、横向减振器等。中心销的上端通过定位脐和4个螺栓固定在车体的枕梁中心，下端插入牵引梁内，通过复合弹簧将中心销与牵引梁结合在一起，牵引梁和构架之间通过两个呈Z形布置的牵引拉杆连接。复合弹簧是由钢圆弹簧和橡胶硫化在一起，通过挤压复合弹簧，消除中心销、复合弹簧、牵引梁之间的间隙，实现无间隙牵引，复合弹簧的橡胶变形还可以满足车体和转向架之间的相对转动，从而消除磨耗。

为适应于低横向刚度的空气弹簧，横向止挡采用柔性横向缓冲器，能有效地抑制车辆的横向振动。横向止挡的特性曲线如图5-84所示。

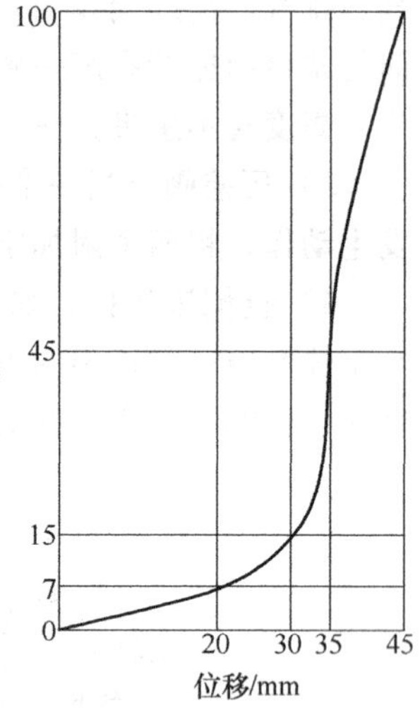

图5-84　横向止挡的特性曲线

牵引梁通过两根拉杆悬挂在构架上。

每台转向架使用两个呈Z形布置的牵引拉杆。它的两端为弹性橡胶节点。牵引拉杆的一端与构架相连，另一端与牵引梁相连。

在车辆发生横向振动时，横向减振器会施加适当的阻尼力来改善车辆的横向特性。横向减振器的阻尼特性曲线可参见图5-62。

在牵引梁和构架之间设有垂向止挡，在一系设有安全吊。车辆起吊时，转向架连同轮对也一同被吊起。

车轮踏面磨耗时车体高度的调整。车轮经过镟修后，需要对车辆的地板面高度重新调整，主要是通过增加调整垫来实现的；在空气弹簧和构架上的空气弹簧座之间加调整垫，安装调整垫后，缝隙处需添密封胶，以免雨水渗入而引起空气弹簧座生锈；在中心销与车体枕梁之间加调整垫。

3. 一系悬架装置

一系悬架装置主要部件有：转臂节点装置、轴箱弹簧、垂向减振器、安全吊等，如图5-85所示。

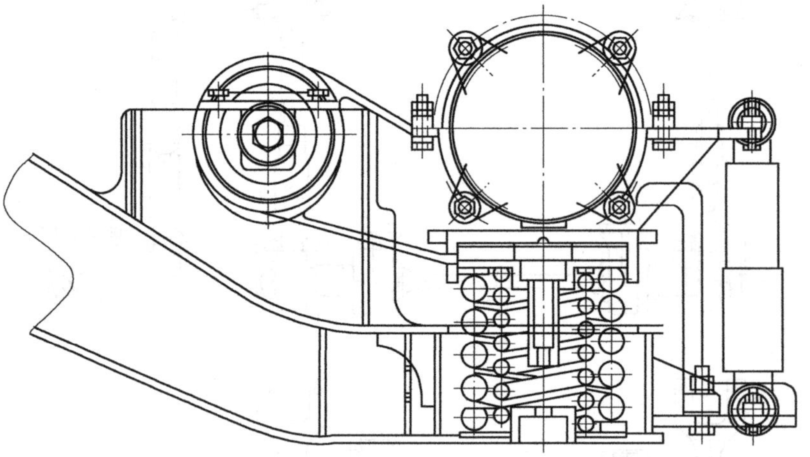

图5-85　一系悬架装置

一系悬架采用双圈螺旋弹簧、转臂式轴箱定位，加装垂向减振器。安全吊在转向架整车起吊时，连接一系簧下部分，将转向架整体起落，保护垂向减振器不受损坏。

4. 轴箱和轴承

轴箱主要由箱体、前盖、轴端压板、防尘挡圈和密封垫等组成，圆柱滚子轴承安装在轴箱内。轴箱结构组成根据所安装的设备不同有四种（图 5-86）：安装防滑测速装置的轴箱组成（防滑）、安装 ATP 测速电动机的轴箱组成（ATP）、普通轴箱组成、安装接地回流的轴箱组成（接地）。动、拖车的每根轴都安有防滑装置。

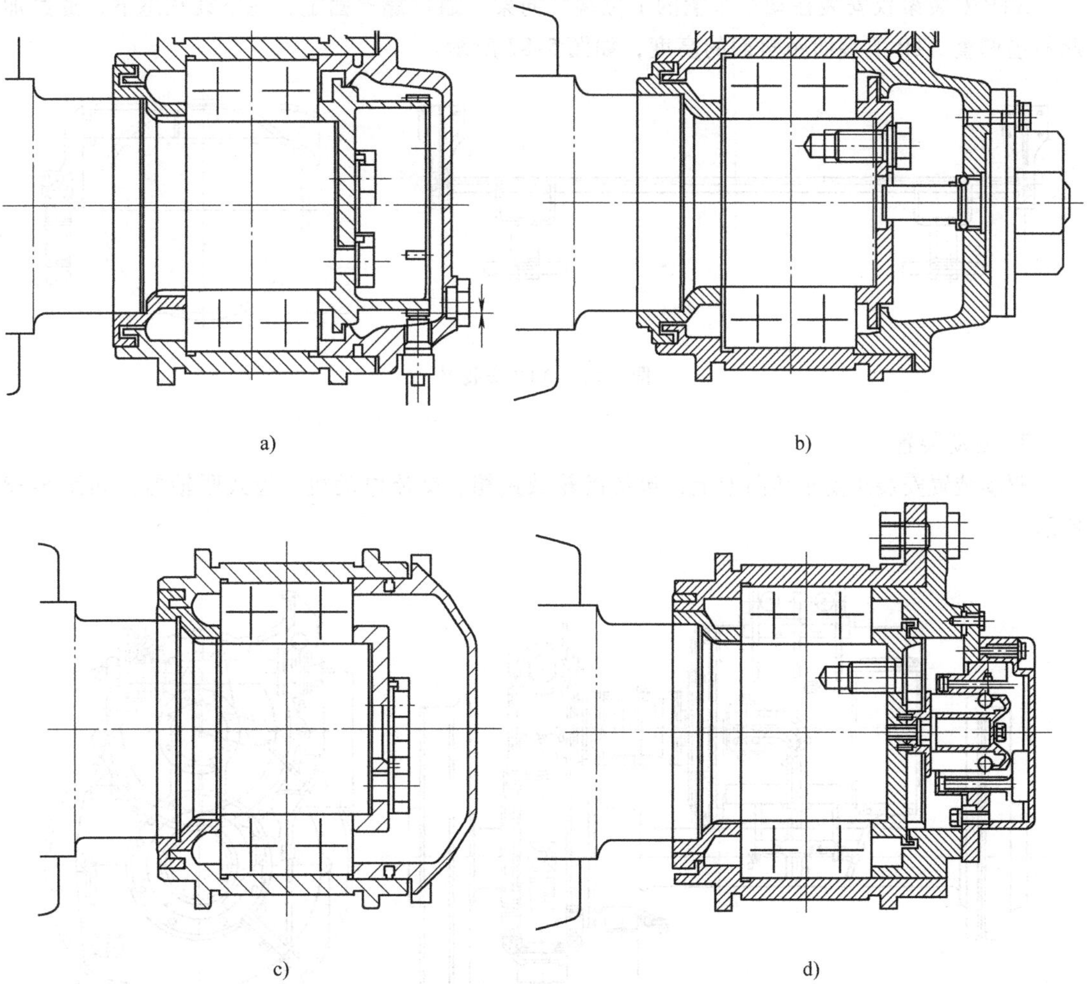

图 5-86 轴箱组成

a）防滑 b）ATP c）普通 d）接地

5. 轮对

车轮采用整体辗钢车轮，LM 磨耗形踏面，踏面硬度 256～310HB，车轮直径是 840^{+10}_{0}mm，其主要目的是为了保证车轮具有 70mm 的镟修量，保证车轮的使用寿命。4 个车轮为一组，同一转向架的轮径之差不大于 0.5mm，同一辆车的轮径之差不大于 2mm，在车轮上钻有一注轴孔，在注油压装完成后，在注油孔加注油螺堵，以防污物进入孔内。

对于动车轮对需在动车轴上垫装传动齿轮的全套零、部件之后，再注油压装车轮。

6. 基础制动装置

基础制动装置采用单侧踏面单元制动缸。每台转向架设有 4 个单元制动缸，分为两个具有停放功能的单元制动缸和两个不具有停放功能的单元制动缸，使用高磨地铁闸瓦。单元制动缸对闸瓦间隙能自动调整，还设有手动复原装置，通过手动复原装置也可以调整车轮及闸瓦间的间隙，使制动闸瓦和车轮踏面之间的距离保持在 5 ~ 10mm。

7. ATP 安装梁

ATP 安装梁仅安装在动车车辆的 1 位端转向架，通过螺栓固定，在空载状态下，通过加调整垫调整 ATP 下端面距轨面的高度，如图 5-87 所示。

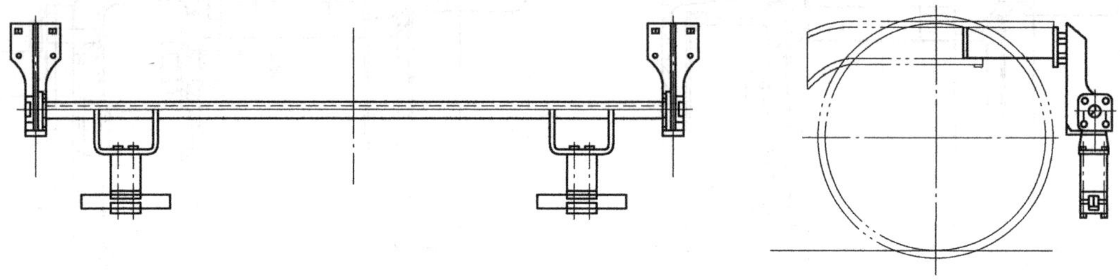

图 5-87　ATP 安装梁

8. 驱动装置

驱动装置安装于动车转向架上，包括齿轮减速箱、交流电动机、齿式联轴器，如图 5-88 所示。

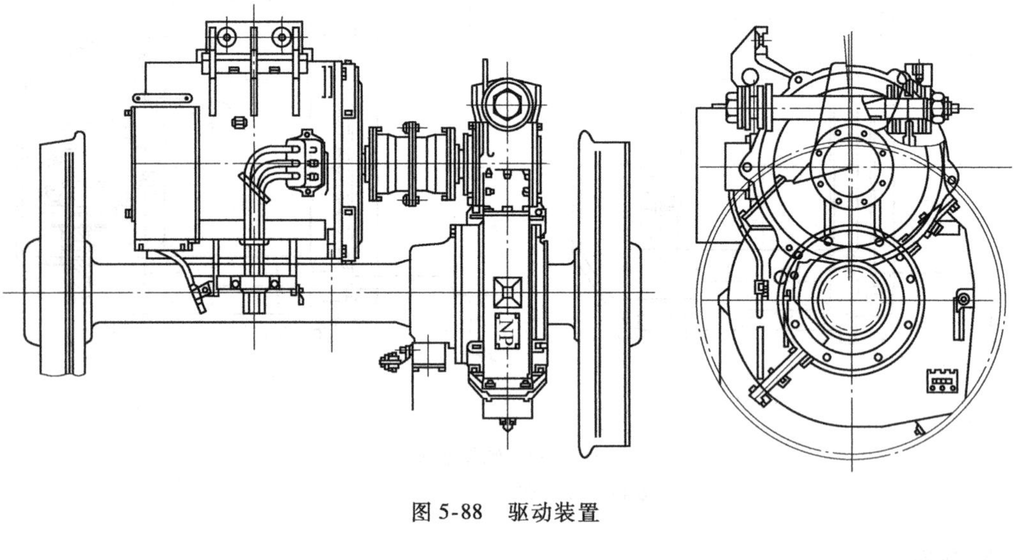

图 5-88　驱动装置

三、上海、广州地铁 1 号线电动客车转向架

上海、广州地铁 1 号线电动客车转向架均是德国 DueWag 公司制造的无摇枕空气弹簧转向架，结构基本相同，与其相似的还有上海地铁 2 号线及新加坡地铁的转向架。

每辆车装有两台转向架，转向架分为动车转向架和拖车转向架两种，两者的主要区别是前者装有两套驱动装置，如图 5-89 所示。

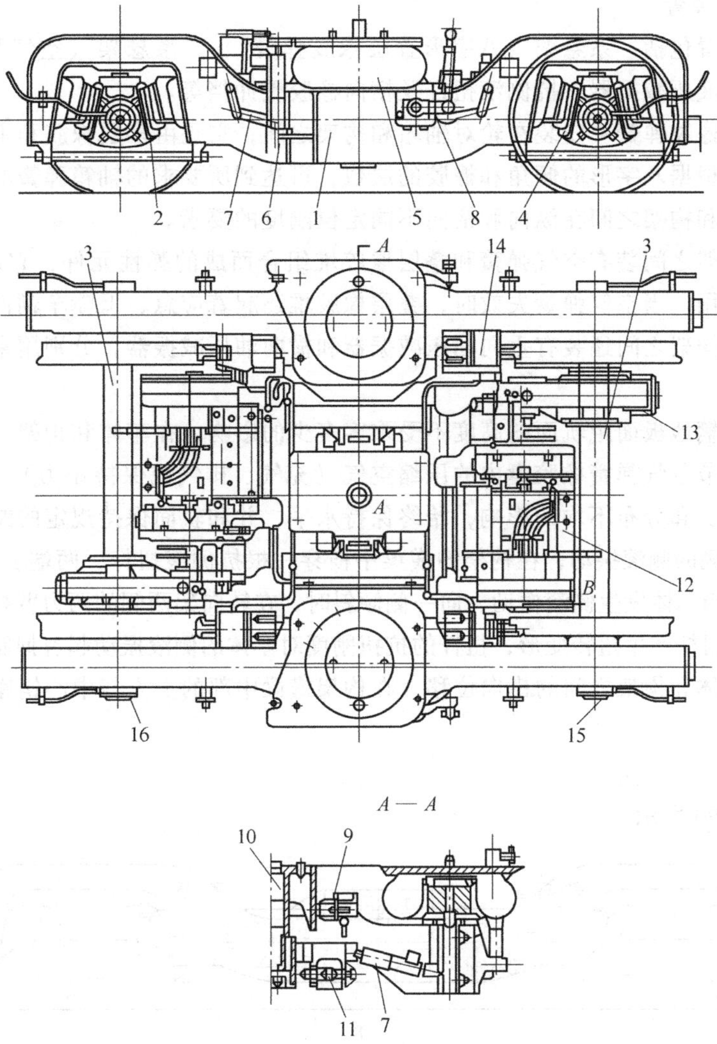

图 5-89 上海地铁动车转向架

1—构架 2—轴箱装置 3—轮对 4—叠层橡胶弹簧 5—空气弹簧和弹性元件 6—垂向油压减振器 7—横向液压减振器 8—抗侧滚扭杆 9—横向橡胶缓冲挡 10—中心销 11—Z 形拉杆 12—牵引电动机 13—齿轮减速箱 14—基础制动装置 15—速度传感器 16—接地装置

1. 轮对轴箱装置

轮对由整体辗钢轮和车轴压装而成，车轮滚动圆直径为 840mm，允许磨耗最小直径为 770mm。

动车转向架轴身上装有齿轮减速箱 13，将牵引电动机的转矩传递给轮对，牵引车辆沿轨道运行。

轮对两端装有轴箱装置，采用 SKF 双排单列圆柱滚子轴承，轴箱体为铝制品。轴箱装置的作用是将轮对和构架联系在一起，使轮对沿钢轨的滚动转化为车体沿线路的平动，并把车辆的质量以及各种载荷传递给轮对，保证良好的润滑性能，减少磨耗，降低运行阻力，防止燃油。在轴箱盖上还装有速度传感器 15 和接地装置 16 等。

2. 弹簧减振装置

弹簧减振装置包括一系悬架（八字形叠层橡胶弹簧）、二系悬架（空气弹簧）、垂向液压减振器、横向液压减振器、抗侧滚扭杆及横向橡胶缓冲挡等。

八字形叠层橡胶弹簧4安装在轮对轴箱和构架之间，它是由多层橡胶和钢板经硫化而制成的弹性元件。根据八字形的倾角和橡胶的层数，可达到所要求的轴箱弹簧的静挠度，并且能做到保证轴箱和构架之间在纵向和横向不同定位刚度的要求。

在车体和构架之间装有空气弹簧和叠层橡胶堆组合而成的弹性元件，它起着传递载荷、减振、消声等作用。当空气弹簧失效时，叠层橡胶堆还起着应急、保障车辆低速安全运行的要求。在车体和构架之间还装有垂向油压减振器和横向油压减振器，分别用来衰减车辆垂向和横向振动。

为了保证车辆地板面距轨面的高度不受乘客多少的影响，在车体和构架之间装有自动高度调整阀，它调节空气弹簧橡胶囊内的压缩空气（充气、排气或保持压力），使车辆地板面不受车内乘客多少和分布不均的影响，始终保持水平，并和轨面保持规定的距离。

为了衰减车辆的侧滚振动，在构架的横梁中横穿一根抗侧滚扭杆，两端装有力臂和连杆，并与车体连接。当车体发生侧滚振动、向一侧倾斜时，在转向架两侧的两力臂杆端部作用有一力偶，使抗侧滚扭杆产生扭转变形，扭杆的抗扭刚度对车体的侧滚振动起着抑制和衰减作用。

为了限制车体和构架之间的横向位移，在构架横梁中部的上方与中心销座之间装有横向橡胶缓冲挡。

3. 构架

构架如图5-90所示。

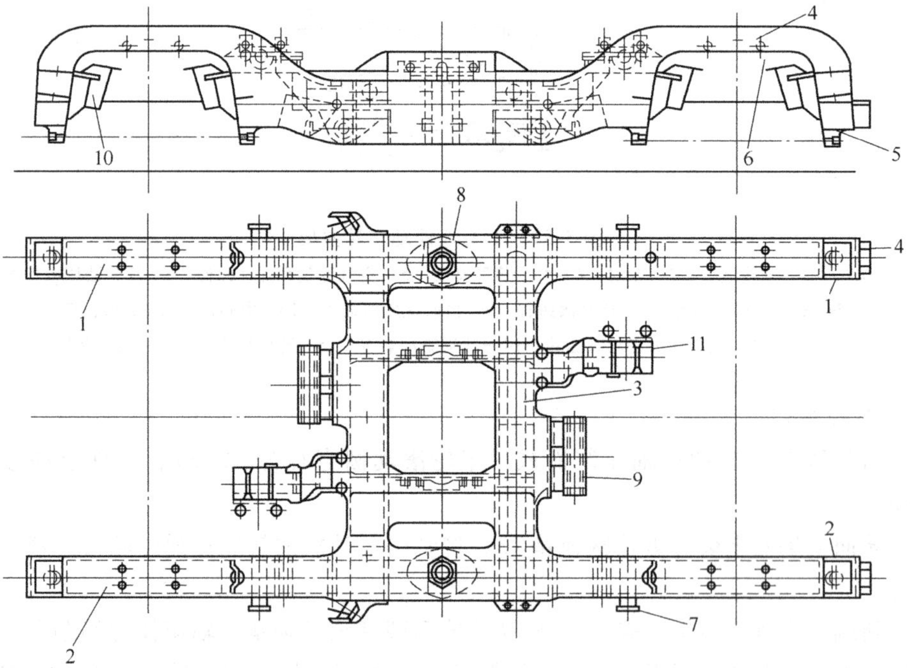

图5-90　构架

1、2—侧梁　3—横梁　4—导框　5—轴箱拉杆座　6—轴箱圆弹簧安装座　7—起吊座　8—空气弹簧安装座　9—牵引电动机安装座　10—轴箱橡胶减振器案装座　11—齿轮箱吊座

构架由钢板压制成形、经焊接而成，在水平面呈Ⅱ字形，其侧梁和横梁为封闭箱形结构。两侧梁的两端设有导框，用来安装八字形叠层橡胶弹簧；侧梁中部设有空气弹簧安装座。两横梁的中部设有牵引电动机安装座和齿轮箱吊座；横梁的下部设有牵引拉杆安装座。构架上还设有连接抗侧扭杆、自动高度调整阀及单元制动机等部件的安装座。

4. 牵引装置

牵引装置位于转向架中部，起着连接车体和转向架的作用。在车辆经过曲线时彼此可作少许动作，并能有效地传递纵向力（牵引力和制动力），其结构如图 5-91 所示。它由中心销、中心销座、复合弹簧、牵引梁、牵引拉杆等组成。

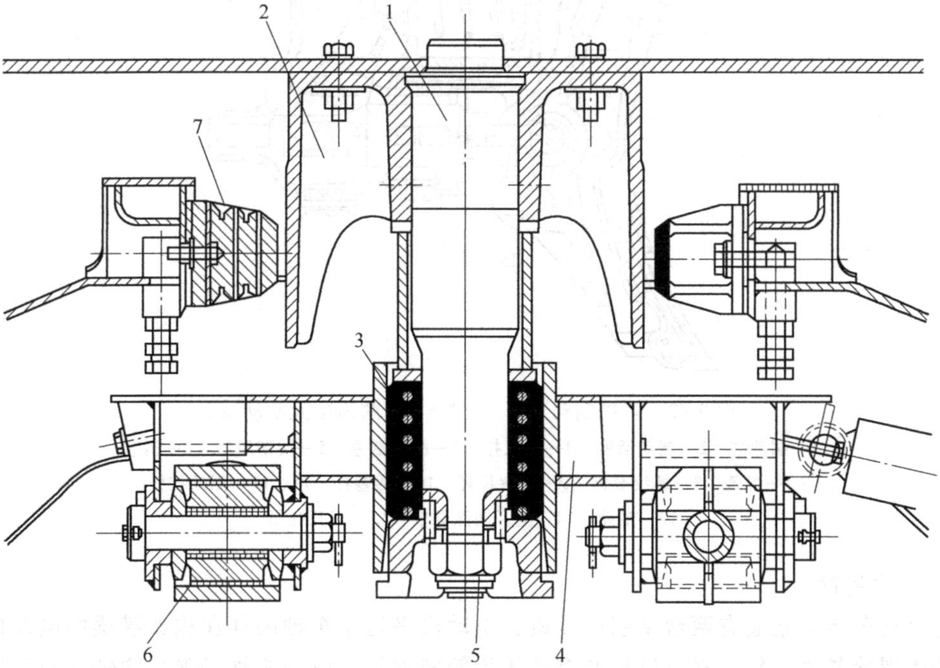

图 5-91　牵引装置

1—中心销　2—中心销座　3—复合弹簧　4—牵引梁　5—螺母　6—牵引拉杆　7—横向橡胶止挡

对中心销采用过盈配合，压装在中心销座上。中心销座通过螺栓固定在车体底架上，中心销与牵引梁之间设有复合弹簧。相对中心销呈斜对称布置有两根牵引拉杆，其一端与牵引梁相连，另一端与构架相连，牵引拉杆接头设有橡胶弹性缓冲套。为了限制车体与转向架之间的横向位移，在中心销座与构架之间装有横向橡胶止挡，每侧自由间隙为 10mm。

5. 基础制动装置

基础制动装置采用德国克诺尔制动机公司生产的 PC7Y 型和 PC7YF 型踏面单元制动器，制动传动效率高，图 5-92 所示闸瓦为合成材料，质量轻，耐磨耗。该踏面单元制动器带有闸瓦间隙调整器，可以自动调整闸瓦间隙，使制动缸活塞行程始终保持在规定范围内，空气消耗量稳定。闸瓦更换后，一般不需要再调节行程，即可进行下一次制动。其中 PC7YF 型踏面单元制动器集停车制动的弹簧制动器与单元制动器于一体，结构紧凑，维修方便，并带有手动辅助缓解装置。

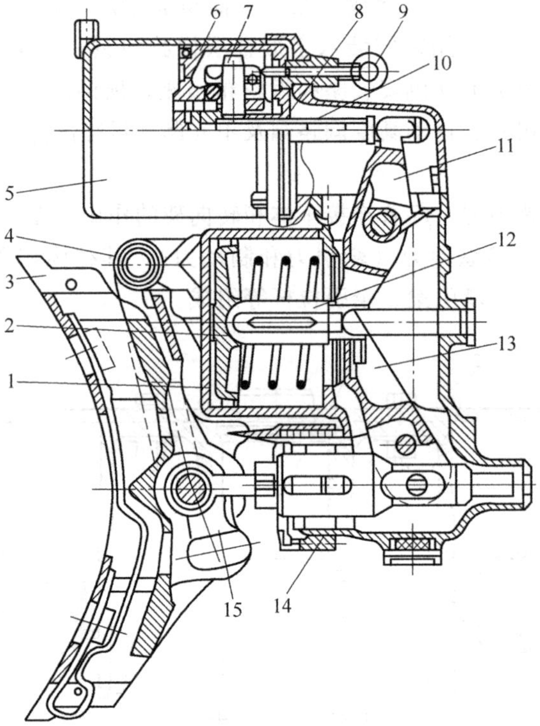

图 5-92　基础制动装置（PC7YF 型踏面单元制动器）

1—制动缸　2—制动活塞　3—闸瓦托　4—缓解活塞　5—缓解风缸　6—活塞
7—弹簧　8—螺纹套筒　9—缓解拉环　10—活塞杆　11、13—制动杠杆
12—活塞　14—闸瓦间隙调节　15—闸瓦托吊

6. 传动装置

每台动车转向架装有两台牵引电动机，电动机平行于车轴吊挂在构架横梁的电动机吊座上，并用螺栓紧固。每一根车轴均装有单级齿轮减速箱，电动机轴经弹性联轴器与齿轮减速箱的小齿轮相连，减速后驱动轮对。

7. 轮缘润滑装置

为了减少轮轨磨耗，广州地铁在第一列车和第五列车的前后轮对上分别装有一套轮缘润滑装置，利用压缩空气将润滑油从喷嘴喷射到轮缘上，从而使钢轨和轮缘之间的磨耗得到改善。

四、南京地铁转向架

南京地铁车辆的走行部由两台轴承外置式的无摇枕转向架组成。转向架主要由构架、轮对和轴箱、驱动装置（仅限动车转向架）、减振装置、中央牵引装置、基础制动装置和其他辅助装置组成。在南京地铁列车的下面安装了 12 个转向架，其中 8 个动力转向架和 4 个拖车转向架。

这些转向架有以下标识：PBW——动力转向架，配备 WSP（车轮轮缘润滑器）；PB——动力转向架，如图 5-93 所示；TBEX——先行拖车转向架，如图 5-94 所示；TBIN——中间拖车转向架，如图 5-95 所示。

转向架主要技术参数见表 5-1。

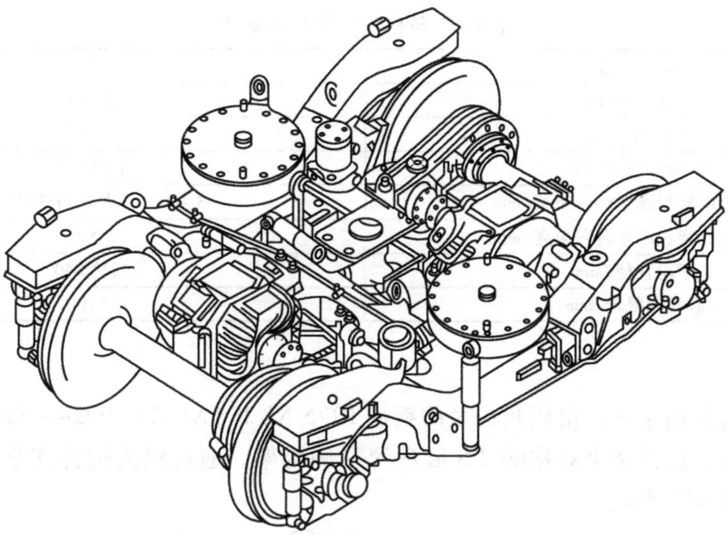

图 5-93　动力转向架

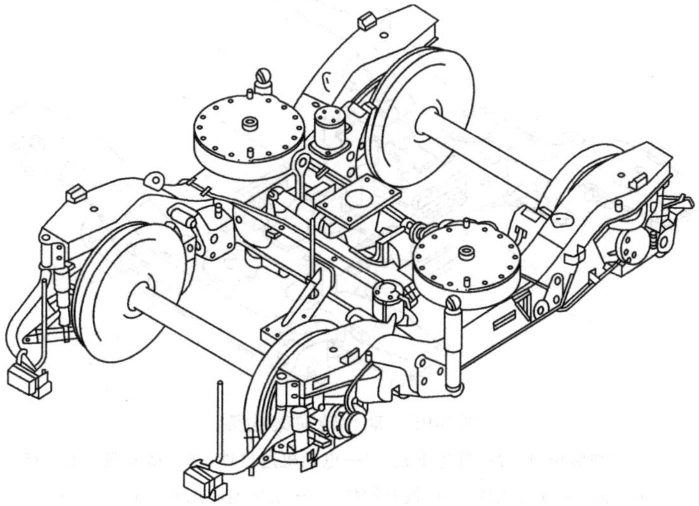

图 5-94　先行拖车转向架（TBEX）

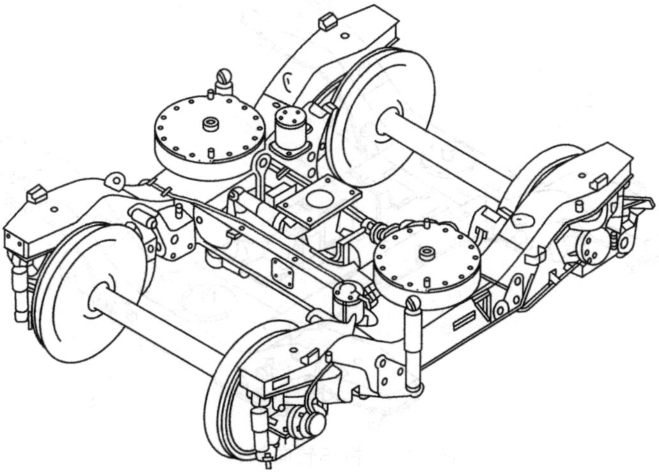

图 5-95　中间拖车转向架（TBIN）

表 5-1　转向架主要技术参数

轴　　数	2
固定轴距/mm	2 500
中心距/mm	15 700
轮对内侧距/mm	$1\ 353^{+2}_{0}$
动车转向架和拖车转向架长/mm	3 400（不包括特殊装置）
动车转向架和拖车转向架宽/mm	2 590
车轮直径/mm	新轮 840
磨耗到限轮/mm	770

1. 构架

构架是转向架的主体，由压制成型的钢板 P275 NL 1（NF EN 10028－3）焊接成 H 形全封闭的箱形结构，包括两个对称的“S 形弯管”侧构架，通过横向构件在它们的中央连接，如图 5-96 和图 5-97 所示。

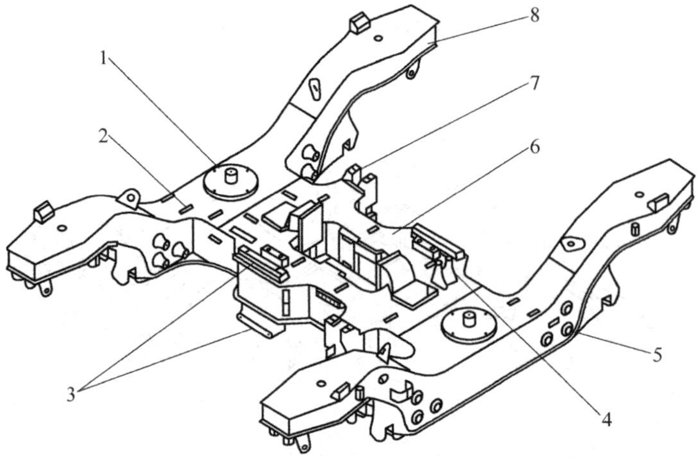

图 5-96　动力转向架构架

1—空气弹簧接口　2—管道支架　3—电动机连接件　4—横向缓冲器托架
5—制动装置连接件　6—横向构件　7—扭接连杆托架　8—侧构架

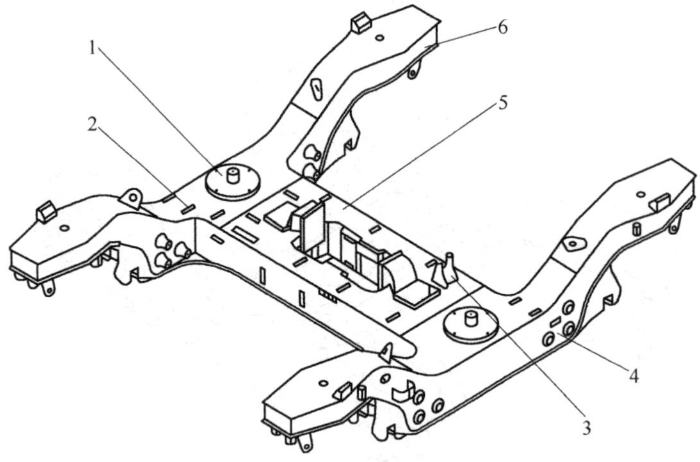

图 5-97　拖车转向架构架

1—空气弹簧接口　2—管道支架　3—横向缓冲器托架　4—制动装置连接件　5—扭接连杆托架　6—侧构架

构架的主要作用是承受和传递载荷，并焊有牵引电动机、齿轮箱和减振器的吊座、弹簧悬挂装置的接口以及空气制动管道的支架等。

2. 轮对和轴箱

(1) 轮对 轮对是车辆走行部分中最重要的部分之一，它由车轮和车轴组成。

1) 车轮。车轮是采用 R9T 优质钢的整体辗钢轮，按照 UIC 812 第 3 部分制造。新轮的直径是 840mm，磨损后的车轮直径限值是 770mm；车轮磨损极限通过轮缘外表面的槽示出。车轮采用压力配合装配在车轴上。每个车轮都配备有注油口，这样可利用油压从车轴上拆卸车轮。

2) 车轴。车轴是采用锻造后机加工的整体车轴，材料是 AIN 钢。由于负载和受力不同，所以有动车轴和拖车轴之分。新的车轴轮座拥有 198mm 的标称直径，提供了 5mm 的余量，这样如果在更换车轮期间发生损坏，可以进行机加工。

车轴两端伸进轴箱的部分叫轴颈，安装轴承和承受车辆载荷；压装车轮的部分叫轮座；车轴中部是轴身。动车转向架的轴身上安装有齿轮箱，传递电动机产生的转矩驱动轮对，再通过构架和中央牵引装置带动车辆前后运行。

(2) 轴箱 装配在轴颈上的部件是迷宫式轴箱，采用的是脂润滑滚柱轴承，它不需要加满轴承润滑脂。

轴箱的主要作用是连接轮对转向架构架，承受垂向和侧向载荷，保持轴颈与轴承的正常位置。采用滚柱轴承降低了轴箱摩擦因数，减少了车辆起动和运行阻力，可以适应地铁车辆高速运行、停车频繁、行车密度大的要求。

轴箱外侧是轴箱盖，可使轴承免受灰尘、雨水的侵害，还用于安装传感器和接地回流装置。

3. 驱动装置

(1) 电动机 每个动力转向架都配备有两个 ALstom 4LCA 2138 型牵引电动机，这两个电动机横向安装在转向架构架横向构件上。如果连接件发生故障，连接转向架横向构件的两根安全索和电动机上的安全凸缘则防止电动机下落到轨道上。

电动机装配了传感器将电动机速度数据传输到车身内的控制和监视系统。

(2) 联轴器 动力通过 FTRN 70 挠性联轴器从电动机传输给齿轮箱。联轴器包括两个半联轴器，每个半联轴器都通过压力安装在电动机或齿轮箱的锥轴上。

联轴器的设计允许电动机和齿轮箱在所有方向都可以进行相对移动。两个半只联轴器用环螺栓联接，可以轻易地分开。

(3) 齿轮箱 齿轮箱（图 5-98 中 3）是 SHA 910 两级减速齿轮箱，一个输入轴装有一级小齿轮（27 齿），一个中间轴装有一级齿轮（78 齿）、二级小齿轮（27 齿），输出轴装有一、二级齿轮（65 齿）。传动比为 $(65\times78)/(27\times27)=6.9547$。

齿轮由调质钢制成，并采用圆柱斜齿轮以减少齿轮箱的噪声。齿轮箱安装在车轴上，它通过配备两个弹性末端轴承的扭接连杆连接转向架横向构件。

齿轮和轴承由齿轮箱中的油进行喷贱润滑，齿轮箱中的油通过油井和油槽系统输送给轴承。齿轮箱配备了磁性放油塞，有油位表的加油塞和通气器。如果扭接连杆发生故障，齿轮箱则接触固定在转向架构架的安全凸缘，从而防止了绕车轴旋转。

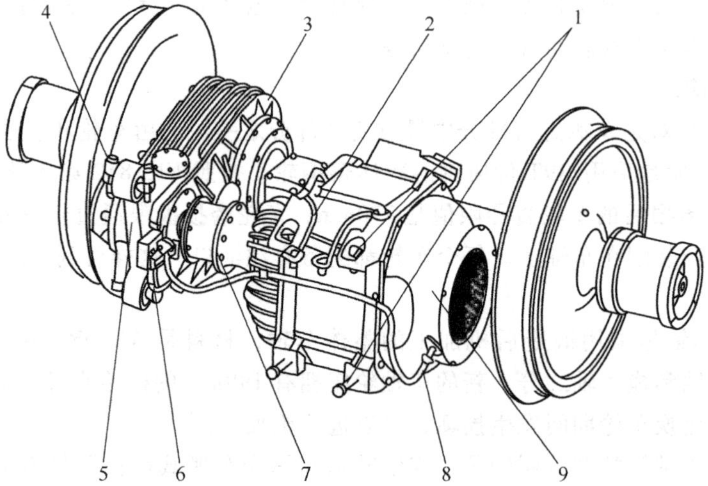

图 5-98　驱动装置

1—连接构架　2—安全锁　3—齿轮箱　4—扭接连杆　5—扭接连杆　6—安全凸缘（安装在构架）　7—联轴器　8—电动机速度传感器　9—牵引电动机

4. 减振装置

(1) 一系悬架　一系悬架如图 5-99 所示。

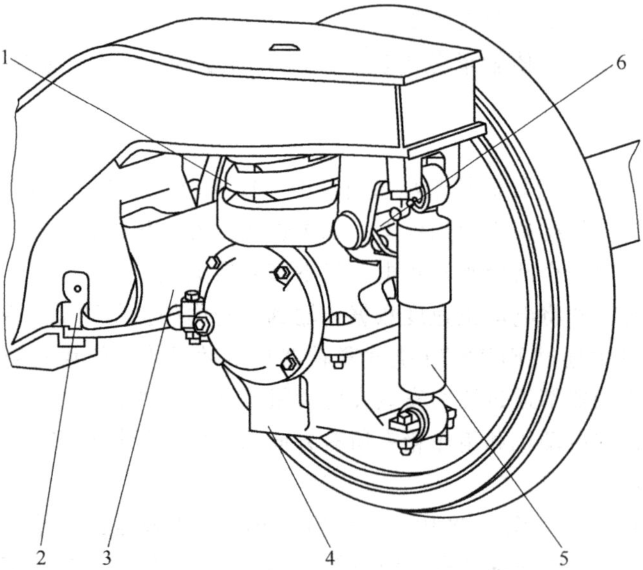

图 5-99　一系悬架

1—同轴螺旋弹簧　2—弹性衬套　3—转臂　4—支撑板　5—一系缓冲器　6—止动销

一系悬架位于轴箱和转向架构架之间，由带橡胶止挡的螺旋弹簧组成，橡胶止挡在高载荷下起作用。一系悬架包括一个垂向减振器。一系悬架在轮组与转向架之间传输驱动和牵引力，使轨道上转向架稳定并允许将直线运行转换成曲线运行。

该悬架是个转臂型悬架。轮对的导向由径向臂来完成，转臂通过弹性衬套与构架连接。

在车轴中心线上方的两个同轴螺旋弹簧提供了垂直方向的刚性，横向和纵向刚性则由安装在转臂端部并连接转向架构架中扼架的弹性衬套提供。

转臂在车轴轴承箱顶部，轴承箱用支撑板固定在悬挂中。安装在支撑板尖端和转向架构架端部的液压缓冲器提供缓冲功能。位于螺旋弹簧内部的弹簧动弯曲限制器限制转向架向下移动。接触转臂尖端的止动销限制转向架向上移动，所以当转向架提起时，悬架使轮组与构架保持相对位置。

填隙片安装在弹簧上座下面用于补偿不同的车轴质量和重心，这样可保证转向架保持水平。优化一系悬架的特性，可以降低轮轨间的磨耗、转向架摆动和滚动角。

（2）二系悬架 二系悬架的主要功能是使乘客感到舒适。该悬架对车身进行挠性支承，使得车身相对于转向架移动并且与此同时提供横向重新定心功能。

二系悬架如图 5-100 所示。

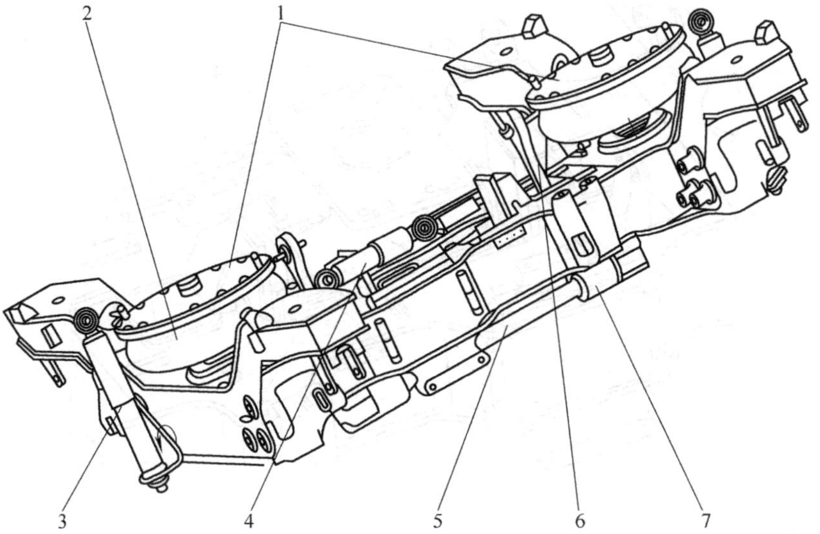

图 5-100 二系悬架

1—车身接口 2—空气弹簧 3—二系垂直缓冲器 4—纵向缓冲器
5—抗侧滚扭杆 6—抗侧滚扭杆力臂 7—抗侧滚扭杆轴承

1）两个空气弹簧位于转向架与车身之间，用于支承列车的质量。使弹簧膨胀的空气直接从车身通过空气弹簧顶板中的孔板提供。每个空气弹簧都有一个整体式弹性材料（金属弹簧），从而保证在没有膨胀的情况下紧急悬挂。

2）两个对角的垂直减振器，它们安装在转向架构架与车身之间，对车体上的垂向运动起阻尼作用。

3）横向减振器，安装在转向架构架与中心销之间，横向减振器和两个弹性止挡用于缓冲及控制车体的横向运动。

4）抗侧滚扭杆，安装在转向架下面。抗侧滚扭杆通过抗侧滚扭杆力臂连接车身，目的是当车体发生侧向振动倾斜时，在抗侧滚扭杆力臂端部作用一力偶，使抗侧滚扭杆产生扭转变形，利用抗侧滚扭杆轴承来减少和缓和车体的侧滚运动。

为了补偿车轮的磨损，当车轮半径磨损达到 12mm 时，在空气弹簧与转向架构架之间安装填隙片。

5. 中央牵引装置

转向架与车身之间的接头传输转向架与车身之间的牵引力与制动力。该接头由在车身下面用螺栓连接的中心销构成，该中心销与位于转向架横向构件中央的弹性牵引中心咬合。转向架纵向和横向载荷通过中心销传到车体上。车体和转向架接触处（在中心销处）与运行轨道顶面之间平均高度大约为432mm。

中央牵引装置包括一套预加应力的弹性材料块，该弹性块安装在中央平衡器上，如图5-101所示。中心销安装进平衡器中央的弹性轴承中。中央牵引装置在转向架与车身之间传输纵向力。弹性块在纵向预加了应力，它们的行程受到了硬限制器的限制。中央牵引装置有足够的弹性使得车身可以相对于转向架旋转、滚动和垂直及横向移动。横向移动受到固定于中心销的两个弹性限制器限制。

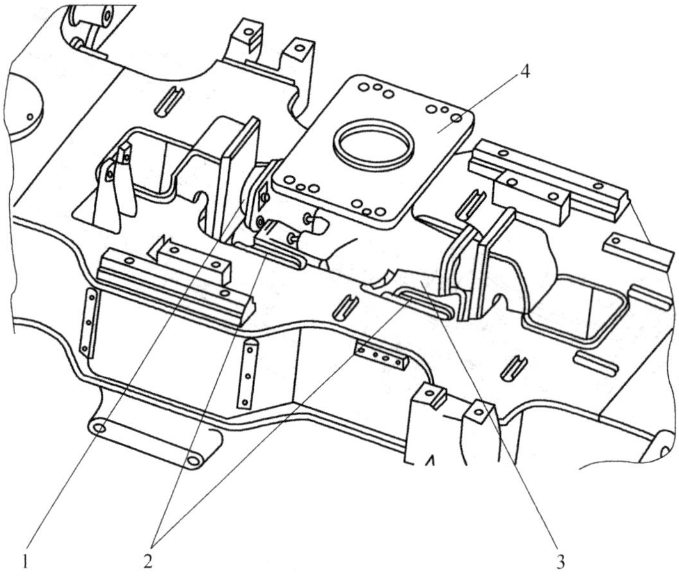

图5-101　中央牵引装置

1—横向限制器　2—预加应力的弹性块　3—平衡器　4—中心销

南京地铁转向架中央牵引装置的牵引中心允许车身提起转向架。为了补偿车轮的磨损，当车轮半径磨损量达到12mm时，在提吊止动螺钉与牵引中心之间安装了填隙片。

6. 基础制动装置

每个转向架的制动是由四个踏面制动单元（每个车轮一个）来提供，如图5-102所示。对于四种转向架类型，它们的制动器设备都相同。栓接在转向架侧构架上的四个单元制动器保证了制动。两个对角的单元制动器装置也配备了停车制动器，也可通过拉出紧急缓解锁闭销人工松开停车制动器。

制动装置自动补偿制动闸瓦的磨损并将制动闸瓦与车轮之间的间隙保持在稳定值。

供气从车身到达转向架侧基础制动装置并用固定于导轨的刚性不锈钢管输送给制动装置，该导轨焊接在转向架构架上。不同的管段通过螺旋形接头连接。

每个转向架都配备了双向制动阀，该制动阀按照轮组WSP接头提供的速度信号调节单

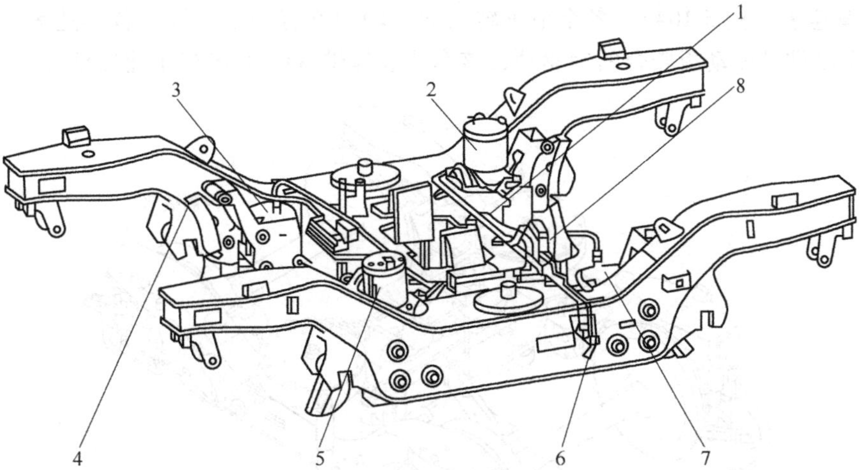

图 5-102 基础制动装置

1—刚性管道 2、5—工作/停车制动器装置 3、7—工作制动器装置 4—双制动闸瓦 6—车身空气接头 8—双向排风阀

个轮组的制动负荷。

7. 其他辅助装置

（1）WSP 系统 所有转向架车轴的一端都配备了 WSP（车轮防滑传感器）系统，该系统防止制动期间车轮打滑。该系统包括固定于车轴端部并在探头前面旋转的齿轮。每次轮齿通过探头前面时就发生信号。信号的频率与车轮速度成正比。在探头与齿轮之间没有任何接触。

（2）接地回线装置 车轴的另一端配备接地回线装置（除去各个拖车转向架车轴中配备车速表的车轴）。

接地回线装置保证了固定元件（转向架结构）与旋转元件（车轴、车轮）之间的电气连续性。通过将回流直接传输给车轴，接地回线装置对车轴箱轴承进行简单而又有效的保护。接地回线装置通过接地地线连接转向架或直接连接车身。拖车转向架接地回线装置有单独的电刷，动车转向架装置则有两个电刷，如图 5-103 所示。

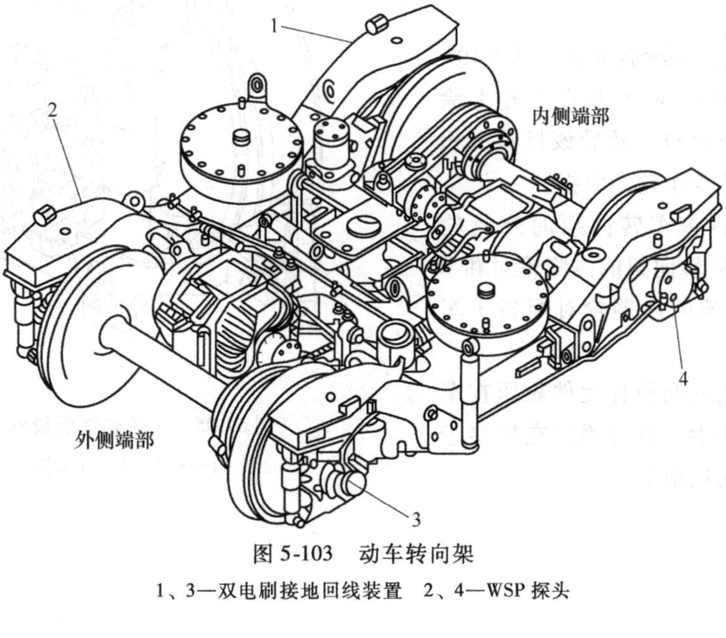

图 5-103 动车转向架

1、3—双电刷接地回线装置 2、4—WSP 探头

（3）车速表（图 5-104） 各个拖车转向架车轴中都有一个车轴配备车速表。车速表由与固定在车轴端部驱动板咬合的销驱动，该车速表提供 ATC 系统列车速度信号。

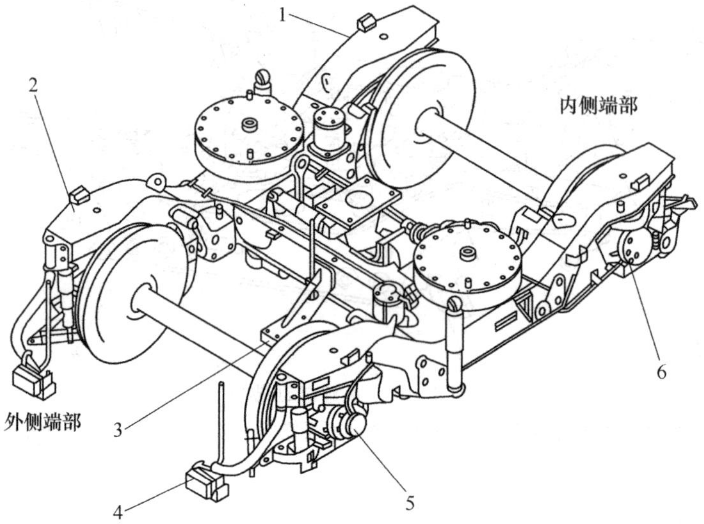

图 5-104 拖车转向架

1—车速表 2、6—WSP 探头 3—PTI 天线（仅 TBEX） 4—ATC 天线（仅 TBEX） 5—双电刷接地回线装置

（4）PTI 天线（图 5-104） PTI 天线安装在各个先行拖车转向架（TBEX）的横向构件外侧，它为列车外侧控制和监视系统提供车站停车的列车位置信息。

（5）ATC 天线（图 5-104） 先行拖车转向架（TBEX）的外侧端有 ATC 天线。该天线固定在臂部，而臂部固定在侧构架的前面。ATC 天线向列车向侧控制和监视系统提供列车在轨道上的位置信息。

（6）车轮轮缘润滑器 WSP（图 5-105）

车轮轮缘润滑器 WSP 是在车轮上涂一层薄薄的润滑材料，然后该材料沉积到轨道上可以减少车轮的磨损。

A 车的先行拖车转向架的外侧轮对、B 车的 PBW 转向架的内侧轮对和 C 车的 PBW 转向架的内侧轮对配备了车轮法兰润滑器。

固定在杆夹的润滑杆元件靠压在车轮上从而进行润滑。杆夹固定在栓接于一系悬架前面的托架上。

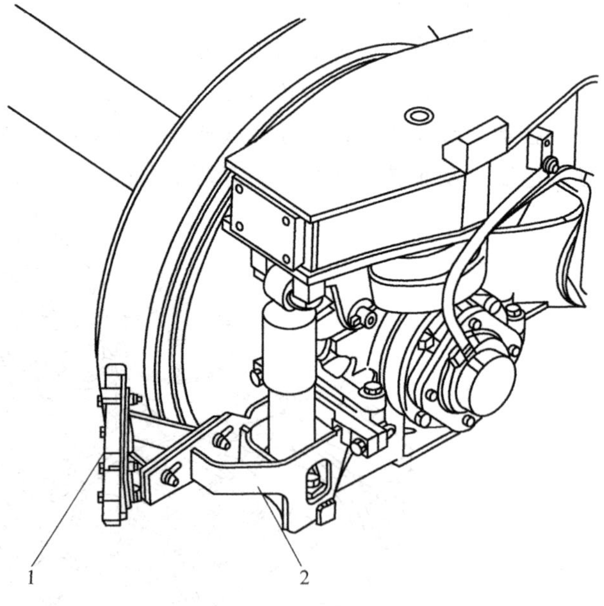

图 5-105 车轮轮缘润滑器 WSP

1—杆夹 2—杆夹托架

第六章　车辆连接装置

第一节　车钩缓冲装置概述

密接式车钩集牵引、缓冲和连挂于一体，通过车辆彼此相向缓慢走行相互碰撞，使钩头的连接器动作，实现两车辆的机械、电气线路和空气管路的自动连接。

一、车钩缓冲装置的作用

车钩缓冲装置是车辆最基本的部件，也是最重要的部件之一。它是用来连接列车中各车辆使其彼此保持一定的距离，并且传递和缓和列车在运行中或在调车时所产生的纵向力或冲击力的装置。

如果上述的作用是由同一装置来承担的，那么该装置称为牵引缓冲装置。如果它们分别由不同的装置来承担，则分别称为牵引连挂装置和缓冲装置。牵引连挂装置用来保证车辆和车辆的彼此连接，并且传递和缓和纵向力。缓冲装置用来传递和缓和压缩力，并且使车辆彼此之间保持一定的距离。

二、车钩连挂装置的分类

按照车辆牵引连挂装置的连接方法不同，可分为非自动车钩和自动车钩。非自动车钩要由人工来完成车辆的连接，而自动车钩则不需要人参与就能实现连接。

根据两连接车钩间是否有垂直位移，车钩可分为刚性车钩和非刚性车钩。

非刚性车钩如图 6-1a 所示，允许两个相连接的车钩钩体在垂直方向上有相对位移。当两个车钩的纵轴线存在高度差时，两个车钩呈阶梯形状，并且各自保持水平位置。由于钩体的尾端相当于销接，这就保证了车钩在水平面内的位移。非刚性车钩较普遍地应用于一般铁路客车、货车上。

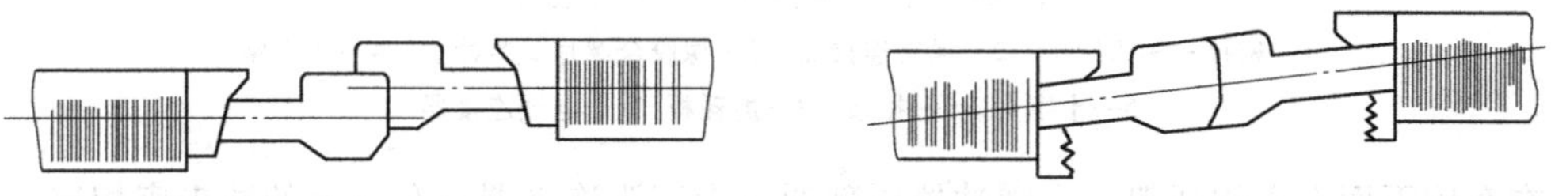

a)　　b)

图 6-1　非刚性车钩与刚性车钩

a）非刚性车钩　b）刚性车钩

刚性车钩如图 6-1b 所示，也称为密接式车钩，它的连接不允许两连挂车钩存在相对位移，而且对前后的间隙要求应限制在很小的范围之内。如果在车辆连挂之前两车钩的纵向轴线高度已有偏差，那么在连挂后，两车钩的轴线处在同一条直线上并呈倾斜状态。两钩体的尾端具有完全的销接，这就能保证连挂车辆之间可以具有相对的平移和角位移。

第二节　车　　钩

城轨车辆用车钩基本上可分为自动车钩、半自动车钩和半永久性牵引杆三种。

一、自动车钩

自动车钩位于列车端部，其电气和风路连接装置都组装在钩头上。当车辆连杆时，车钩的机械、风路、电路系统都能自动连接；解钩时，可在驾驶室控制自动解锁或采用手动解钩。解钩后，车钩即处于待挂状态；电气连接器通过盖板自动关闭，以防止水和尘土进入；主风管连接器也自动关闭，防止压缩空气泄漏。

我国城轨车辆用自动车钩主要有两种：一种是国产密接式车钩，采用半圆形钩舌；另一种是 Scharfenberg 式自动车钩，采用拉杆式连接结构。

1. 国产密接式车钩缓冲装置

国产密接式车钩缓冲装置如图 6-2 所示。它主要由密接式车钩钩头、橡胶金属片式缓冲器、风管连接器、电气连接器和风动解钩系统等几部分组成，缓冲器位于钩头的后部。车辆连挂时依靠两车钩相邻钩头上的凸锥和凹锥孔的相互插入，实现两车钩的紧密连接；同时自动将两车之间的电路和空气通路接通。在两车分解时，亦可自动解钩，并自动切断两车之间的电路和空气通路。

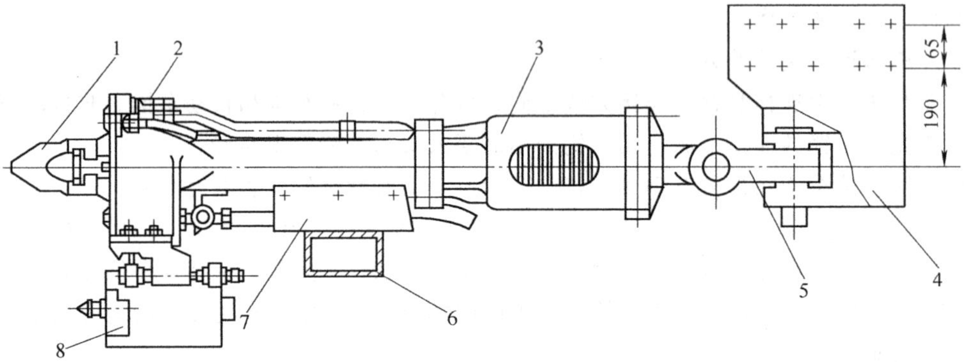

图 6-2　国产密接式车钩缓冲装置

1—密接式车钩钩头　2—风管连接器　3—橡胶金属片式缓冲器　4—冲击座　5—十字头　6—托架　7—磨耗板　8—电气连接器

在车钩下面有车钩托架，在缓冲器尾部通过十字头连接器与车体上的冲击座相连，可以实现水平和垂直方向的摆。

（1）钩头结构　车钩的内部结构如图 6-3 所示。车钩前端为钩头，它有一个凸锥和凹锥孔，内部还有钩舌（半圆形）、解钩杆、解钩杆弹簧和解钩风缸。

（2）作用原理　该车钩有待挂、连接和解钩三种状态，如图 6-3 所示。

1）待挂状态。为车钩连接前的准备状态，此时钩舌定位杆被固定在待挂位置，解钩风缸活塞杆处于回缩状态，此时半圆形钩舌的连接面与水平面呈 40°角。

2）连挂状态。两钩连挂时，凸锥插进对方车钩相应的凹锥孔中。这时凸锥的内侧面在前进中压迫对方的钩舌转动，使解钩风缸的弹簧受压，钩舌沿逆时针方向旋转 40°。当两钩连接面相接触后，凸锥的内侧面不再压迫对方的钩舌，此时，由于弹簧的作用，使钩舌恢复

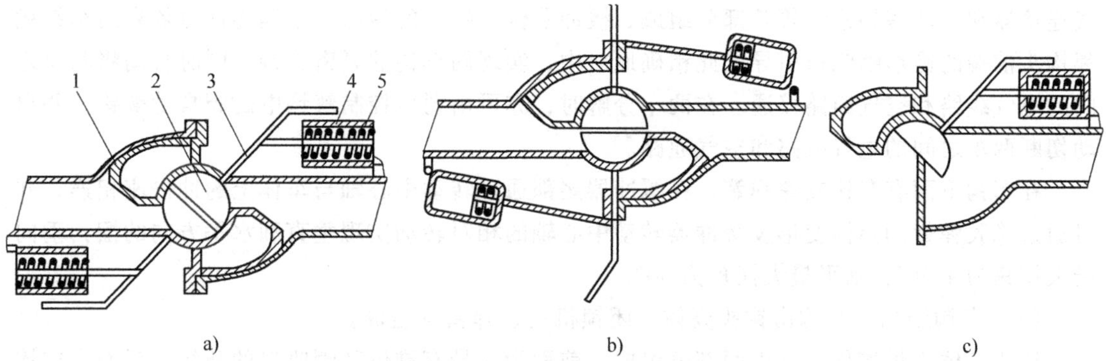

图 6-3　密接式车钩内部结构与作用原理

a）连挂状态　b）解钩状态　c）待挂状态

1—钩头　2—钩舌　3—解钩杆　4—弹簧　5—解钩风缸

到原来的状态，即处于闭锁位置。

3）解钩状态。自动解钩，即要使两钩分解，需由司机操纵解钩阀，压缩空气由总风管进入前车（或后车）的解钩风缸，同时经解钩风管连接器送入相连挂的后车（或前车）解钩风缸，活塞杆向前推并带动解钩杆，使钩舌转动至开锁位置，此时两钩即可解开。两钩分解后，解钩风缸的压缩空气迅速排出，解钩弹簧得以复原，带动钩舌顺时针方向转动 40°恢复到原始状态，为下次连挂做好准备。手动解钩，即如果采用手动解钩，只要用人力扳动解钩杆，也能使钩舌转动至开锁位置，实现两钩的分解。

我国早期北京地铁和天津地铁车辆采用了这种国产密接式车钩形式。

2. 密接式车钩缓冲装置

密接式车钩缓冲装置如图 6-4 所示。它主要由车钩钩头、橡胶缓冲器、风管连接器、电

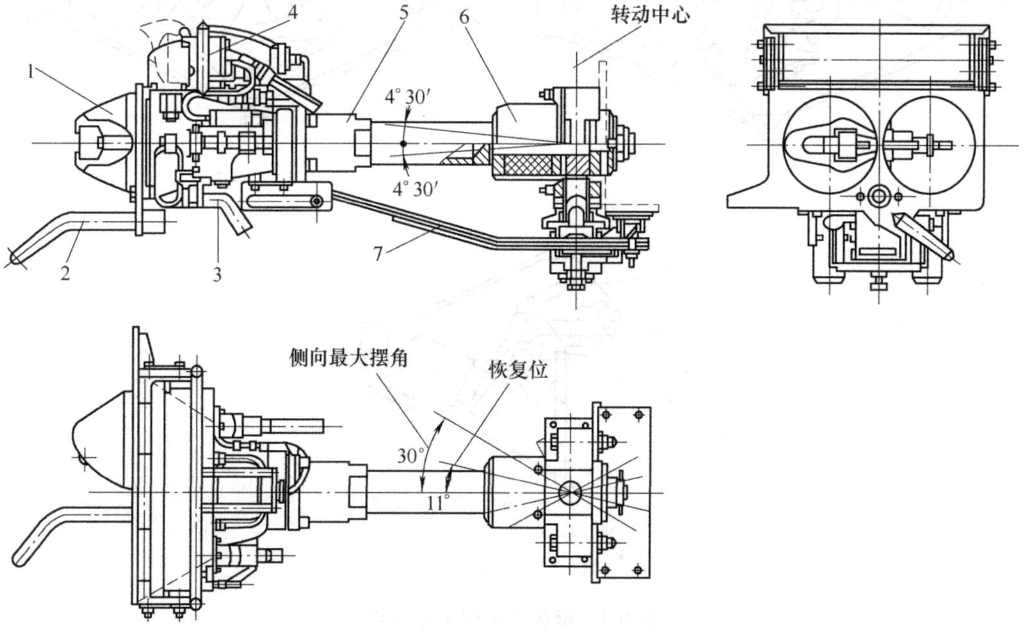

图 6-4　密接式车钩缓冲装置

1—密接式车钩钩头　2—引导对准爪把　3—风管连接器　4—电气连接器　5—钩身　6—橡胶缓冲器　7—支撑弹簧

气连接器和风动解钩系统等几部分组成，缓冲器位于钩头的后部。车辆连挂时依靠两车钩相邻钩头前端的锥形喇叭口引导彼此精确地对中，实现两车钩的紧密连接；同时自动将两车之间的电气线路和空气通路接通。在两车分解时，亦可由司机控制解钩电磁阀自动解钩，并自动切断两车之间的电气线路和空气通路。

在车钩下面有车钩支撑弹簧，在缓冲器尾部通过转动中心轴与车体上的冲击座相连，并可通过橡胶弹簧的弹性变形及缓冲器转动中心轴的相对转动实现垂直和水平方向的摆：垂向最大摆角为4°30′；水平最大摆角为30°。

（1）车钩结构　车钩由钩头壳体、闭锁机构、弹簧等组成。

钩头壳体为焊接件，它由两部分组成。前面为一带有锥体和喇叭口的凸缘，后面为连接法兰。当两钩连接时，前面的锥体和喇叭口用来作为引导对准之用，伸出在前面的爪把用来扩展车钩的连接范围。前端的圆孔用来安置空气管路连接器，在钩头壳体中配置有车钩锁闭零件和解钩风缸。钩头借助于钩头壳体后部的法兰将钩头与牵引缓冲装置连成一体。

车钩的闭锁机构由钩舌和钩锁杆组成，两者通过销子彼此可摆地相连接。

两个弹簧用来保持车钩处在闭锁位。弹簧一端钩在壳体的锥体上，另一端钩在钩锁杆上。

手动解钩装置设在钩头的侧面，它由横杆通过两解钩杆与钩舌相连接。在该横杆的端部连有一钢丝绳并与手柄连接，手柄挂在钩头壳体的一侧。

（2）工作原理　如图6-5所示。

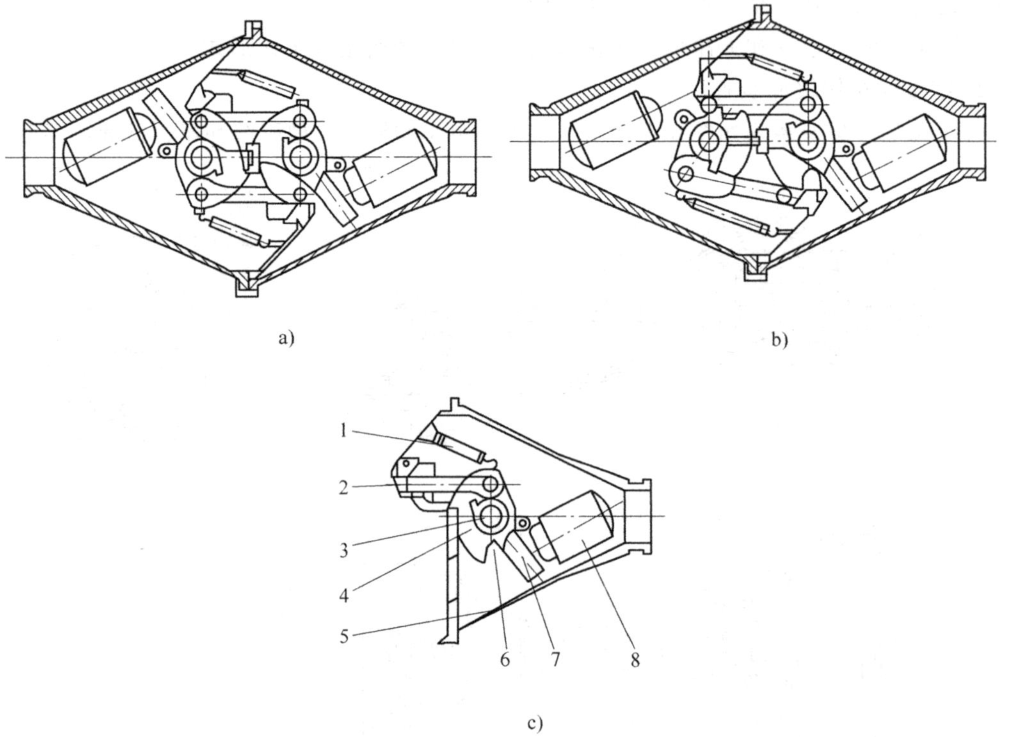

图6-5　密接式车钩工作原理

a）连挂状态　b）解钩状态　c）待挂状态

1—钩锁连接杆弹簧　2—钩锁连接杆　3—中心轴　4—钩舌　5—钩头壳体　6—钩嘴　7—解钩杆　8—解钩风缸

1）待挂状态。这时钩头中的钩锁杆轴线平行于车钩的轴线，钩锁杆的连接销中心与钩舌中心销连接线垂直于车钩的轴线。弹簧处于松弛状态，该位置为车钩连挂准备位。

2）连挂状态。欲使两钩连挂，原来处于连挂准备位的两钩相互接近并碰撞时，在钩头前端的锥形喇叭口引导下彼此精确地对中，两钩向前伸出的钩锁杆由于受到对方钩舌的阻碍，各自推动钩舌绕顺时针方向转动，直至在弹簧拉力作用下钩锁杆滑入对方钩舌的嘴中，并推动钩舌绕逆时针方向返回到原来位置为止。这时两钩的钩锁杆与两钩的钩舌构成一平行四边形，力处于平衡状态，两钩刚性地无间隙地彼此连接，处于闭锁状态。在连挂闭锁位时，钩舌和钩锁杆的位置与连挂准备状态完全相同，钩舌在弹簧作用力下力图保持处于闭锁位。当两钩受牵拉时，拉力均匀地分配在由钩锁杆和钩舌组成的平行四边形两对边即钩锁杆上。当两钩冲击时，冲击力由两钩壳体喇叭口凸缘传递。

3）解钩状态。气动解钩，由司机操作解钩控制阀达到解钩。这时压力空气经过解钩管充入钩头中的解钩风缸中，推动活塞向前运动，压迫在解钩杆上所设置的滚子上，两钩头中的钩舌被同时推至解钩位置。达到解钩后再排气，风缸中受压弹簧使活塞返回到原始位置。

手动解钩，通过拉动钩头一侧的解钩手柄，经钢丝绳、杠杆和解钩杆使两钩的钩舌转动，直到钩锁杆脱出钩舌的嘴口，由此使两钩脱开，处于解钩位。

欧洲地铁大都采用这种车钩形式，上海、广州、深圳地铁等也有采用这种形式车钩的车辆。

二、半自动车钩

半自动车钩用于两编组单元之间的车辆连挂。

通常半自动车钩的钩头连接形式与自动车钩相同，连挂方式和锁闭方式也相同。两个相同的车钩可以在直线线路和曲线线路上自动连挂。半自动车钩可以实现列车单元之间的机械连接和风管连接的自动连接，电气连接只能手动。解钩时机械和气路部分可自动，也可手动操作，但不能在驾驶室集中控制。在半自动车钩上设有贯通道支撑座，用于车辆运行过程和解钩之后支撑贯通道。支撑座可以承受贯通道及其所承受的载荷。

三、半永久性牵引杆

半永久性牵引杆用于同一单元内车辆之间的编组，使之编组成单元。列车单元在运行过程中一般不需要分解，通常只在维修时才分解。当两车连挂时即形成刚性连接，其连接间隙最小。这样的连接形式可以保证列车在出轨时车辆之间仍然可以保持相对位置，防止车辆重叠和颠覆，减少列车起动及制动时的冲动。每个半永久牵引杆上均有贯通道支撑座，用于车辆运行过程和解钩之后支撑贯通道。支撑座可以承受车辆正常运行时超员情况下贯通道所承载的载荷。

半永久牵引杆只是将两车的连接方式由车钩连接改为牵引杆连接，取消了风路和电路的连接。风路和电路的连接只能依靠手动连接。不同种类的车辆安装的半永久性牵引杆的结构可能有所不同，连接原理是一致的。

如图 6-6 所示为国产地铁车辆半永久性牵引杆结构。其主要特征为半永久性牵引杆是将两车的连接方式由车钩连接改为用一根牵引棒代替，将自动车钩中的两个车钩钩体取消，牵引杆的两端直接与两个缓冲器相连，同时取消了气路和电路的连接。

上海地铁车辆半永久性牵引杆结构如图 6-7 所示。其主要特征是将两相邻车钩中的一个车钩钩体和另一车钩钩体、缓冲器总成分别由两个牵引杆代替，两牵引杆的端部各有一个锥

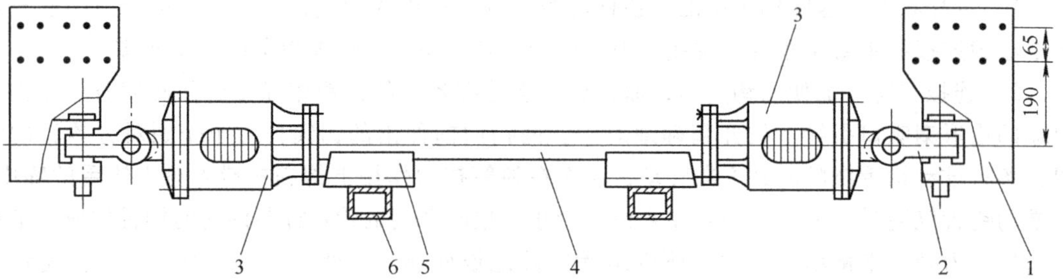

图 6-6　国产地铁车辆半永久性牵引杆

1—连续座　2—十字头　3—缓冲器　4—牵引杆　5—磨耗板　6—车钩托架

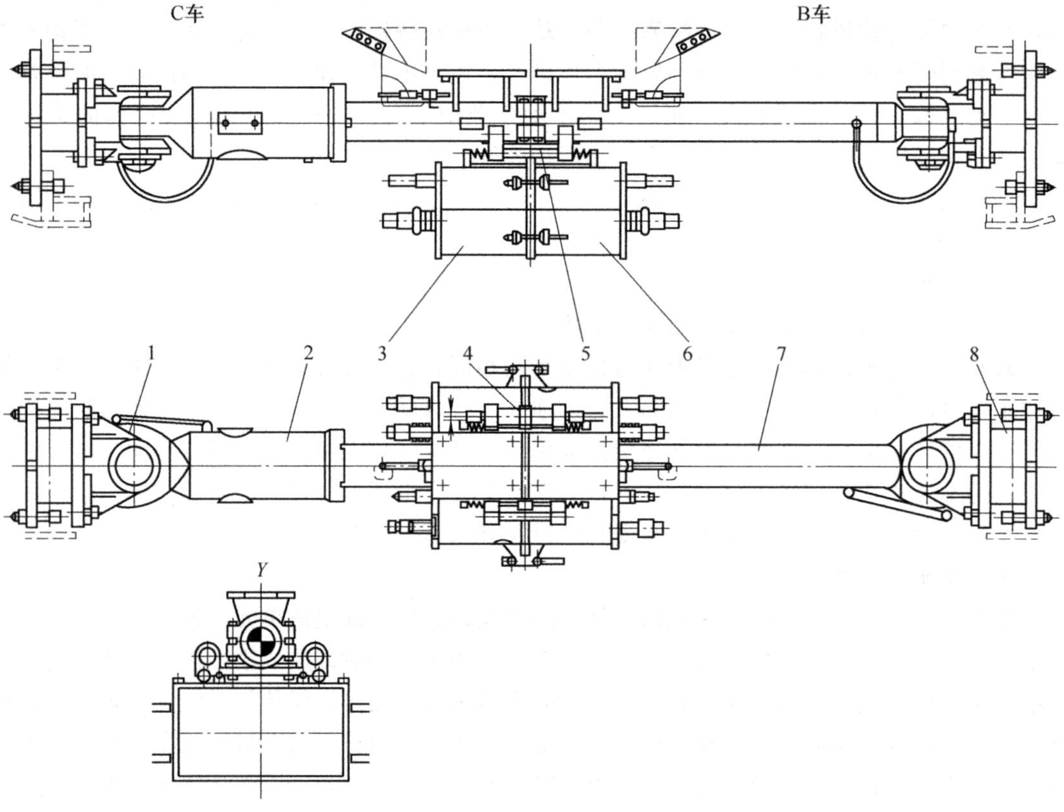

图 6-7　上海地铁车辆半永久性牵引杆结构

1—支撑座　2—具有双作用环弹簧的牵引杆　3、6—电气连接盒　4—风管　5—套筒式联轴器　7—牵引杆　8—过渡板

孔和锥柱，在连挂时起定位作用，通过套筒式联轴器将两个牵引杆刚性相连，其电气、气路通过机械紧固获得永久连接，通常只在维修时才分解。在半永久性牵引杆上设有贯通道支撑座。

图 6-8 所示是深圳地铁车辆半永久性牵引杆的结构形式。它的连接方式与上海地铁相似，其主要特征是在两上半永久性牵引杆中设置一个能量吸收装置。

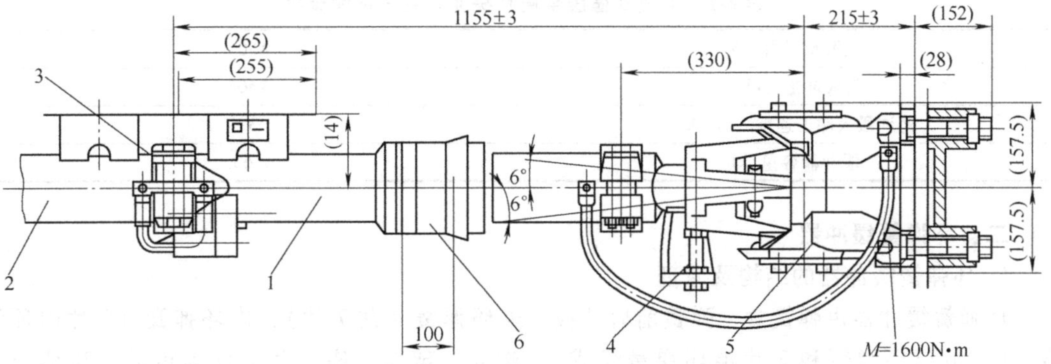

图 6-8 深圳地铁车辆半永久性牵引杆的结构

1—牵引杆（1） 2—牵引杆（2） 3—套筒式联轴器

4—垂直支撑装置 5—橡胶缓冲器 6—可压溃变形管能量吸收装置

第三节 缓冲装置

缓冲装置是车辆牵引联挂装置的重要组成部分，主要用来传递和缓和纵向冲击力。城轨车辆采用的缓冲装置主要有六种形式。

一、层叠式橡胶金属片缓冲器

1. 层叠式橡胶金属缓冲器的结构及原理

如图 6-9 所示，其作用原理是当车辆受到压缩载荷时，缓冲器体和牵引杆受压，此时力的传递方向：牵引杆压缩后从板 7→橡胶金属片 1→前从板 2 和缓冲器体 6 的前端。橡胶金属片受到压缩，起到缓冲作用。在牵引载荷工况下，缓冲器体和牵引杆受拉，此时力的传递方向：牵引杆上的滑套压缩前从板 2→橡胶金属片 1→后从板 7 和缓冲器后盖 4，同样起到缓冲作用。此种缓冲器用于国产地铁车辆上。

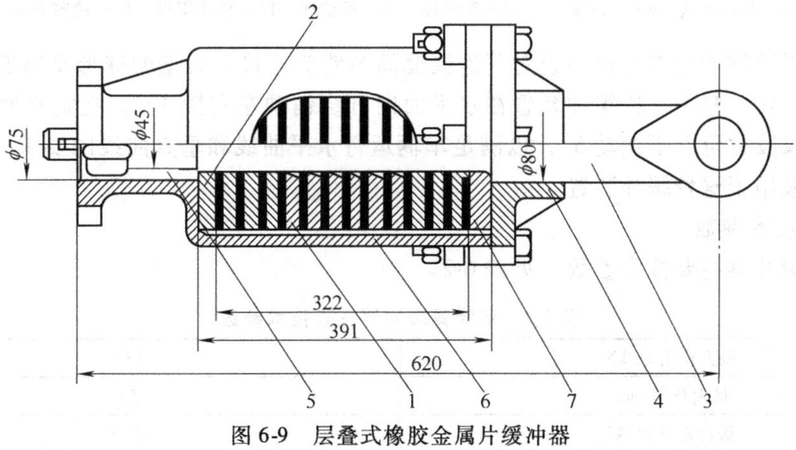

图 6-9 层叠式橡胶金属片缓冲器

1—橡胶金属片 2—前从板 3—牵引杆 4—缓冲器后盖 5—滑套 6—缓冲器体 7—后从板

2. 主要技术参数

层叠式橡胶金属片缓冲器主要技术参数见表 6-1。

表 6-1　层叠式橡胶金属片缓冲器主要技术参数

最大牵引力/kN	150
最大冲击力/kN	250
允许最大冲击速度/(km/h)	3
缓冲器容量/kJ	5.63

二、环弹簧缓冲器

1. 环弹簧缓冲器的结构及原理

环弹簧缓冲器由弹簧盒、弹簧前后从板、外环弹簧（共 7 片）、内环弹簧（5 片内环弹簧、1 片开口环弹簧和 2 片半环弹簧组成）、端盖、球形支座、牵引杆等组成，其结构如图 6-10 所示。作用原理：当车钩受冲击时，牵引杆推动弹簧前从板向后挤压环弹簧；当车钩受牵拉时，拧紧在牵引杆后端的预紧螺母带动弹簧后从板向前挤压环弹簧。所以无论车钩受冲击或牵拉，环弹簧均受压缩作用。由于内、外环弹簧相互接触的接触面均做成 V 形锥面，受压缩相互挤压时，外环扩张，内环压缩，这样就产生了轴向变形，起到缓冲的作用。同时，内、外环弹簧接触面产生相对滑动，摩擦力做功消耗了部分冲击能。

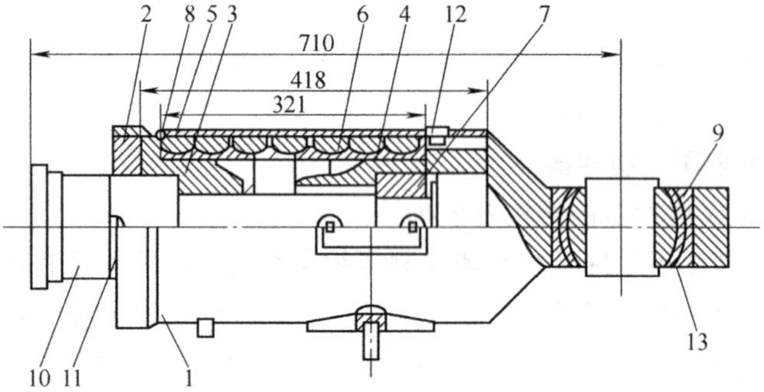

图 6-10　环弹簧冲站器

1—弹簧盒　2—端盖　3—弹簧前从板　4—弹簧后从板　5—外环弹簧　6—内环弹簧　7—开口弹簧
8—半环弹簧　9—球形支座　10—牵引杆　11—标记环　12—预紧螺母　13—橡胶嵌块

环弹簧缓冲器的前端通过一组对开连接套筒与钩头连接，后端的球形支座通过销轴与车钩支撑座相连接。整个车钩缓冲装置在水平面内可绕销轴左右摆 40°，在垂直面内借助于球形轴套嵌有橡胶件可上下摆动 5°，以满足车辆运行水平曲线和垂直曲线的要求。上海地铁 1 号线车辆就采用了这种缓冲装置。

2. 主要技术参数

环弹簧缓冲器主要技术参数，见表 6-2。

表 6-2　环弹簧缓冲器主要技术参数

最大作用力/kN	580
最大行程/mm	58
缓冲器容量/kJ	18.7
水平摆角	±40°
垂直摆角	±5°
能量吸收率	66%

三、环形橡胶缓冲器

1. 环形橡胶缓冲器的结构及原理

环形橡胶缓冲器主要由牵引杆、缓冲器体、环形橡胶弹簧等几部分组成，属于免维护的橡胶缓冲装置。缓冲器安装在车钩安装座上，可以吸收拉伸和压缩能量，半自动车钩和牵引杆均用相同的方法安装固定，如图 6-11 所示。

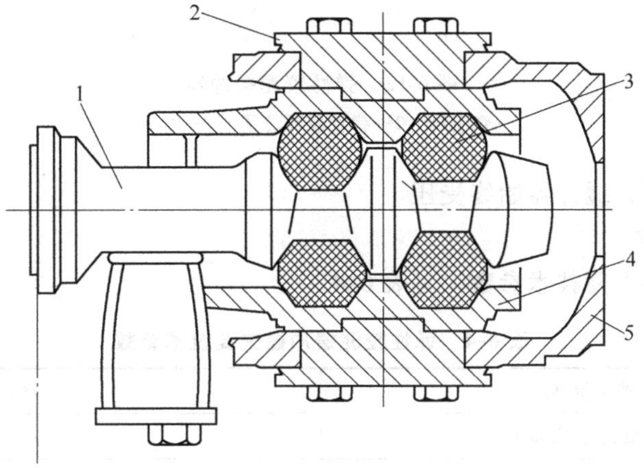

图 6-11　环形橡胶缓冲器

1—牵引杆　2—安装座　3—环形橡胶弹簧　4—缓冲器体　5—支撑座

缓冲装置间不存在间隙，在承受拉伸和压缩载荷的同时，可以承受较大的剪切力。

缓冲装置允许车钩做垂向摆和扭转运动。缓冲装置的支撑座用 4 个螺栓固定在车体底架上。该装置用于深圳地铁车辆。

2. 主要技术参数

环形橡胶缓冲器主要技术参数见表 6-3。

表 6-3　环形橡胶缓冲器主要技术参数

允许水平最大压缩力/kN	1250
允许水平最大拉伸力/kN	850
水平摆角	±11°
垂直摆角	±5.5°

四、弹性胶泥缓冲器

弹性胶泥缓冲器与传统意义上的缓冲器类似，在列车运行过程中起到吸收冲击能量、缓和纵向冲击和振动的作用。其后端通过钩尾销连接在安装座上，前端通过连接环与连挂系统连接。弹性胶泥缓冲器性能先进，缓冲器的可靠性和动态吸收性能较好。

1. 弹性胶泥缓冲器的结构及原理

弹性胶泥缓冲器由牵引杆、弹簧盒、内半筒、端盖和弹性胶泥芯子等组成，其中，弹性胶泥芯子是其接受能量的元件，如图 6-12 所示。

车钩受拉时，纵向力传递顺序：牵引杆→内半筒→弹性胶泥芯子→弹簧盒→车体；车钩受压时，纵向力传递顺序：牵引杆→弹性胶泥芯子→内半筒→弹簧盒→车体。由此可见，无

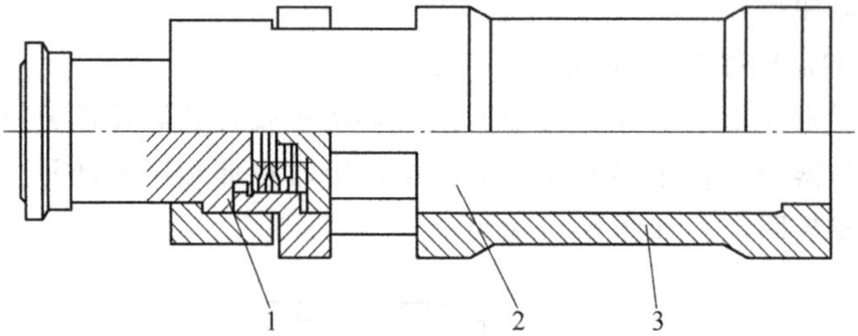

图 6-12　弹性胶泥缓冲器

1—牵引杆　2—弹性胶泥芯子　3—内半筒

论车钩受拉或是受压，缓冲器始终受压。

2. 主要技术参数

弹性胶泥缓冲器主要技术参数，见表 6-4。

表 6-4　弹性胶泥缓冲器主要技术参数

缓冲器容量/kJ	≥30
缓冲器最大行程/mm	73
缓冲器能量吸收率（%）	≥80
缓冲器阻抗力/kN	800
车钩联挂最大速度/（km/h）	5

五、带变形管的橡胶缓冲器

如图 6-13 所示，带变形管的橡胶缓冲器由拉杆、轴套、锥形环圈、法兰、垫圈、橡胶弹簧以及变形管组成。轴套与钩头壳体螺纹联接，并由法兰紧固使之不致松动，轴套用来作为拉杆、锥形环圈和变形管支承和导向，拉杆穿过两个弹簧 6 和 7，其端部通过蝶形螺母将弹簧压紧。

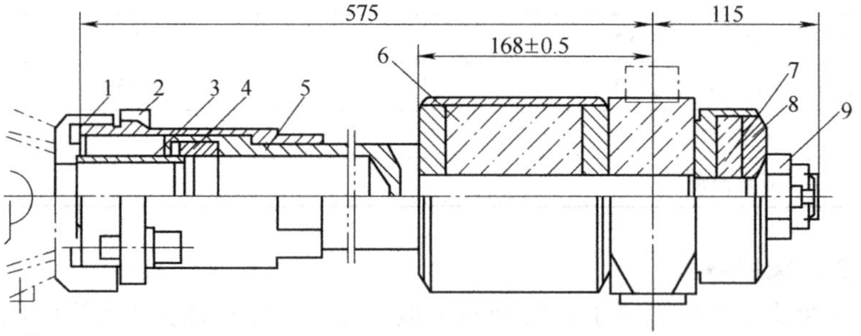

图 6-13　带变形管的橡胶缓冲器

1—轴套　2—法兰　3—变形管　4—锥形环圈　5—拉杆　6、7—橡胶弹簧　8—垫圈　9—螺母

在正常运行时，车辆之间所产生的牵引和压缩力主要由两橡胶弹簧来承担。这时车辆连挂冲击速度小于 3km/h。在图 6-14 所示的力-行程图中作用力小于 100kN 时，行程小于 58mm，橡胶弹簧在变形中所吸收的功如图中所示的阴影线面积。

当车辆在事故冲击时，车辆的碰撞速度超过 5～8km/h，这时车钩所受到的冲击压缩力

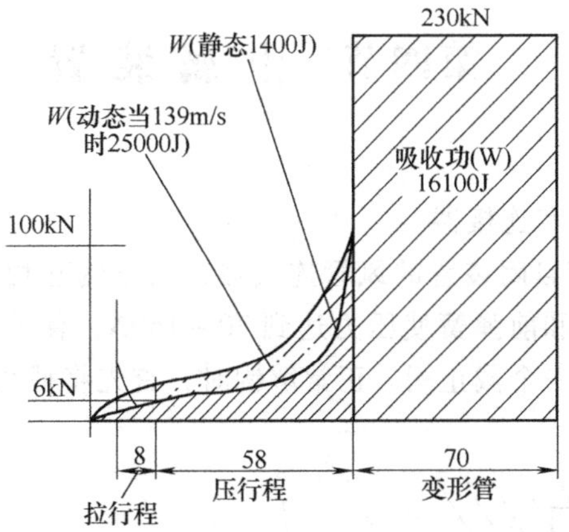

图6-14　橡胶缓冲器冲击衰减力－行程图

超过橡胶弹簧的承载能力，靠近钩头的冲击吸收装置起作用，变形管3（图6-13，后同）和锥形环圈4彼此相互挤压，把冲击能转变为变形管和锥形环圈的变形功和摩擦功，变形管产生永久变形，吸收冲击功可达16.1kJ，从而达到对乘客和车辆的事故附加防护作用。产生永久变形后的变形管必须予以更换，只要将法兰2松开，并将轴套1从钩体中拧出，就不难将变形管3从锥形环圈4中拉出。

六、可压溃变形管

车钩缓冲装置是车辆冲击能量吸收系统的一部分，可压溃变形管可作为车钩缓冲装置的重要部件，用来吸收车辆冲击能量，如图6-15所示。当两列车相撞时，将会产生可恢复的和不可恢复的变形。

能量吸收可分为三级：第一级，速度最大为8km/h时，车钩内的缓冲、吸收装置吸收全部能量，产生的变形可以恢复；第二级，速度为8～15km/h时，可压溃变形管产生的变形不可恢复；第三级，速度超过15km/h时，自动车钩的过载保护系统产生不可恢复的变形，车辆前端将参与能量吸收以保护乘客。同时通过可压溃变形管的能量吸收还可以保护车体钢结构免受破坏。当冲击速度过大，导致可压溃变形管变形时，必须更换。

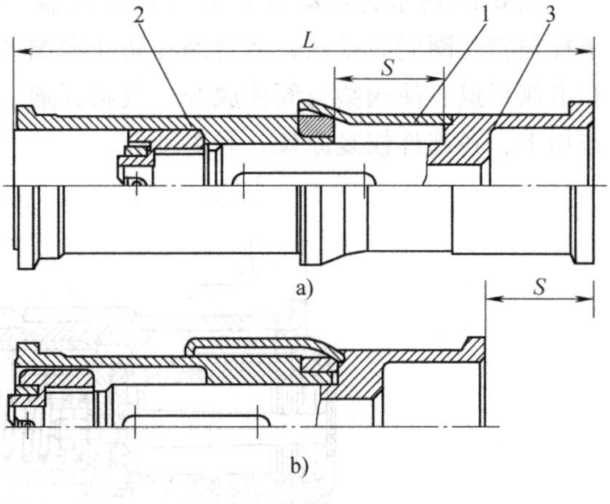

图6-15　可压溃变形管的能量吸收情况

a）未变形的状态　b）已压溃后的状态

1—可压溃变形管　2、3—可压溃筒体

撞车事故发生后，必须对车辆进行检查，尤其是电气连接和机械连接部分。

车钩的事故率相对较低，但可压溃变形管是必备的备件，另外如钩舌弹簧、固定和活动触头及风管连接器等也是相对容易损坏的部件。

第四节　附属装置

一、风管连接器

1. 不带自闭装置的风和连接器

如图 6-16 所示为不带自闭装置的风管连接器，当车钩互相连挂时，密封圈互相接触受压，借助于滑套、橡胶套和前弹簧使压力达到 70～160N，保证气路开通时不会泄漏。在该连接器后端的管路上装有一个截止阀。正常解钩时，首先将截止阀关闭，以防止制动主管排风而产生紧急制动。

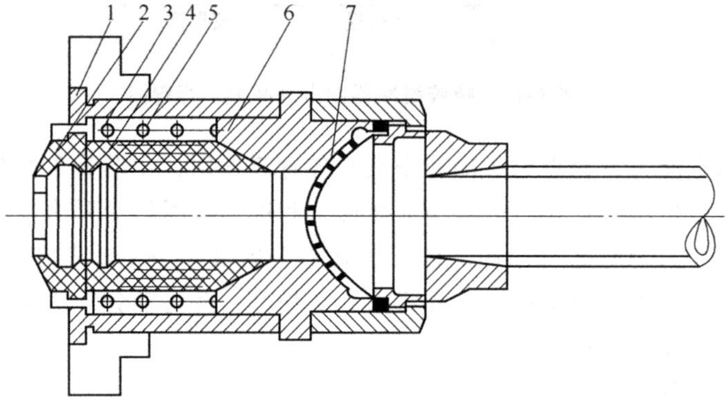

图 6-16　不带自闭装置的风管连接器

1—阀壳　2—密封圈　3—滑套　4—橡胶套　5—前弹簧　6—后接头　7—滤尘网

2. 自动开闭式风管连接器

图 6-17 所示为自动开闭式风管连接器，该装置具有自动开闭装置。当两车钩连挂时，顶杆与密封圈同时受压，密封圈在防止泄漏的同时，顶杆压缩阀垫、滑阀和顶杆弹簧，阀垫和滑阀后退，使阀垫与阀体脱开，气路开通。解钩时由于密封圈和顶杆失去压力，在弹簧的作用下，各部件恢复原位，风路断开。

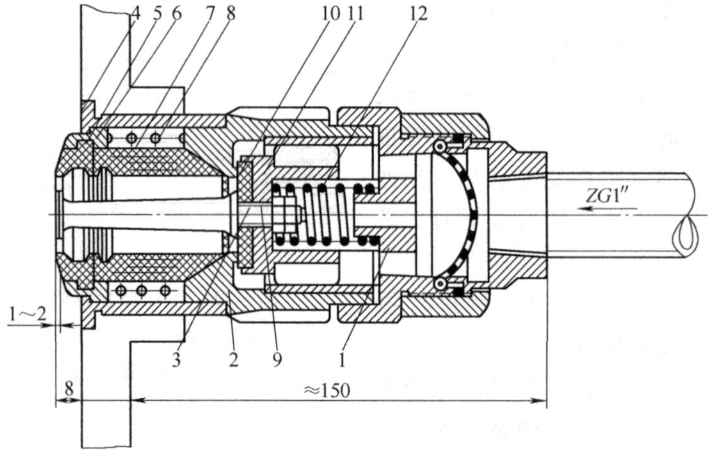

图 6-17　自动开闭式风管连接器

1—后接头　2—阀体　3—顶杆　4—阀壳　5—密封圈　6—滑套　7—橡胶套　8—前弹簧

9—调整垫片　10—阀垫　11—滑阀　12—顶杆弹簧

二、电气连接器

电气连接器如图6-18所示，通过悬吊装置使钩体与电气连接器成弹性连接。两车钩连挂时，箱体可退缩3～4mm，靠弹簧压力，保证良好接触；触头上焊有银片，以减小电阻。电气连接器触头与箱体成弹性连接，靠弹簧压力保证触头处于可伸缩状态，相互接触良好，保证电流畅通。箱体的一侧有一定位销，对称侧有定位孔，两钩连挂时定位销插入对应的定位孔，以保证触头的准确连接；密封条是防雨水和灰尘的。解钩时，将盖盖好，防止触头损坏。箱体内还设有接线板，使触头的引线和从车上来的引入线对应相连；在它后部有电线孔，为防止电线磨损，设有塑料套。

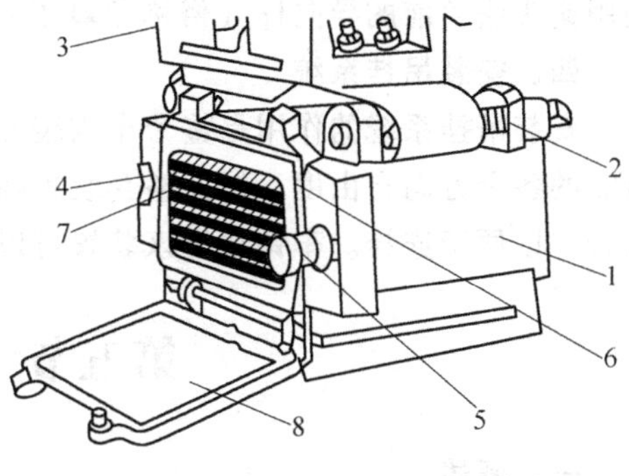

图6-18　电气连接器

1—箱体　2—悬吊装置　3—车钩　4—定位孔　5—定位销　6—密封条　7—触头　8—箱盖

电气连接器外装有保护罩，当两钩连接时，电气连接器可推出，使其端面高于车钩端面，此时保护罩自动开启；当解钩后，电气连接器退回至原位置，保护罩自动关闭。电气连接器内的触点分别为固定触点和弹性触点，保证电气连接时密接可靠。主要应用于自动车钩上。

三、车钩对中装置

在缓冲器的尾部下方左、右各设有一个对中气缸（图6-19），它的活塞头部安有一个水平滚轮，当气缸充气活塞向外伸出时，能自动嵌入固定在球铰座下方的一块呈桃子形凸轮板左、右的两个缺口内，从而达到使车钩自动对中的目的，也就是使车钩缓冲装置的中心线与车体中心线在一个垂直平面内，以便使一个车钩钩头对准对方车钩的钩坑。

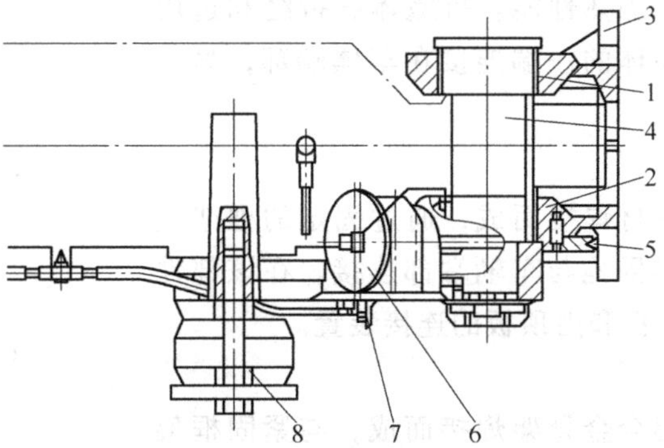

图6-19　支撑座图

1、2—轴套　3—安装座　4—中心销　5—凸轮盘　6—对中气缸　7—活接式气接头　8—垂向支撑橡胶弹簧

对中气缸的充气和排气是通过钩头心轴顶部的凸轮来驱动二位五通阀的阀芯，从而使对中气缸进行充气或排气。当车钩处于待挂状态时，对中气缸充气使车钩自动对中；当车钩处于连接状态时，对中气缸处于排气状态。对中气缸排气，车钩则可自由转动，则有利于列车过弯道。

当车辆在弯道上进行连挂时，则必须将对中装置关闭，否则无法进行连挂。这时只需将车钩下方的进气阀门关闭即可使对中气缸排气，使车钩处于自由状态；而在进行连挂时，可利用钩头法兰前的导向杆（俗称象鼻子）进行对中，从而顺利地进行连挂。

四、安装吊挂系统

安装吊挂系统的作用是整个车钩缓冲装置提供安装和支撑，保证列车通过所有平竖曲线所需的各个方向自由度，保证整套装置在不连挂状态时保持水平。车钩中心线与车辆中心线重合，以便于连挂。车钩通过该装置可以方便地调整车钩中心线的高度。

第五节 贯通道及渡板

一、概述

贯通道装置也就是风挡装置，位于两节车厢的连接处，是两车辆通道连接的部分，它具有良好的防雨、防风、防尘、隔音、隔热等功能，能够使旅客安全地穿行于车厢之间。风挡装置分为整体式和分体式。深圳地铁采用的是分体式风挡装置，即风挡装置的一半装在每辆车的端部，在该装置的下部还设有分开式渡板，渡板连接处有车钩支撑。

二、贯通道的结构

贯通道风挡侧向断面图的结构如图 6-20 所示。

1. 波纹折篷

折篷由多折环状篷布缝制而成，每折环的下部设有两个排水孔。折篷体选用特制的阻燃、高强度、耐老化人造革制作，在 $-45\sim+100$℃范围内能够正常使用，抗拉强度不小于 3000N/cm^2。篷布采用双层夹心结构，大大提高了风挡的隔音、隔热性能。折篷体各折缝和边用铝合金型材镶嵌，折篷体的一端连接在车体端部，另一端与连接座连接固定。

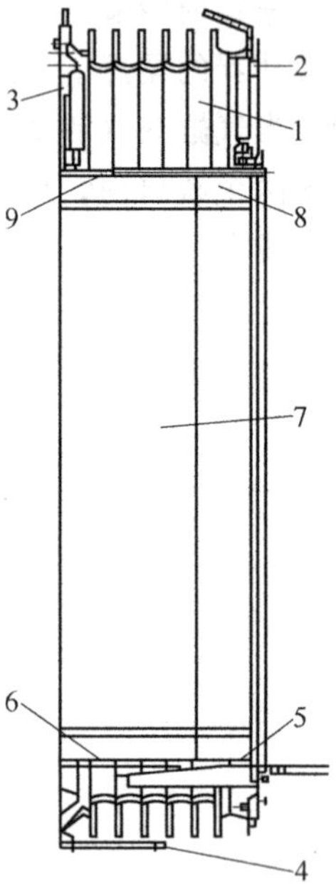

图 6-20 风挡侧向断面图

1—波纹折篷 2—紧固框架 3—连接框架 4—滑动支架 5—渡板组成（1） 6—渡板组成（2） 7—内侧板 8—单层板 9—顶板

2. 紧固框架

紧固框架是由铝型材焊接而成，通过固定的框架上的螺钉将波纹式风挡牢固地与车辆端部连接。在该部件的上面还设有固定内墙板和内顶板的连接装置。

3. 连接框架

连接框架也是由铝合金骨架焊接而成，与紧固框架外形相似，但其内部结构和实现的功能是不同的，如图 6-21 所示。

1）在框架的侧面和顶部设有两个定位孔和定位销，当连挂时，定位销插入对应框架的定位孔中而实现准确连挂。

2）在框架上设有 4 个锁钩和锁钩机构，连挂后用手工将锁钩插入对应锁闭机构中，实现风挡的惯性连接。

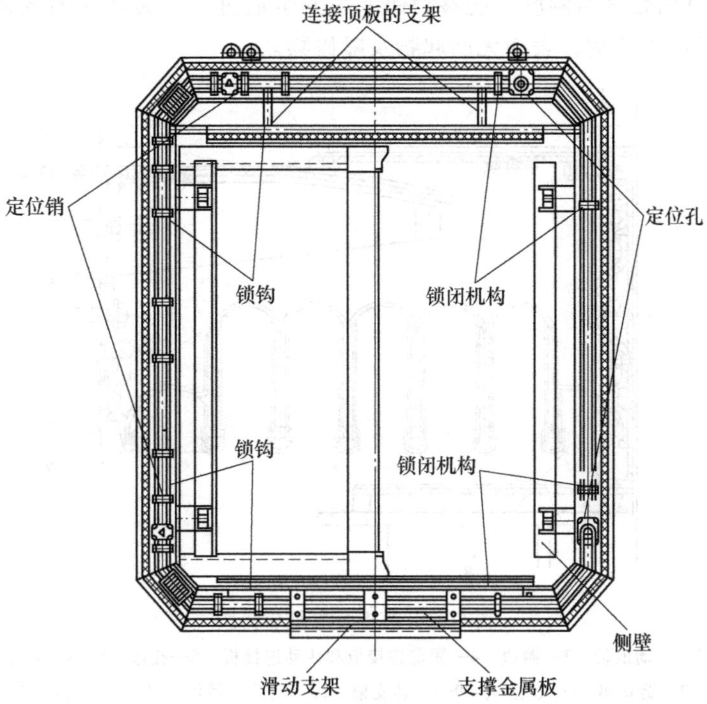

图 6-21　连接框架结构

4. 滑动支架

滑动支架采用钢板焊接而成，落在车钩的贯通道支座上，实现支撑贯通道的功能。它的上部与支撑金属板相连。

5. 侧护板

侧护板的通道表面为镶有凯德板的罩板，内有铝型材与弧面橡胶条镶嵌而成的边护板，可实现拉伸和压缩，护板内表面设有连杆支承机构，使护板有足够的刚度，旅客可依靠护板；护板的两端与车体端部连接，可用专用钥匙快速打开、拆卸护板。

6. 顶板

每个通道顶板由两个边护板和一个中间护板组成，顶板内侧设有连杆机构，使车辆运行时中间护板始终保持在中间位置，不会偏移。顶板通过边框用螺钉固定在车体端墙上。

贯通道的锁钩、滑动支架、活动地板和镶边及波纹折篷都是容易损坏的部件。

北京地铁 1 号线车辆之间不是采用直接贯通道的形式，而是在车辆端墙中部设有端门，早期的车辆只在门口下部设有渡板，门口两边加装扶手，在 1 号线延长线（即现在八通线）上又增加了一个整体式波纹折篷。

三、渡板装置组成

在紧固框架和连接框架侧各有一组渡板。在紧固框架一侧的渡板组成Ⅰ靠托架支撑，而在连接框架一侧的渡板组成Ⅱ的一端通过安全支撑座与支撑金属板相连接，另一端支撑在渡板组成Ⅰ上。渡板组成Ⅰ由车厢侧相互铰接的固定连接板和活动连接板组成，渡板组成Ⅱ由地板、活动地板和镶边组成，如图 6-22 所示。地板为不锈钢板，活动地板为花纹不锈钢板，各相对滑动面间设有磨耗板。渡板装置能够保证追随与适应连挂车辆运行过程Ⅱ中的各种复杂运动，具有足够的强度与刚度，能够确保乘客安全通过，并为站立的旅客提供安全地方，能承受 9 人/m^2的压力负荷，表面无凸起物及障碍物。

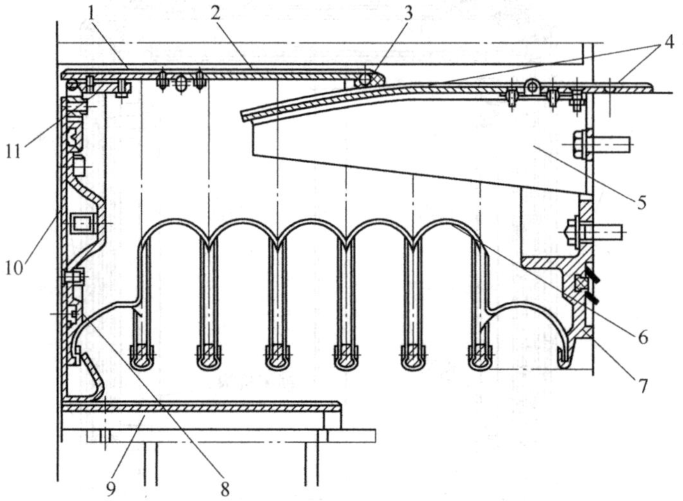

图 6-22　渡板装置组成简图

1—地板　2—活动地板　3—镶边　4—固定连接板和活动连接板　5—托架　6—衬油毡的纤维织物　7—旋紧架　8—连接架　9—活动支架　10—支撑金属板　11—安全支撑座

四、主要尺寸及技术性能

渡板装置主要尺寸及技术性能见表 6-5。

表 6-5　渡板装置主要尺寸及技术性能

连接长度/mm	520
净通过宽度/mm	1300 ~ 1500
净通过高度/mm	1900
渡板距轨面高度/mm	1100
隔热系数/［W/（m^2·K）］	<5.0
隔声量/dB（A）	≥30
气密性	压力从 3 600Pa 降至 1 350Pa 的泄漏时间在 50s 以上
阻燃性	所有非金属部件应符合 TB/T2402—1993《铁路客车用非金属材料阻燃要求》
使用寿命	主要金属件寿命 30 年，折篷布寿命 15 年

第七章 制动系统

第一节 制动系统在城市轨道交通车辆运行中的重要意义

一、概述

城市轨道交通车辆在运行过程中，人为地使车辆减速或阻止其加速叫做制动。对于城市轨道交通车辆来说，为了使运行着的电动车组能迅速地减速或停车，必须对它施行制动；为了防止电动车组在下坡道上运行时由于电动车组的重力作用导致电动车组速度增加，也需要对它施行制动；为避免更为严峻的问题，如防止人员伤亡的事故发生，更需要对它施行制动。为了实施制动而在车辆上装设的由一整套零部件组成的装置称为制动装置。由于城市轨道交通的站间距短，导致城轨车辆的调速及停车制动都比较频繁。在城轨车辆运行过程中，乘客上、下车频繁，对车辆的制动有较大的影响。因此，制动系统是保证列车正常运行及安全，并保证乘客舒适的重要装置。

电动车组的最高运行速度虽然与其牵引功率有关，但也受其制动能力的限制。电动车组的制动能力是指制动系统能使其在规定的制动距离内安全停车的能力。按照城市轨道交通车辆的运行规程，要求电动车组在非常情况下的制动距离（称为紧急制动距离）不超过某一规定值。例如地铁规定的紧急制动距离一般为180m。这个距离要比起动加速距离短得多，所以，电动车组的制动功率要比驱动功率大5~10倍。

从能量的观点看，制动的实质就是将电动车组所具有的动能从它上面转移出去，制动系统转移动能的能力称为制动功率。在一定制动距离条件下，电动车组的制动功率是其速度的三次函数。

城市轨道交通的站距较短，因此电动车组的调速及停车都比较频繁。为了提高运行速度，尤其是对高架有轨交通车辆和地铁车辆，必须使其起动快，制动距离短。同时，城市有轨交通车辆的旅客数量波动较大，对车辆载重有较大的影响。针对这些特点，城市轨道交通车辆的制动系统应具备以下条件：

1）操纵灵活，制动减速快，作用灵敏可靠，车组前后车辆制动、缓解作用一致。

2）具有足够的制动力，保证车组在规定的制动距离内停车。城市轨道交通的站间距离比较短，一般都在1km左右。这就要求车组的制动装置具有制动力大的特点。

3）对新型的城市轨道交通车辆，一般要求具有动力制动能力，并且在正常制动过程中，应尽量充分发挥动力制动能力，以减少对城市环境的污染和降低运行成本。同时，应具有动力制动与摩擦制动的联合制动能力。

4）制动系统应保证车组在较长、较陡下坡道上运行时，其制动力不会衰减。

5）电动车组各工况下的制动能力应尽可能一致。制动系统应根据乘客量的变化，而具有相应的制动力大小的自动调整能力，以减少制动时的纵向冲击。电动车组的乘客量波动大，无乘客（空车工况）时，仅有城轨车辆自重，相对来说是较轻的（为了降低能耗，车组车体的材质采用铝合金或薄壁不锈钢型材等）。因此，乘客量对车辆总质量有较大的影响，易引起制动率的变化。制动率变化过大，对列车制动时要保证一定的减速度、防止车轮滑行及减小车辆间纵向冲动都是不利的。因此，制动系统应具有各种乘客量的工况下，使车辆制动率基本恒定的性能。

6）具有紧急制动性能。遇有紧急情况时，能使电动车组在规定距离内安全停车。紧急制动作用除可由司机操作外，必要时还可由行车人员利用紧急按钮（紧急阀）进行操纵。

7）电动车组在运行中发生诸如列车分离、制动系统故障等危及行车安全的事故时，应能自动起动紧急制动作用。

二、制动方式

要改变运动物体的运动状态，必须对它施加外力。人为地使电动车组减速或阻止其加速的外力称为制动力。制动方式可按制动时电动车组动能转移方式、制动力获取方式或制动源动力的不同进行分类。

按电动车组动能的转移方式不同，制动方式可以分为两类：一类是摩擦制动方式，即动能通过摩擦副的摩擦转变为热能，然后消散于大气；另一类是动力制动方式，即把动能通过发电机转化为电能，然后将电能从车上转移出去。常用的动力制动方式有再生制动、电阻制动和空气制动，在制动过程中，它们分别为第一优先级、第二优先级和第三优先级制动。

1. 摩擦制动

电动车组的动能通过摩擦转变为热能。城市轨道交通车辆常用的摩擦制动方式主要有闸瓦制动和盘形制动，在高速列车的制动系统中还有轨道电磁制动等方式。

（1）闸瓦制动　闸瓦制动又称踏面制动，是最常用的一种制动方式。在制动时，闸瓦制动装置根据制动指令使制动缸内产生相应的制动缸压力，该压力通过制动缸使制动缸活塞杆产生推力，经基础制动装置中的一系列杆件的传递、分配，使每块闸瓦都贴靠在车轮踏面上共产生闸瓦压力。车轮与闸瓦之间相对滑动，产生摩擦力，最后转化为轮轨之间的制动力。缓解时，制动控制装置伴制动缸压力空气排除，制动缸活塞在制动缸缓解弹簧的作用下退回，通过各杆件带动闸瓦离开车轮踏面，如图 7-1 所示。

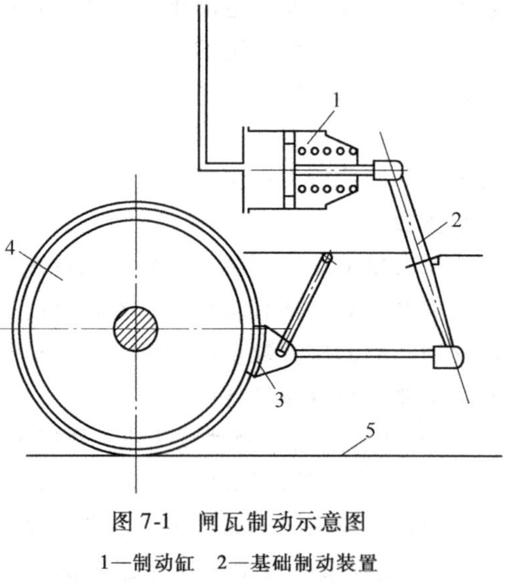

图 7-1　闸瓦制动示意图

1—制动缸　2—基础制动装置

3—闸瓦　4—车轮　5—钢轨

在闸瓦与车轮这一对摩擦副中，车轮由于主要承担着车辆走行功能，因此其材料不随意改变。要改善闸瓦制动的性能，只能通过改变闸瓦材料的方法。早期的闸瓦材料主要是铸铁。为了改善摩擦性能和增加耐磨性，目前城市轨道交通车辆中大多采用合成闸瓦，但合成闸瓦的导热性能较差，因此目前也有采用导热性能良好，且具有较好的摩擦性能和耐磨性的粉末冶金闸瓦。

在闸瓦制动方式中，动能转化为热能的能力大，但热能散于大气的能力相对较小。当要求的制动功率较大时，有可能发生热能来不及散于大气，而在闸瓦与车轮踏面积累，使它们的温度升高，严重的甚至会导致闸瓦熔化（铸铁闸瓦）或车轮踏面产生裂纹等。因此，在采用闸瓦制动时，对制动功率要有限制。

（2）盘形制动　盘形制动可分为轴盘式和轮盘式，如图 7-2 所示。非动力转向架一般采用轴盘式；动力转向架也是优先采用轴盘式，但如果动力转向架轮对之间由于牵引电动机等设备使制动盘的安装发生困难时，可采用轮盘式。制动时，制动缸通过制动夹钳使闸片夹紧制动盘，使闸片与制动盘间产生摩擦，把列车的动能转变为热能，热能通过制动盘与闸片逸散于大气。盘形制动采用的高性能摩擦副材料和良好的散热结构，可以获得比闸瓦制动大得多的制动功率。

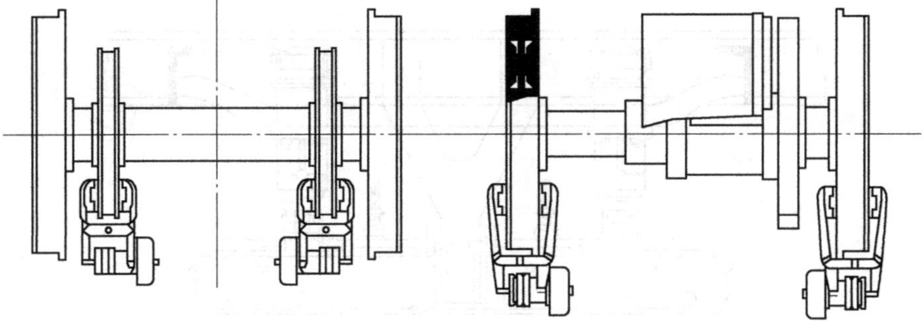

图 7-2　盘形制动

a）轴盘式　b）轮盘式

盘形制动装置的结构由轮对、吊杆、单元制动缸、制动夹钳、闸瓦托、杠杆和支点拉板等组成，如图 7-3 所示。其中，单元制动缸中包含闸调器，夹钳装置由吊杆、闸瓦托、杠杆

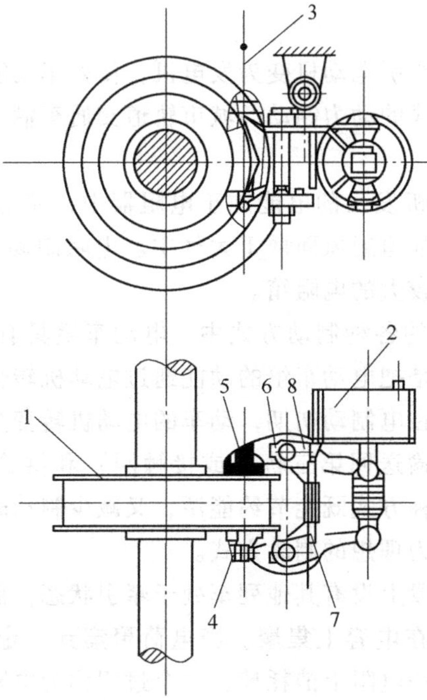

图 7-3　盘形制动结构

1—轮对　2—单元制动缸　3—吊杆　4—制动夹钳　5—闸瓦托　6、7—杠杆　8—支点拉板

和支点拉板组成。夹钳的悬挂方式为制动缸浮动三点悬挂，即两闸瓦托的吊杆为两悬挂点，另一悬挂点是支点拉板。

盘形基础制动装置在制动时，制动缸活塞杆推出，制动缸缸体和活塞杆带动两根杠杆，通过杠杆和支点拉板组成的夹钳使装在闸瓦托上的闸瓦同时夹紧制动盘的两个摩擦面，产生制动作用。

(3) 轨道电磁制动（又称为磁轨制动）　如图 7-4 所示，在转向架构架侧梁下通过升降风缸安装有电磁铁，电磁铁下设有磨耗板。制动时将电磁铁放下，使磨耗板与钢轨吸住，电动车组的动能通过磨耗板与钢轨的摩擦转化为热能，然后轻钢轨和磨耗板最终散于大气。轨道电磁制动能得到较大的制动力，因此常被高速列车用作紧急制动时的一种补充制动手段。

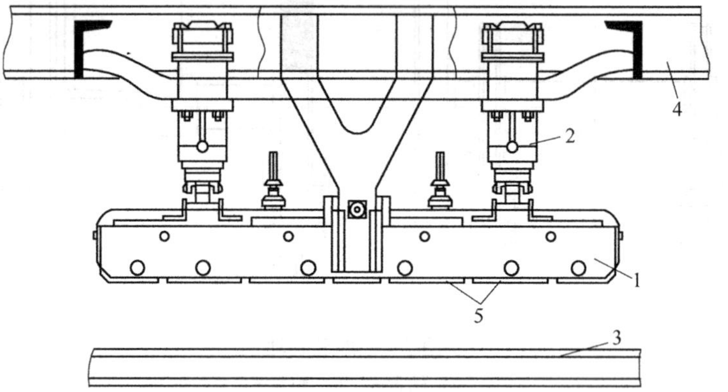

图 7-4　轨道电磁制动

1—电磁铁　2—升降风缸　3—钢轨　4—转向架构架侧梁　5—磨耗板

2. 动力制动

动力制动在制动时，将牵引电动机变为发电机，使列车动能转化为电能。对这些电能的不同处理方式形成了不同方式的动力制动。城市轨道交通车辆上采用的动力制动形式主要有电阻制动和再生制动。

(1) 电阻制动　将发电机发出的电能加于电阻器中，使电阻器发热，即电能转变为热能。电阻器上的热能靠风扇强迫通风面散于大气中。电阻制动一般能提供较稳定的制动力，但车辆底架下需要安装体积较大的电阻箱。

(2) 再生制动　在以上的各种制动方式中，电动车组具有的动能最终能转化为热能而消散于大气中。而再生制动是把电动车组的动能通过电动机转化为电能后，再使电能反馈回电网提供给别的列车使用。在电制动初期，动车的电动机转变为发电机，将列车制动产生的动能经过转换，变成直流电输送回第三轨（或接触网）和供给本列车的辅助系统，这时发生的是再生制动。显然，这种方式既能节约能源，又减少制动时对环境的污染，并且基本上无磨耗，因此，这是一种较为理想的制动方式。

如果列车所在的供电区段上没有其他列车处于牵引状态，而辅助系统的用电量不能完全消耗再生的电能，电荷就会在电容上集聚。当电荷聚集到一定程度时，制动斩波器开始工作，它将多余的电能送到制动电阻上消耗掉，这个过程称为电阻制动。

随着列车的速度下降，其电制动力也将不断地减弱，当列车速度降低至一定的速度时，电制动已不能满足制动所需要的要求，这时电制动力将逐渐被切除，所有的制动力则由气制动来承担。同时列车还进入了一个停车制动的程序。电-空制动与列车速度、需求制动力关系如图 7-5 所示。

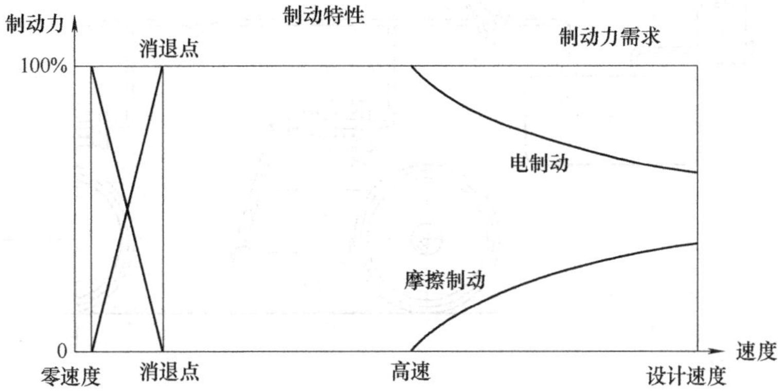

图 7-5　电-空制动与列车速度、需求制动力关系图

第二节　空气制动系统

空气制动，又称为机械制动或摩擦制动。城市轨道交通车辆常用的空气制动方式有闸瓦制动和盘形制动。空气制动主要以压缩空气为动力，压缩空气由车辆的供气系统供给。

一、空气制动系统的组成

城市轨道交通车辆的空气制动系统由供气系统、基础制动装置（常见的有闸瓦制动装置与盘形制动装置）、防滑装置和制动控制单元组成。

供气系统主要由空气压缩机、空气干燥器、压力控制装置和管路组成，供气系统除了给车辆制动系统供气外，还向车辆的空气悬架设备、车门控制装置（气动门）、气动喇叭、刮水器及车钩操作气动控制设备等需要压缩空气的设备供气。

防滑装置是用于车轮与钢轨黏着不良时，对制动力进行控制的装置。它的作用是防止车轮即将抱死；避免滑动并最佳地利用黏着力，以获取最短的制动距离。

制动控制单元是空气制动的核心部件，它接受微机制动控制单元（EBCU）的指令，然后再指示制动执行部件动作。其组成部分主要有模拟转换阀、紧急阀、称重阀和均衡阀等。这些部件都安装在一块铝合金的气路板上，实现了集成化。这样可以避免用管道连接而造成容易泄漏和占用空间大等问题。

二、空气制动系统的控制方式

空气制动系统按其作用原理的不同，可以分为直通式空气制动机、自动式空气制动机和直通自动式空气制动机。

1. 直通式空气制动机

直通式空气制动机的结构如图 7-6 所示。

空气压缩机将压缩空气储入总风缸内，经总风缸管至制动阀。制动阀有缓解位、保压位和制动位 3 个不同位置。在缓解位时，制动管内的压缩空气经制动阀 E_X 口各不相通；在制

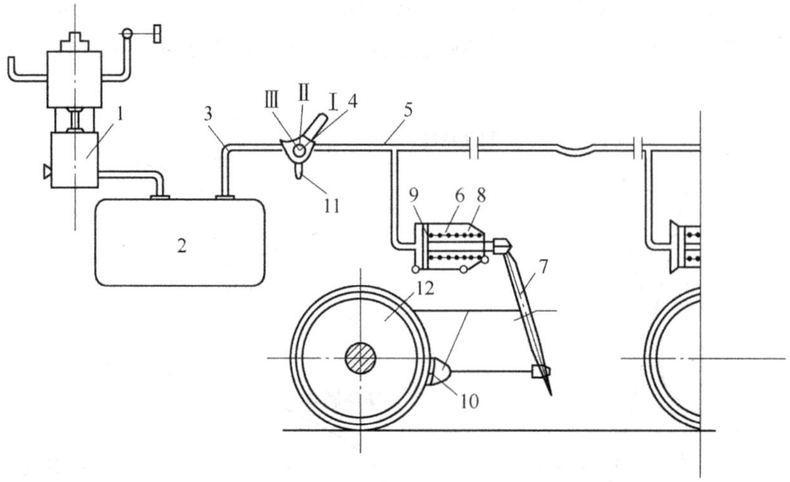

图 7-6　直通式空气制动机的结构

Ⅰ—缓解位　Ⅱ—保压位　Ⅲ—制动位　1—空气压缩机　2—总风缸　3—总风缸管　4—制动阀　5—制动管　6—制动缸　7—基础制动装置　8—制动缸缓解弹簧　9—制动缸活塞　10—闸瓦　11—制动阀 E_X 口　12—车轮

动位时，总风缸管压缩空气制动阀流向制动管。

（1）制动位　司机要实施制动时，首先把操纵手柄放在制动位，总风缸的压缩空气经制动阀进入制动管。制动管是一根贯通整个列车、两端封闭的管路。压缩空气由制动管进入各个车辆的制动缸，压缩空气推动制动缸活塞移动，并通过活塞杆带动基础制动装置，使闸瓦压紧车轮，产生制动作用。制动力的大小，取决于制动缸内压缩空气的压力，由司机操纵手柄在制动位放置时间的长短而定。

（2）缓解位　要缓解时，司机将操纵手柄置于缓解位，各车辆制动缸内的压缩空气经制动管从制动阀 E_X 口排入大气。操纵手柄在缓解位放置的时间应足够长，使制动缸内的压缩空气排尽，压力降低至零。此时制动缸活塞借助于制动缸缓解弹簧的复原力，使活塞回到缓解位，闸瓦离开车轮，实现车辆缓解。

（3）保压位　制动阀操纵手柄放在保压位时，可保持制动缸内压力不变。当司机将操纵手柄在制动位与保压位之间来回操纵，或在缓解位与保压位之间来回操纵时，制动缸压力能阶段上升或下降，即实现阶段制动或阶段缓解。

直通式空气制动机的特点如下：

1）制动管增压制动，减压缓解，列车分离时不能自动停车。

2）能实现阶段缓解和阶段制动。

3）制动力大小靠司机操纵手柄在制动位置时间的长短决定，因此控制不太精确。

4）制动时全列车制动缸的压缩空气都由总风缸供给；缓解时，各制动缸的压缩空气都需经制动阀排气口排入大气。因此前后车辆制动的一致性不好。

2. 自动式空气制动机

自动式空气制动机在直通式空气制动机的基础上增加了三个部件：在总风缸与制动阀之间增加了给气阀；在每节车辆的制动管与制动缸之间增加了三通阀和副风缸。给气阀的作用是限定制动管定压，人为规定制动管压力，即无论总风缸压力多高，给气阀出口的压力总保持在一个设定的值。

自动式空气制动机的制动阀同样也有缓解、保压和制动3个作用位置，但内部通路与直通式空气制动机的制动阀有所不同。在缓解位时它联通给气阀与制动管的通路；制动位时它使制动管与制动阀上的E_X口相通，制动管压缩空气经它排向大气；保压位时仍保持各路不通。

制动阀操纵手柄放在缓解位时，总风缸中的压缩空气经给气阀、制动阀送到制动管，然后通过制动管送到各车辆的三通阀，经三通阀使副风缸充气。如此时制动缸中有压缩空气，则经三通阀排气口排入大气。列车运行时，制动阀操纵手柄一般处于缓解位，直至副风缸充至制动管定压值。

制动阀操纵手柄放在制动位时，制动管中的压缩空气经制动阀E_X口排向大气。制动管的减压信号传至车辆的三通阀时，三通阀动作，副风缸内的压缩空气经三通阀充向制动缸，制动缸活塞推出，使制动执行机构动作，列车产生制动作用。

由此可见，自动空气制动机是依靠制动管中压缩空气的压力变化来传递制动信号，制动管增压时缓解，减压则制动，其中，三通阀是制动缸充气或排气的控制部件。

三通阀的工作原理如图7-7所示。

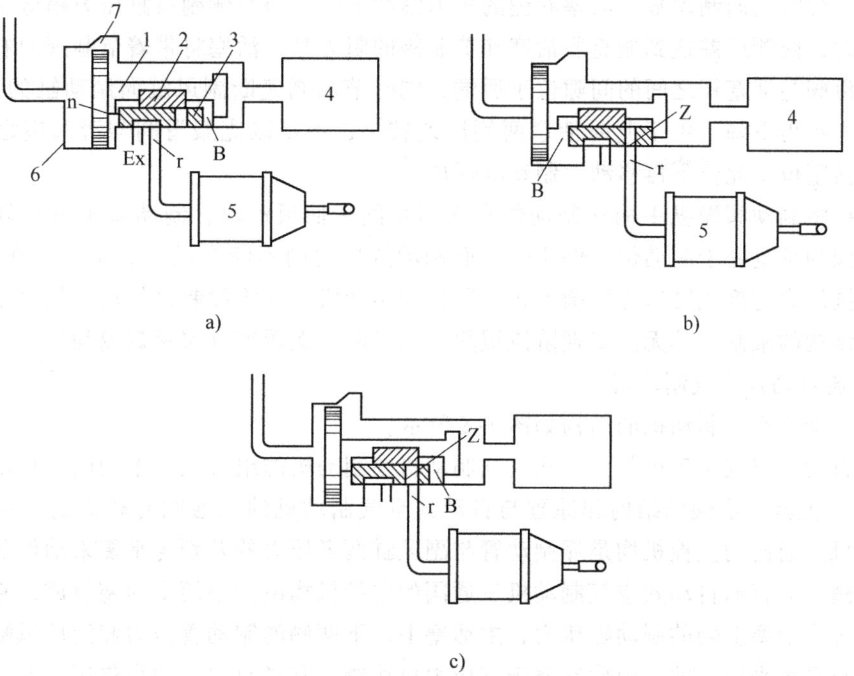

图7-7 三通阀的工作原理

a）充气缓解位 b）制动位 c）保压位

1—三通阀活塞及活塞杆 2—节流阀 3—滑阀 4—副风缸 5—制动缸 6—三通阀 7—充气沟

B—间隙 r—滑阀座制动缸孔 Z—制动缸管

三通阀由于它与制动管、副风缸和制动缸相通而得名。根据制动管压力的变化，三通阀有以下三个基本位置。

（1）充气缓解位 制动管压力增加时，在三通阀活塞两侧形成压差，三通阀活塞及活塞杆带动节制阀及滑阀一起移至右侧端位，这时充气沟露出。三通阀内形成以下两条通路：

1）制动管→充气沟→滑阀室→副风缸。

2）制动缸→滑阀座 r 孔→滑阀底面 n 槽→三通 E_X 口→大气。

（2）制动位　制动时，司机将制动阀操纵手柄放至制动位，制动管内的压力空气经制动阀排气减压。三通阀活塞左侧压力下降，右侧副风缸压力大于左侧。当两侧压差较小时，不足以推动活塞，副风缸的压力空气有通过充气沟逆流的现象。但由于制动管压力下降较快，活塞两侧的压差仍继续增加，压差达到足以克服活塞及节制阀的阻力时，活塞及活塞杆带动节制阀向左移一间隙距离，使活塞杆与滑阀之间的间隙 B 置于前部，活塞遮断充气沟，副风缸压力空气停止逆流，滑阀上的通孔上端开放，与副风缸相通。随着制动管压力的继续下降，活塞两侧压差加大到能够克服滑阀与滑阀座之间的摩擦力时，活塞带动滑阀左移至极端位，滑阀切断制动缸通大气的通路，同时滑阀通孔下端与滑阀座制动缸孔 r 对准，形成副风缸向制动缸的充气通路。如果三通阀一直保持这一位置，最终将使副风缸压力与制动缸的压力平衡。

（3）保压位　在制动管减压到一定值后，司机将制动阀操纵手柄移至保压位，制动管停止减压。三通阀活塞左侧压力不再下降，但三通阀活塞仍处于左极端的制动位，因此副风缸压力空气继续充向制动缸，活塞右侧的压力继续下降。当右侧副风缸压力稍低于左侧制动管的压力时，两侧压差达到能克服活塞和节制阀的阻力时，活塞将带着节制阀向右移一间隙距离，使滑阀与活塞杆之间的间隙位于后端，同时节制阀遮断副风缸向制动缸的充气通路，副风缸压力不再下降。由于此时活塞两侧压差较小，不足以克服滑阀与滑阀座之间的摩擦力，所以活塞位于此位不再移动，制动缸保压。

当司机将制动阀操纵手柄在制动位和保压位间来回扳动时，制动管压力反复减压、保压，三通阀则反复处于制动位、保压位，而制动缸压力则不断升压、保压，再升压、保压，直至制动缸压力与副风缸压力平衡为止，即自动制动机具有阶段制动作用。但由于自动制动机三通阀结构的限制，其无法实现阶段缓解，而只能一次缓解（又称轻易缓解）。

3. 直通自动式空气制动机

直通自动式空气制动机的结构如图 7-8 所示。

直通自动式空气制动机与自动式空气制动机在制动机的组成上基本相同，只增加一个定压风缸 13。但其三通阀的结构和原理与自动式空气制动机的三通阀有较大的区别。自动式空气制动机三通阀的主控机构是靠制动管与副风缸两者压力的差别与平衡来动作的，即为二压力机构阀。而直通自动式空气制动机三通阀的主控机构由大小两个活塞组成，它的动作是由制动缸压力活塞上侧的制动缸压力，主活塞上、下两侧的制动管压力和定压风缸的压力三者的差别与平衡来控制的，因此它属于三压力机构阀。其具有以下四个作用工况：

（1）充气缓解位　司机将制动阀置于缓解位Ⅰ，总风缸的压缩空气经给气阀和制动阀充向制动管，再经制动管通向各车辆的三通阀主活塞上侧。活塞在制动管压力作用下下移，形成下列两条通路：

1）制动管压缩空气主活塞上侧→充气沟→主活塞下侧定压风缸。

2）制动缸的压缩空气→制动缸压力活塞上侧→排气阀口→活塞杆中心孔→制动缸压力活塞下侧→三通阀排气口。

上述第二条通路在初充气时，由于制动缸内无压缩空气而没有排气现象。在这一位置

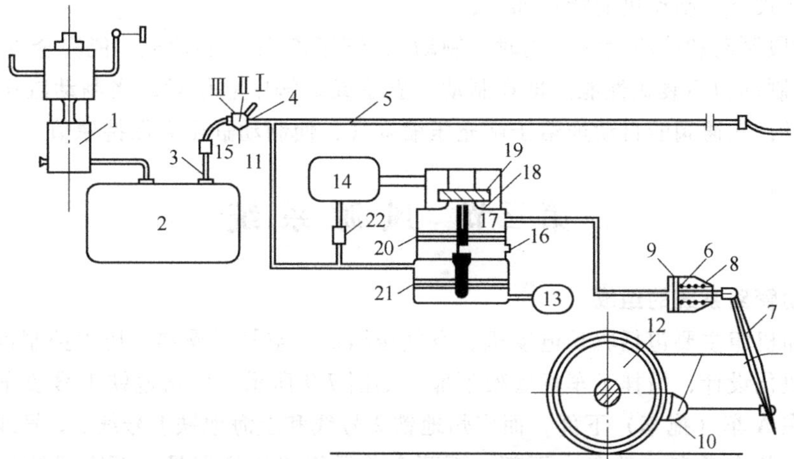

图 7-8 直通自动式空气制动机的结构

1—空气压缩机 2—总风缸 3—总风缸管 4—制动阀 5—制动管 6—制动缸 7—基础制动装置 8—制动缸缓解弹簧 9—制动缸活塞 10—闸瓦 11—制动阀 E_X 口 12—车轮 13—定压风缸 14—副风缸 15—给气阀 16—三通阀排气口 17—排气阀口 18—进气阀口 19—进排气阀 20—制动缸压力活塞 21—主活塞 22—单向阀 Ⅰ—缓解位 Ⅱ—保压位 Ⅲ—制动位

时，定压风缸充气，制动缸缓解。而副风缸只要其压力低于制动管压力，在单向阀作用下制动管会自动向其补充压缩空气，并不受作用位置的限制。

（2）制动位　制动阀操纵手柄置于制动位Ⅲ，制动管以一定的速度减压，定压风缸的压缩空气来不及通过充气沟逆流，主活塞上、下两侧形成压差，主活塞上移。首先，排气阀口顶住进排气阀，关闭了制动缸与大气的通路。同时，充气沟被主活塞遮断，主活塞两侧压差进一步加大，主活塞克服进气并弹簧压力而打开进排气阀进气口，形成副风缸通过进气阀口至制动缸充气的通路。同时制动缸压力也作用在制动缸压力活塞上侧。

（3）制动中立位　制动阀操纵手柄置于保压位Ⅱ，制动管停止减压。这时主活塞上侧压力停止下降，但三通阀仍处于制动位，副风缸继续向制动缸充气，制动缸压力活塞上侧压力也继续增加。当制动缸压力作用在制动缸压力活塞上侧产生的作用力与进排气阀弹簧力，再加上主活塞上侧制动管压力产生的作用力，稍稍大于定压风缸压力在主活塞下侧产生的作用力时，进排气阀压向进气阀口，切断副风缸向制动缸的充气通路。这时排气阀口也没有开启，制动缸处于保压状态，三通阀处于制动中立位。若司机将制动阀操纵手柄在制动位、中立位来回扳动，三通阀将反复处于制动位与制动中立位，即得到阶段制动。

（4）缓解中立位　列车制动后充气缓解，当制动管压力尚未充至定压时，司机将制动阀操纵手柄置于中立位，制动管停止增压。这时由于主活塞上侧制动管压力仍小于定压风缸的压力（基本上仍保持制动管定压），因此当制动缸压力减至一定值时，作用在活塞上的制动管、制动缸和定压风缸三者压力使向上的压力略大于向下的压力，活塞上移，排气阀口关闭。但向上的力较小，不足以顶开进排气阀，制动缸保证，三通阀处于缓解中立位。

在制动管充至定压前，反复使制动管处于增压、保压状态，就能实现阶段缓解，当制动管最终充至定压，制动缸就彻底缓解完毕。

直通自动式空气制动机的特点如下：

1）能阶段制动和阶段缓解。同时，制动管要充到定压，制动缸才能完全缓解。

2）具有制动力不衰减性能。即在制动中立位或缓解中立位时，当制动缸压力因泄漏等原因而下降时，三通阀能自动地给予站充压缩空气，使制动缸压力保持原值。

第三节　风源系统

一、制动管路系统的组成

空气压缩机组主要包括驱动电动机、空气压缩机、空气干燥器、压力控制器等。空气压缩机采用模块化设计，吊挂于车辆底架下部，如图 7-9 所示。广州地铁 1 号线车辆的空气压缩机组安装在 A 车（拖车）下部，而广州地铁 2 号线和上海地铁 1 号线、2 号线车辆的空气压缩机组均安装在 C 车（动车）下部。而两个单元组成的列车具有两套风源系统，为了减少压缩机的磨损，列车前部单元的空气压缩机总是给整列车供风，而不同时使用两组压缩机单元。带有空气压缩机组的拖车管路系统如图 7-10 所示，与其编组的动车，除风源系统、受电弓管路以外，其他管路也同拖车一样。该系统中每辆车上设有四个风缸，其中包括一个 250L 的总风缸，一个 100L 的空气悬架系统（空气弹簧）风缸，一个 50L 的制动储风缸和一个 50L 的客室风动门风缸。另外装用单塔式干燥器还附设一个 50L 的再生风缸。

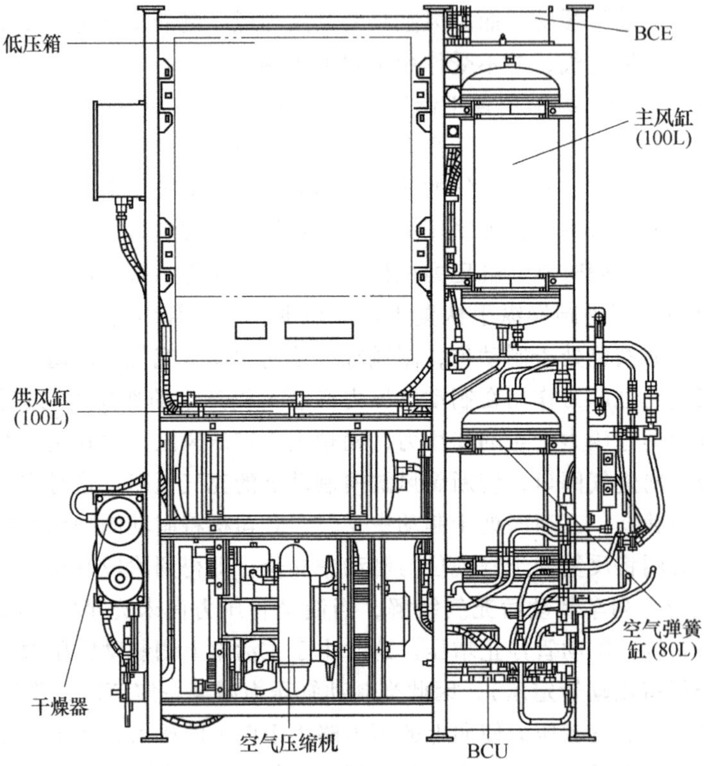

图 7-9　空气制动系统的布置图

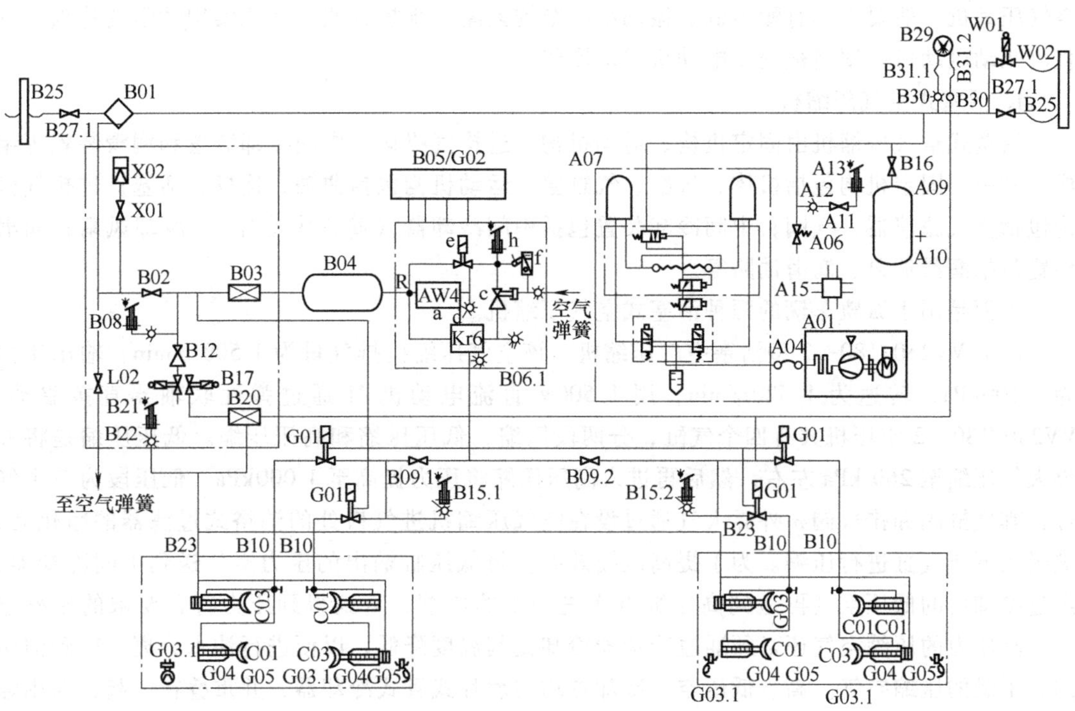

图 7-10　带有空气压缩机组的拖车管路系统

A—供风系统　B—制动系统　C—基础制动　G—防滑系统　L—空气弹簧系统　W—车钩　X—车间供气

图 7-11 所示的是每车均有的空气弹簧管路，主要由截断阀门（L01，L06）、滤清器（L02）、溢流阀（L03）、空气弹簧风缸（L04）、高度阀（L07）和差压阀（L08）等组成。

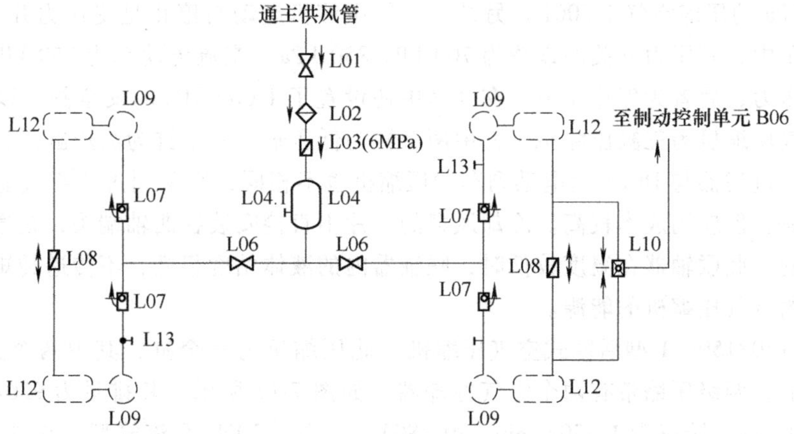

图 7-11　空气弹簧管路

二、空气压缩机

城轨车辆的制动系统及其他一些系统所使用的压缩空气（也称压力空气）都是由空气压缩机组（简称空压机）产生的，电动机通过联轴器直接驱动空气压缩机。同前，城轨车辆中采用的空气压缩机主要有活塞式空气压缩机和螺杆式空气压缩机两种。城轨车辆采用的空气压缩机一般要求具有噪声低、振动小、结构紧凑、维护方便、环境实用性强的特点，其直流驱动电动机已逐渐被交流电动机驱动取代。

1. 活塞式空气压缩机

活塞式空气压缩机由固定机构、运动机构、进排气机构、中间冷却装置和润滑装置等组成。其中，固定机构包括机体、气缸、气缸盖；运动机构包括曲轴、连杆、活塞；进排气机构包括空气滤清器、气阀；中间冷却装置包括中间冷却器（简称中冷器）、冷却风扇；润滑装置包括润滑油泵、润滑油路等。

下面是用于城轨车辆的两种活塞式空气压缩机。

（1）VV230/180—2 型活塞空气压缩机　该空气压缩机排气量为 1 500L/min，输出压力为 1 100kPa，转速为 1 520r/min，用 1 500V 直流电动机 M 通过弹性联轴器直接驱动。VV230/180—2 空压机共有四个气缸，分两段压缩，低压压缩和高压压缩。低压压缩是将外界大气压缩至 260 kPa 左右，然后再进入高压压缩将压力提高至 1 000kPa。低压段为三个气缸，其气缸阀和排气阀，外界大气通过设在空气压缩机进气口处的油浴式过滤器的净化后，被吸入低压气缸进行压缩。为了提高压缩效率，将低压缸输出的压力空气送到中间冷却器，经过冷却后的低压空气再送到高压缸再作进一步的压缩，直到得到压力符合要求的压缩空气。高压力的压缩空气还必须通过冷却器冷却使其温度降低，以便进行油水分离，得到洁净的、干燥的压缩空气。高、低压空气冷却器均匀翘片式管式冷却器，并重叠在一起，采用强迫通风冷却。强迫通风的风源来自于安装在曲轴端头的风叶。

压缩机运行时，其气缸的润滑是依靠烧焊在曲轴上的小铁片将曲轴箱内的机油刮起，飞溅到气缸壁上来润滑的，这种润滑方式称为飞溅润滑。正因为采用了这种润滑方式而使空压机输出的压缩空气含有了一定量的油分。

VV230/180—2 空气压缩机在直流电动机的直接驱动下以 1 520r/min 的速度旋转，每分钟可提供 1MPa 的压缩空气 1 500L。另外，空气压缩机起动与停止是受压力开关的控制的。在直流传动车中，其压力开关的设置为 700 kPa/850 kPa（交流传动车为 750 kPa/900 kPa），前者为开起压力，后者为停止压力。在气路中还设置了 1 000 kPa 的安全阀，以防压力开关失效。此空气压缩机为三缸压缩机，其中两个缸为低压缸，一个缸为高压缸。另外，其所采用的吸入空气过滤器与 DC01 型电动列车的压缩机也不相同，它采用过滤纸过滤，效果较油浴式过滤器好，但应用成本较高。冷却风扇的叶片不直接安装在曲轴端头，是通过温控液力联轴器连接的。此联轴器在温度较低时，联轴器内的液体粘度很低，不传递转矩。使用这种联轴器可节约空气压缩机的能源。

（2）VV120/150—1 型活塞式空气压缩机　此压缩机为三个缸，其中两个缸为低压缸，一个为高压缸，两级压缩带有两个空气冷却器，如图 7-12 所示。其排量为 920L/min，输出压力为 1 000 kPa，转速为 1 450r/min，由 380V、三相、50Hz 交流笼型号步进电动机驱动。电动机与压缩机之间是永久连接，不需要维护，有一个自对中心的凸缘连接，这种布置就不需要在电动机和压缩机之间有很精确的直线连接。其空气过滤器采用过滤纸过滤，其效果较油浴式过滤器好，但应用成本高，冷却风扇的叶片不直接安装在曲轴端头，是通过温控液力联轴器连接，也称粘性连接。在温度较低时，联轴器内的液体粘度很低，不传递转矩，故可节约能源。该空气压缩机组的一个主要优点是在 4. 6m 距离内噪声的声压级只有 64dB（A）。

压缩机采用双级压缩方式，两台气缸用于低压级，一台气缸用于高压级。气缸盖上装有

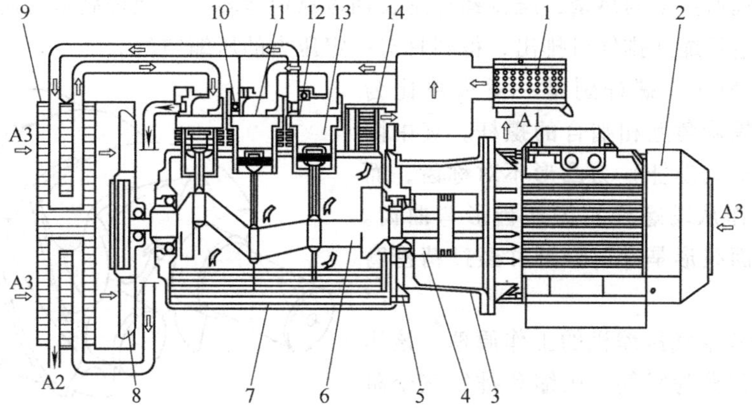

图 7-12 VV120/150—1 型活塞式空气压缩机的结构

1—进风口过滤器 2—电动机 3—过滤法兰 4—波纹管联轴器 5—油位指示器管 6—曲轴 7—曲轴箱 8—风扇叶轮 9—冷却器 10—出风阀 11—吸入阀 12—安全阀 13—气缸 14—集油器 A1—进风口 A2—出风口 A3—冷却空气

吸排气一体阀。空气直接进入干式过滤器清洁—吸入低压级进行压缩—进入一次冷却器—进入高压级气缸压缩到最终压力—流经二次冷却器冷却—最后进入压力容器。

活塞式空气压缩机的应用广泛，技术成熟，可靠性和稳定性好，不需要特殊润滑，性价比具有吸引力。

2. 螺杆式空气压缩机

(1) 螺杆式空气压缩机的特点

1) 噪声低，振动小。当螺杆式空气压缩机工作时，旋转部件和精密磨削制造的阴、阳螺杆和机壳之间，互相密贴和啮合的间隙是通过喷油实现密封和冷却的，并不产生机械接触和摩擦，因而在工作中噪声低。它的喷油润滑又使噪声强度大大降低，一般不超过 85dB (A)。另外，它压缩空气的过程是连续的，不受气阀开闭的制约，所以，压缩空气流动也连续而且平稳。

2) 可靠性高和寿命长。螺杆式空气压缩机工作时，除了轴承和轴封等部件外，没有因相对运动而承受摩擦的零部件。阴、阳螺杆和机壳之间并不产生机械接触和摩擦，即在工作中不产生磨损，使它具有高可靠性并免维护。通常螺杆式空气压缩机的检修周期可以保证不短于整车的大修期。

3) 维护简单。在运用中，检查、检修人员只要注意观察螺杆式空气压缩机的机油油位不低于油表或视油镜刻线，保证空气滤清器未脏到堵塞的程度，那么空气压缩机就能工作，它不需要给予特别的关照。

(2) 螺杆式空气压缩机的结构 螺杆式空气压缩机的主机是双回转轴容积式压缩机，转子为一对互相啮合的螺杆，螺杆具有非对称啮合型面。主动转子为阳螺杆，从动转子为阴螺杆。常用的主副螺杆齿数比依压缩机容量不同而有所不同，为 4∶5、4∶6 或 5∶6。两个互相啮合的转子在一个只留有进气口和排气口的铸铁壳体里面旋转，螺杆的啮合和螺杆在壳体之间的间隙通过精密加工严格控制，并在工作时向螺杆腔内喷压缩机油，使间隙被密封，并将两转子的啮合面隔离，防止机构接触磨损。另外，不断喷入的机油与压缩空气混合，用来带走压缩过程所产生的热量，维持螺杆副长期可靠地运转。当螺杆副啮合旋转时，它从进气口吸气，经过压缩从排气口排出，得到具有一定压力的压缩空气。

如图 7-13 所示，螺杆副是一对齿数比为 4∶6，以特定螺旋角互相啮合的螺杆。其中阳螺杆（通常作驱动螺杆）为凸形不对称齿，而阴螺杆（常用作从动螺杆）为瘦齿形弯曲齿。两螺杆的齿断面线形是专门设计并经过精密磨削加工的。

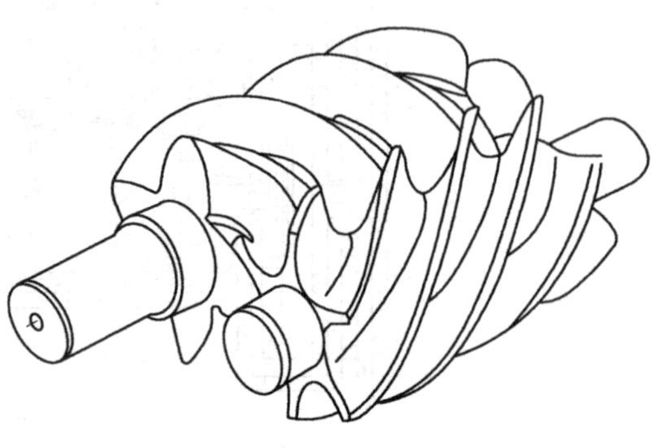

图 7-13　螺杆式空气压缩机的螺杆副

（3）螺杆式空气压缩机的工作原理　该压缩机的工作过程分为吸气、压缩和排气三个阶段，其结构如图 7-14 所示。

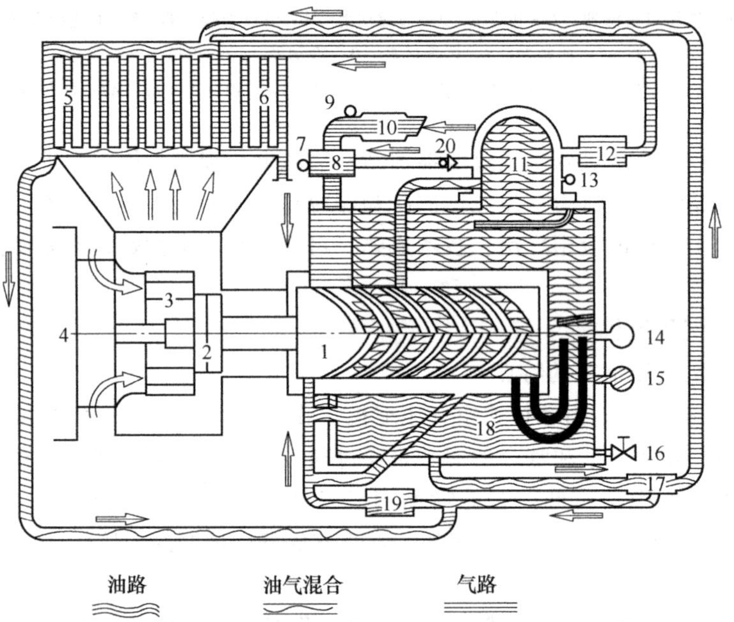

图 7-14　螺杆式空气压缩机的结构

1—螺杆式空气压缩机　2—联轴器　3—冷却风机　4—电动机　5—空、油冷却器（机油冷却单元）　6—冷却器（压缩空气后冷却单元）　7—压力开关　8—进气阀　9—真空指示器　10—空气滤清器　11—油细分离器　12—最小压力维持阀　13—安全阀　14—温度开关　15—视油镜　16—泄油阀　17—温度控制阀　18—油气筒　19—机油过滤器　20—逆止阀

1）吸气过程。螺杆安装在壳体内，在自然状态下就有一部分螺杆的沟槽与壳体上的进气口相通。也就是说，在任何时候，无论螺杆式空气压缩机的螺杆旋转到什么位置，总有空气通过进气口充满进气口相通的沟槽，这是压缩机的吸气过程。主副两转子在吸气终了时，已经充盈空气的螺杆沟槽的齿顶与机壳腔壁贴合，此时，在齿槽内的空气即被隔离，不再与外界相通并失去相对流动的自由，即被“封闭”。当吸气过程结束后，两个螺杆在吸气口的反面开始进入啮合，并使得封闭在螺杆齿沟里的空气的体积逐渐减小，压力上升，压缩随之开始。

2）压缩过程。随着压缩机两转子的继续转动，封闭有空气的螺杆沟槽与相对螺杆齿的啮合，从吸气端不断地向排气端发展，啮合的齿逐渐占据原来已经充气沟槽的空间，将在这个沟槽里的空气挤压，体积渐渐变小，而压力则随着体积变小而逐渐升高。空气是被裹带着一边转动，一边被继续压缩的，从吸气结束开始，一直延续到排气口打开之前。当前一个螺杆齿端面转过被它遮挡的机壳端面上的排气口时，在齿沟内的空气即与排气腔的空气相连通，受挤压的空气开始进入排气腔，至此在压缩机内的压缩过程即结束了。这个体积减小压力渐升的过程，是压缩机的压缩过程。在压缩过程中，压缩机不断地向压缩室和轴承喷射润滑油。

3）排气过程。压缩过程结束，封闭有压缩空气的螺杆沟槽的端部边缘与螺杆壳体端壁上的排气口边缘相通时，受到挤压压缩的空气被迅速从排气口推出，进入螺杆压缩机的排气腔。随着螺杆副的继续转动。螺杆啮合继续向排气端的方向推移，逐渐将在这个沟槽里的压缩空气全部挤出，这是压缩机的排气过程。

螺杆式空气压缩机壳体的进气口开口的大小及边缘曲线的形状，是与螺杆的齿数及螺旋角的角度相关的。而压缩机后端壁上的排气口开口形状（呈现为碟形）及尺寸也是由压缩机的压缩特性及螺杆的端面齿形所决定的。

在这里所讲的螺杆式空气压缩机的工作原理，是以螺杆的一个沟槽为实例展开的，并且把它的工作过程分成为吸气、压缩和排气三个阶段。实际上压缩机螺杆的工作转速很快，而且主动螺杆和从动螺杆的每一个沟槽，在运转过程中承担着相同的任务，即将它的空腔在进气侧打开吸进空气，然后再将其带到排气侧压缩后排出。螺杆的相邻两个沟槽的同一个工作阶段，尽管有先有后，但由于这个过程速度非常快，而且周而复始，所以实际上是重叠发生的。这形成了螺杆式空气压缩机工作的连续性和供气的平稳性，保证它的低振动和高效率。

螺杆空气压缩机的工作循环，是在啮合的螺杆齿和齿沟间，一个接一个周而复始连续不断地进行的。而且它的压缩过程只是当齿沟里的空气被挤进排气腔中才完成的，所以没有像活塞式压缩机那样的振动和排气阀开闭形成的冲击噪声。

第四节　电制动系统

电制动是车辆在常用制动下的优先选择，仅带驱动系统的动车具有电制动。电制动分再生制动和电阻制动两种形式，优先使用再生制动。电制动具有独立的滑行保护和载荷校正功能。为此，每节动车装备有一个三相调频压逆变器（VVVF）、一个牵引控制单元（DCU）、一个制动电阻、四个自冷式三相交流电动机 M_1、M_2、M_3、M_4（每轴一个，相互并联）。

一、再生制动

当发生常用制动时，电动机 M 变成发电机状态运行，将车辆的动能变成电能，经 VVVF 逆变器整流形成直流电反馈于接触网，供列车所在接触风供电区段上的其他车辆牵引和本车的其他系统（如辅助系统等）用，此过程称为再生制动。再生制动的结构示意图，如图 7-15 所示。再生制动取决于第三轨（或接触网）的接收能力，亦取决于网压高低和负载利用能力。

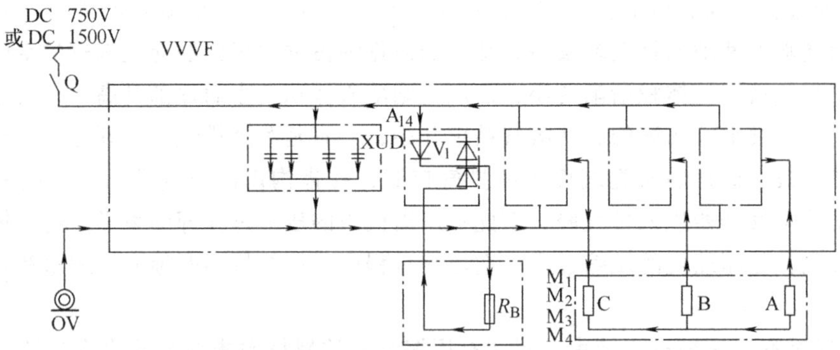

图 7-15　再生制动的结构示意图

二、电阻制动

如果制动列车所在的接触网供电区段内由其他列车吸收该制动能量，VVVF 则将能量反锁在线路电容上，使电容电压 XUD 迅速上升，当 XUD 达到最大设定值 1 800V 时，DCU 启动能耗斩波器模块 A_{14}的门极关断晶闸管 GTO；VD_1、GTO 打开制动电阻 R_B，制动电阻 R_B 与电容并联，将发电机上的制动能量转变成电阻的热能消耗掉，此过程称为电阻制动（亦称能耗制动）。电阻制动能单独满足常用制动的要求。电阻制动的结构示意图，如图 7-16 所示。

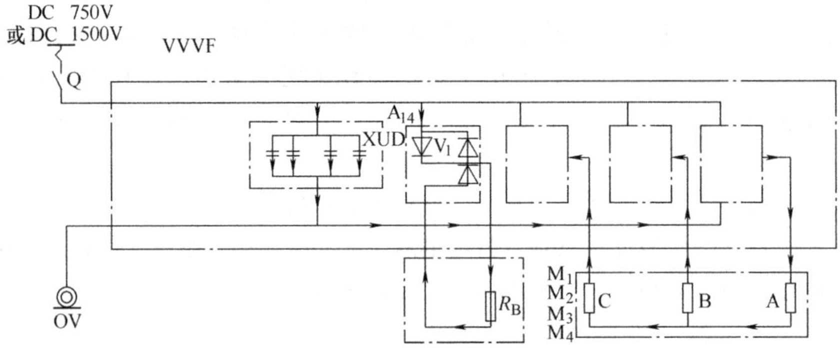

图 7-16　电阻制动结构示意图

电阻制动是承担电动机电流中不再生的那部分制动电流。再生制动电流加电阻制动电流等于制动控制要求的总电流，此电流受电动机电压的限制。再生制动与电阻制动之间的转换由 DCU 控制，能保证它们连续交替使用，转换平滑。

制动电阻安装在车体底架上的牵引逆变箱外。制动电阻是由不会被磁化的镍铬合金制成的。制动电阻由一个 1 500W 三相风机强迫风冷。制动电阻内有一个惠斯通电桥监测装置提供超温报警。监测装置的输出信号传送给牵引控制单元 DCU。

电制动具有独立的滑行保护功能。由于四台电动机是并联连接的，因此当 DCU 检测出任意一根轴发生滑行，DCU 只能对四台电动机进行同步控制，同时降低或切除四台电动机的电制动力。

第五节 基础制动装置

空气制动系统中的制动执行装置，通常被称为基础制动装置。根据制动方式的不同，基础制动装置主要有闸瓦制动和盘式制动两种形式。

铁路车辆上最简单的闸瓦制动是单侧闸瓦基础制动装置。制动时，制动控制装置根据制动指令命令制动缸活塞推杆产生推力，经一系列杆件的传递、分配，使每块闸瓦都紧贴车轮踏面。车轮踏面之间相对滑动，产生摩擦力，再通过轮轨关系转化为轮轨之间的制动力。缓解时，制动控制装置将制动缸内压力空气排出，制动缸活塞在缓解弹簧的作用下退回，通过杆件带动闸瓦离开车轮踏面。在这种基础制动装置中，一个制动缸可以通过各种杆件带动八块闸瓦，对一节车进行制动作用。

由于一般城市轨道交通车辆（如地铁车辆）的车体底架下安装的设备较多，没有很大的空间来安装类似于上述的基础制动装置，因此大多数城市轨道交通车辆采用单元制动器。单元制动器和基础制动装置的制动方式完全一样，只是执行对象数量少些。它们之间各有特点：基础制动装置由于采用杠杆联动机构，所以各个轮对的制动力均匀，同步性良好；而单元制动器是单个供气动作，轻便灵活、体积小、占用空间少、灵敏度高。

一、单元制动器概述

一般单元制动器都将制动缸传动机构、闸瓦间隙调节器以及悬挂装置连在一起，形成一个紧凑的作用装置。有的单元制动器做成立式的，有的则做成悬挂式的，这主要取决于安装方式的不同。

广州的地铁车辆、上海地铁车辆采用的单元制动器是由德国诺尔制动机厂生产的。每个转向架上装有四个单元制动器，分别对四个车轮进行制动。单元制动器分为两种型号：一种为 PC7Y 型；另一种为 PC7YF 型。它们的结构基本一致。下面以 PC7Y 型和 PC7YF 型单元制动器为例，说明单元制动器的构造和功能。

1. 单元制动器的特点

PC7Y 和 PC7YF 型单元制动器具有以下特点：

1）有弹簧停车制动及手动辅助缓解装置（PC7YF 型）。

2）有闸瓦间隙调整器。

3）制动传递效率高，均在 95% 左右。

4）占用空间小，安装简单。

5）性能稳定，作用可靠，维修方便。

2. 单元制动器的主要技术参数

PC7Y 型、PC7YF 型单元制动器的主要技术参数见表 7-1。

表 7-1 PC7Y 型、PC7YF 型单元制动器的主要技术参数

项目		数值
制动倍率	常用制动器	2.85
	弹簧制动器	1.15
制动缸工作压力/kPa		300～600

（续）

项　　目	数　　值
最大闸瓦压力/kN	45
弹簧制动缓解压力/kPa	5 300 ~ 80 000
闸瓦磨耗一次最大调整量/mm	15
最大间隙调整能力/mm	110
PC7Y 型单元制动器质量（包括闸瓦）/kg	63
PC7YF 型单元制动器质量（包括闸瓦）/kg	85

二、PC7Y 型单元制动器

PC7Y 型单元制动器由制动缸缸体、活塞、传动杆杠、手制动杠杆、活塞、缓解弹簧、闸瓦间隙自动调整器、扭簧、闸瓦等组成，如图 7-17 所示。

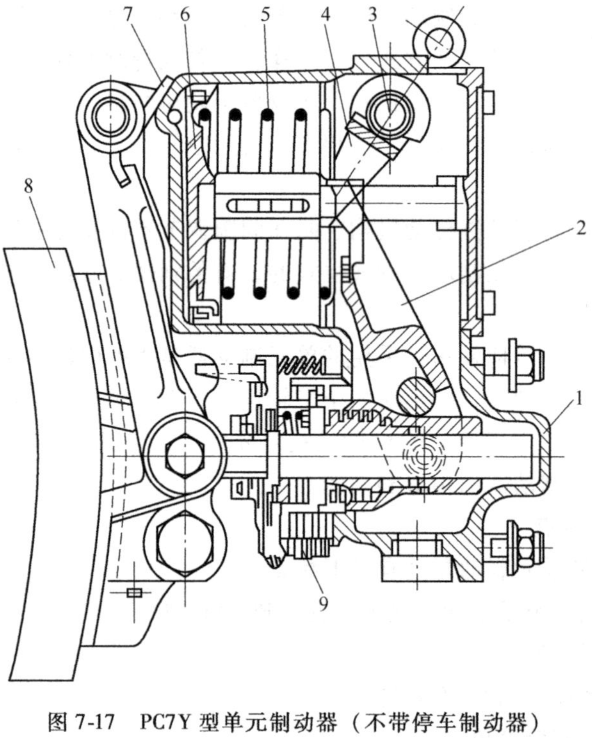

图 7-17　PC7Y 型单元制动器（不带停车制动器）

1—制动缸缸体　2—传动杠杆　3—安装在制动缸缸体上的枢轴　4—手制动杠杆
5—缓解弹簧　6—活塞　7—扭簧　8—闸瓦　9—闸瓦间隙自动调整器

制动时，单元制动器的制动缸内被充入压力空气，推动活塞移动并转变为活塞杆的推力。活塞杆带动增力杠杆围绕安装在壳体上的销轴转动。由于增力杠杆的增力比为1 ∶ 2.85，所以该推力通过杠杆使力扩大近 3 倍后传递给闸瓦间隙自动调整器外壳，再传到主轴，最后传给闸瓦；缓解时，制动缸内的压力空气被排出，制动缸缓解弹簧和扭簧将主轴和活塞恢复原位，整个单元制动机恢复缓解状态。

由于闸瓦是一个磨耗件，所以经过一定时间的运行，闸瓦与车轮踏面之间会出现间隙，这对摩擦制动效率影响极大。对于闸瓦与踏面之间产生的间隙，不能采用人工的方式去检测或调整。因此，单元制动机都带有一个闸瓦间隙自动调整器。闸瓦间隙自动调整器的工作原理比较复杂，下面作一些简单的介绍。

闸瓦间隙自动调整器由调节套筒、大螺距非自锁螺杆、推力螺母、联合器螺母、行程限位套、预紧力弹簧和滚珠轴承等组成，如图 7-18 所示。

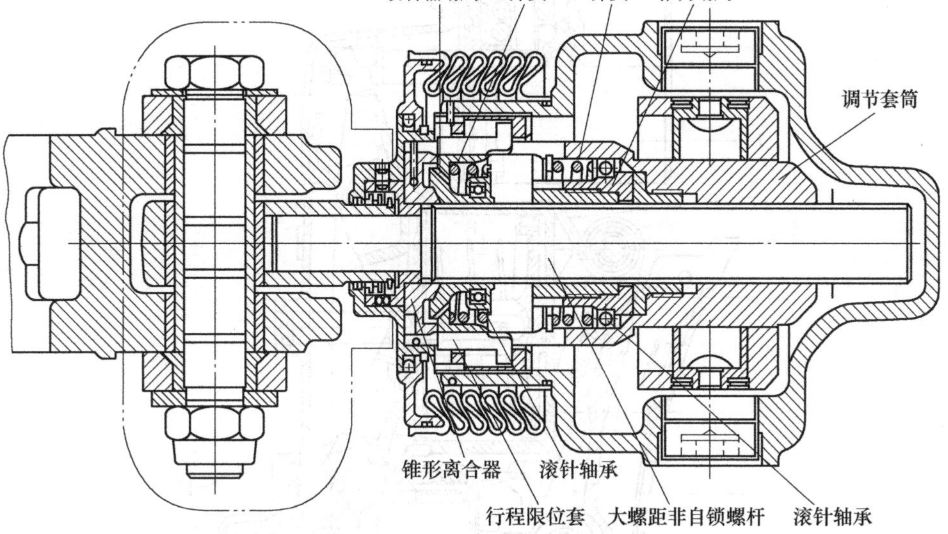

图 7-18 闸瓦间隙自动调整器

当骑跨在两节套筒上的杠杆通过调节套筒两侧的销轴带动调节套一起向车轮踏面方向（该方向即为闸瓦制动时的前进方向）运动时，行程限位套上两侧镶嵌在调节套筒两侧长槽中的销轴首先受到外壳止挡环的阻挡面停止向前，而闸瓦间隙自动调整器的其他部件尚未受到阻挡还在继续向前。这时行程限位套前端与联合器螺母相啮合的一副伞形离合器开始脱离，而调节套筒继续推动推力螺母前进。此时若闸瓦与车轮踏面有间隙，制动杆继续前进，联合器螺母则会在弹簧和滚珠轴承作用下发生转动，在大螺距非自锁螺杆上向后移动，直到闸瓦与车轮踏面紧贴，制动杆停止前进，联合器螺母重新与行程限位啮合而停止转动。

制动缓解时，制动缸活塞回位弹簧螺母啮合弹簧与扭簧使杆杠又带动闸瓦间隙自动调整器的调节套筒向后运动。当制动杆受行程限位套和联合螺母啮合不能再后退时，调节套筒继续后退，并与推力螺母分离，推力螺母在弹簧和滚珠轴承的作用下发生转动，在大螺距非自锁螺杆上向后移动，使其与调节套筒及连接环重新紧密啮合。推力螺母后退的距离与联合器螺母后移的距离相同，它们之间仍保持原来的距离，只不过两个螺母在制动杆上的位置都向后移动了，而后移的距离即为闸瓦磨损的间隙。这样，单元制动机自动完成了一次闸瓦磨损间隙的补偿过程。

三、PC7YF 型单元制动器

PC7YF 型单元制动机的结构与 PC7Y 型单元制动机完全一样，只是多了一个停放制动器，如图 7-19 所示。停放制动器实际上是一个弹簧制动器，是利用释放弹簧储存的弹性势能来推动弹簧制动缸活塞，带动两级杠杆使闸瓦制动的。而它的缓解则需向弹簧制动缸充气，通过活塞移动使弹簧压缩，从而使制动缓解。弹簧制动器一般也是用电磁阀来控制其充气和排气的。因此，司机可以在驾驶室内控制停车制动。

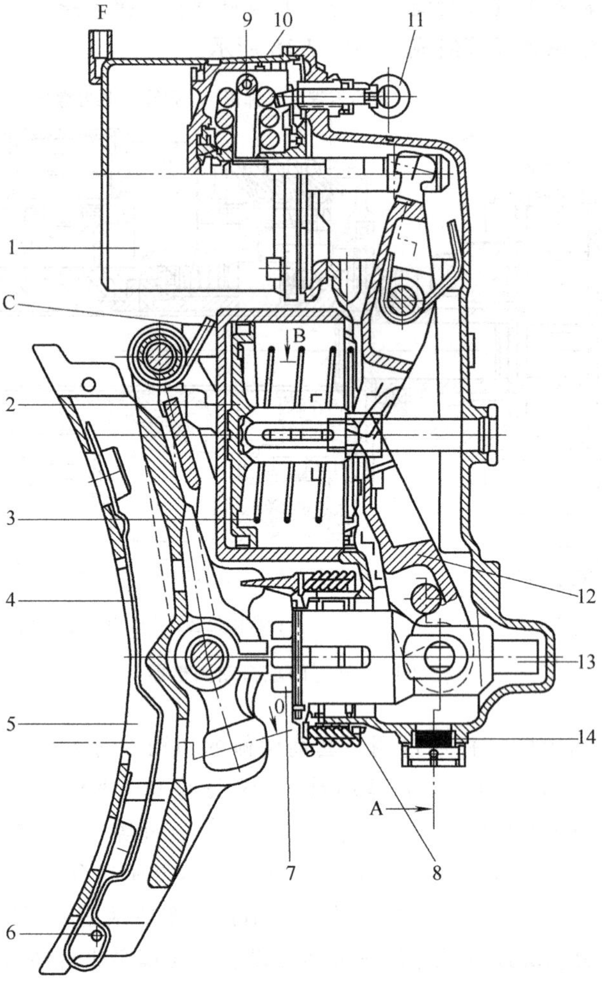

图 7-19 PC7YF 型单元制动器（带弹簧制动器）

1—制动缸 2—制动缸活塞 3—缓解弹簧 4—锁紧簧片 5—闸瓦
6—开口销 7—调整螺母 8—皮腔 9—弹簧制动器的弹簧 10—弹簧制动器的活塞
11—紧急缓解拉环 12—杠杆 13—闸瓦间隙自动调整器的推杆 14—滤清器
F—压力空气向弹簧制动器充气时的接口 C—压力空气向制动缸充气时的拉接口

弹簧制动器的工作原理：弹簧制动器用于停车制动。当停车制动缓解风缸排气后，制动弹簧将活塞杆推向前方，带动停车制动杠杆、推动制动杠杆，最后将闸瓦推向车轮踏面，实现停车制动。

当向缓解风缸充气时，压缩空气推动活塞克服弹簧的作用力，使活塞杆、制动杠杆等一一复位，停车制动得到缓解。所以停车制动是排气制动，充气缓解。另外，停车制动还可通过拉动辅助缓解装置缓解拉环、使缓解活塞杆和螺纹套筒（两者为非自锁螺纹连接）相对移动，释放弹簧作用力，达到缓解的目的。

PC7YF 型单元制动器（带弹簧制动器）是由气缸、活塞、双锥形弹簧、螺杆、螺套、定位销、弹簧盘（共两个，其中一个外圈为方齿圈）、导向杆、杠杆、平面轴承和机壳等组成。

弹簧制动器的停车制动和缓解过程如下：

当压缩空气从 F 口进入停放制动器的制动缸，其活塞被推右移，安装在活塞内的双锥形弹簧受压缩，而活塞中心线上的螺杆及螺套也被推动向后运动，但很快螺杆被机壳抵住不能再运动，因为螺套与机壳的距离很小。这时活塞在制动缸中还有很大一段活动距离，还在继续向前压缩锥形弹簧。由于中间的螺杆也是大螺距非自锁螺杆，只要外界有推力，螺杆就能自动旋入螺套内而保持活塞继续压缩锥形弹簧。当锥形弹簧被压缩到位后，活塞才停止运动。在活塞和螺杆向右运动时，与螺套尾部相连的杠杆顺时针转动，其另一端将常用制动的活塞杆向左推，使单元制动机处于制动缓解状态。

当停放制动缸排气时，活塞在锥形弹簧的弹力作用下向左运动，螺套及螺杆也向左移动，带动杠杆逆时针转动，使常用制动的活塞杆向右推，单元制动机处于制动状态。因为停放制动器在制动状态时不需要压缩空气，仅靠弹簧的弹力就能使单元制动机产生制动作用，所以可以用于无压缩空气的车辆（停放的列车一般都切断电源，因此空气压缩机停止工作）。

但在此过程中非自锁螺杆又不转动而带动螺套运动，是因为弹簧盘与螺杆头部之间存有一副锥形离合器，当弹簧盘被活塞带动向左运动时，锥形离合器就合上了，使弹簧盘与螺杆之间不能有相对的转动。此外，弹簧盘与锥形弹簧是紧配合，所以只要弹簧盘不转动，锥形弹簧就不会转动。这时我们再看一下锥形弹簧的另一端，另有一个弹簧盘套在制动缸盖的导向管上，它们之间是动配合。两个弹簧盘的外侧都装有推力轴承，因此整个锥形弹簧组件是可以灵活转动的。但在缸盖一侧的弹簧盘上带有一圈矩形齿，有一个安装在外壳上的定位销正好插在矩形齿中，使弹簧盘不能转动，因此整个锥形弹簧组件也就不能转动。所以，在制动缸排气时活塞能带动整个锥形弹簧组件向左运动，从而带动杠杆逆时针转动，实现弹簧力制动。

如前所述，只要向停车制动缸充气，就可以完成停车制动的缓解（释放）。停车制动的缓解可以在驾驶室内由司机操作。

停车制动的缓解也可以由人工操作。列车在进行检修作业时，总风缸内一般无压缩空气，车辆是被弹簧制动锁住的。若需移动车辆，必须将停放制动释放。这时可将插在弹簧盘气矩形齿轮内的定位销用专门工具拔出，即可使弹簧制动缓解。这是因为锥形弹簧组件在平时制动或缓解中被定位销锁住不能转动，一旦定位销被拔去，锥形弹簧组件即可自由转动并伸长，同时带动螺杆旋转并将螺套向右移动。螺套的右移使杠杆顺时针转动，推动常用制动缸活塞杆向左移动。这时，常用制动的活塞回位弹簧及吊杆扭簧也共同发挥作用，使两杠杆都对主制动杆产生向右移动的力，停车制动得到释放。

弹簧制动器经人工缓解后不会自动复位。若要复位也很简单，只需向弹簧制动缸充一次气，锥形弹簧重新被压缩，定位销将弹簧盘锁住后即可。

目前，大部分采用 PC7Y 型和 PC7YF 型单元制动机的地铁或轻轨转向架，两台带弹簧制动器的 PC7YF 型单元制动机在转向架上是呈对角线布置的，可以分别对两个轮对进行停车制动。另一个对角线布置的是两台 PC7Y 型单元制动机。

四、闸瓦

1. 闸瓦的分类

闸瓦是指制动时，压紧在车轮踏面上以产生制动作用的制动块。

轨道车辆上使用的闸瓦基本上分为两大类，即铸铁闸瓦和合成闸瓦。在铸铁闸瓦中，又可分为中磷铸铁闸瓦管和高磷铸铁闸瓦。在合成闸瓦中，按其基本成分，可分为合成树脂闸瓦和石棉橡胶闸瓦；按其摩擦系数高低，又可分为高摩擦系数合成闸瓦和低摩擦系数合成闸瓦，称为通用闸瓦，可互换使用（不用改变基础制动装置的结构）。

2. 铸铁闸瓦

高磷铸铁闸瓦与中磷铸铁闸瓦相比，主要是提高了含磷量。中磷铸铁闸瓦的含磷量（质量分数，后同）为0.7%～1.0%，高磷铸铁闸瓦的含磷量为10%以上。高磷铸铁闸瓦的耐磨性比中磷铸铁闸瓦高1倍左右。

使用实践表明，高磷铸铁闸瓦的使用寿命约为中磷铸铁闸瓦的2.5倍以上。高磷铸铁闸瓦还有一个优点，就是制动时火花少。铸铁闸瓦的摩擦系数是随含磷量的增加而增大的，因此高磷铸铁闸瓦的摩擦系数大于中磷铸铁闸瓦。但含磷量过高，将增加闸瓦的脆性。试验证明，当含磷量超过1.0%时，闸瓦如不加钢背，便有裂损的可能，所以高磷铸铁闸瓦需采用钢背补强。

3. 合成闸瓦

合成闸瓦是以树脂、石棉、石墨、铁粉和硫酸坝等材料为主热压而成的闸瓦。

（1）合成闸瓦的优点　合成闸瓦与铸铁闸瓦相比，具有以下优点：

1）摩擦性能可按需要进行调整。合成闸瓦的摩擦性能可根据需要，用改变、调整配方和工艺的办法获得较为理想的效果，从而可以充分地利用轮轨间的黏着系数。

2）耐磨性能好，使用寿命长。合成闸瓦的耐磨性能好，使用寿命一般为铸铁闸瓦的3～10倍。

3）对车轮踏面的磨耗小，可延长车轮使用寿命。

4）质量轻。合成闸瓦的质量一般只为铸铁闸瓦质量的1/2～1/3。

5）可避免磨耗铁粉的污损及制动喷射火星而引起的火灾事故。铸铁闸瓦的磨耗铁粉，不仅会污损车辆的电气设备，而且在制动过程中产生的红铁粉（在较长距离和较大坡道区段更为严重）喷射出来，容易引起火灾。合成闸瓦制动时没有或很少有磨耗铁粉飞散，从而能防止火灾事故，并减轻对电气设备的不良影响。

6）摩擦系数比较平稳并能保证有足够的制动力。铸铁闸瓦在调整制动时摩擦系数较小，可能造成制动力不足，而在低速特别是接近停车时，其摩擦系数又上升较多，很容易引起列车的纵向冲动，甚至造成滑行而擦伤车轮。而合成闸瓦具有摩擦系数比较平稳的特性，在高速时，摩擦系数值变化较小，故仍能产生足够的制动力，在速度降低时摩擦系数值增加不大，故能使停车平稳，提高旅客乘坐的舒适度，减轻或防止设备的损坏。

（2）合成闸瓦的结构　合成闸瓦由于其材料本身强度小，所以必须在其背部衬压一块钢板（钢背）来增加它的抗压速度。整个合成闸瓦由钢背和摩擦体两部分组成，如图7-20所示。钢背内侧开有槽或孔，用以提高摩擦体与钢背的结合强度。低摩合成闸瓦钢背两端的中间部分制成凸起的挡块，两侧低平，以便与闸瓦托的四爪相结合，钢背外侧中部装有用钢板焊制成的闸瓦鼻子，其外形和中磷铸铁闸瓦相同。由于高摩合闸瓦的摩擦系数大，因此不能与通用闸瓦互换使用。为了防止混淆，将高摩合成闸瓦钢背两端的中间制成低平，两侧凸起，正好与低摩合成闸瓦相反，钢背内侧还焊有加强筋，以增加钢背的强度。为了增加散热面积和避免闸瓦裂损、脱落，合成闸瓦摩擦体的中部压成一条或两条散热槽。

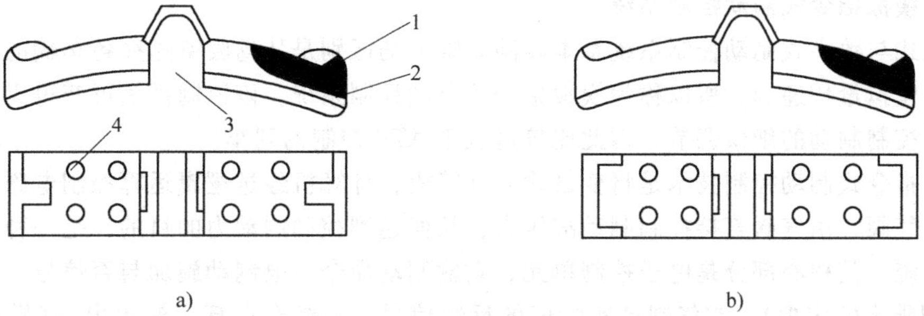

图 7-20　合成闸瓦

a）低摩合成闸瓦　b）高摩合成闸瓦

1—钢背　2—摩擦体　3—散热槽　4—冲孔

（3）合成闸瓦的缺点　虽然合成闸瓦具有很多优点，但它对车轮也有很大的影响，主要有以下几种情况：

1）热龟裂。由于闸瓦与车轮的接触不良，因而在车轮踏面上产生局部过热，形成热斑点，在个别情况下会发生热龟裂。

2）车轮的沟状磨耗。在制动频繁的区段上使用合成闸瓦会使车轮温度升高。车轮踏面呈现沟状磨耗，这是由于合成摩擦材料局部磨擦热膨胀引起的。温度越高时，这种磨耗在车轮踏面的外侧越容易发展。沟状磨耗是闸瓦横向摩擦造成的。研究制动时的踏面温度分布，便可以判断车轮踏面容易发生沟状磨耗的位置。

3）车轮的凹形磨耗。在冬季积雪地区使用合成闸瓦时，会发生这种磨耗。这是由于水介入到闸瓦摩擦表面所引起的。

除上述现象外，合成闸瓦对车轮踏面造成的常见的影响有毛细裂纹、热裂纹、滑行裂纹和踏面剥离等。

第六节　制动控制系统

制动控制系统是制动系统在司机或其他控制装置（ATC）的控制下，产生、传递制动信号，并对各种制动方式进行制动分配、协调的部分。目前，制动控制系统主要有空气制动系统和电控制动系统两大类。当以压力空气作为空气制动信号传递和控制制动力介质时，该制动系统称为空气制动系统，又称空气制动机；以电气信号来传递制动信号的制动控制系统，称为电气指令式制动控制系统。地铁车辆普遍采用电气指令式制动控制系统，而电气指令式制动控制系统分为两种类型：数字指令式制动控制系统和模拟指令式制动控制系统。

一、数字指令式制动控制系统

所谓数字式是指由 0 到 1 组成的 2 进制数，在用 3 位数组合时，除了（000），还有（001、010、100、101、110、111）7 组组合。在制动控制上，使 0 对应制动控制线 off，1

对应制动控制线（n 根），可以得到更多（$2n-1$）级的制动。北京地铁曾研制和采用了这种制动机，就操作方便性来说，通常有 7 级制动已基本够用。利用上述原理传递制动指令的控制系统，称为数字指令式制动控制系统。此种制动机与空气制动机比较，具有制动指令传递速度快，制动分级多，制动力均匀等优点，但仍然是分级控制。

二、模拟指令式制动控制系统

模拟式与数字式制动控制系统基本相同。唯一的区别是从驾驶室送往各车辆的制动电气指令是用模拟量传递的，所以称为模拟指令式制动控制系统。该控制系统可获得无限级制动力，即可控制制动的细微调节，因此比较适宜于 ATC 控制的列车。

模拟指令式制动控制技术是将变量输入计算机，计算机经过逻辑运算控制电磁阀，由电磁阀控制气阀，由气阀直接控制制动缸压力，从而达到控制制动力的目的，是一种先进的电控控制系统。其核心部分是电子控制单元，它输制动命令、电制动施加与否信号、车体载荷信号（即乘客的多少）、空气制动实际值的反馈信号，经综合运算后输出电-气模拟转换和防滑控制的电信号，控制各种电磁阀，根据制动要求和实际情况不断调整制动缸压力。系统的另一个重要部件是制动控制单元，它由模拟控制阀、紧急制动阀、负载限压阀、中继阀等电磁阀组成，集成安装在一块内通管路的模板上，接受电子控制单元的指令，完成电-气转换，然后对制动风缸压力进行控制。制动系统逻辑框图如图 7-21 所示。

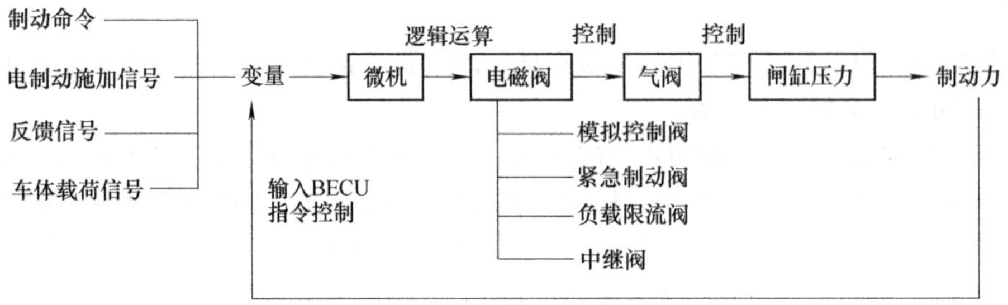

图 7-21　制动系统逻辑框图

第七节　KBWB 模拟式电气指令制动系统

一、概述

上海 AC03 型列车采用的 KBWB 模拟式电气指令制动系统是由原来的英国西屋电气公司（现已并入克诺尔制动机公司）设计的制动系统。该系统按照整车模块化原则设计，集成度较高。它将微机制动控制单元、空气制动控制单元、风缸和风源等全部安装在一个架上，如图 7-22 所示。该系统维护简单，质量轻，并具有自我诊断及故障保护显示功能。

为了适应城市轨道交通车辆运行速度高、站间距短、起制动频繁等要求，KBWB 模拟式电气指令制动系统具有反应迅速、制动力大、制动距离短、停车精度高、安全可靠的特点。该制动系统由电制动（动力制动）系统和空气制动系统组成，采用 PWM 信号传递制动指令，是模拟式电气指令制动系统。其制动控制单元的 EP 转换采用的控制方法是四个电磁阀对控制室充放气的闭环控制。

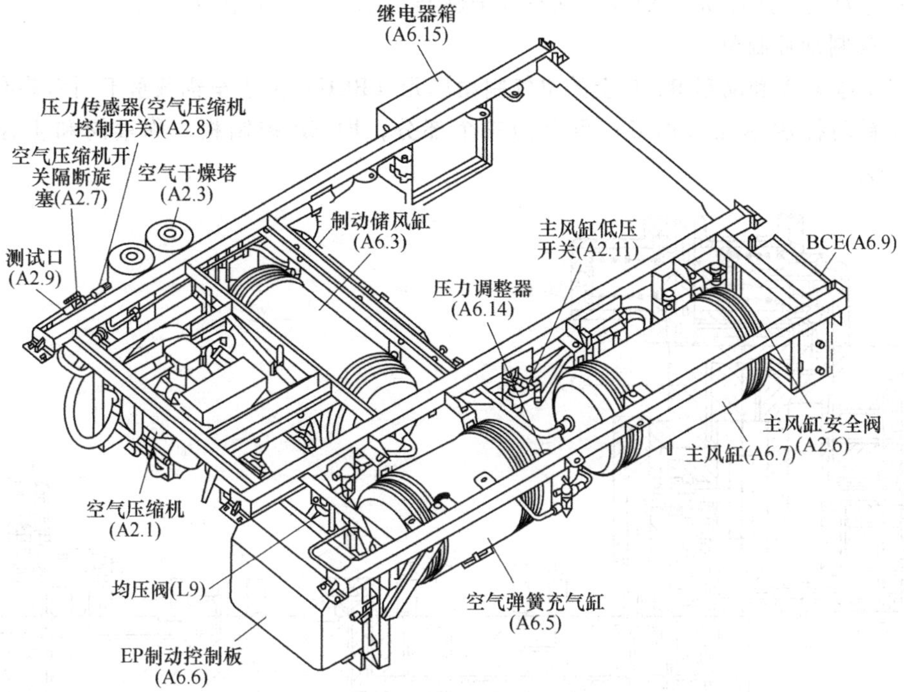

图 7-22 KBWB 模拟式电气指令制动系统集成化布置图

二、空气制动系统构成

KBWB 模拟式电气指令制动系统的空气制动系统主要分为供气单元、微机制动控制单元、制动控制单元、防滑控制单元、基础制动装置及空气悬挂辅助装置等几部分。下面主要介绍微机制动控制单元、制动控制单元和防滑控制单元。

1. 微机制动控制单元

每节车都装有一套微机制动控制单元（BCE）用于制动控制，它是双列车线需求信号、空气制动控制单元（BCU）和牵引系统之间的界面和桥梁。BCE 控制所有空气制动的常用制动，包括随需求信号和车辆载荷变化而变化的压力值。如果使用电制动，BCE 为电制动和空气制动的混合控制提供了界面划分，以形成一个完整的制动系统。

BCE 还提供正常运行管理和故障检测，这些信息通过 FIP 数据线传给列车信息管理系统（TIMS）。

常用制动时，BCE 接受所有车辆的空气弹簧平均压力信号，根据该信号计算出该车辆制动所需的制动力，同时将反映车辆重量的载荷信号传送给 FIP 网络系统。拖车载荷信号通过 FIP 网络传送到动车的 BCE 和牵引控制装置；动车的载荷信号也通过 PWM 线传送到相应的牵引控制电子装置，牵引控制电子装置经过综合计算后决定制动力的分配。对于动车，动力制动系统和空气制动系统是同时存在的，这两种制动系统都是由司机控制器或 ATO 自动驾驶装置控制。无论采用哪种控制，动车随时都能得到连续的动力制动和空气制动。如果制动需求值超过动力制动能力，这时空气制动根据总的制动力要求补充动力制动不足部分。混合制动要求制动缸的压力不可以不一样，只要动力制动和空气制动的和达到制动所需求的值即可。

BCE 还对空气压缩机（A2.1）和空气干燥器（A2.3）进行控制。

2. 空气制动控制单元

安装在拖车 A 和动车 B、C 上的空气制动单元（BCU）由于车辆载重不同而略有不同。

空气制动控制单元（BCU）可分为三个部分，即 EP 控制板、称重阀和主控阀，如图 7-23 所示。

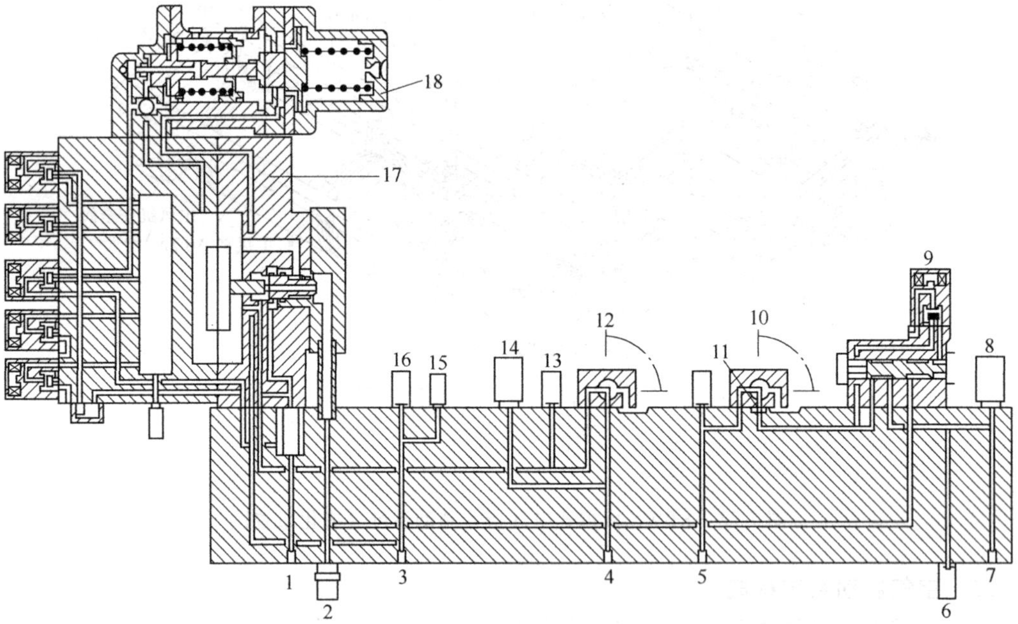

图 7-23　空气制动控制单元（BCU）

1—制动风缸接口　2—制动机消声器　3—空气弹簧接口　4—制动机压力接口　5—主风缸压力接口
6—主风缸测试点　7—停车风缸接口　8—停车制动缓解开关　9—停车制动消声器　10—停车制动截断塞门
11—主风缸测试点　12—主风缸截断塞门　13—制动机压力测试点　14—制动机压力开关
15—空气弹簧压力转换器　16—空气弹簧压力测试点　17—主控阀　18—称重阀

（1）EP 控制板　EP 控制板是空气制动控制单元（BCU）的基座。它是一个阳极氧化的铝的管道接口座，除了管道接口外，座上还安装了称重阀、主控阀等其他部件。

在管道接口座的背面有五个气路连接口，分别连接主风缸（MR）、空气弹簧（AS）、制动储风缸（BSR）、停放制动风缸（PB）和单元制动机风缸（BC）。每个接口都是内螺纹 BSP 型接口。除了这些接口，还有一个制动风缸排气端口，该端口前有一个消声器。

管道接口座的背面有两个 19 路的电气接口插座 C_1 和 C_2，空气压力转换信号接口为 C_1，BCU 驱动信号接口为 C_2。

管道接口座的背面还有一个 M10 的安装孔，用于安装接地线；在端盖下部有两个 M6 的安装孔，用于元件接地的端口。

管道接口座有四个压力测试点，其中一个在背面，三个在前面。压力测试点可以在不拆除端盖的情况下使用。其测试对象为空气弹簧压力、单元制动机风缸压力、主风缸压力和停放制动风缸压力。

（2）称重阀　称重阀是一种混合压力限制装置，它接受来自空气弹簧系统的控制压力信号（车辆的载重信号），限制 BCU 向单元制动机输出的空气压力。如果空气弹簧压力信号因种种原因消失，称重阀就假定超载性能，BCU 给出最大超载信号使列车紧急制动。称重阀有三种规格，可根据车辆载重进行选择。

称重阀的构造如图 7-24 所示。其上部有一个进气阀，与紧急电磁阀连通。来自制动储风缸的压力空气通过紧急电磁阀进入进排气阀的进气阀座。进排气阀下是一个输出口，通往控制腔室 Y。此外，还有一个输出压力室和一个检测阀与输出口相通。阀体中间是两个膜板腔室，主膜板与上膜板之间是排气腔室，里面有一个可上下移动的排气杆。排气杆中间有排气通道，并有一个主弹簧使其具有恒定的向上作用力。上膜板与下膜板之间是一个控制室，来自空气弹簧的压力空气就进入这个控制室。下膜板下也有一个活动阀片，有个偏置弹簧使它具有向上作用力。当称重阀无来自空气弹簧压力信号时，上膜板和下膜板都与中间一个滑动块密贴无间。因此，偏置弹簧、活动阀片、滑动块、上膜板、主弹簧、主膜板和排气杆叠加在一起，形成一个向上的力，用排气杆的排气阀座口顶开进排气阀，使从紧急电磁阀来的压力空气通过进气阀座口进入输出压力室并通过输出口进入控制腔室 Y。这时进入控制腔室 Y 的空气压力最大，可产生最大紧急制动力。

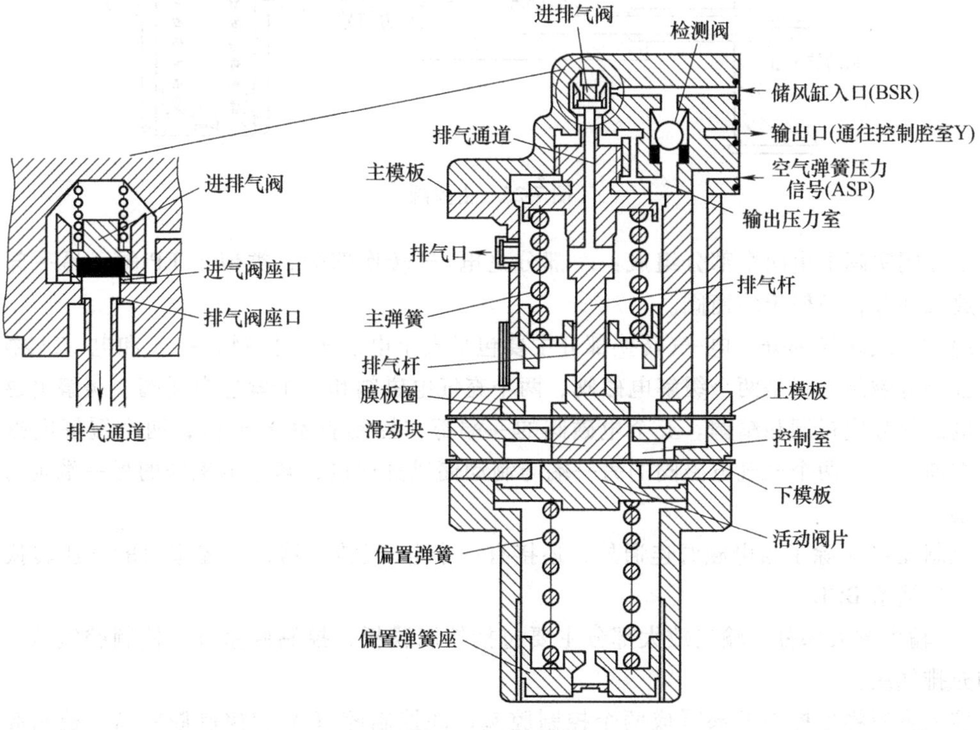

图 7-24　称重阀

当称重阀有来自空气弹簧压力信号时，上膜板和下膜板都与中间滑动块分离，它们之间充满压力空气。压力空气对下膜板和偏置弹簧有向下反作用力，对上膜板和排气杆仍有向上作用力，但作用力减小，并与空气弹簧压力信号成正比。这时进入控制腔室 Y 的空气压力随空气弹簧压力变化，可以产生与车辆负载成正比的制动力。

（3）主控阀　主控阀如图 7-25 所示与电-气转换器、制动储风缸、空气弹簧、单元制动机和称重阀等制动设备气路连接。

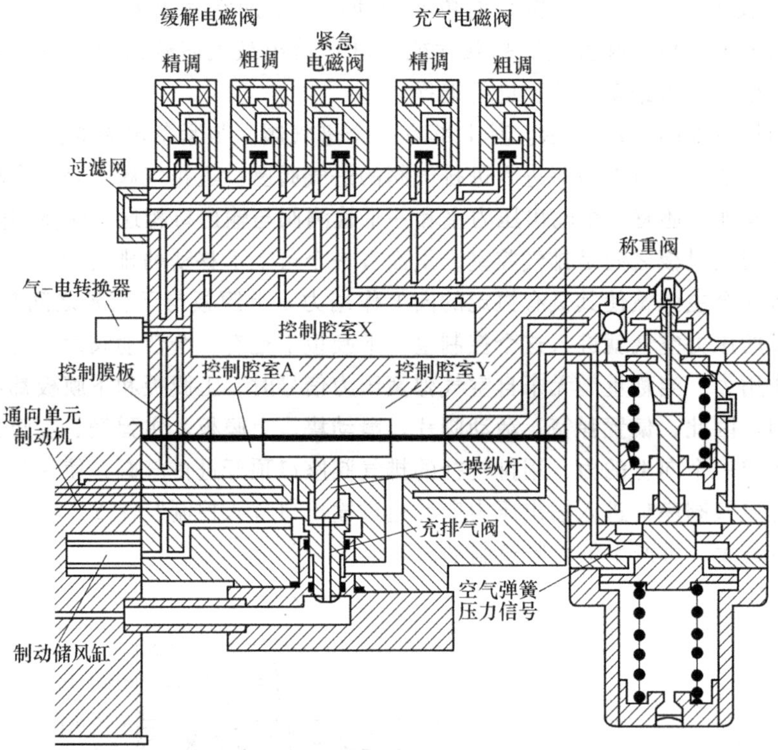

图 7-25　主控阀

主控阀实际上由两个部分组成：一部分是电-气转换部分，类似于 EP 阀；另一部分是输出放大部分，类似于均衡阀。

1）电-气转换部分。电-气转换部分主要包括五个电磁阀、控制腔室 X 和电-气转换器。

五个电磁阀分别是两个缓解电磁阀、两个充气电磁阀和一个紧急电磁阀。缓解电磁阀和充气电磁阀分成粗调和精调。五个电磁阀的一端都与控制腔室 X 连接，两个缓解电磁阀的另一端通大气；两个充气电磁阀的另一端与制动储风缸连接；紧急电磁阀的另一端则与称重阀连接。

控制腔室 X 除了与电磁阀连通外，还接有一个电-气转换器，将腔室内的气压转换成电信号，反馈给 BCE。

2）输出放大部分。输出放大部分主要包括控制膜板、控制腔室 Y、控制腔室 A、操纵杆和充排气阀。

控制膜板将主控阀下部隔成两个控制腔室，即控制腔室 Y 和控制腔室 A。控制腔室 Y 通过称重阀与控制腔室 X 连接。

控制腔室 A 内上都有一个操纵杆固定在控制膜板下面，下部有一个充排气阀。操纵杆在控制膜板的动作下，向下可顶开充排气阀的上口并堵住充排气阀的排气通道；向上则关闭充排气阀并打开排气通道。当充排气阀上口被顶开时，制动储风缸和控制腔室 A 与单元制动机连接，根据控制腔室 Y 的压力向单元制动机输出给定的制动压力空气，施加制动；当充排气阀上口关闭时，制动储风缸和控制腔室 A 与单元制动机的连接被切断，排气通道被打开，单元制动机的制动压力空气从排气通道排出，制动缓解。

（4）BCU 的工作原理 常用制动时，BCE 发出充气指令，两个充气电磁阀得电，开始对控制腔室 X 充气。在充气过程中，气-电转换器不断地把控制腔室 X 内的压力转换成电信号并反馈给 BCE。BCE 也不断发出调整指令，直到控制腔室 X 内的压力与指令值精确一致。这时紧急电磁阀处于得电状态，控制腔室 X 与称重阀的进排气阀相通。如果有来自空气弹簧的压力信号，上膜板和下膜板都有与中间滑动块分离，它们之间充满压力空气。排气杆将顶开进排气阀，使其离开进气阀座口，让控制腔室 X 的压力空气经输出口进入控制腔室 Y。控制腔室 A 的操纵杆在控制膜板的动作下，向下顶开充排气阀的上口并堵住充排气阀的排气通道，制动储风缸和控制受腔室 A 与单元制动机连接，根据控制腔室 Y 的压力向单元制动机输出给定的制动压力空气，直到控制室 A 和控制腔室 Y 平衡，充排气阀的上口关闭并仍堵住充排气阀的排气通道，施加的制动力与 BCE 发出充气指令一致。

称重阀主要用来限制过大的制动力。由于控制腔室 X 内的压力受 BCE 的控制，而 BCE 的制动指令本身又是根据车辆的负载、车速和制动要求给出的，因此，在常用制动中称重阀几乎不起作用，仅起预防作用，以防主控阀的五个电磁阀控制失灵。

称重阀的主要作用是在紧急制动时发挥，如图 7-26 和图 7-27 所示。在紧急制动时，紧急电磁阀失电，压力空气从制动储风缸直接经紧急电磁阀到达称重阀，中间未受主控阀的控制，而紧急电磁阀也仅仅作为通路的选择，不起压力大小的控制作用。这时，如果有来自空气弹簧的压力信号，上膜板和下膜板都与中间滑动块分离，它们之间充满压力空气。称重阀的排气杆顶开进排气阀使其离开进气阀座口，压力空气从制动储风缸进入输出控制室和控制腔室 Y。输出控制室里的压力克服主弹簧和上膜板与中间滑块间的压力，将排气杆向下压，直到上膜板与中间滑动块间的压力消失，进排气阀的进气阀座口关闭。控制腔室 Y 的压力比常用制动时要高，并且空气弹簧的压力信号越大，控制腔室 Y 的压力也越高。控制腔室 A

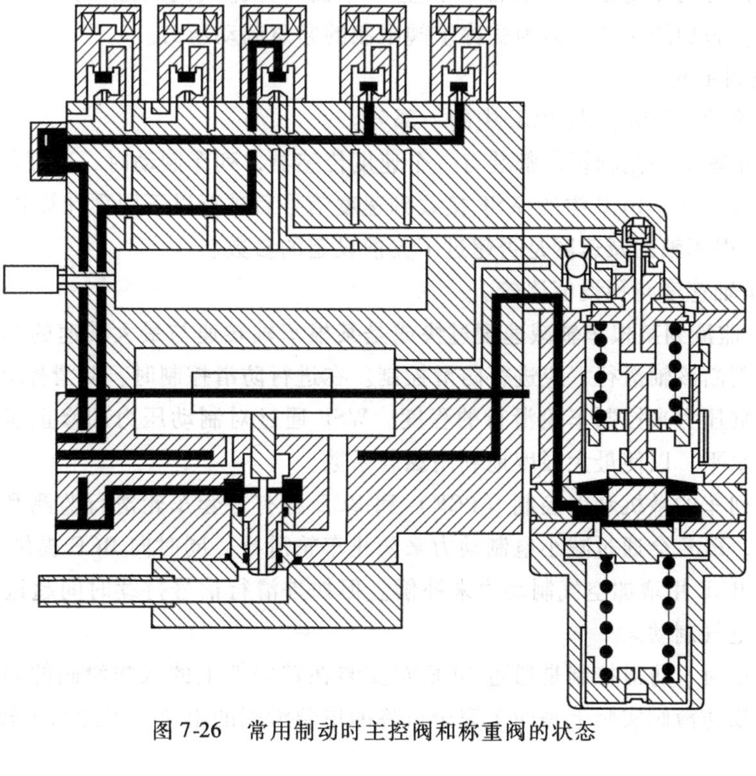

图 7-26 常用制动时主控阀和称重阀的状态

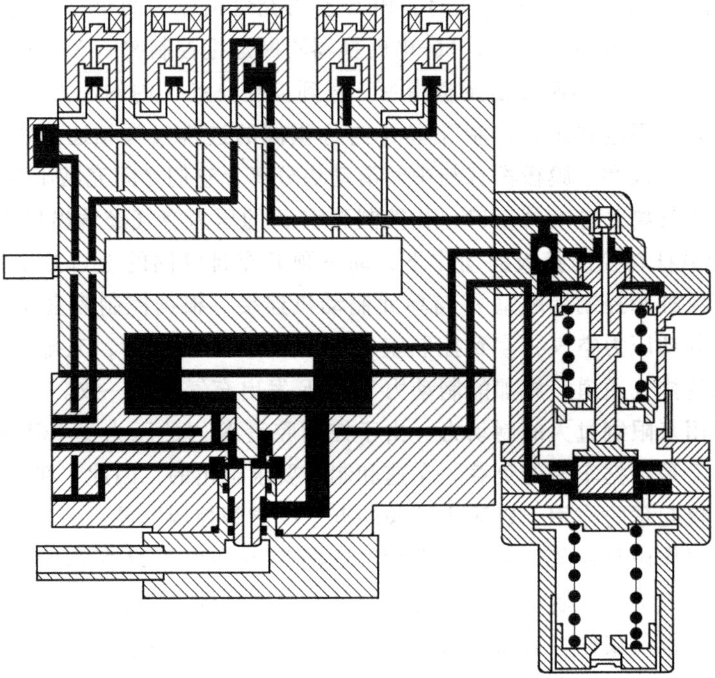

图 7-27 紧急制动时主控阀和称重阀的状态

的操纵杆在控制膜板的动作下，向下顶开充排气阀的上口并堵住充排气阀的排气通道。制动储风缸和控制腔室 A 与单元制动机连接，根据控制腔室 Y 的压力向单元制动机输出给定的制动压力空气，直到控制腔室 A 和控制腔室 Y 平衡，充排气阀的上口关闭并仍堵住充排气阀的排气通道，施加的制动力即为受称重阀限制的紧急制动压力。

3. 防滑控制单元

防滑控制单元（WSP）是 BCE 中的一部分。

列车每根车轴的一侧轴箱内都装有一个速度传感器，列车制动时，速度传感器将检测到的速度信号送入 BCE。BCE 中的 WSP 接收到速度信号后进行以下两项计算和比较：

1）任意一根车轴的减速度是否超过了先前设定的参数。

2）所有车轴速度与预设值比较。

一旦 WSP 监测到某根车轴减速度过快或是某根车轴转速与最大转速的车轴转速之差超出某个值，即判断该轴滑行，应进行防滑控制。在进行防滑控制时，防滑控制单元通过减小该车轴的制动缸压力来控制车轮滑行的程度。WSP 通过对制动压力的修正能自动将车轮转速调整到最佳水平，以使最大限度地利用黏着系数。

实际上，列车的微机牵引控制（PCE）和 BCE 各有一套车轮滑行监测和防护系统。当实施电制动时，PCE 会通过减小电制动力来防止车轮滑行，同时向 BCE 提供一个 EDB 低电位信号，防止 BCE 用增加空气制动力来补偿。但如果滑行信号持续时间超过 2s，将取消电制动，只采用空气制动。

在空气制动时，防滑控制是通过 BCE 对安装在转向架上的双防滑阀的通气和排气的控制来实现的。双防滑阀实际上是两个完全对称的单防滑阀的组合，因此每个转向架只要配置一个，就能控制两个轮对，双防滑阀的结构如图 7-28 所示。

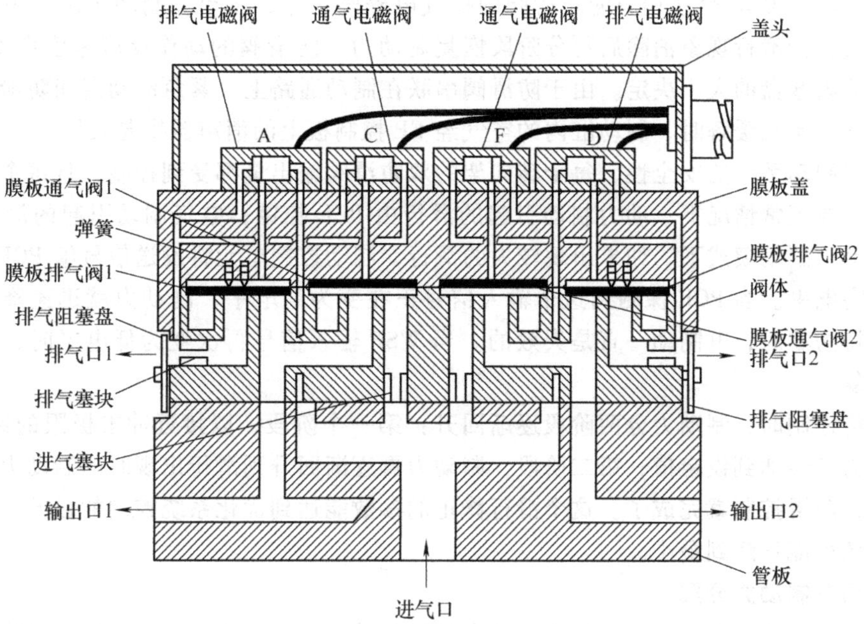

图 7-28　双防滑阀的结构

单防滑阀上部有两个电磁阀：一个称为通气电磁阀；另一个称为排气电磁阀。通过对通气电磁阀和排气电磁阀的得和失电组合，可以形成防滑阀的三种工况，即通气、保压和排气。

（1）通气工况　排气电磁阀 A 失电（阀板向左），使压力空气穿过底部的进气口，再经过排气电磁阀作用到膜板排气阀 1 的顶部，加上弹簧的向下顶力，膜板排气阀 1 下压关闭排气口 1 和输出口 1。同时，通气电磁阀 C 也失电（阀板向左），穿过底部进气口的压力为空气不能进入通气电磁阀 C。通气电磁阀 C 的另一端通排气口 1，不能作用在膜板通气阀 1 上。进气口的压力空气顶开膜板通气阀 1 的底部，把阀芯抬离阀座，进气口和输出口 1 形成通路，从 BCU 来的压力空气通过防滑阀，被送到单元制动机的风缸内。

（2）保压工况　排气电磁阀 A 失电（阀板向左），压力空气从进气口穿过，作用在膜板排气阀 1 顶部。在弹簧的顶压下，该压力关闭膜板排气阀 1，并关闭排气口 1 和输出口 1。同时，通气电磁阀 C 得电（阀板向右），穿过底部进气口的压力空气进入通气电磁阀 C，作用到膜板通气阀 1 顶部，关闭膜板通气阀 1，并关闭了进气口和排气口的通路，使防滑阀保持压力，也就是保证了单元制动机风缸的压力。

（3）排气工况　通气电磁阀 C 得电（阀板向右），压力空气进入通气电磁阀 C，作用到膜板通气阀 1 顶部，关闭膜板通气阀 1，并关闭了进气口和排气口的通路。同时，排气电磁阀 A 得电（阀板向右），从膜板排气阀 1 顶部来的进气压力被切断。原先进入单元制动机风缸的压力反过来克服弹簧的向下顶力，顶开膜板排气阀 1，使输出口的压力空气从排气口 1 排出。膜板排气阀 1 顶部的压力也经排气电磁阀 A 送入大气。从进气口来的压力空气不能通过防滑阀，而原先进入单元制动机风缸的压力空气被排放到大气中去。

防滑阀在通常情况下处于不通电的状况，也就是通常处于通气状态。这时，从 BCU 主控阀来的压力空气全部经过防滑阀进入单元制动器风缸，产生预定的制动力。如果哪个轮对出现滑行，那么 BCU 会使相应的防滑阀的排气电磁阀动作，将单元制动机风缸中的部分空气排向大气，待滑行现象消除后再分阶段恢复制动力。防滑阀的动作反应速度由安装在进、排气口内的阻塞盘的大小决定。由于防滑阀串联在制动通路上，紧急制动期间防滑功能依然有效。当紧急制动缓解时，制动缸内的空气经 EP 控制板上的消声器排向大气。

为确保制动系统的安全性，每个转向架的双防滑阀输出量都受到控制，且每个速度信号都被监视。在正常情况下，动力制动引起的滑行由 PCE 控制；空气制动引起的滑行由 BCU 控制。在动力制动模式下，如果出现较大的滑行，制动控制单元将发送信号给 PCE 的 WSP，信号设为高电平。当 PCE 探测到这个输入信号正在变为高电平，制动力就迅速降为零。当制动力保持为零时，电制动一直是失效的。当 WSP 输入信号再次变为低电平时，制动力就会逐渐恢复。

在防滑控制时，制动力分两阶段逐渐回升：第一个阶段，以接近冲击极限的速率回升，直到制动力已经达到设定值；第二阶段，制动力再逐渐回升到滑行出现时的制动力值，到达这一点时，防滑控制就完成了。这个滑行修正的参数能达到优化系统控制的目的，并将反复出现滑行的可能性降到最小。

三、列车制动力分配

因为一列车中既有动车又有拖车，动车能进行动力制动和空气制动，拖车只能进行空气制动，所以存在各车之间制动力协调的问题。同时，根据动力制动优化的原则，应最大限度地利用动车的电制动，尽可能少地采用空气制动。因此，列车制动力的分配十分重要。

上海明珠线 AC03 型列车采用的是“拖车空气制动滞后控制”（分散式滞后充气制动控制）。这种控制方法是，拖车所需制动力由动车的电制动承担，根据电空联合制动运算，不足部分也由动车的空气制动力先补充，最后才使用拖车的空气制动。列车制动开始，首先由全部动车进行电制动，如果动车电制动力不能满足制动减速度的要求，那么动车上的空气制动先进行补充。但动车空气制动的补充受到该车载重的限制，因为电制动力的设定不能超过空气制动力的黏着限制，而空气制动力的黏着限制比电制动的期望黏着系数低得多。AC03 型列车设计规定：如果动车电制动力不满足制动减速度的要求，那么动车空气制动立即进行补充，动车上的电制动力和空气制动力的总和最大可利用到 15% 的黏着。在超载工况（一般指车载量达到 AW3 工况）下，如果动车总制动力还不能满足制动减速度的要求，拖车空气制动立即自动补足。

因此，当列车减速度为 1.0m/s^2时，动车空气制动力限定只能使用 10.2% 的黏着，不足部分立即由拖车自动补充。当列车运行速度低于 5km/h 时，电制动全部关闭，这时只有空气制动。当列车运行速度低于 0.5km/h 时，空气制动力开始减小。当列车完全停车时，空气制动力减小到常用全制动力的 70%，并一直保持到列车重新开始牵引为止。

在电制动正常关闭之前，每辆动车的 PCE 会向本车 BCE 发送电制动关闭的信号，BCE 根据该信号逐渐增加空气制动进行补足。

四、制动控制过程

KBWB 模拟式电气指令制动系统采用模拟电-空联合制动控制方法，其控制原理如图 7-29 所示。电气指令由驾驶台上的驾驶控制器 DCH 发出，采用 PWM 方式调制，能进行无级控制。每个 BCE 控制同一节车的两个转向架。

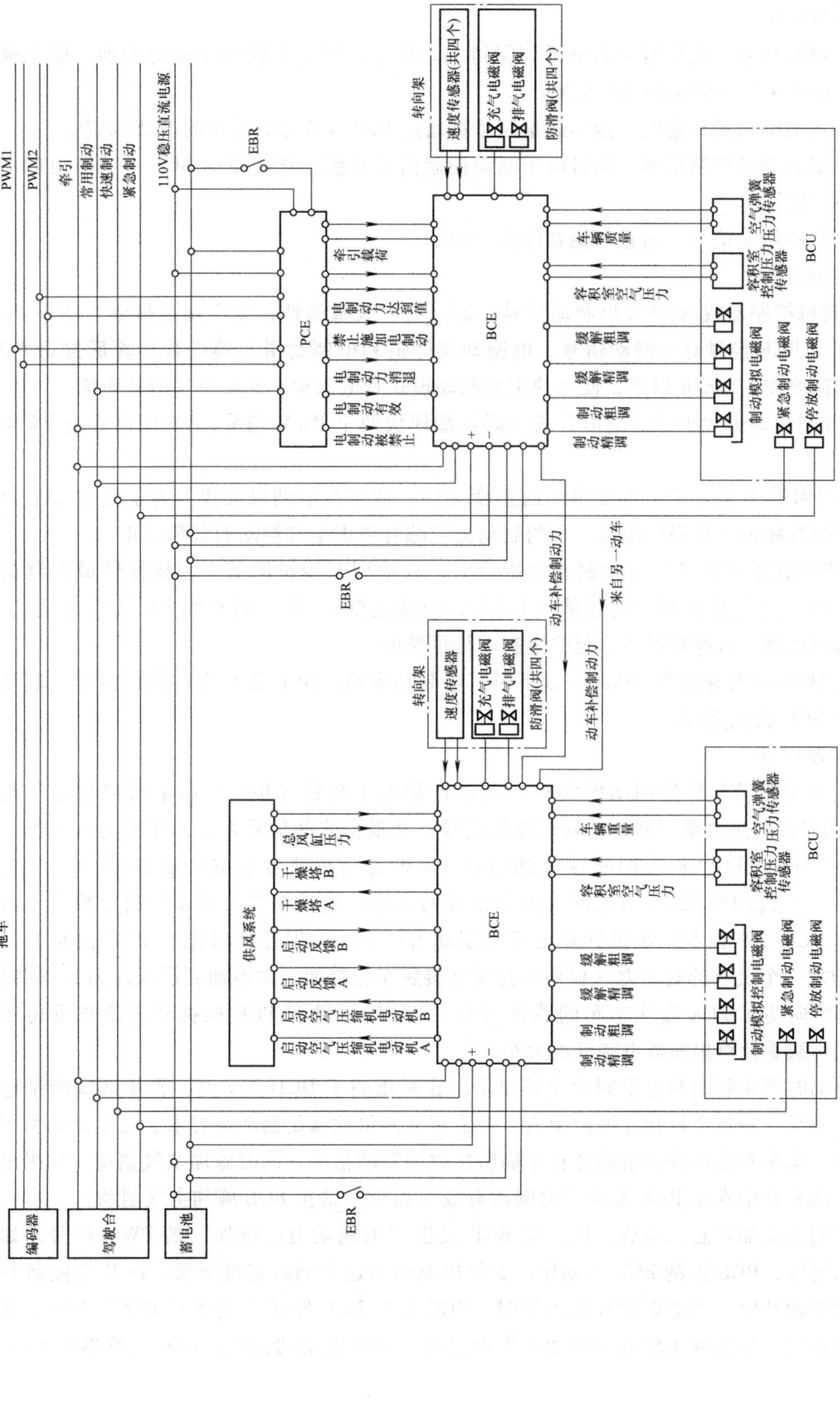

图 7-29 空气制动电子控制原理

1. 输入信号

(1) 制动指令线　根据驾驶手柄的位置由 Encode 编码器所下达的指令，是两个脉宽调制信号（2PWM）。

(2) 制动信号　此信号在高电平时保持制动命令，防止车辆停车前的冲动，使车辆平稳停车。低电平出现时制动命令撤销。

(3) 负载信号的传递线　拖车载重信号将通过 FTP 线传输到动车的 BCE 装置。

(4) 紧急制动控制信号　跳过电子制动控制信号系统，直接驱动 BCE 中的紧急阀动作的安全保护信号。

(5) 保持制动信号　防止车辆在停止时溜车。

2. 控制原理

1）司机控制器或 ATO 发出制动信号，制动列车线被激活，发出制动指令。动车 PCE/BCE 及拖车 BCE 经过对电制动信号、电制动实际值和电制动滑行等综合计算后进行判断：如果运行速度在 18km/h 以上，使用的主要制动模式是电制动，而以空气制动为辅。

2）控制制动力大小的电流信号被编码器编译成两个 PWM 信号，PWM 信号由 PWM 列车线输出。

3）PWM 信号触发牵引系统单元的逆变元件，使所有电动机减速。为了使制动力效果最好，同时兼顾冲击极限的限制，总的制动力应综合考虑空气制动的载荷要求。

4）当驾驶手柄上发出最大制动力指令时，制动列车线被激活，它将提供最大制动力（快速制动），达到紧急制动的性能（$1.3m/s^2$ 的减速度）。除非列车线 LV 被设为低电平，否则快速制动将一直保持激活。但快速制动是可逆的。

5）当列车运行速度在 18km/h 以下时，电制动取消，BCU 发出空气制动指令，制动控制功能由 BCU 独立完成。

3. 控制过程

(1) 常用制动和快速制动的实施　制动控制电子装置（BCE）和牵引控制电子装置（PCE）同时接收来自牵引和制动列车线的信号，并根据这些信号判定列车的运行工况。列车制动时，BCE 和 PCE 会同时接收到双份 PWM 制动减速度脉宽调制信号（一个来自 PWM1，一个来自 PWM2），并判断这两个信号的大小，取其中较大值作为制动减速度需求值。拖车 BCE 则根据本车载重计算出所需制动力的大小，但是此时拖车 BCE 控制本车的 BCU 只施加一个极小的制动力（仅使闸瓦刚好接触车轮踏面，并不加到需求压力），同时通过 FIP 网络向动车 PCE 发送本车的载重信号（PWM）。动车 PCE 根据动车的载重再加上 50% 的拖车载重计算出所需电制动的大小。

电制动时再生制动和电阻制动交替使用。在网压高于 DC1800V 时，再生制动能平稳地转到电阻制动。在整个运行速度范围内，电阻制动能单独满足制动的要求。在电制动力不足的情况下，动车和拖车分别根据各自车辆所接收的制动指令，同时施加空气制动。如果电制动有效，PCE 会给本车 BCE 发送“电制动有效”指令，禁止 BCE 施加空气制动。

当电制动施加到需求值后，PCE 向 BCE 发送“电制动力已施加”的 PWM 信号。如果电制动力足够，BCE 控制 BCU 不动作。如果电制动力达不到减速度要求，BCE 会控制 BCU 进行空气制动补偿。当电制动开始关闭时，PCE 会向 BCE 发送“电制动关闭”信号，BCE 立即进行补偿，最终可实现电空制动的平滑过渡。如果电制动无效，PCE 会给本车 BCE 发送“电制动被禁止”指令，那么BCE立即施加空气制动，同时向拖车BCE发送“动车补偿制动力无效”指令，通知拖车自行施加所需制动力。

在电制动失效或紧急制动过程中，空气制动将替代电制动且根据列车载重全部施加空气制动。

当列车低速运行时，由空气制动代替电制动，实施“保持制动”使整列车停车。当车辆起动时，“保持制动”由牵引指令根据车辆牵引力的不断增大进行缓解；应防止牵引力不足时制动先完全缓解而造成列车倒退。

如果某车空气制动缓解出现故障，可以操作安装在车端电器柜内的三通阀，隔断该车制动储风缸与总风管的通路。这时，制动储风缸的进气口会与车体底架下的排气口相通，排出制动储风缸内的空气。当制动储风缸空气压力下降后，制动控制单元主控阀旁通道上的止回阀（检测阀）打开，单元制动机缸内的压力空气经由三通阀排向大气，实现强迫缓解。

（2）紧急制动　电气控制线路中有一个EBR触点与列车自动保护（ATP）及模式开关等联锁。列车运行中EBR触点始终吸合，紧急制动列车线与紧急电磁阀常得电，BCE不控制紧急制动电磁阀。但是，一旦触发紧急制动，EBR触点断开，动车BCE接收到紧急制动信号后立即向PCE发出“禁止电制动”信号。在紧急制动期间，所有动车的牵引电源被立即切断，只有当列车完全停下来后才可以缓解。紧急制动的触发条件是：司机控制室内的“警惕”装置起作用；按下驾驶控制台上的紧急制动按钮；列车脱钩；紧急列车线环路中断或失电；主风缸压力过低；ATC系统发出紧急制动指令等。

紧急制动电磁阀是一种双入口大口径电磁阀，常带电。在正常状态下，紧急制动电磁阀与制动储风缸相通的入口关闭，与控制腔室X相通的入口打开。一旦紧急制动触发，紧急制动电磁阀失电，与制动储风缸相通的入口立即开启，而与控制腔室X相通的入口关闭。制动储风缸内的空气经空重车调整阀进入主控阀控制腔室Y，顶开充排气阀，快速响应紧急指令，施加紧急制动压力。紧急制动力的大小由空重车调整阀根据车辆载荷来进行调整。

（3）停放制动　停放制动不受BCE控制，司机按下停放制动按钮，停放制动列车线与停放制动电磁阀失电，立即施加停放制动。当司机再次按下停放制动按钮时，停放制动列车线得电，只要总风管空气压力高于某设定门槛值，将压力空气送入停放制动缸便能克服停车弹簧压力，使停放制动缓解。

EP控制板内有一个停放制动缓解压力开关来显示停放制动的施加和缓解，司机可通过控制停放制动电磁阀来实施停放制动，以测试停放制动的性能及状态。

五、KBWB模拟式电气指令制动系统的特点

KBWB模拟式电气指令制动系统除了在上海地铁AC03型列车上使用外，还使用于南京地铁1号线的列车上。该制动系统实现了空气制动与电制动的高度结合，在系统上保证了车辆运行的安全。列车制动时不仅满足了电制动优先的要求并实现了电空混合制动的平滑过渡，还设有冲动限制以提高乘客乘坐舒适度。该系统主要特点有以下几个：

1）采用模拟电气指令制动控制系统，模拟方式为PWM。

2）采用“拖车空气制动滞后控制”的制动控制策略，充分利用动力制动。

3）采用充气、排气各两个电磁阀进行精确诸环控制实现EP信号转换。

4）常用制动采用空重车调整信号加微机计算给定信号。

5）紧急制动根据空重车调整信号限制冲动，采用单独回路控制、失电控制和纯空气制动。

6）防滑控制采用动力制动和空气制动分别控制。

7）整个制动系统采用模块化，结构紧凑，质量轻。

8）制动控制系统具有故障诊断、故障存储及故障显示功能，同时通过网络进行数据交换和监控。

第八节　EP2002 制动控制系统

EP2002 制动控制系统是由德国克诺公司研制生产的，为电气模拟指令式制动控制系统，其核心部件是 EP2002 阀，负责空气制动系统的控制、监控及车辆控制系统的通信。

EP2002 制动控制系统与常规的制动控制系统的最大区别在于：常规的制动控制系统采用车控式，即一个制动电子控制单元控制同一节车的 2 个转向架；而 EP2002 制动控制系统采用架控式，即一个 EP2002 阀控制 1 个转向架，这样万一当一个 EP2002 阀出现故障时只有一个转向架上的空气制动失效，减小了对车辆产生的影响。

与常规制动控制系统相比，由于 EP2002 制动控制系统具有突出的优点。目前已经在国内外多个新造城轨车辆中获得了应用。广州地铁 3 号线是世界上首个采用 EP2002 制动控制系统的城轨车辆项目。包含 EP2002 制动控制系统的广州地铁 3 号线车辆气路图如图 7-30 所示。

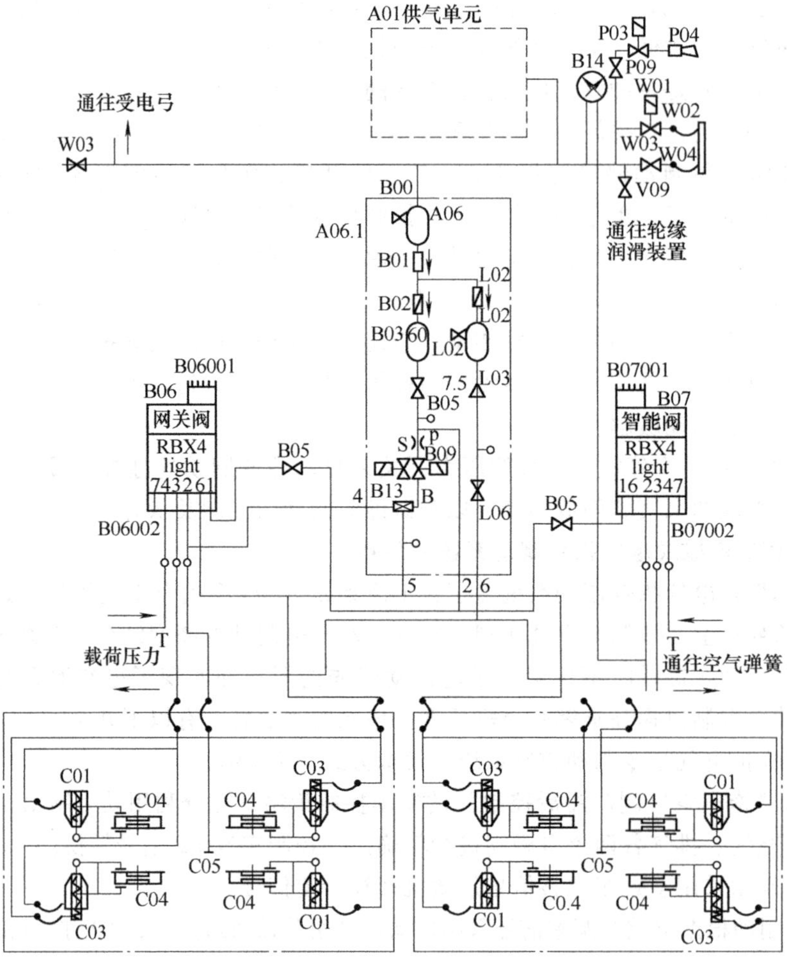

图 7-30　广州地铁 3 号线车辆气路图

一、EP2002 制动控制系统的主要组成部件

EP2002 制动控制系统主要由 EP2002 阀、制动控制模块以及其他辅助部件组成，部件集成化程度高，节省了安装空间，同时也便于安装、使用和维护。

1. EP2002 阀

EP2002 阀相当于常规制动控制系统中制动电子控制单元（BECU）和制动控制单元（BCU）的集成部件，图 7-31 所示为 EP2002 阀的外形图。根据功能的不同，EP2002 阀可分为智能阀、RIO 阀（远程输入/输出阀）和网关阀。每车节设有 2 个 EP2002 阀，每个 EP2002 阀都安装在其控制的转向架附近的车体底架上，所有的 EP2002 阀上都提供了多个压力测试接口，可以方便地测量制动风缸压力、制动缸压力、载荷压力、停放制动缸压力等。EP2002 阀的主要技术指标见表 7-2。

图 7-31　EP2002 阀的外形

（1）智能阀　智能阀是机电一体化的产品，包括一个直接安装在气阀上的电子控制部件。智能阀产生电控制信号直接控制气阀，对其控制的转向架的电空制动和车轮滑行进行控制，并通过 CAN 总线与其途 EP2002 阀进行通信。另外，智能阀还可对该转向架的气制动系统进行故障诊断及故障显示。另外，智能阀还可对该转向架的气制动系统进行故障诊断及故障显示。智能阀通过硬线与列车安全回路（紧急制动回路）相连，当列车安全回路失电时，智能阀将使其控制的转向架产生紧急制动。

（2）RIO 阀　RIO 阀除了具有智能阀的所有功能外，还可以通过硬线与其控制的转向架上的牵引控制单元进行通信，使电制动和空气制动协调工作。

（3）网关阀　网关阀除了具有 RIO 阀的所有功能外，还具有制动管理功能。另外，EP2002 制动控制系统（包括网关阀、RIO 阀和智能阀）由网关阀的通信卡通过 MVB 总线（或其他总线）与列车控制系统进行通信。

表 7-2　EP2002 阀的主要技术指标

项　目	网关阀	RIO 阀	智能阀
最高工作压力/kPa	1030	1030	1030
允许环境温度/℃	-25 ~ +55	-25 ~ +55	-25 ~ +55
防护等级	IP66	IP66	IP66
额定工作电压/V	110	110	110
额定功率/W	85	85	70
质量/kg	18.5	18.5	17.2
外形尺寸/mm × mm × mm	210 × 210 × 324	210 × 210 × 324	210 × 210 × 268

2. 制动控制模块

如图 7-32 所示，制动控制模块主要由风缸及其他一些辅助部件组成。上述装置也被集成到一个构架上，采用模块化结构，节省了安装空间，同时也便于安装、使用和维护。制动控制模块的主要作用是储存风源、施加和缓解停放制动以及向 EP2002 阀和空气悬架装置供风。

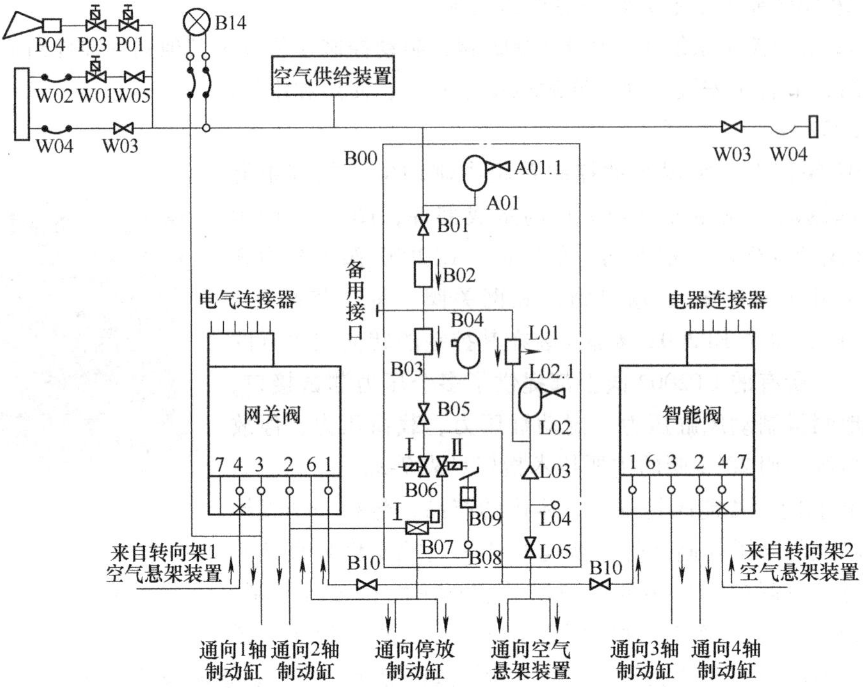

图 7-32　EP2002 制动系统动车气路图

3. 其他辅助部件

（1）空气制动力切除装置　为了便于维护和隔离，在制动风缸向 EP2002 阀供风的气路中设有两个塞门 B10（图 7-32）。一般将这两个塞门安装在座椅下便于进行操作。操作其中一个的塞门，可以将其控制的转向架上的空气制动切除。

（2）双针压力表　在每个 A 车驾驶室内设有一个双针压力表（B29），用于显示主风缸压力和本车第一根轴上的制动缸压力，带有内照明并提供常规测试/校正用的接口。

二、EP2002 制动控制系统的作用原理

1. EP2002 阀的内部气路结构

如图 7-33 所示，所有 EP2002 阀的内部气路是相同的，为了便于理解，将其功能区域分成几个区域予以说明。

（1）主调节器（“A”区域）　主调节器由 1 个中继阀负责调整压力到相应载荷的紧急制动压力值。如果电子称重系统发生故障，该阀也负责提供一个最小的空载紧急制动压力。

（2）副调节器（“B”区域）　副调节器在主调节器的上游，副调节器负责限制供给到制动缸的最大压力不超过超员载荷下紧急制动压力的水平。

（3）载荷压力（“C”区域）　载荷压力负责提供控制压力到主调节器中继阀。这个控制压力在常用制动和紧急制动时有效，并且与空气悬架压力（ASP1、ASP2）成正比。

（4）制动缸压力调整器（“D”区域）　制动缸压力调整器负责将主调节器的输出压力调整成要求的制动缸压力大小。制动缸压力调整区域也负责防滑保护功能激活时的制动缸压力调节。为了安全起见，紧急制动电路和常用制动控制电路是分开的。

（5）连接阀（“E”区域）　连接阀可以使制动缸压力连接到一起或分开。在常用制动

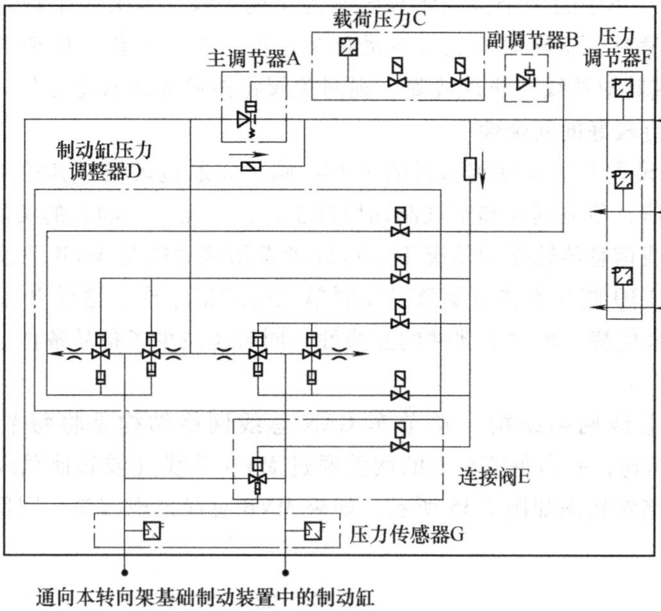

图 7-33 EP2002 阀内部气路的结构

和紧急制动时，将两根轴上的制动缸输出气路连接到一起，以转向架为单位施加制动；在车轮防滑保护功能激活时，两根轴的制动缸压力被分离开来，每根轴的制动缸压力被分离开来，每根轴上的制动缸压力是由制动缸压力调整阶段单独控制的。

(6) 压力传感器（“F”和“G”区域） 压力传感器用于内部调节或外部显示（制动风缸压力、载荷重量、制动缸压力、停放制动）。

按照如上功能区域进行划分，仅为方便理解该阀内部气路特性。EP2002 阀是一种精密的机械电子阀，由上百个零件组成，供货时将以整体的形式提供给车辆制造商。

2. EP2002 制动控制系统的网络结构

EP2002 制动控制系统的网络结构，关系到列车制动控制以及制动力分配等关键问题，因此非常重要。EP2002 制动控制系统具有很高的可用性和灵活性，可以与多种总线结构兼容，如 MVB 总线、LONBUS 总线和 FIP 总线等。制动控制系统网络结构的设置主要应从安全性、可靠性、经济性等方面考虑。下面以 6 节编组的城轨车辆为例，对目前应用较多的两种 EP2002 制动控制系统网络结构进行说明。

(1) 半列车 CAN 总线网络结构 半列车 CAN 总线网络结构是将半列车所有的 EP2002 阀用 CAN 总线相连，并由 B 车和 C 车上的两个网关阀通过 MVB 总线（或其他总线）与列车控制系统进行通信，如图 7-34 所示。

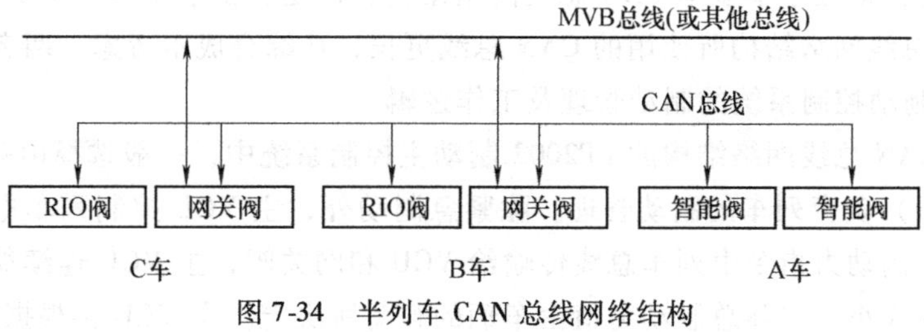

图 7-34 半列车 CAN 总线网络结构

每半列车上 B 车和 C 车中的一个网关将被定义为主网关阀，而另一个被定义为从网关阀。当主网关阀出现故障时，从网关阀能够自动接替主网关阀的工作，保证了系统的冗余性。如果 MVB 总线（或其他总线）出现故障，则网关阀将按照默认状态工作。另外，总线由两对双绞线组成，具有较好的冗余性。

在 B 车和 C 车上各设置 1 个 RIO 阀的目的是 RIO 阀可以通过硬线与其控制的转向架上的牵引控制单元进行通信，使电制动和空气制动协调工作。根据每个项目的实际情况，在充分研究网关阀与车辆总线信息传输量的情况下，可以考虑用网关阀与 MVB 总线（或其他总线）之间的通信来代替 RIO 阀与本转向架牵引控制单元的通信工作，这样 B 车和 C 车上的 RIO 阀就可以用智能阀来代替，增强了部件的互换性，同时也减少了备品备件的种类，经济性更好。

（2）单节车 CAN 总线网络结构　单节车 CAN 总线网络结构是将每节车上的两个 EP2002 阀用 CAN 总线相连，并由每节车上的网关通过 MVB 总线（或其他总线）与列车控制系统进行通信，其网络结构图如图 7-35 所示。如果 MVB 总线出现故障，则网关阀将按照默认状态工作。

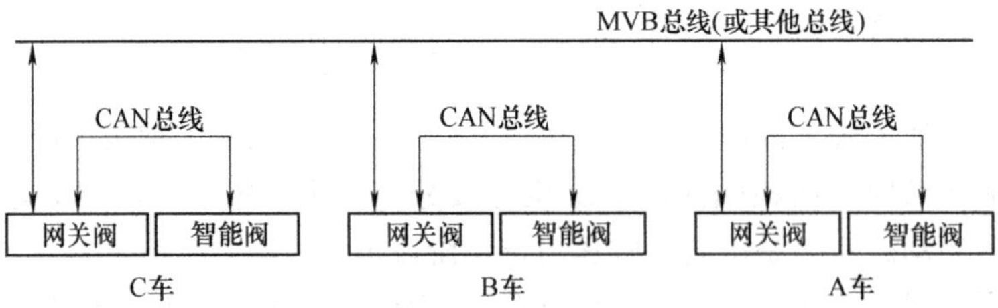

图 7-35　单节车 CAN 总线网络结构

半列车 CAN 总线网络结构与单节车 CAN 总线网络结构的对比分析可以从两个角度考虑：

从安全性和可靠性角度进行分析，半列车 CAN 总线网络结构中的从网关阀作为主网关阀的备份，具有较好的冗余性，如果 CAN 总线在 A 车、B 车之间断开，将导致 A 车的空气制动失效，但发生这种故障的概率是比较低的。而在单节车 CAN 总线网络结构中，如果某节车上的网关阀出现故障，则本节车空气制动失效；如果某节车上的 CAN 总线断开，则一个转向架上的空气制动失效。经过上述对比可见，半列车 CAN 总线网络结构的安全性和可靠性，略高于单节车 CAN 总线网络结构。

从经济性角度进行分析，半列车总线网络结构比单节车 CAN 总线网络结构少使用一个网关阀，多使用一个 RIO 阀或智能阀。如果纯从 EP2002 阀的总价格来考虑，半列车 CAN 总线网络结构的价格低于单节车 CAN 总线网络结构，但是，由于半列车 CAN 总线网络结构比单节车 CAN 总线网络结构所使用的 CAN 总线更长，从综合成本考虑，两者基本相同。

3. EP2002 制动控制系统的制动管理及工作逻辑

在单节车 CAN 总线网络结构的 EP2002 制动主控制系统中，一般选择由列车上的主车辆控制单元（VCU）负责列车的制动管理。除紧急制动外，主 VCU 控制列车电制动力与空气制动力的分配。制动力指令由列车总线传输给 VCU 和网关阀，主 VCU 连续循环计算车辆系统所需制动力的大小，实际总制动力值由车辆的载荷所决定。主 VCU 再根据网压、电制动/

空气制动分配特性将总制动力合理分配给电制动控制单元和空气制动电制动控制单元。

另外，为了使列车具有载荷补偿功能和制动故障时车辆内部制动力的合理分配，VCU和网关阀之间，通过列车和车辆总线进行实际制动力施加值的数据交换。

在半列车CAN总线网络结构的EP2002制动控制系统中，可以选择由列车上的主车辆控制单元（VCU）负责列车的制动管理；也可以设置两个半列车CAN总线网络结构中的任何一个主网关阀作为整列车的主网关阀，负责列车的制动管理，另一个半列车CAN总线网络结构中的主网关阀作为备份，如图7-36所示。

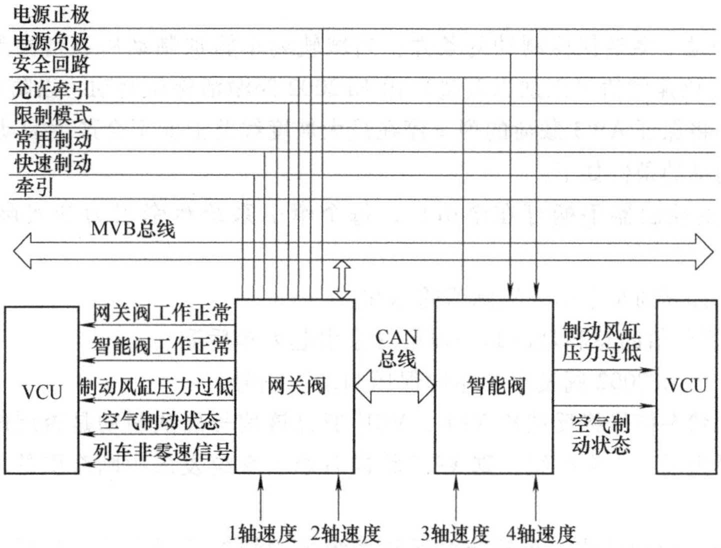

图7-36　EP2002制动系统工作示意图

4. 制动控制

（1）常用制动　在常用制动模式下，电制动和空气制动一般都处于激活模式，以便电制动和空气制动之间的及时转换。常用制动优先采用电制动，当电制动故障或电制动力不足时，由空气制动补充，以达到要求的常用制动减速度。常用制动具有防滑控制功能并且受到冲击极限的限制。每个EP2002阀测量本转向架的载荷，并通过局部制动控制卡传输数据到CAN总线。CAN总线内的主网关阀通过MVB总线（或其他总线）与列车控制系统进行通信，根据列车控制数据和转向架载荷为本节车的每个转向架产生单独的、与载荷信号相关的空气制动力指令，并通过CAN总线将指令发给各个EP2002阀。上述过程考虑到了每个转向架的黏着限制情况，每个局部制动控制卡通过气动阀和气动阀单元内的传感器反馈信号提供闭环摩擦制动控制。

（2）快速制动　当司机操作主控制器手柄使其处于快速制动位时，快速制动被触发。快速制动是一种特殊的制动模式。快速制动与紧急制动的制动力相同。快速制动优先使用电制动，当电制动故障或电制动力不足时由气制动补充。快速制动时，快速制动命令是可以恢复的，具有防滑控制功能并且受到冲击极限的限制。快速制动时EP2002制动控制系统的工作原理基本与常用制动时的相同。

（3）紧急制动　紧急制动是列车在紧急情况下而采取的制动方式。紧急制动是通过列车安全回路来控制的，一般情况下紧急制动可以由以下系统或元件触发：紧急按钮、列车超速、警惕按钮、车钩断钩、ATP 系统等。紧急制动一经触发，列车安全回路中断，触发信号传输给列车控制单元和牵引控制单元，牵引控制单元中断牵引系统工作。紧急制动是按照比常用制动更高的制动率而设计的。紧急制动仅仅由空气制动提供，且制动命令在停车之前是不可恢复的，紧急制动具有防滑制动功能但不受冲击极限的限制。

(4) 停放制动　为了满足列车较长时间停放的要求，停放制动采用弹簧施加，压缩空气缓解方式；另外，停放制动时还具有手动缓解功能。EP2002 阀将实时监控停放制动缸的空气压力。

(5) 保证制动　激活保压制动的条件：当城轨列车施加制动后，当检测到列车速度约为 0.5km/h 时（该速度值可以加以调整）由 EP2002 阀激活保压制动，以防止列车溜动。保压制动力的大小将保证 AW3 载荷的列车停在最大坡度线路上面不会产生溜动。

缓解保压制动的条件如下：

1) 司机将主控制器手柄打在牵引位，每个牵引系统将牵引力的实际值发送给列车主 VCU。

2) 主 VCU 计算列车牵引力实际值的总和。

3) 牵引力实际值的总和足以起动列车（会引起列车后溜）。

4) 主 VCU 向 EP2002 阀发出“缓解保压制动”信号。

空气制动的状态信号将反馈给 VCU，VCU 通过该信号确认制动是否缓解。如果空气制动在某一时间段内没有完全缓解，则 VCU 将向各牵引系统发出中断牵引的指令，并再次施加保压制动。

(6) 车轮防滑保护功能　车轮防滑保护系统采用轴控防滑方式，包括防滑阀、测速齿轮、转速传感器、防滑电子控制单元，防滑电子控制单元和防滑阀都集成在 EP2002 阀内。

车辆防滑保护控制集成在 EP2002 控制系统内。系统通过控制制动力来检测和校正轮对的滑行。安装于每根轴上的速度传感器用来监控轴速，这个信息共享于 CAN 区域内的 EP2002 阀。

如果 EP2002 阀检测到轮对滑行，它将控制制动缸压力来校正该轴上的车轮滑行。当列车制动并且检测到滑行存在时，车轮防滑保护控制能独立控制每根轴的制动力。以下两种检测车轮滑行的方法用于确定低黏着情况的存在。

1) 单根轴过大的减速度。

2) 每根轴和旋转速度最高的轴的速度偏差。

当由上述任意一个条件检测到车轮滑行，则负责该转向架的 EP2002 阀将快速连通该轴制动缸与大气之间的通路，通过减少制动缸的压力来消除滑行现象；同时控制系统将定期执行地面速度检测，以便更新计算真实的列车速度。系统能根据轨道条件精确地控制滑行深度。这将改进后面车轮的附着条件，在代黏着情况下使用最大制动力，同时确保没有车轮擦伤。当车轮防滑保护装置计算确定黏着条件回到正常状态，系统将返回到最初的状态，地面速度检测将结束。

除此之外，EP2002 制动控制系统还具有空气制动和停放制动状态检测功能、制动风缸压力过低检测功能、自测功能、故障记录功能等。

三、EP2002 制动控制系统的优点和缺点

1. EP2002 制动控制系统的优点

1）减小了故障情况下列车的影响。如果一个 EP2002 阀出现故障，则只有一个转向架的制动失效，城轨列车只需要对此转向架损失的制动力进行补偿；而如果常规制动控制系统中的制动电子控制单元 BECU 出现故障，城轨列车需要对本节车损失的制动力进行补偿。所以使用架控方式的 EP2002 制动控制系统尤其适合于短编组的城轨列车。

2）缩短了制动响应时间。根据克诺尔的试验数据，制动控制系统的响应时间比常规制动控制系统的响应时间缩短约 0.2s。

3）提高了制动精确度。常规制动控制系统的精确度约为 ±20kPa；而 EP2002 制动控制系统提供给制动缸制动力的精确度可以达到 ±15kPa。

4）空气消耗量减少。由于 EP2002 阀靠近转向架安装，从 EP2002 阀到制动缸的管路长度减小，所以在制动时的空气消耗量将减小，同时空气泄漏量也将减小。

5）节省安装空间，减小质量，减少布管和布线数量。

6）更高的可靠性和可用性，降低了故障率。根据克诺尔的计算，EP2002 制动控制系统的故障率比常规制动控制系统的故障率减少了约 50%。

7）维护工作量小。EP2002 制动控制系统部件集成化程度较高，需要维护的部件较少，大修期从常规制动控制系统规定的 6 年提高到 9 年。

8）缩短了安装和调试时间。

9）降低总体成本。EP2002 制动控制系统的产品价格基本与常规制动控制系统价格相同；但是由于缩短了安装和调试时间以及后期维护费用降低等原因，EP2002 制动控制系统的花费将低于常规制动控制系统。

10）可以根据每个转向架的载荷压力调整施加在本转向架上的制动力，比常规制动控制单元以每节车载荷压力进行制动力控制更加精确和优化。

2. EP2002 制动控制系统的缺点

（1）关键部件维护难度增大　由于 EP2002 阀的技术含量和集成化程度较高，在 EP2002 阀出现故障时，基本上都需要将整个阀送回制造厂家进行维修，且维修周期长；而如果常规制动控制系统出现故障，只需有经验的工作人员直接查找并更换故障部件（如压力传感器、防滑阀、印制电路板等），就可缩短维护周期，减少对车辆产生的影响。

（2）互换性差　在 EP2002 制动控制系统中，如果一个 EP2002 阀出现故障，只能够用相同类型的阀进行更换；而常规制动控制系统中的制动电子控制单元 BECU 甚至 BECU 中单独的印制电路板出现故障，所有车上的设备都可以互换。

（3）无直观的故障码显示　常规制动控制系统中的制动电子控制单元 BECU 安装在车上电器柜内，可以提供 4 位数字的故障码显示，有利于工作人员查找故障；而 EP2002 制动控制系统没有直观的数字故障码显示功能，工作人员只能通过专用软件才能查找故障。

第九节　供气系统的工作模式

一、操作模式

列车的空气压力是由安装在拖车上的空气压缩机来提供。空气压缩机的控制是由电制动

控制单元（BCE）来完成的。空气压缩机的操作模式有两种：正常模式和辅助模式。如果把列车单元1位端的空气压缩机作为主空气压缩机（也就是正常模式），则后面2位端的空气压缩机作为储备（也就是辅助模式）。如果列车需要的压力空气由一个空气压缩机就能满足，则第二个空气压缩机就不再起动，只有当总风压力低于0.75MPa，一个空气压缩机不能满足要求时才起动第二个空气压缩机。

1. 辅助模式

压缩机辅助模式是指当压缩空气的压力低于辅助恢复起动压力（0.75MPa）时，第二个空气压缩机开始起动，当压缩空气的压力达排气压力（0.95MPa）时停止。

2. 正常模式

正常模式时，只有一个空气压缩机工作即可满足列车气路系统的需要，当压缩空气的压力低于恢复阀值（0.84MPa）时，压缩机开始工作，当压缩空气的压力达到排气阀值（0.95MPa）时，压缩机停止工作。

主空气压缩机由奇偶日来确定，即如果这台空气压缩机在单数日（奇数日）为正常模式时工作，则在双数日（偶数日）另一台空气压缩机在正常模式时工作。

图7-37进一步解释了不同压力时空气压缩机的操作模式。

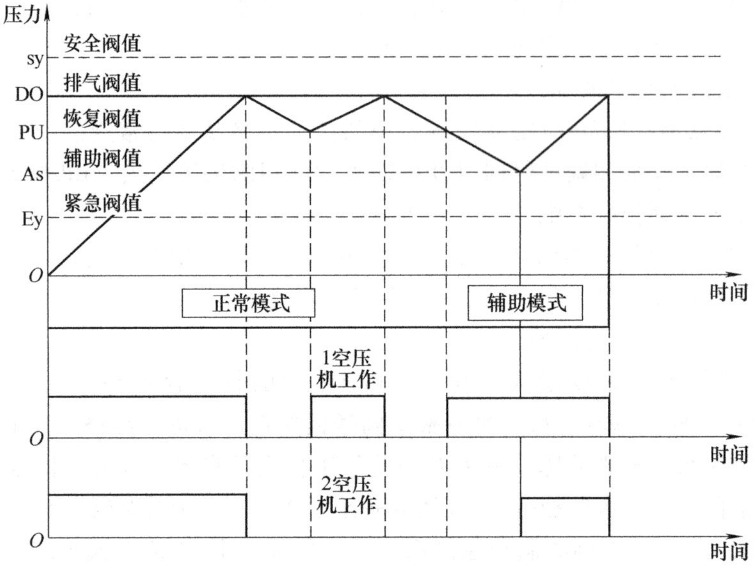

图7-37 不同压力时空气压缩机的操作模式

控制压缩机工作共有5种压力阀值；

（1）安全阀值 安全释放阀的压力（1.03MPa）。

（2）排气阀值 压缩机停止所有模式工作的压力（0.95MPa）。

（3）恢复阀值 在正常模式下压缩开始工作压力（0.84MPa）。

（4）辅助阀值 当主风管中的压力到达这个压力极限，第二个压缩机开始帮助操作压缩机充气（0.75MPa）。

（5）紧急阀值 当主风管中的压力极限，紧急制动使列车停止（0.7MPa）。

二、压缩机的选择

在正常模式下空气压缩机根据奇偶日来确定运转方式。在对应日的空气压缩机故障的情况下，TIMS 允许工作压缩机的切换。当列车在运行中，空气压缩机在正常模式或辅助模式下工作。

当一个压缩机得到“奇偶日”信号时，它在正常模式下：当“奇偶日”信号无效时，空气压缩机工作在辅助模式下。表 7-3 为空气压缩机的选择模式。

表 7-3 空气压缩机的选择模式

奇数日	偶数日	空压机 1	空压机 2
0	0	辅助模式	辅助模式
0	1	辅助模式	正常模式
1	0	正常模式	辅助模式
1	1	正常模式	正常模式

三、压缩机的操作

在正线运营时，如果压力低于阀值（0.84MPa)，对应奇偶日的压缩机开始工作，当压力低于辅助阀值（0.75MPa）时，起动第二个压缩机。主风管压力和拖车转向架制动管压力经过压力测量提供给相对应的驾驶室。

四、空气干燥器运行

在空气干燥器每一个塔上安装了压力开关，这些开关由 BCE 监测。无论压缩机什么时候需要工作，根据空气干燥器运行时序，其中一个压力开关将关上。

一般情况下，当压缩机开始送气，仅有一个干燥塔有压力。一旦干燥塔空气被干燥了 2mm，那么干燥机计时器将会停止该干燥塔，第一个干燥塔的压力将消失，第二个干燥塔将充气。在两干燥塔转换程序中，两干燥塔压力阀的压力开关在一定时间内都得电。故障监视器允许该重叠。如果该重叠时间过长，空气干燥计被认为出故障。

如果压缩机在 2min 的干燥时间内停止，计时器将记录那个干燥塔的工作时间，然后当压缩机重新开始后计时器将继续计时。用这种办法，每个干燥塔干燥空气的时间都为 2min。在压缩机停止期间，两个干燥塔的空气排气，压力开关不得电。干燥塔参数见表 7-4。

表 7-4 干燥塔参数 （单位：s）

功能	故障参数	正常参数
干燥塔重叠时间	最大 0.25	大于 0.5
从压缩机起动到干燥塔压力开关得电的时间	最大 1.8	大于 0.25
任何一个干燥塔干燥总计时间	120 ±5	大于 130

如果超出任何故障参数，空气干燥机故障将被 BCE 发现，并触发 FIP“空气干燥机故障”信息。并且，相应的压缩机被停止，避免湿气进入供气系统。该禁止能通过维修连接复位。

第八章　机械部件检修

第一节　转向架的检修

一、构架及其附件的检修

（一）构架的检修

1. 构架清洗

用抹布和清洁剂彻底清洗构架表面污垢，并晾干或烘干，便于构架的进一步检修。

2. 构架检查

1）转向架分解后首先进行目测检查，检查各悬挂点、焊接点和焊缝有无裂纹、变形，焊接是否良好。重点检查构架电动机悬挂座、牵引拉杆座、一系簧座等受力部位，要求无裂纹、无腐蚀、无变形、无冲击损伤。

2）采用内视镜聚光灯检查横梁是否腐蚀和有无裂纹。

3）堵塞器（孔塞）检查

① 目视检查所有转向架构架的开口是否堵塞。

② 如果塞子损坏，在重新封堵之前，应该排出所有残留水。

③ 在安装时，如果怀疑任何塞子有问题，应该更新塞子。

注：由于设计和制造的原因，转向架构架存在一些孔洞。为尽量减少水和灰尘的进入和腐蚀，应在孔洞处安装各种尺寸的堵塞器。

3. 构架探伤

对构架进行无损探伤，检查构架重点受力部位和关键焊缝。这对地铁构架的检修至关重要。

4. 尺寸检查

检查构架变形，测量构架一系簧座与测试台支座间的间隙。检查测量转向架构架对角线尺寸应满足有关标准。

5. 油漆与涂油

对构架进行重新油漆或对脱漆部位进行补漆，不能油漆的部位应涂符合要求的防锈油。

6. 记录

对检修好的构架记录有关信息，包括检修内容、检查数据，一般有登记人档和做数据库两种方式。

（二）构架附件的检修

构架的附件视转向架的不同而有所区别，如轴箱拉杆、轴箱转臂、起吊装置、调整垫片、紧固件等。

检修原则：主要受力部件检修内容与构架相同；垫片进行清洗、矫正、油漆后继续使用；紧固件全部更新。

二、弹性悬架装置检修

弹性悬挂装置通常包括一系悬架和二系悬架，其作用是减少线路的不平顺和轮对运动对车体的动态影响（如垂向振动、横向振动和通过曲线等）。

（一）一系悬架的检修

一系悬架与转向架的轴箱定位方式有关，如上所述，第一类转向架采用人字形橡胶弹簧定位，其一系悬架为人字形橡胶弹簧；第二类转向架采用转臂式轴箱定位，其一系悬架为内、外圈螺旋钢弹簧，附加垂向减振器；第三类转向架采用锥形橡胶套定位方式，一系为锥形橡胶套。下面以人字弹簧为例，介绍一系悬架的检修。

1. 人字形弹簧寿命

人字形弹簧寿命一般为 8 ~10 年，根据国内外的使用经验，人字形弹簧如果使用前存放时间不超过 1 年，其寿命一般能满足一个大修期（10 年）的要求。所以在 5 年架修时，需对人字形弹簧重新进行选配，使用 10 年后全部作报废处理。

人字形弹簧由四层钢板、四层橡胶和一层铝合金（最内一层）组成。

2. 人字形弹簧编号及检查

要求橡胶与金属件之间无严重剥离。

在 5 年架修时，首先将分解下来的人字形弹簧进行编号并检查，若无脱胶、变形、裂纹，或有裂纹但符合如下条件，人字弹簧可继续使用。

1）一条深度小于 16mm 的裂纹。

2）多条深度小于 8mm 的裂纹。

3）一条深度小于 8mm 的整个周向裂纹。

3. 人字形弹簧刚度试验

由于动车与拖车转向架人字弹簧的刚度不同，应根据人字形弹簧的性能进行抽检试验，试验前需将人字形弹簧放置在恒定温度下一定的时间，测量人字形弹簧垂向刚度时一般成对进行。超出刚度范围的人字形弹簧作报废处理。

4. 人字形弹簧选配

根据人字形弹簧的性能逐件进行试验，试验前也需将人字形弹簧放置在恒定温度下一定的时间，测量人字形弹簧的变形量。变形量的测量需逐件进行，并根据变形量进行分组、配对、标识。超出变形量范围的人字形弹簧作报废处理。

5. 记录

对选配好的人字形弹簧记录有关信息。

6. 其余一系悬架系统部件的检修

其余一系悬架系统部件，含锥形橡胶套、钢弹簧、减振器等。锥形橡胶套的检修内容与人字形弹簧基本一致；钢弹簧需进行检查、探伤、高度测量和刚度测量等内容，也可参照铁路标准进行检修；一系减振器的检修参考后面的二系减振器的检修。

（二）二系悬架系统的检修

二系悬架系统基本都是空气弹簧，结构上主要区别是应急弹簧的形式不同。空气弹簧有较低的纵向、横向、垂向刚度，能较好提高列车的舒适性。

空气弹簧一般与高度阀、差压阀等同时使用，在不同载荷作用下，保持列车地板面在一定的高度和保证两侧空气弹簧压差在安全范围内。

1. 空气弹簧寿命

进口空气弹簧寿命能达到10年大修的要求，在5年架修时，需对空气弹簧进行检修；使用10年后橡胶件全部作报废处理，部分结构件可继续使用。

2. 空气弹簧结构件检修

检修时需对空气弹簧结构件清洗、检查、探伤、补漆。

3. 应急弹簧与磨耗板检修

检修时对应急弹簧进行外观检查、尺寸检查及性能试验。要求外观无脱胶，裂纹深度不超标，无老化破损；尺寸不超出范围；垂向、水平刚度不超出技术要求，则应急弹簧可继续使用。如果在两层之间出现任何黏着松动，橡胶和金属之间出现分离、疲劳或变形，应更换应急用弹簧。磨耗板要求无偏磨，尺寸符合要求，否则需更换。

4. 空气弹簧系统附件检修

1）检查高度调节阀，要求完好、无松动、无损伤。

2）检查高度调节阀联动装置，要求完好、无损伤。高度阀调节杆应垂直，不准倾斜。

3）检查垂向及横向止挡、止挡间隙、螺栓、衬垫，应完好、无损伤。

5. 空气弹簧检修

（1）空气弹簧外观检查　检查紧固件，要求连接紧固无松动。清洗并检查空气弹簧胶囊内、外表面，要求无严重损伤、裂纹和刀痕，无金属丝暴露在外的现象，叠层弹簧表面不得有深度大于2mm的疲劳裂纹，或大于5mm深的橡胶与金属松弛现象。

注：不能使用锐角的工具检查气囊，不能采用溶剂进行清洗。

（2）空气弹簧更换条件

1）胶囊的裂纹：深度超过1mm不得使用。

2）胶囊的磨损：深度超过1mm（帘布外露）不得使用。

3）橡胶堆的裂纹：深度超过1mm不得使用。

4）底座的锈蚀：锈蚀超过2mm不得使用。

5）鼓包：局部表面的鼓包，用针扎破鼓包部位，作500kPa持续20min的保压试验，如果没有空气泄漏，则可以继续使用。

6）橡胶堆的更换条件：橡胶堆的橡胶和金属件的粘接部裂纹超过6mm；橡胶的裂纹圆周超过30%、深度超过6mm。

6. 密封性与刚度

1）检查空气弹簧胶囊与应急弹簧之间的密封，空气弹簧密封无泄漏。

2）测试组装后空气弹簧的水平、垂向刚度须符合要求。

7. 记录

对检修好的空气弹簧记录有关信息。

（三）抗侧滚扭杆的检修

抗侧滚扭杆虽然形式多样，但其结构基本相同，一般由扭杆、支撑座、扭臂、连杆组成。抗侧滚扭杆的作用是抑制车体相对于转向架的侧滚，提高车辆的稳定性和舒适性。

1. 扭杆检修

抗侧滚扭杆分解后，对扭杆进行清洗，然后进行扭转变形（弹性变形）测量，扭转变形超标则报废。扭杆是重要的受力部件，最后需进行探伤检查。

2. 支撑座检修

支撑座包括座体、关节轴承、轴承盖、密封圈、垫片、紧固件等。对座体进行外观检查、内孔测量、补漆等检修。关节轴承10年大修更换。对轴承盖进行外观检查、补漆处理。密封圈在5年架修时即更新。

3. 扭臂检修

扭臂也是重要的受力部件，除清洗、油漆外还需进行探伤检查。

4. 连杆检修

连杆主要由球铰和调节套筒组成。对球铰每5年彻底进行密封和性能检查，对与调节套筒连接的螺纹部分进行检查。对调节套筒进行螺纹检查。

5. 组装与记录

对部件进行预组装，并记录。

（四）减振器的检修

1）减振器为免检修部件，而有些部件又有寿命限制，因此5年架修和10年大修的检修要求不同。减振器一般分垂向和横向减振器两种，但检修内容相同。

2）架修时需外观检查、示功图测试，橡胶件应完好、无漏油，示功图正常可继续使用。

3）大修时全部需进行分解、检查、检修，密封件和受力橡胶件全部更换，并根据技术要求进行性能测试，使减振器恢复到新出厂水平。

4）对检修好的减振器记录有关信息。

三、轮对、轴箱装置的检修

轮对、轴箱装置是转向架的重要部件，因此检修要求更高。

（一）轴箱的检修

轴箱由轴箱体、轴箱轴承、轴箱盖、迷宫环、密封圈、层叠环、各类传感器、紧固件等组成。轴箱的作用是支撑构架、轮对与一系悬架的连接纽带，人字形弹簧（一系悬架）的下部支座传递牵引力、制动力及车体质量。

1. 轴箱体检修

第一类转向架轴箱体的材料是铝合金，常见的轴箱体的材料一般采用碳钢、合金钢。对轴箱体的检修包括清洗、外观检查、尺寸检查（内孔、端部）、探伤、油漆等内容。

2. 轴箱轴承检修

第一类转向架轴箱轴承采用两排圆柱滚子轴承。无论是架修还是大修，对轴承的检修内容是相同的，主要包括分解、清洗、检查、探伤，并原套检修。分解内圈采用电磁感应加热的方式，加热时间有严格要求，过长或过短都不能拆卸；组装也有类似要求，组装时需将轴箱内加入规定量的油脂。轴承寿命基本能满足大修要求，根据寿命要求并考虑规程更换轴承。

3. 轴箱盖检修

对轴箱盖等结构件的检修按清洗、检查、探伤（大修时）、补漆的要求进行。

4. 迷宫环、密封圈及层叠环检修

对密封件的检修除结构件外，大修时均要求更新。

5. 各类传感器检修

轴箱内装有测速传感器、防滑传感器等各类传感器。对传感器的拆卸与组装需根据技术要求进行。

6. 组装与记录

在大齿轮热套（动车轮对）、轮对压装完成后，按与拆卸相反的顺序组装轴箱，并对检修好的轴箱记录有关信息。

（二）轮对的检修

轮对根据使用情况可分为非动力轮对和动力轮对，其区别主要在于动力轮对具有齿轮箱。齿轮箱的检修在驱动装置的章节介绍。

轮对的作用是沿着钢轨滚动，将轮对的滚动转化为车体的平移；除了传递车辆质量外，还传递轮轨之间的各种作用力，包括牵引力和制动力。无论是架修还是大修，对轮对的检修内容是相同的。轮对检修主要包括车轮检修和车轴检修。

在外观检查期间对车轮要进行精确测量，才能确保车轮磨耗被监控以及车轮在特殊路线运行状态和正常运行条件的车轮磨耗情况。车辆检修人员有责任监控车轮磨耗以及对允许极限值做出判断。

1. 车轮的检修

1）车轮轮毂部分的检查修理

① 检查车轮轮毂上有无放射状裂纹存在，放射状裂纹可能削弱车轮在车轴上的夹紧力（例如，腐蚀脏物，车轮扭曲迹象）。如果对裂纹的存在有怀疑，可以进行磁粉探伤检查。一旦发现任何反常迹象就应该拆卸轮对。

② 确保注油孔内的堵塞密封完好，如果丢失，应清洁注油孔安装一个新的堵塞并密封。

2）车轮圆周踏面破损的检查修理。仔细检查车轮轮缘、踏面的破损，比如磨平、裂纹、剥离、踏面翻卷和其他破损，如图 8-1 所示。

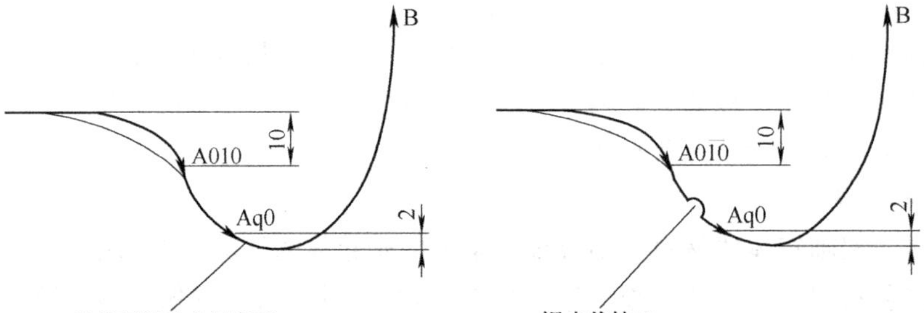

图 8-1　车轮圆周踏面破损

① 轮缘的刃面（从 A010 到 Aq0 区域）。如果发现金属凹口和撕开，则评估破损的深度。作如下处理：

如果深度小于 1mm，车轮可继续使用。

如果深度大于 1 mm，则须对车轮进行镟修处理。

② 轮缘的非刃面（从 Aq0 到 B 区域）。如果发现金属凹口和撕开，则评估破损的深度。作如下处理：

如果深度小于 2. 5mm，把尖锐部分展平到其周围车轮可继续使用。

如果深度大于 2. 5mm，则须对车轮进行镟修处理。

3）检查车轮与轮座的结合部有无松动，如有松动，应进行分解，并重新选配、压装。

4）踏面金属鼓起的检查修理。检查车轮踏面金属鼓起如图 8-2 所示。如果金属鼓起厚度超过 1mm 或长度超过 60mm，则须对车轮进行镟修处理，或更换轮对。

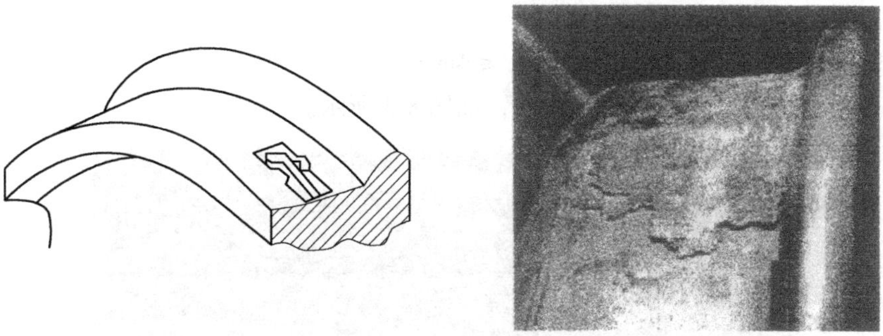

图 8-2　车轮踏面金属鼓起

5）车轮踏面擦伤的检查修理如图 8-3 所示。擦伤达到以下限度则需要车修加工：

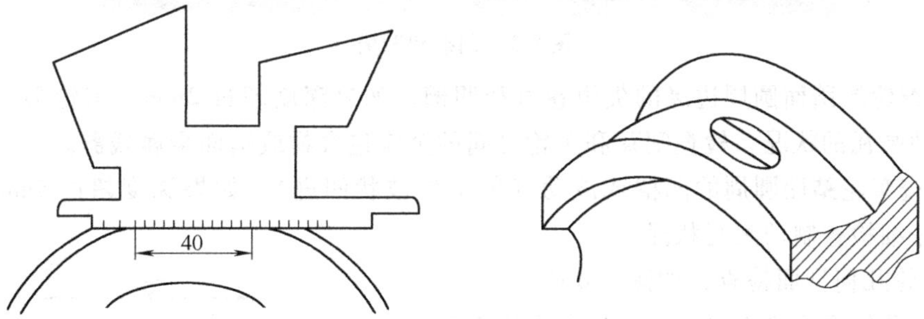

图 8-3　车轮踏面擦伤

① 一处以上大于 75mm。

② 两处以上在 50 ~ 75mm 之间。

③ 四处以上在 25 ~ 50mm 之间。

④ 深度大于 0.8mm。

6）车轮踏面剥离的检查修理如图 8-4 所示。检查车轮踏面的剥离，如果达到以下限度车轮就必须退卸或车修轮对。

图 8-4　车轮踏面的剥离

① 剥离长度：1 处≤30mm；2 处（每一处长）≤20mm。

② 剥离深度：≤1mm。

③ 车轮踏面磨耗深度（包括沟槽）：≤4mm。

7）车轮踏面刻痕和凹槽的检查修理，如图 8-5 所示。

图 8-5　刻痕和凹槽

① 检查轮缘踏面圆周边缘的尖锐卷边和凹槽，如果深度超过 2mm，车轮必须退卸。仔细检查制动闸瓦的状况，检查闸瓦和车轮之间的金属包含物或踏面金属残骸。

② 检查车轮踏面圆周的凹槽或波动（外形像波状凹进），如果深度超过 5mm，车轮必须退卸。仔细检查制动闸瓦状况。

8）车轮几何型面检查，如图 8-6 所示。

在进行几何型面检查时，应采用专用检查工具进行测量，如轮径尺、轮对内侧距测量尺、轮缘形状专用测量尺（测量倾斜度 qR 值）、轮缘高度/厚度测量尺、轮缘尺寸专用测量仪、车轮轮辋侧面鼓起专用测量仪等。

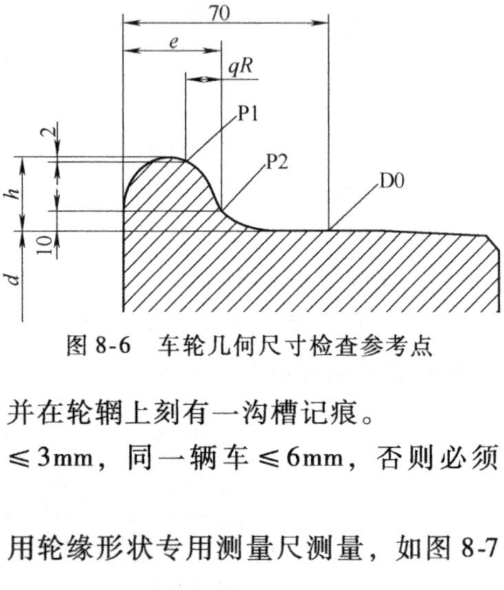

图 8-6　车轮几何尺寸检查参考点

① D0：滚动圆位置据车轮内侧面 70mm 处。

② d：车轮直径检查，用轮径尺测量。

城市轨道交通车辆的车轮公称直径为 840mm，采用磨耗型踏面，允许车轮磨耗最小直径为 770mm，并在轮辋上刻有一沟槽记痕。

轮径差必须满足：同一轴≤1mm，同一转向架≤3mm，同一辆车≤6mm，否则必须镟轮。

③ qR：轮缘尺寸检查（在 P1 和 P2 之间测量），用轮缘形状专用测量尺测量，如图 8-7 所示。

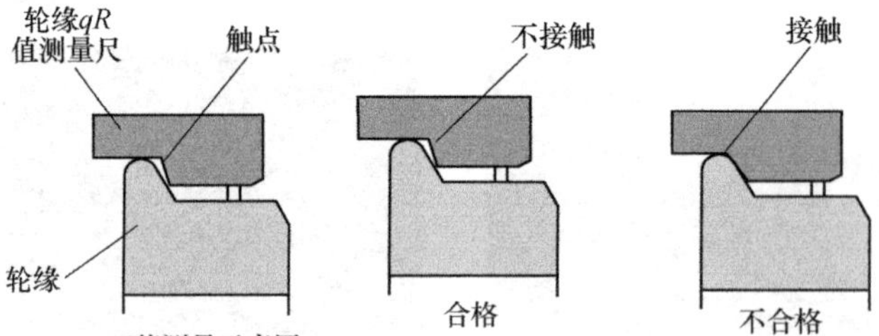

图 8-7　车轮 qR 值检查

轮缘根部的最小厚度为26mm，轮缘角为70°，由于轮缘角的测量很困难，因此制造商提供了一个以轮缘角和轮缘根部的宽度等因素为依据而制造的专供测量轮缘形状的专用量具并用该尺的特定的 qR 值来指示轮缘的综合值。轮缘的 qR 值应在6.5～12.5mm范围内。

测量尺轮缘的 qR 值，应在轮缘两个接近180°的点测量，检查量规的触点是否接触轮缘，如果触点在轮缘公差之外（即接触到轮缘）则需要镟修后使用，否则更换轮对。

qR 值不得超出6.5～12.5mm这个范围，否则应将车轮进行镟修。

④ h：轮缘高度检查。如图8-8所示，使用轮缘高度检查尺检查轮缘高度。检查量规的触点是否接触到车轮踏面，如果触点在轮缘公差之外（即没有接触到踏面）则需要镟修后使用，否则更换轮对。轮缘最大高度为31mm。

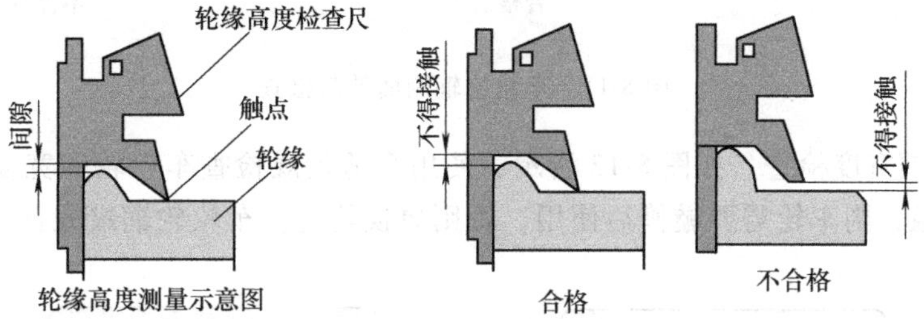

图8-8　轮缘高度检查

⑤ e：轮缘厚度检查。如图8-9所示，使用专用测量尺检查轮缘厚度。检查量规的触点是否接触到车轮踏面，如果触点在轮缘公差之外（即接触到踏面）则需要镟修后使用，否则更换轮对。轮缘最小厚度为22mm。

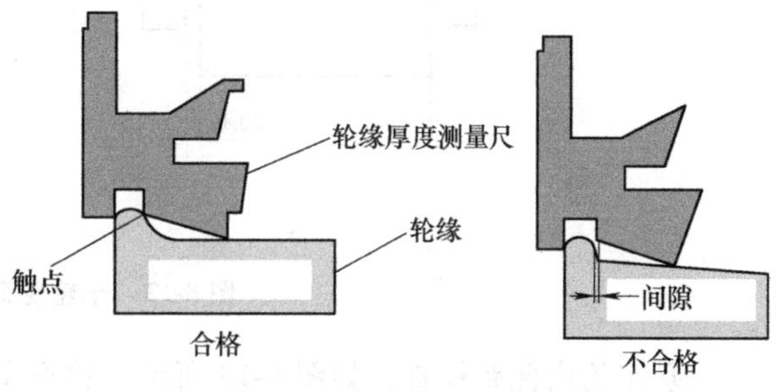

图8-9　轮缘厚度检查

⑥ 轮缘尺寸的精确测量检查。如图8-10所示，采用一种可调专用测量仪在车轮的合适位置精确测量轮缘 qR 值、高度和宽度。

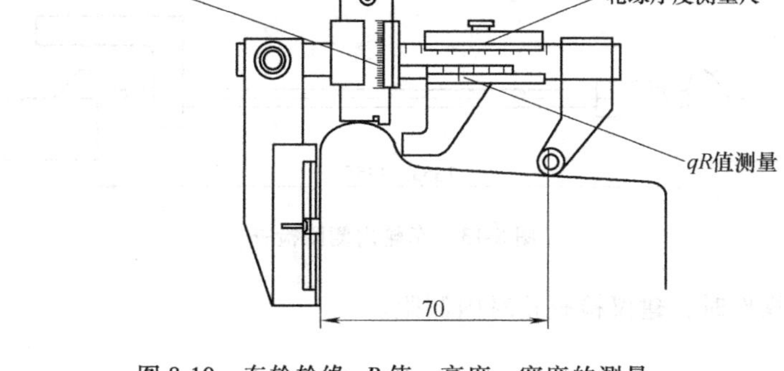

图8-10　车轮轮缘 qR 值、高度、宽度的测量

⑦ 车轮轮辋侧面鼓起检查。如图 8-11 所示，使用车轮轮辋侧面鼓起专用量规检查车轮轮辋侧面鼓起，如果量规的边缘接触到了车轮轮辋，则车轮需要镟修后使用，否则更换轮对。一旦发现鼓起金属开裂或裂纹，车轮必须退卸。车轮轮辋最大鼓起厚度为 6mm。

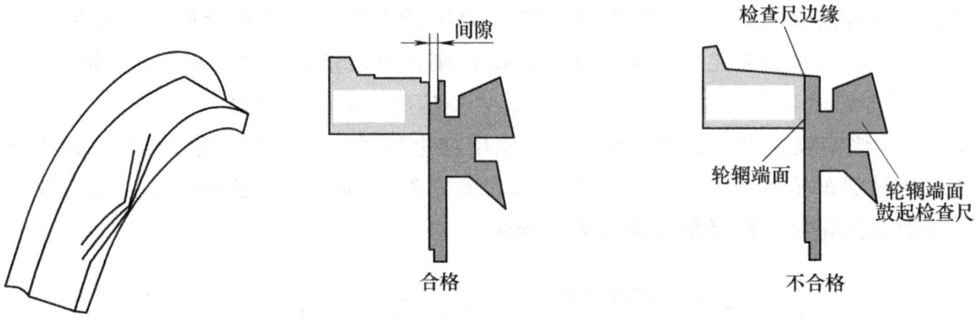

图 8-11　车轮轮辋侧面鼓起检查

⑧ 车轮轮辋宽度检查。如图 8-12 所示，使用合适量规检查车轮轮辋宽度。如果量规的边缘与轮辋接触，则车轮需要镟修后使用，否则更换轮对。车轮轮辋最大宽度为140mm。

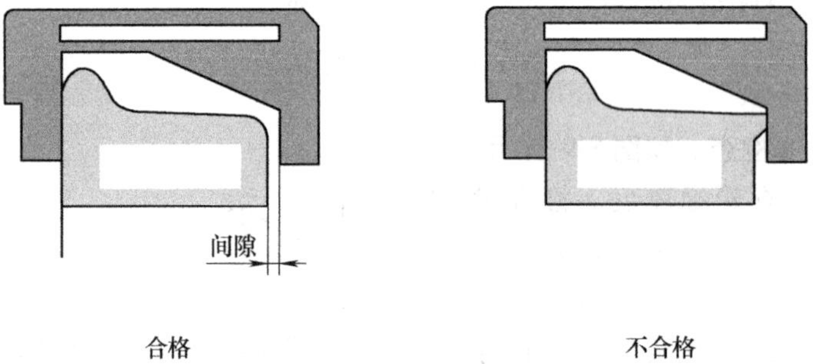

图 8-12　车轮轮辋宽度检查

⑨ 车轮内侧距检查，如图 8-13 所示。检查车轮轮辋的过热迹象，如果车轮有过热或制动后出现异常过热迹象时，就必须测量车轮内侧距。在轮对空载条件下，测量值在 1 353 ~ 1 355mm 之间时，就要与轮对内侧距初始值比较，在空载条件下车轮位移量不得超过 0. 5mm。

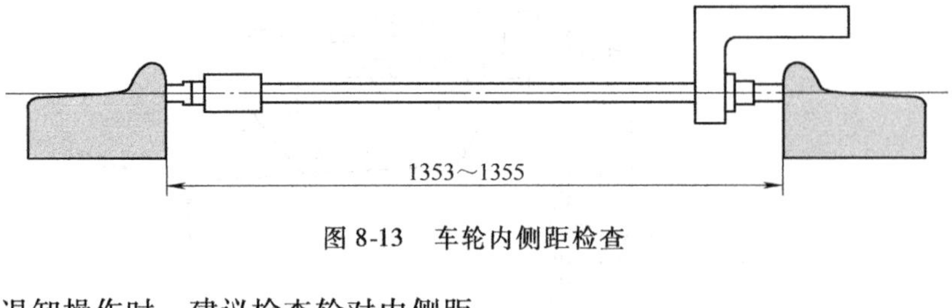

图 8-13　车轮内侧距检查

在车轮退卸操作时，建议检查轮对内侧距。

2. 车轴检修

车轴应遵循 UIC811—1 标准，采用 A1N 碳钢的全机加工车轴；几何尺寸符合 UIC515—

3 标准。车轴轮座应比设计直径尺寸大 5mm 的余量（标准直径为 198 ~ 193mm），以保证车轮从车轴退卸后再组装。所有车轴的轴颈直径均为 120mm。车轴轴身表面应涂刷双组分的环氧防腐面漆进行防腐，不油漆的部分包括轮座、轴颈，车轴端部需要做临时性保护，加装防护套。

（1）车轴外观检查　如图 8-14 所示。

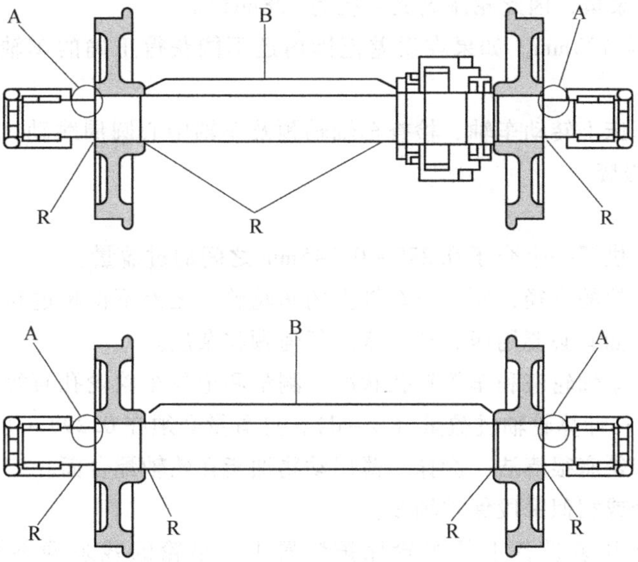

图 8-14　车轴外观检查

1）检查车轴可见区域 A，B 的腐蚀、凹痕和刻痕。

2）检查车轴的各过渡圆弧 R 处。

（2）车轴故障检查修理

1）在车轴轴身上小于 1mm 深度的凹痕可以用粗砂纸（120 目或更高）打磨去除，按纵向方向（沿着车轴中心线）打磨。打磨后用磁粉对相关区域进行探伤检测，不允许有裂纹产生。

2）如果发现在车轴轴身上的磕碰印痕超过 1 mm 深则更换轮对。

3）在过渡圆弧 R 处不允许出现磕碰或裂纹。如果在这个区域发现磕碰或裂纹则更换轮对。

4）车轴内部的缺陷（如内部的裂纹、气孔、夹渣等），可用超声波探伤仪进行探伤检查，如有缺陷则需更换轮对。

5）车轴轮座若有拉毛或损坏，应进行打磨。

6）其他轴身如有必要则进行表面修复。

7）对车轴进行补漆、防锈处理，并标识。

8）记录有关数据信息。

3. 轮对组装

（1）车轴检查

1）目测车轴轮座表面，不得有任何影响车轮安装或通过手工操作留下的损伤，如金属磕碰、裂缝、冲击痕迹或脏物等。

2）检查轮座表面粗糙度应符合要求。

3）表面肤浅的缺损可以用磨石消除。

4）当车轴表面有更大的破损发生时，为确保车轴仍可使用，可以通过对轮座进行机加工来去除表面任何损坏。机加工后，轮座就可以达到以上规定的尺寸要求（因车轴轮座表面有 5mm 的机加工余量，因此轮座名义直径为 198mm）。

轮座最小直径为 193mm。如果在误差范围内还不能获得正确的车轴表面条件，车轴就只有报废。

5）在精密的车床上转动车轴，检查车轴轴颈及车轴中心圆周跳动，如果圆周跳动大于 0.5mm，车轴就应报废。

（2）车轮组装

1）轮座直径提供了一个介于 0.298 ~ 0.345mm 之间的过盈量。

2）检查两个车轮的直径，同一条车轴上的车轮轮径之差不得超过 0.5mm。

3）清理毛刺，如有必要用压力空气吹除任何颗粒杂质。

4）清洁和检查车轴轮座和车轮轮孔状况。测量和记录车轮轮孔直径“d”；测量和记录车轴轮座直径“D”；计算轮轴过盈量（D - d），过盈量必须在 0.298 ~ 0.345mm 之间。

5）确保轮孔和轮座很清洁，涂抹一薄层动物油脂在轮轴配合面。

6）用聚酯衬套或相似手段保护轴颈。

7）把车轮推入压装设备上的车轮保护装置上，车轮的残余静不平衡标记的方向应一致。

8）在轮对压装机上安装支撑套筒。

9）根据车轮压装程序把车轮压装到车轴上。

10）检查车轮压装过程，压力载荷应平稳上升，其压力应保持在 600 ~ 1110kN 范围内。

注：在压装结束后最小压力应为 600kN，最大压力不超过 1 110kN。

11）根据图 8-15 和表 8-1 要求进行轮对尺寸检查。

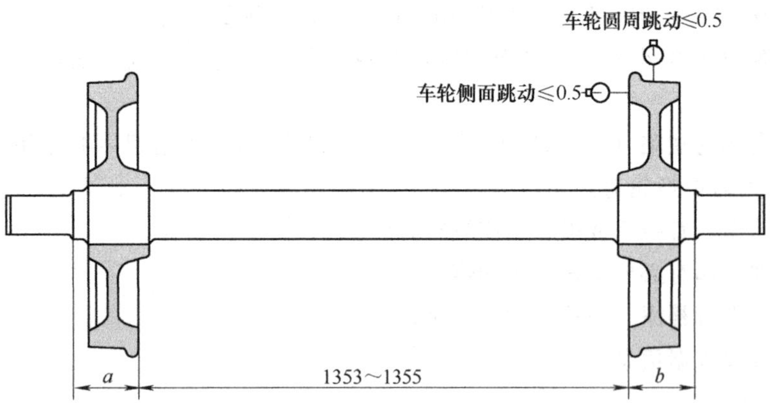

图 8-15　轮对外形轮廓图

表 8-1　轮对尺寸检查标准

轮对内侧距（测量四点）/mm	1 353～1 355
车轮侧面跳动/mm	≤0.5
车轮圆周跳动/mm	≤0.5
a，b 差值/mm	≤1
电阻测试（在两个车轮踏面间进行电阻测试）/Ω	<0.01

四、中央牵引装置检修

第一类转向架中央牵引装置由中心销、中心销座、复合弹簧、下心盘座、牵引拉杆、橡胶套、横向止挡等组成，如图 8-16 所示。

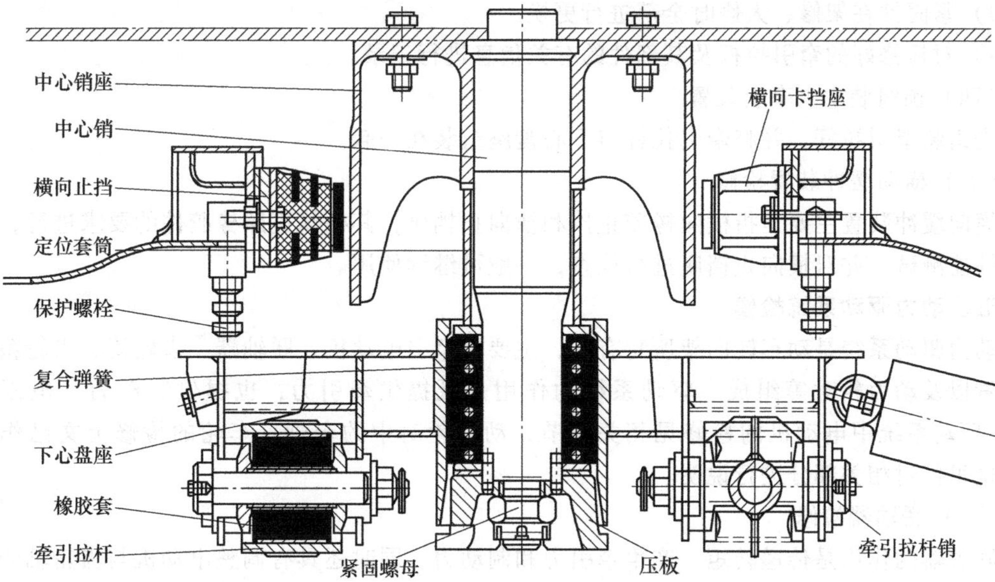

图 8-16　第一类转向架中央牵引装置

上海地铁转向架架承车体的方式为非心盘承载，即空气弹簧承载方式。

（一）中心销系统的作用

1）架承车体并传递各种载荷和作用力。

2）同时完成车体与转向架之间绕旋转中心的相对转动，使车辆顺利通过曲线。

3）架车时悬吊转向架。

（二）中心销系统的检修

1）中心销检修。架修与大修时均要对中心销进行清洁、检查并探伤。中心销无变形、无裂纹，螺纹无损伤。

2）中心销座检修。架修与大修时均要对中心销座进行清洁、检查和探伤。中心销座应无裂纹，与横向止挡的接触部位应无严重撞伤和变形。

3）复合弹簧检修。架修时对复合弹簧进行清洁、外观检查、尺寸检查和刚度测量。表面橡胶无损伤、无铁件外露，尺寸和刚度均符合规定的技术要求，可继续使用。大修时全部进行更换。

4）下心盘座检修。架修与大修时均要对下心盘座进行清洗、检查，并探伤。对撞击部位的凹坑进行修补并补漆。

5）其他结构件的检修。对其他结构件进行清洗、检查，对重要受力部件进行探伤。若无异常，结构件可继续使用。

6）紧固件架修、大修时全部进行更换。

7）对检修好的中央牵引装置及相关部件有关信息进行记录。

（三）牵引拉杆的检修

1）架修时需对牵引拉杆进行清洗、检查，大修时还要进行探伤、油漆。

2）牵引拉杆橡胶套架修时无需拆卸，只对牵引拉杆总成进行检查和刚度试验。大修时全部更换橡胶套。

3）紧固件在架修、大修时全部进行更换。

4）对检修好的牵引拉杆及其部件的有关信息进行记录。

（四）预组装中央牵引装置

先组装牵引拉杆，并将牵引拉杆与下心盘座组装在一起。

（五）横向缓冲装置检修

横向缓冲装置主要是指横向橡胶止挡和横向止挡座，其检修遵照橡胶件的要求进行，并进行性能测试。并对横向止挡座进行检查，一般可继续使用。

五、动力驱动系统检修

动力驱动系统是动车转向架所特有的，主要由牵引电动机、联轴器、齿轮箱、齿轮箱悬挂装置以及动力轮对等组成。驱动系统的作用是既提供牵引力，也提供制动力（电制动力）。驱动系统中电动机的检修见相关章节，动力轮对中的车轴、车轮的检修上文已作介绍，这里仅对相关部分进行说明。

（一）联轴器检修

联轴器的作用是传递转矩，产生牵引力和制动力，同时还具有调整电动机与齿轮轴的同轴度的作用。常用的联轴器是机械联轴器，但上海地铁第一类直流车转向架采用的是橡胶联轴器。因此在检修时应采用不同的检修工艺和标准。

1. 橡胶联轴器检修

由于橡胶联轴器在列车运行时承受巨大的交变扭矩（尤其在电动机过流时），联轴器易发生疲劳损坏，因此在架修和大修时均要更换橡胶联轴器。同时在低级别修程的检修中应重点检查。

2. 机械联轴器检修

对于机械联轴器，在架修时应进行清洗、检查，更换油脂等；在大修时还应进一步分解联轴器，对零部件进行彻底检查。

3. 检查完毕

检查完毕，两种联轴器均要进行预组装，并登记相关信息。

（二）齿轮箱检修

齿轮箱的作用是安装在电动机与轮对之间的减速装置，并传递牵引力和制动力。齿轮箱及悬挂装置主要包括齿轮箱体、大齿轮、小齿轮、轴承、密封件、紧固件等，有的还有中齿轮。

架修和大修时对齿轮箱的检修内容有所不同，架修时只对齿轮箱进行检查、清洁，更换齿轮箱润滑油，最后进行组装调整即可。大修时需对齿轮箱进行分解，对各部件进行逐项检修，下面是大修时的检修内容。

1. 齿轮箱在动力轮对上分解

分解前应先排放润滑油，并对箱体进行检查、清洁、编号，大、小齿轮要成对编号、放置，组装时不得混淆。

2. 齿轮箱检修

清洗齿轮箱体，检查油塞、回油孔、透气装置、密封件等，并对密封件进行更换。

检查齿轮箱紧急止挡及螺栓，要求紧急止挡无损伤、无裂纹，螺栓无松动。另外需要提出的是新装齿轮箱在运行 2 万 km 时应进行第一次换油。

3. 大齿轮检修

1）清洁大齿轮上的油污，目测并用模板检查齿轮各齿的磨损情况，不符合技术要求的进行修复，对大齿轮进行探伤。

2）加热、退火齿轮，加热时间及温度需严格控制。

3）检查大齿轮内孔尺寸及拉伤情况，对拉毛及擦伤部位进行修复。

4）对大齿轮内孔部位进行探伤。

5）将完好的大齿轮热套在车轴上。

6）对大齿轮进行防锈处理（涂油）。

4. 小齿轮检修

1）小齿轮一般与小齿轮轴是一个整体，因此也叫做小齿轮轴。

2）清洗、分解小齿轮轴、轴承、密封件等部件。

3）检查小齿轮轴各部位的磨损、齿形情况，并探伤。

4）组装小齿轮轴，更换密封件和紧固件。

5. 轴承检修

对齿轮箱轴承的检修及更换原则可参考轴箱轴承的检修。

6. 组装齿轮箱

1）检查、清洁检修过的齿轮箱各部件。

2）将小齿轮、轴承、密封件等部件组装在齿轮箱体上。

3）在齿轮箱分合面上涂密封胶，将齿轮箱体组装在动力轮对上。

4）调整各部件，按要求加油。

5）对加油、透气、检查孔等进行密封。

6）对组装好的齿轮箱进行磨合试验，检查振动、异声情况。

7. 记录

记录齿轮箱检修信息。

（三）齿轮箱吊杆检修

1）齿轮箱吊杆有多种类型，如可调式吊杆、固定式吊杆、C 形支座等。虽然结构有多种，但基本上都是由橡胶件（橡胶节点或橡胶堆）和结构件（吊杆或支座）组成。

2）齿轮箱吊杆的作用是承受齿轮箱作用于构架的交变载荷，起缓冲作用，同时避免齿轮箱脱落，造成事故。

3）齿轮箱吊杆的检修

① 对可调式吊杆，架修、大修时全部更换。

② 对固定式吊杆，架修时需清洁、检查橡胶件，测试未分解吊杆的刚度，符合技术要求的可继续使用；大修时需分解吊杆，对结构件进行探伤，并更换橡胶件。

③ 对C形支座的检修可参考固定式吊杆的检修原则。

六、转向架的组装

转向架的组装是在构架的基础上进行的，对预组装的部件按技术要求进行调整、组装。

（一）构架部件组装

1. 抗侧滚扭杆

将除上球铰和调节螺筒之外的抗侧滚扭杆部件按与拆卸相反的顺序安装在构架上。

2. 单元制动机

将单元制动机安装在构架上，注意斜对角的制动机类型一致。

3. 横向止挡

将横向止挡与横向止挡座组装在一起，并安装在构架上。

（二）轮对组装

1）在组装好的轴箱体上安装选配好的或新的人字弹簧，注意拖车轮对和动车轮对上的人字弹簧型号不同，要求同一转向架上的人字弹簧型号完全一致。

2）将轮对吊放或推到转向架升降台上，构架吊放在轮对上。升起转向架，安装轴箱拉杆。

（三）中央牵引装置组装

1）在构架上安装架车保护螺栓。

2）将组装好的下心盘座及牵引拉杆安装在构架上。

（四）驱动系统组装

1）对动车转向架，安装牵引电动机。

2）安装、调整联轴器。

3）安装齿轮箱保险杆。

4）安装、调整齿轮箱吊杆。

（五）二系悬架系统组装

在构架上预安装应急弹簧。

（六）落车组装

落车后有下列几项组装内容：

1. 中央牵引装置

将定位套、复合弹簧、下压板等按顺序进行组装，并将中心销螺母紧固到规定力矩，最后加开口销。

2. 空气弹簧

若空气弹簧胶囊、大盖固定在车体上，则落车时需将空气弹簧胶囊与应急弹簧连接，注意密封（一般为自密封）；若胶囊、大盖与应急弹簧为一体，则将大盖与车体连接，注意通气孔接通。

3. 抗侧滚扭杆

将上球铰、调节螺筒、下球铰连接在一起。

4. 垂向减振器

将垂向减振器上、下两端分别安装在车体和构架上的支座上。

5. 高度阀

将高度阀下端与构架上支座连接，上端与高度阀控制杆连接。

6. 线缆

连接电源线、接地装置、传感器导线等线缆。

7. 轴箱限位

安装轴箱限位垫片或限位块。

8. 组装完成

组装完成后，在静态调试时还需进行有关的尺寸测量与调整。

七、转向架台架试验

转向架组装完成后、落车前，转向架需按试验要求进行台架试验，试验在转向架试验台上进行。台架试验的主要测量项目有：车轮轮载、车轴平行度及构架至轨面的距离。

（一）车轮轮载

1. 台架试验的工况

零载荷、AW0 工况、AW2 工况、AW3 工况、零载荷（卸载后）。

2. 测量结果

在上述工况下测量每个车轮的轮载，进而分别计算出轴重、轮载偏差、轴重差。

3. 评定标准

在任何工况下轮载偏差、轴重差均不超出技术要求范围。

4. 技术要求

1）若超出技术要求范围，将转向架调转 180°，重复上述内容。

2）若仍然超出范围，则需对一系弹簧按技术要求进行调整。

（二）车轴平行度

1. 台架试验的工况

零载荷、AW0 工况、AW2 工况、AW3 工况、零载荷（卸载后）。

2. 测量结果

在上述工况下测量每个车轮的位移，进而分别计算出轴距和每个车轮的位移变化量。

3. 评定标准

在任何工况下轴距、车轮的位移变化量均不超出技术要求范围。

4. 技术要求

1）若超出范围，将转向架调转 180°，重复上述内容。

2）若仍然超出范围，则需对一系弹簧按技术要求进行调整。

（三）构架至轨面的距离

1. 台架试验的工况

AW0 工况。

2. 测量结果

在 AW0 工况下测量每侧构架至轨面的距离，计算两侧高度差。

3. 评定标准

构架至轨面的距离、两侧高度差不超出技术要求范围。

4. 技术要求

1）若超出技术要求范围，将转向架调转 180°，重复上述内容。

2）若仍然超出范围，则需对一系弹簧按技术要求进行调整。

（四）齿轮箱吊杆高度调整

在加载 AW0 载荷的条件下，对动车转向架进行调整齿轮箱吊杆高度。对可调式吊杆通过调整螺筒调整到合适长度；对固定式吊杆，通过加垫片调整到合适长度。

第二节　车钩缓冲装置及部件的检修

一、地铁直流电动列车车钩结构

地铁直流电动列车的车钩是由德国夏芬伯格（scharfenberg）公司设计和制造，全自动车钩的结构如图 8-17 所示，车钩钩头由机械钩头（型号为 35 号）、电气连接箱和气路连接器三部分组成。机械钩头居中，电气连接箱分设在左、右两侧，钩头中心线下方设有气路连接器，机械钩头内装有解钩气缸。所采用的缓冲装置为双作用环弹簧缓冲器。

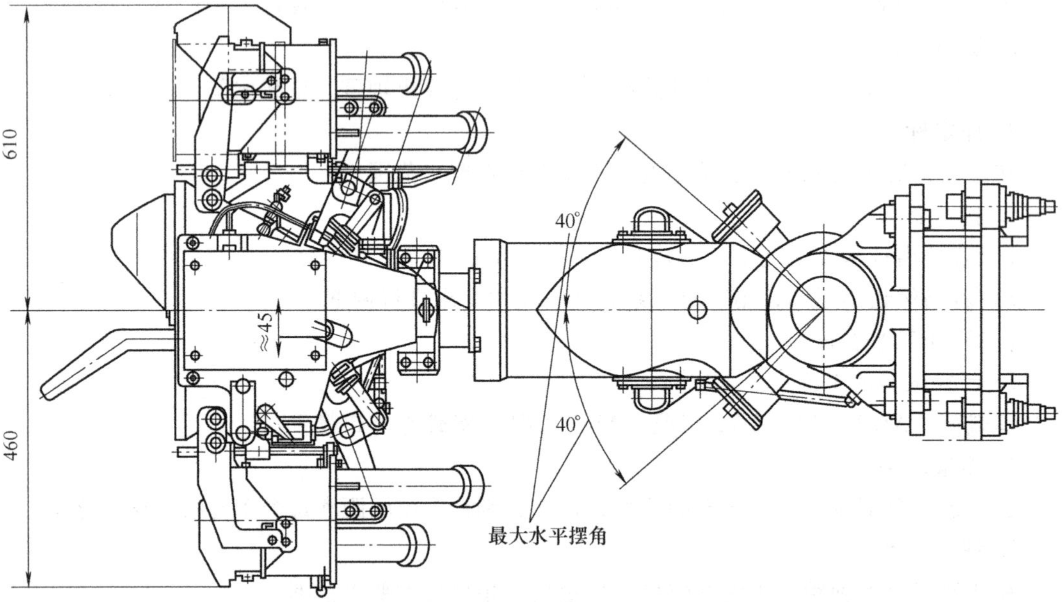

图 8-17　直流电动列车的全自动车钩结构总图

二、地铁交流电动列车车钩结构

地铁交流电动列车的车钩是由德国夏芬伯格公司设计和制造，其全自动车钩结构如图 8-18所示，车钩钩头由机械钩头、电气连接箱和气路连接器三部分组成。机械钩头部分居中，电气连接箱分设在左、右两侧，钩头中心线下方设有气路连接器。钩头结构与上海地铁直流电动列车的车钩钩头基本相同，且与其可以实现机械、电气和气路的完全自动连挂和解钩。车钩的缓冲装置由压溃管和橡胶缓冲器（EFG3）组成。

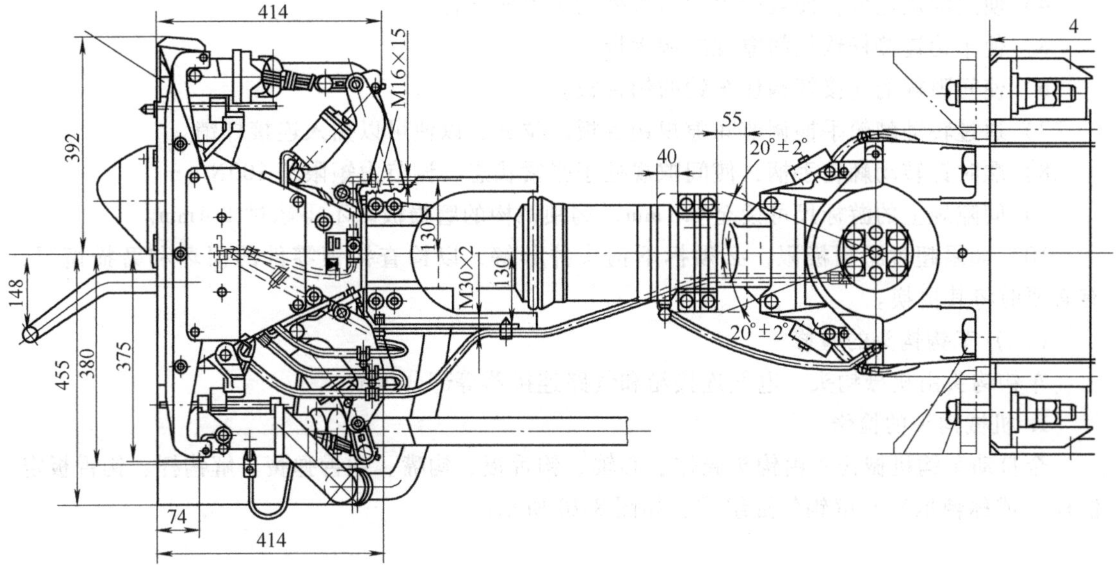

图 8-18　交流电动列车的全自动车钩结构总图

三、车钩缓冲装置的检修

以上海地铁车辆的全自动车钩缓冲装置为例。半自动车钩的机械钩头与全自动车钩基本相同，半永久车钩的机械钩头采用半环箍型联轴器连接，一般仅在架修和大修时才分解进行检修。

（一）车钩磨损的检测

在将全自动车钩、半自动车钩或车体分解之前，应该用专用的测量工具检测机械钩头内机械连挂机构的间隙，来判定钩锁的磨损情况，该测量工具称为间隙规，如图 8-19 所示。

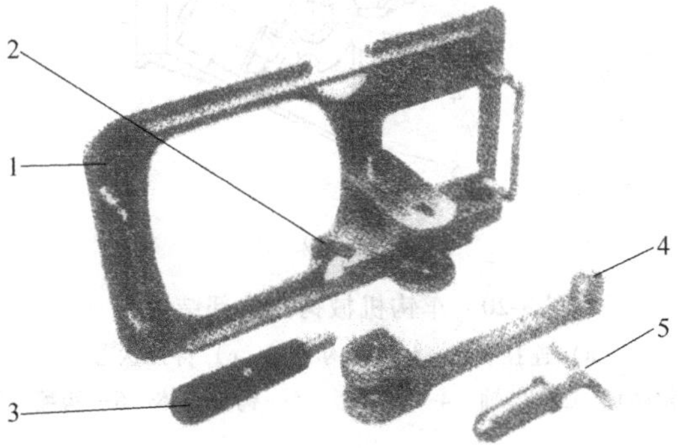

图 8-19　间隙规

1—规体　2—测试钩板　3—手柄　4—连杆　5—连杆销

检测步骤如下：

1）检测之前应先清洁机械钩头表面及钩锁机构。

2）将钩锁转至连挂位。

3）从间隙规的钩舌板中取下连接杆销。

4）使间隙规定位，使规体表面与机械钩头表面贴合。

5）使车钩连接杆钩住间隙规的钩舌板。

6）使间隙规的连接杆钩住车钩的钩舌板。

7）通过转动棘轮手柄调节间隙规钩舌板的位置，以便可以插入连接杆销。

8）顺时针转动棘轮手柄，使间隙规处于张紧状态，调节力矩限于100N·m。

9）间隙规上的游标尺可读至0.1mm，钩锁机构的磨损极限不得超过1.4mm。

10）如果超过磨损极限，必须拆下钩头并分解，以检查钩锁零件的损坏和磨损情况，有必要时将其更换。

（二）车钩钩头的检修

车钩钩头由机械钩头、电气连接箱和气路连接器等部分组成。

1. 机械钩头的检修

全自动车钩机械钩头由钩头壳体、心轴、钩舌板、钩嘴、钩舌弹簧、解钩杆、钩舌板定位杆（或称棘爪）和解钩气缸组成，如图8-20所示。

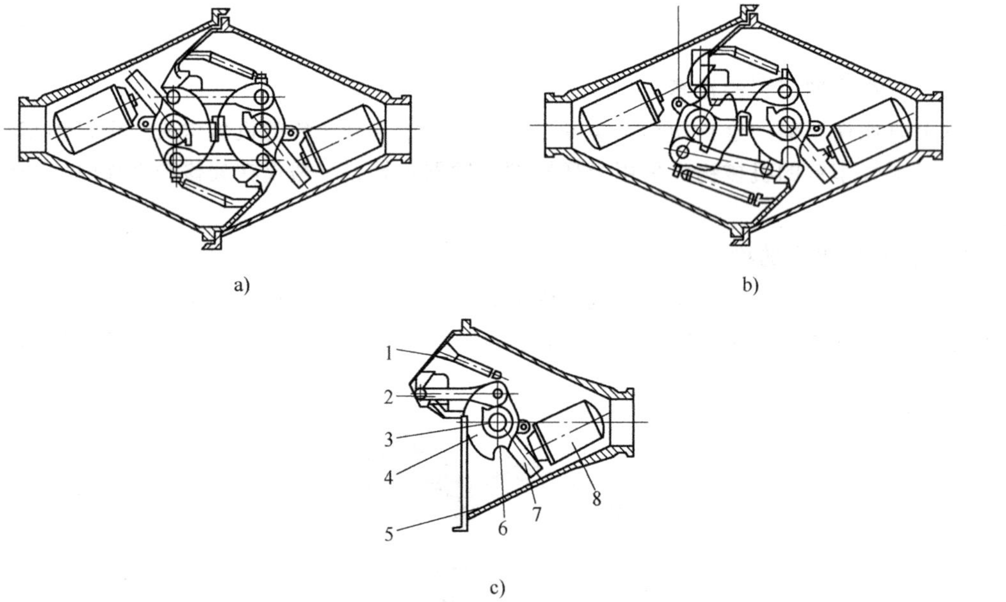

图8-20 车钩机械钩头内部结构图

a）连挂状态 b）解钩状态 c）待挂状态

1—钩舌弹簧 2—钩舌板定位杆 3—心轴 4—钩舌板 5—钩头壳体 6—钩嘴 7—解钩杆 8—解钩气缸

壳体的前部一半为四锥体的钩头，另一半为钩头坑（或称凹坑），车钩连挂时相邻两个车钩的四锥体的钩头和钩坑相互插入。

固定在心轴上的钩舌板在钩舌板弹簧的作用下可绕心轴转动并带动钩舌板连杆动作，钩舌板是按功能需要设计成的不规则几何形状，设有供连挂时定位和供解钩气缸活塞杆作用的凸舌，以及与钩舌板连杆连接的定位槽、钩嘴等，是车钩实现动作的关键零件。

钩舌板连杆在连杆弹簧拉力的作用下使车钩可靠地连接起来。钩舌板定位杆上的两个凸齿，使钩舌板处于待挂或解钩状态。撞块可在车钩连挂时解开钩舌板定位杆与钩壳的锁定位，从而使两钩实现连挂。

对机械钩头进行如下检修：

1）清洁和检查下述钩锁机构零件的磨损情况：连接杆、连接杆销子、钩舌板、中心销、撞块、棘爪、导向杆、张紧弹簧。

2）更换磨损或损坏的零件，按照润滑方案和工艺给相关零件涂油。

3）更换部分弹簧件。

4）对钩舌板、连接杆和中心销进行磁粉探伤或其他无损探伤。

5）重新油漆各零件。

6）用压缩空气清洁弹簧支撑座，更换损坏件，并给压簧涂 Rivoha GWF 脂。

7）在螺栓螺纹表面涂 Rivolta GWF 脂。

8）在机械车钩表面涂 HS300 防腐涂层。

2. 电气连接箱检修

全自动车钩的电气连接箱设于机械钩头的两侧，其中一侧连接低压电缆，另一侧连接信号和通信电缆。全自动车钩的电气连接箱通过机械操纵机构实现自动连挂和解钩，当机械钩头连挂时钩头内心轴转动带动顶端的凸轮一起转动，从而推动一个二位五通阀使压缩空气作用于电气连接箱的气缸，气缸活塞杆通过杠杆机构和弹簧使电气箱迅速连挂。

半自动车钩电气连接箱的连挂和解钩由人工实现，通过手动转动齿轮，使得齿轮和齿条机构动作，从而带动杠杆和弹簧使电气连接箱连挂和解钩。因此半自动车钩的电气连接箱运动不随机械车钩同时动作。电气连接箱只有在损坏情况下才有必要分解检修，一般地，对电气连接箱进行如下检修：

1）用干布和无油压缩空气吹扫，清洁触头和绝缘块。

2）更换个别已损坏触头。更换可动触头和固定触头的方法相同。

3）检查接线柱，并用兆欧表测量接线柱的绝缘性能。

4）更换密封用的橡胶框。

5）修复电气连接盒的塑料绝缘涂层。

对电气连接箱的操纵机构进行如下检修：

1）更换密封件。

2）清洁和检查零部件的磨耗情况，更换磨耗件，用无油压缩空气吹扫清洁软管和风管。

3）如有必要应重新油漆。

4）用润滑脂（Rivolta GWF）润滑滑动接触表面和衬套。

5）用润滑脂（Rivolta GWF）润滑螺栓端部。

6）用密封胶（Loctite572）密封插接式软管的螺纹件，活接螺母不必密封。

7）用润滑脂（Rivoha SKD3400）润滑气缸内侧表面和活塞杆。

3. 气路连接器检修

气路连接器设在机械钩头法兰下侧的中间，分设两个风管弹簧阀，如图 8-21 所示。当一方弹簧阀的阀芯管压迫另一方的阀芯时则双方阀被打开，使总风管和解钩风管接通。而一旦对方风管撤离，也就是两钩头的法兰面分离时，则阀芯又在弹簧力的作用下将阀关闭。这样设计的风管连接装置可使风管的接通和断开随车钩的连挂和解钩自动进行。

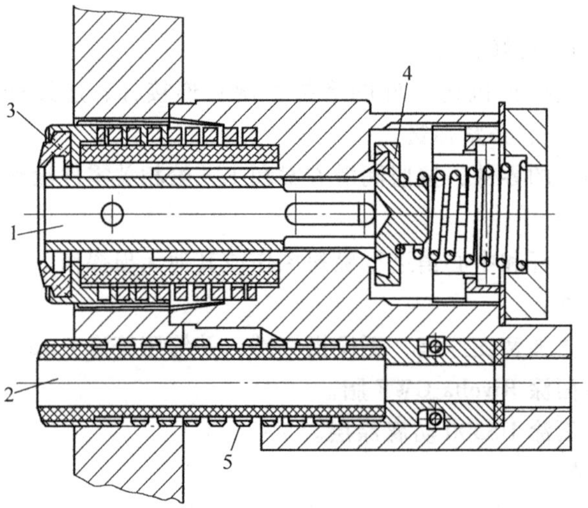

图 8-21　风管弹簧阀
1—主风管接头　2—解钩风管接头　3—密封条　4—阀芯　5—压簧

一般地，对气路连接器进行如下检修：

1）清洁和检查零件是否有损坏，更换损坏件。

2）更换主风管和解钩风管弹簧阀对接口的橡胶密封件。

3）更换主风管和解钩风管的橡胶管。

4）用酒精清洁橡胶件，不得用润滑油脂处理。

5）用润滑脂（Rivolta GWF）保护螺栓端部。

6）用密封胶（Loctite572）密封气管上的螺纹件，活接螺母不必密封。

7）车钩装车前用肥皂液检查气管接头是否泄漏，测试气压应为 1.0MPa。

（三）解钩气缸的检修

1）用无油压缩空气和抹布清洁所有零件。

2）用刚性金属丝清洁气缸盖板上的排气孔。

3）检查活塞 O 形密封圈和气缸盖板上的防尘圈有无裂痕，如有应将其更换。

4）检查活塞杆的磨损情况，磨损严重应更换。

5）检查活塞复位弹簧是否断裂，如有应将其更换。

6）用润滑脂（Rivolta SKlD3400）润滑气缸活塞杆和气缸内侧壁。

7）用润滑脂（Rivoha GWF）涂于螺栓端部。

（四）缓冲装置的检修

缓冲装置分为可再生缓冲器和不可再生缓冲器两种类型，可再生缓冲器有双作用环弹簧缓冲器、橡胶缓冲器（EFG3）、液压缓冲器和气液缓冲器等，压溃管属于不可再生的缓冲器。

上海地铁直流电动列车车钩使用的缓冲器为双作用环弹簧缓冲器，它由弹簧盒（筒），弹簧前后座板、外环簧、内环簧、端盖和牵引杆等组成，如图 8-22 所示。当车钩受压缩冲击时，牵引杆推动弹簧前座板向后挤压内、外环簧。由于内环簧和外环簧相互间的接触面为 V 形锥面，从而使内环簧受压缩，外环簧受拉伸，使冲击能量转化为弹簧的势能。同时内、外环簧锥面的相互摩擦，还产生一定的热量，从而也使一部分冲击能量转化为热能。总之，缓冲器将冲击动能转化弹簧的势能和热能，来达到吸收冲击能量的目的。当牵引杆受拉伸冲击时，牵引杆后端的预紧螺母压迫弹簧后座板，同样后座板也挤压内、外环簧，同样也使内、外环簧产生与牵引杆受冲击时同样的变化过程。所以该缓冲器无论是受压缩冲击还是受拉伸冲击时，都能吸收冲击能量。

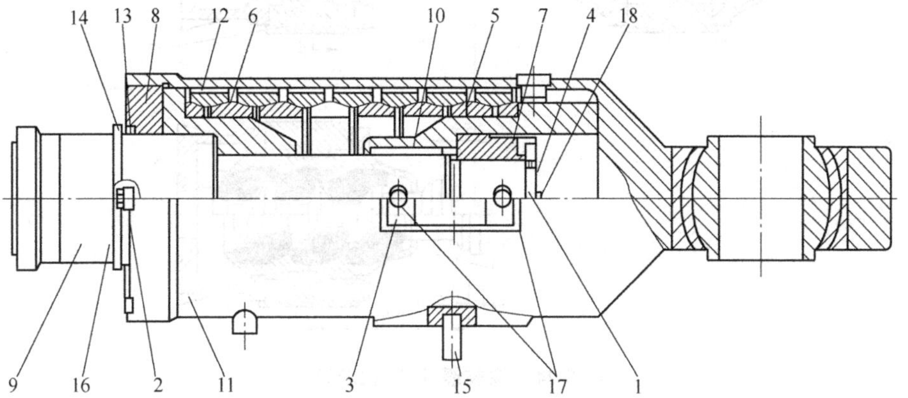

图 8-22　双作用环弹簧缓冲器

1、4—开口销　2—平销　3—磨耗板　5、6—弹簧座　7—螺母　8—端盖　9—牵引杆　10—平键　11—弹簧盒　12—内外摩擦弹簧　13—密封环　14—O 形圈　15—柱销　16、17、18—六角头螺栓

地铁交流电动列车车钩的缓冲装置由压溃管和橡胶缓冲器（EFG3）组成，如图 8-23 和图 8-24 所示。

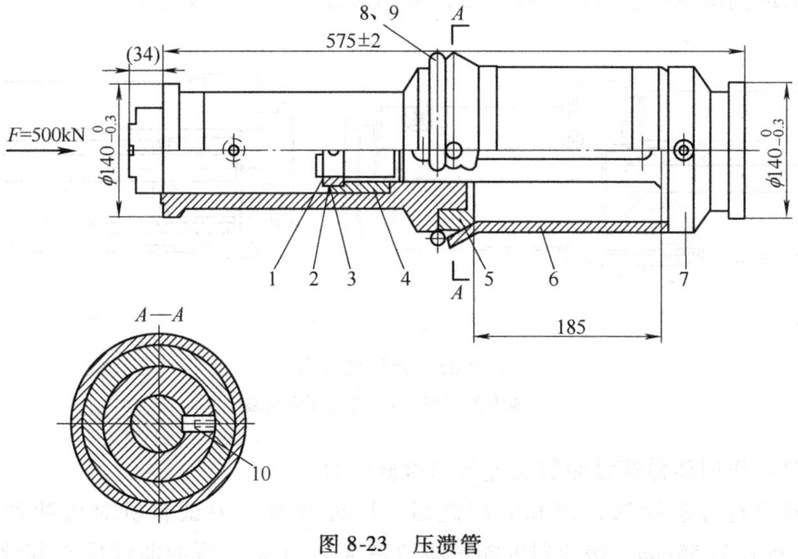

图 8-23　压溃管

1—止退环　2—安全装置　3—圆形螺母　4—中间作用轴环　5—作用环　6—压溃管　7—牵引杆　8—O 形圈　9—胶水　10—挡销

车钩缓冲器是车辆冲击能量吸收系统的一部分，可压溃变形管也可作为车钩缓冲装置的重要部件，用来吸收车辆冲击能量。在列车进行正常的牵引和制动时，通过橡胶缓冲器

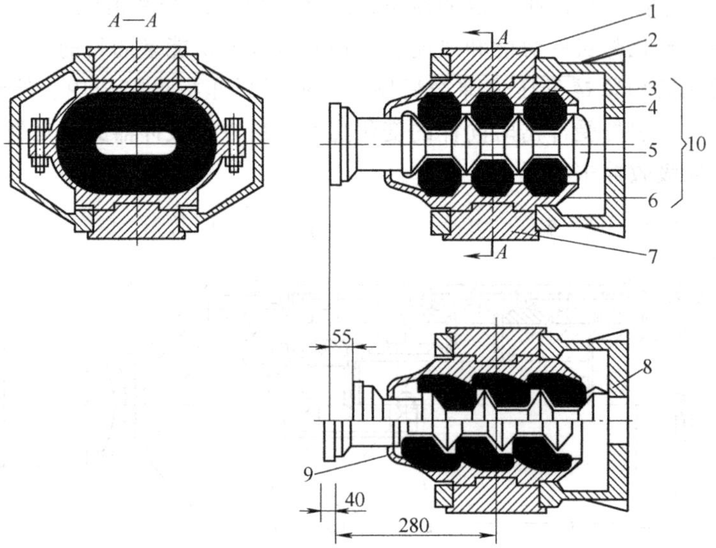

图 8-24　橡胶缓冲器（EFG3）

1、7—销轴　2—轴承盖　3—上盖　4—橡胶环　5—牵引杆　6—下盖　8、9—挡圈　10—缓冲机构

（EFG3）的橡胶变形来吸收冲击能量。在列车相撞或当冲击速度过大时，可通过压溃管的变形来吸收冲击能量。通过可压溃变形管吸收能量还可以同时保护车体钢结构免受破坏。

上海地铁 3 号线电动列车车钩的缓冲装置是液压缓冲器，如图 8-25 所示。这是一种可恢复的能量吸收装置，车钩在发生撞击时缓冲器内部的活塞杆作用于活塞，使压力油通过活塞和缸体内壁的间隙流动，从而吸收能量，其相对速度越快吸收能量越大。

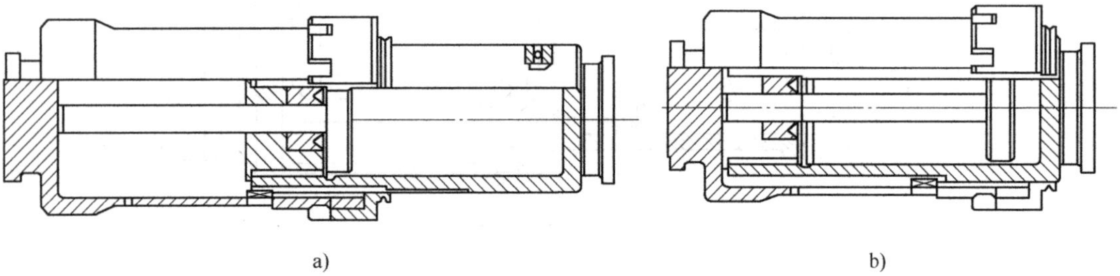

图 8-25　液压缓冲器

a）未变形状态　b）已压溃后状态

以下是对双作用环弹簧缓冲器应进行的检修内容。

对缓冲器进行分解检修之前和装配之后，用缓冲器压力试验机对缓冲器逐渐加载至 550kN，缓冲行程为 55mm。缓冲器的能量吸收率大于 66%，缓冲曲线应与其给定的弹性曲线一致。

1）打开缓冲器后检查环弹簧是否在正常位置，然后放松预紧环。

2）清洁内、外环弹簧和缓冲器的内腔。

3）检查和更换有裂纹的内、外环弹簧片。

4）用专用油脂对环弹簧片进行润滑。

5）清洁和检查缓冲器两侧磨耗板的磨损情况，若磨损严重则更换。

6）检查缓冲器端部的球铰橡胶件有无裂纹、老化和龟裂，若有裂纹，深度超过5mm就要更换。

（五）对中装置的检修

车钩对中装置分为水平对中装置和垂向对中装置。水平对中装置一般简称为对中装置，可分为气动对中装置和机械对中装置，如图8-26所示。垂向对中装置一般称为垂向支承，通过调整该处的调节螺栓可以实现调节车钩端面中心线到轨道上表面的距离。

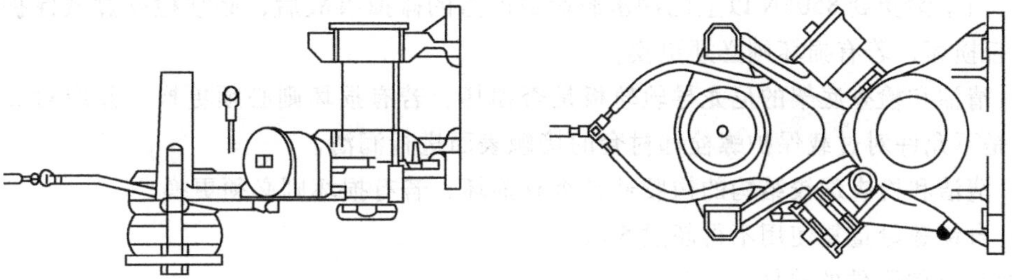

图8-26　对中装置

地铁直流、交流电动列车车钩对中装置采用气动自动对中装置。其结构和对中原理：在缓冲器的尾部下方左/右侧各设有一个对中气缸，它的活塞头部装有一个水平滚轮，当气缸充气活塞杆向外伸出时，能自动嵌入定在球铰座下方的一块呈桃子形的凸轮板左、右两个缺口内，从而达到使车钩自动对中的目的，也就是使车钩缓冲装置的中心线与车体中心线在同一个水平平面内，以便使两个钩头对准对方的车钩的钩坑。

地铁列车车钩的对中装置采用机械对中方式，其原理是根据机械弹簧的挠度较大，可以使得车钩在水平方向摆动一定角度，实现车钩在直线段和曲线段的正常连挂。

对于垂向支承，上海地铁现有电动列车基本相同，都是通过调整橡胶支撑垫的预紧力来调整车钩在垂向距轨道上表面的距离（一般是720mm）。

1. 对中装置的检修

1）用压缩空气和抹布清洁各零件。

2）用刚性金属丝或螺钉旋具清洁气缸排气孔。

3）检查凸轮板和衬套是否有损坏和磨损，如有损坏则应更换。

4）检查活塞杆端部的滚轮是否有损坏，如有损坏则应更换。

5）用润滑脂（Rivoha GWF）润滑所有的滑动件和壳体内侧。

6）用润滑脂（Rivoha GwF）保护螺纹和螺栓端部。

7）用油脂（Loctite572）保护插接式软管上的螺纹件。

2. 垂向支承装置的检修

1）清洁和检查橡胶弹簧是否有裂纹和损坏，如果裂纹深度超过3mm或长度超过10mm时，则须更换橡胶弹簧。

2）清洁和更换衬套。

（六）钩尾冲击座的检修

缓冲器的尾部是通过一个球铰与车体底架相连，该球铰部分简称钩尾冲击座。这样的结构可使整个车钩缓冲装置在水平平面内摆动 ±40°，而在垂直面内可摆动 ±5°，满足车辆在水平曲线和竖曲线上的运行要求。

通过钩尾冲击座将车钩缓冲装置安装在车体的底架牵引梁上，而钩尾冲击座与牵引梁之间安装过载保护螺栓。过载保护螺栓采用的是鼓形结构，当冲击载荷大于 800kN 时，鼓形结构即被破坏，车钩与车体分离并沿着导轨向后移动，从而避免超过许用载荷的冲击力加载到车体底架上。

地铁电动列车车钩钩尾冲击座的原理和功能都基本相同，只是结构和尺寸上略有差异。对钩尾冲击座的检修内容如下：

1）当车钩受到 850kN 以上的冲击载荷或严重的碰撞事故后，必须检查过载保护螺栓和衬套是否损坏，若有损坏则必须更换。

2）清洁和检查底架的尼龙导轨轨板是否损坏，若有损坏则必须更换，并应对其进行润滑，但是不允许对过载保护螺栓和衬套的接触表面进行润滑。

3）清洁和检查球铰结构的橡胶件是否有损坏，若有损坏则必须更换。

4）自锁螺母重复使用不得超过 5 次。

（七）其他附件的检修

连接环由上、下两个半连接环组成，通过四个螺栓联接。通过连接环把车钩钩头和缓冲器连接在一起，实现力和运动的传递。对连接环应进行如下检修：

1）清洁连接环的内、外表面。

2）用磁粉探伤或其他无损检测的方式进行探伤。

3）用油脂涂连接环内侧底部，不得涂连接环和车钩钩头法兰环的工作表面。

4）用润滑脂保护螺纹和螺栓端部。

5）安装时应注意连接环的排水孔必须朝下。

（八）监测和控制元件的检修

车钩实现连挂和解钩动作的控制和监测元件为 S1、S3、S4 行程开关和二位五通换向阀。

当机械钩头连挂和解钩时钩头中心销的凸轮板转动，S1 行程开关监测到该动作并给出反馈电信号，驾驶室将显示车钩的连挂和解钩情况。当电气连接箱连挂和解钩时，S3 行程开关监测到电气连接箱操纵机构的动作并反馈电信号，驾驶室将显示电气连接箱的动作情况。S4 行程开关与车钩的止动板有联锁作用，当止动板动作时即使车钩高压电路切断，也能起到保险作用。

车钩的气路控制元件为二位五通换向阀，通过该阀实现电气连接箱和对中装置的自动动作。

对监测和控制元件的检修内容如下：

1）检查 S1、S3 和 S4 行程开关的动作应良好，否则进行更换。

2）在安装开关时，应确保其行程触头的正确角度和位置，并检查其功能是否正常。

3）清洁和检查二位五通阀的状态应良好。

第三节　车门的检修

一、电动列车的电控气动内藏嵌入式移门结构与参数

如图 8-27 所示，每节车辆两侧各设置了 5 组客室车门，每组车门由驱动气缸、门控电

磁阀、机械传动系统、行程开关和门叶等几部分组成。

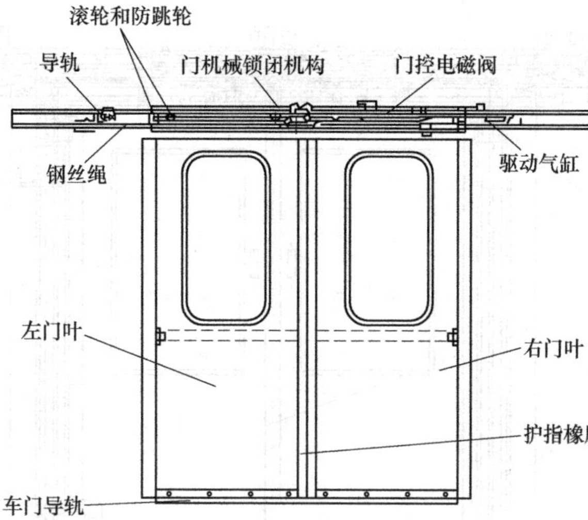

图 8-27　内藏嵌入式移门

客室车门的主要技术参数见表 8-2。

表 8-2　客室车门的主要技术参数

项　　目	数　　值
门框宽度/mm	$1\ 450^{\ 0}_{-10}$
门框高度/mm	$1\ 860^{\ 0}_{-10}$
车门开度/mm	1 300 ±40
门叶厚度/mm	32
机械装置高度（距轨面）/mm	2 800
开、关门时间/s	2 ±0.5
电源电压/V	直流 110（1 ±30%）
工作温度/℃	-12 ~ +40
工作湿度	≯905
压缩空气工作压力/MPa	0.33 ~0.38
关门夹紧力/N	110 ~130

二、电动列车的电动式塞拉门结构与参数

如图 8-28 所示，每节车辆两侧各设置了 5 组客室车门，每组车门由直流电动机驱动，通过丝杠螺母、门控单元驱动机构传动，采用先进的电子门控单元（EDCu）控制，对车门零部件的安装尺寸有非常高的要求，任何零部件的安装尺寸稍有超差，将直接影响到程序控制的计算机处理能力的失效，导致开、关车门的故障。

客室车门的主要技术参数见表 8-3。

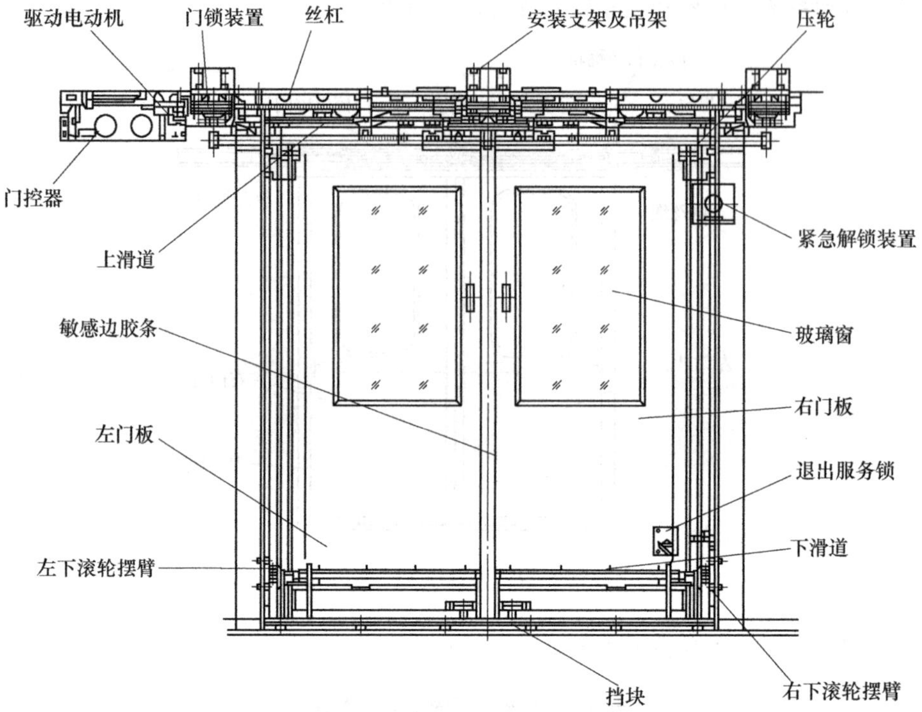

图 8-28　电动式塞拉门

表 8-3　客室车门的主要技术参数

项　　目	数　　值
车门开度/mm	1 400 ± 4
门框高度/mm	1 950
顶部/mm	80
底部/mm	55
门叶厚/mm	32
开、关门时间/s	3 + 0.5
电源电压/V	直流 110（77 ~ 137.5）
工作温度/℃	− 25 ~ + 70
关门夹紧力/N	150 ~ 280

三、电动列车的电控气动内藏嵌入式移门的检修

(一) 客室车门检修

1. 客室车门的机械结构及检修

电控气动门的开/关门动作的动力来自于驱动气缸。车门的动作原理可简述为：压缩空气经过门控电磁阀的控制，作用于驱动气缸活塞，再由活塞杆带动由钢丝绳、滑轮、防跳轮、滚轮和导轨组成的机械传动系统使两门叶同步反向移动，完成车门的开/关动作。其控制原理如图 8-29 所示。

(1) 驱动气缸及检修　驱动气缸是车门系统的主要部件，是执行开/关门动作的执行元件，由压缩空气推动其活塞运动，再通过机械传动系统将推力传递至门叶。驱动气缸的性能

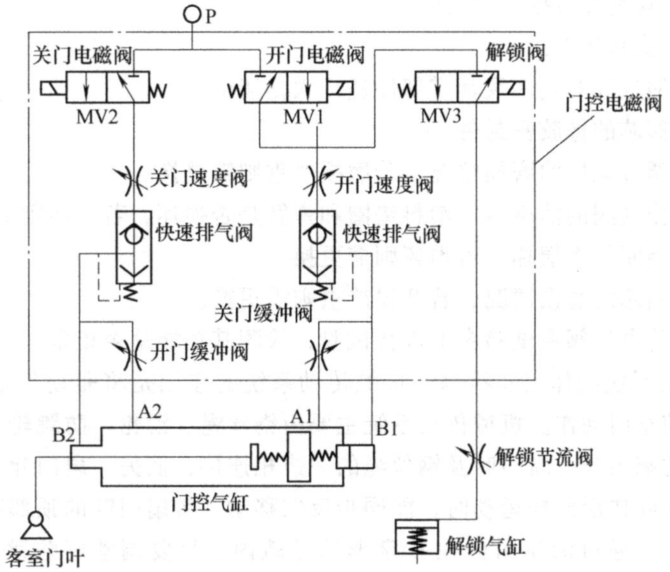

图 8-29 电控气动门气路控制原理图

A1，A2，B1，B2—门控气缸的进排气口 MVl，MV2，MV3—门控电磁阀

好坏将直接影响到车门的开/关动作是否可靠。

驱动气缸为双作用活塞、双作用式结构，其活塞可以等效简化为如下所述的模型：对称的带有台阶的非等直径的活塞，即活塞两端直径为20mm，中部为40mm；其气缸的内径也是非等直径的，两端头的公称内径为20mm，中间为40mm。这样的结构可使活塞变速运动，在车门打开和关闭的瞬间速度降低而形成开、关门速度缓冲，可以起防止夹伤乘客以及降低冲击噪声的作用。

气缸的尾座是铰接连接，活塞杆的头部是球铰连接，因此整个气缸是处于浮动状态，不会因车体变形而使活塞在气缸内产生卡死现象。

对驱动气缸检修如下：

1）清洗气缸缸体及其所有零部件。

2）检查缸体和活塞组件的滑动接触部位有无损伤。

3）更换所有的橡胶圈和橡胶垫。

4）更换所有的缓冲弹簧。

5）检查连接气管的接头及其密封套是否良好。

6）润滑气缸的缸体内壁、活塞杆、活塞、橡胶圈的滑动接触部位。

7）将气缸接入检测试验台，检查气缸的动作和缓冲功能。

8）检查气缸是否有漏气现象。

（2）门控电磁阀作用及检修 门控电磁阀是由3个两位三通电磁阀（MV1，MV2，MV3）和4个节流阀、2个快速排气阀组成的集成阀。

MV1、MV2和MV3电磁阀分别为开门、关门和解锁电磁阀。4个节流阀的功能分别为调节开门速度、关门速度、开门缓冲和关门缓冲。2个快速排气阀的功能是：主气缸两端排气管通过快速排气阀排向大气，它相当于一个双向选择阀，它的排气口是常开的，当驱动气缸通过它充气时，其阀芯将排气口关闭。

对门控电磁阀检修如下：

1）用无油压缩空气对阀体及其零部件进行吹扫清洁。

2）更换所有阀芯的橡胶密封件。

3）检查所有调节螺栓的磨损情况，若磨损严重则需更换。

4）检查快速排气阀的消声板、塑料垫圈和弹簧是否损坏，若损坏则需更换。

5）检查钢丝挡圈是否损坏，若损坏则需更换。

6）检查所有阀芯的磨损情况，若磨损严重则需更换。

7）将检修后的电磁阀在试验台上进行试验，检测其功能是否正常。

（3）机械传动系统的作用及检修　机械传动系统的作用是将驱动气缸活塞杆的运动传递至两扇门叶，使车门动作。机械传动系统主要由钢丝绳、滑轮、防跳轮、滚轮和上下导轨等组成。活塞杆的端头与一扇门叶及钢丝绳的一边相连接，而另一扇门叶与钢丝绳的另一边相连接，则使得门叶在活塞杆运动时，能同步反向移动。每扇门叶的顶部装有两个尼龙防跳轮和两个尼龙滚轮，通过滚轮吊嵌在 C 字形的导轨内，只要调整好防跳轮与导轨的间隙，就可使门叶在导轨内平稳而灵活的滑动。防跳轮与导轨的间隙一般调整为：车两端的车门为 0 ~ 0.3mm，而中间车门为 0 ~ 0.5mm。若门叶在运动时有跳动现象，则可适当减小其间隙，但要保证车体在承受最大载荷时，也即当车体有一定挠度时，车门也能正常地开/关。上下导轨是用来支撑和引导车门运动的。

对机械传动系统检修如下：

1）用抹布和中性清洁剂清洁导轨和所有其他零部件。

2）检查导轨工作表面是否磨损或腐蚀，导轨安装是否有松动或变形。

3）更换所有尼龙防跳轮、滚轮和滑轮。

4）检查钢丝绳是否有断股或拉毛的现象，检查钢丝绳头部的螺纹是否有损坏。

5）用专用润滑剂润滑钢丝绳。

（4）门叶及检修　客室车门的门叶内、外表面采用的是 1mm 厚的铝合金板，内部为铝箔构成的蜂窝状结构，以提高门叶的抗弯刚度和减轻质量，面板与蜂窝结构采用胶粘剂加温加压粘接成一个整体。门叶上部装有由钢化玻璃及氯丁橡胶密封条组成的玻璃窗。门叶的中心处应可承受 90kg 的横向载荷，而其挠度应不大于 6.2mm。门叶的左右边装有橡胶密封条，保证门叶关闭时密封良好。门叶前边的橡胶条又称为护指橡胶，在车门关闭瞬间起保护乘客免于被夹伤的作用。

对门叶进行的检修如下：

1）用抹布和中性清洁剂清洁门叶。

2）检查门板是否损坏，损坏严重则应局部修补。

3）检查门板是否扭曲变形，并采取措施加以校正。

4）检查门板上下侧的密封刷是否损坏，若稍有损坏就更换。

5）检查门锁销的磨损状况，酌情更换。

6）更换门叶前后侧的密封橡胶条。

7）更换门窗玻璃安装橡胶条。

8）更换门叶下侧的尼龙磨耗条。

（5）行程开关及检修　行程开关是监控车门开/关动作的限位开关，车门进行开/关动作时，行程开关把车门的机械动作变成电信号反映到车门的监控回路，使司机随时可了解车门的开/关状态。S1、S2、S3、S4 四个行程开关分别对门钩位置、关门行程、门控切除及紧急手柄位置进行监控和显示。

S1 为门钩位置行程开关，当门钩锁闭时，其 1/2 触点（常开）合上，3/4 触点（常闭）断开；反之，则是门钩尚未正常锁闭。S1 指示门钩锁闭与否的信息。

S2 为门叶行程开关，当门叶关闭时，其 1/2 触点（常开）合上，3/4 触点（常闭）断开；反之，则是门叶尚未正常关闭。S2 指示门叶关闭与否的信息。

S3 是车门紧急切除开关，故在正常情况下，是常闭导通的。其中它的 1/2 触点闭合时为正常状态，3/4 触点闭合时为车门切除状态。当某扇车门由于故障而不能正常开/关时，使用方孔钥匙将应急拉手旁的 S3 行程开关的 3/4 触点合上，1/2 触点断开，从而将该扇门的监控回路短接。即将该扇门的控制电路切除，使该车门始终处于关闭状态而不能开起，以确保列车还能正常运营。

S4 为紧急开门装置的限位开关，有如下两种情况：

1）在 ATP 系统开通时，当客室内的紧急手柄被拉下时，S1 和 S4 两个行程开关同时动作，此时 S1 的 1/2 触点断开，致使 8K17 继电器失电，并引起 8K9 继电器也失电，列车将自动紧急停车，同时此时关门电磁阀也失电，且由于紧急手柄的动作使门锁也被打开，车门可由人工开起。另外由于 S4 的 3/4 触点的合上，则向司机报警，显示客室里有异常情况发生。

2）在 ATP 系统关闭时，当客室内的紧急手柄被拉下时，S4 的 3/4 触点的合上，则向司机报警，客室有异常情况，但是列车不会自动停车。

行程开关为易损件，损坏时只能更换新件。

（6）其他零部件的检修

1）用抹布和无油压缩空气清洁吹扫安装门控系统的车体部位。

2）清洁和检查解锁气缸动作的灵活性，并润滑其活塞杆。

3）清洁和检查解锁气缸的节流阀是否良好。

4）更换门钩复位弹簧和门钩复位弹簧销。

5）更换门钩限位销。

6）更换开门/关门的橡胶止挡。

7）清洁和检查紧急开门装置状态。

8）检查车门外侧防挤变形限位滚轮是否有损坏。

9）检查车门防挤变形导向磨耗板是否松动。

10）检查内侧、外侧门槛条是否松动、损坏或变形。

2. 客室车门的调试

（1）钢丝绳的松紧调整

1）在距门钩中心向左 165mm 处测量秤砣悬挂处，上下钢丝绳之间的距离应为（15 ± 3）mm。

2）调整钢丝绳六角头螺栓、螺母，且使上下两根六角杆的露头部分的长度应基本一致，以便今后检修和调节方便。

（2）调整两门护指橡胶侧边之间的距离

1）两门护指橡胶侧边之间距：在距门上端150mm的范围内测量应为84mm；在距门下端150mm的范围内测量应为82mm，即上下间距差为2mm。

2）调节左/右门叶滚轮的最大轮径处均需偏向右侧（观察者在客室内面向门）。

（3）偏心防跳轮调整

1）在两门叶接近关闭时，应调整两端头两扇门防跳轮上缘与门导轨间隙为0.1～0.3mm，中间一扇门间隙为0.1～0.5mm，其余两扇门为0.1～0.4mm。在门移动的整个过程中，对所有门而言，应保持偏心防跳轮与导轨的间隙为0.1～0.5mm。

2）调节左/右门叶上偏心防跳轮的最大轮径处均需偏向左侧（观察者在客室内面向门）。

（4）调整门锁钩与门锁销之间的间隙（有电作业） 在通电条件下，调整关门止挡，使得门钩与两门叶上的两个锁销之间的间隙为1.0～1.5mm，且两边间隙均匀。

（5）调整车门开度 （1 400±4）mm。

（6）开/关门速度、缓冲调整（有电作业）：

1）门开/关时间均为（2±0.5）s。

2）在距门完全开/关前140～170mm范围的位置上有缓冲动作。

（7）S1行程开关调整 调整S1行程开关，使得其滚轮与安装于s钩上的扇形板接触面之间的间隙不大于1mm，且扇形板须在滚轮中间。

（8）S2行程开关调整 调整S2行程开关须满足：关门时，在车门两护指橡胶条中央距地板面1m的位置处放置尺寸为30mm×60mm（30mm宽度置于水平位）的木块，S2断开；正常关门时，S2接通。

（9）客室门槛条的调整 车门下滑槽与门板间隙为1～2mm；车门开关时不能与门框发生摩擦。

（10）空气管路的泄漏检查 用肥皂水检查所有空气管路连接处，应无泄漏。

（11）检查关门夹紧力 关门夹紧力应为150～160N。

（12）全面检查 检查各部分电气以及S1、S4行程开关，保证插头接触良好，功能正常；门叶滑动时与各电气线路、气管路无摩擦和碰撞现象及其他异常声响。

（二）其他内藏式移门的检修

1. 驾驶室侧门检修

在驾驶室两侧墙上各设有一扇单叶的内藏式滑动移门，其结构与客室车门相近，但没有气动驱动装置，由人工控制，以供司机上下车。

驾驶室车门可以做如下检修：

1）检查和清洁门叶导轨：门导轨的滑动面应光滑清洁，无异物；门导轨的外侧面与车体侧墙外侧面的间隙应为（48±1）mm，门导轨应安装牢固无松动。

2）检查门锁：检查门锁钩板的复位弹簧应良好，并润滑其摩擦部位。

3）清洁并检查门叶：外观应平整、油漆良好，毛刷应完好无损。

4）清洁和检查门槛条：应完好无损、安装牢固、无污垢。门叶与门槛条间隙为1～2mm。

2. 紧急疏散安全门检修

紧急疏散安全门设置在A车驾驶室/副驾驶台中间的前端墙上。列车在隧道内运行时一旦发生火灾，司机可打开紧急疏散安全门，引导乘客通过紧急疏散安全门走向路基中央。然后向两端的车站疏散。在驾驶室内或室外都可开起紧急疏散门，一旦门锁开起，车门能自动倒向路基。

对紧急疏散安全门检修如下：

1）清洁安全疏散门及门上各部件。

2）检查门叶、气缸和门上其他各部件，必须完好无损，安装牢固。

3）检查行程开关的功能。

4）润滑扶手各转动支点、钢丝绳和弹簧锁。

3. 驾驶室通道门检修

在驾驶室后端墙中间设有一个与客室相通的通道门，在客室一侧没有开门把手，在正常情况下不允许乘客开起，当乘客发现危险性事故的特殊情况时，可以起用该门上方的红色紧急拉手，开起通道门。

对通道门的检修如下：

1）检查通道门及其门锁的安装、功能和外观，必须完好无损，安装牢固并开闭作用良好，门下通风板无破损。

2）检查、清洁和润滑门铰链，门铰链应功能良好，安装牢固并适当润滑。

四、电动塞拉门的检修

（一）客室门检查检修

1）客室门各装配部件的螺钉应紧固良好，无松动，防松线标记明显。如果螺钉松动，那么必须拆除、清洁，再涂上乐泰胶进行紧固，并重新补划防松线。

2）上下导轨清洁无异物，无变形。丝杠螺母、导柱与轴承间配合良好。

3）门叶外观整洁，玻璃无破损，密封良好，门叶胶条无异常磨损。门叶无变形、损伤。开门后门叶上下部摆出尺寸满足 52～58mm（左右门叶的摆出距离最大相差 ±2mm），如图 8-30 所示。

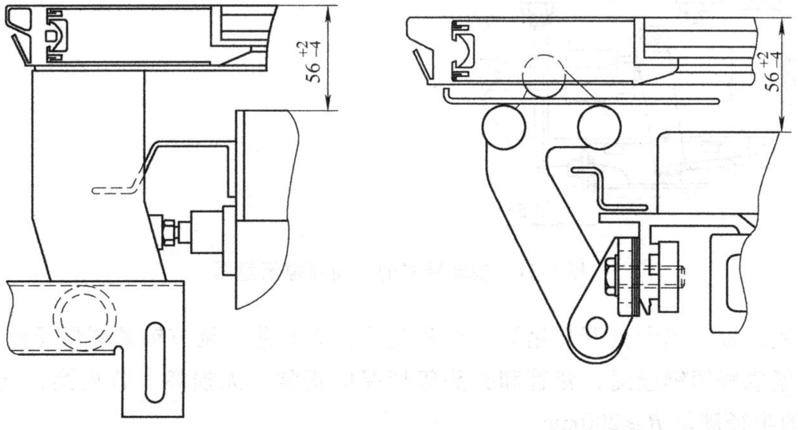

图 8-30　车门开门后的状态

4）检查车门电路部分以及地线接线牢固，应无松动，无虚接。电线表面无破损。

5）检查门控器各插头是否安插到位，通信插头紧固螺栓是否松动。连接控制线是否紧固良好，无松动。

6）使用手动润滑枪，用3#锂基脂对下列部位进行润滑。

① 润滑导柱和2个携门架中的直线轴承。用量：每个直线轴承及导柱用4~69润滑油。

② 对整个丝杠和3个短导柱进行润滑：将润滑脂均匀地涂抹在丝杠和短导柱的表面上，完成后需手动开关门2~3次。

③ 对上滑道圆弧处、下滑道内侧、平衡压轮周边进行润滑。

7）用甲基硅油对门周边胶条进行润滑。在润滑后，需用一块干净的布擦干护指胶条。

注意：在涂任何新润滑剂前，必须擦干净部件上原来的润滑剂和灰尘。

8）测试与调整客室车门。

① 检查测量客室车门的净开度，净开度标准：(1 300 ± 10) mm。

② 检查车门的"V"形情况：在门全关闭后，即两页门叶下部紧密接触，两门扇上部存在2~5mm的间隙。若出现V形，需松开两个下滑道，保证门叶没有被滚轮摆臂组件夹持着，通过转动每个携门架安装板上的偏心轮进行调整。

③ 操作各门的紧急解锁装置后，确认制动装置的齿间间隙满足1.5~2mm，如图8-31所示。

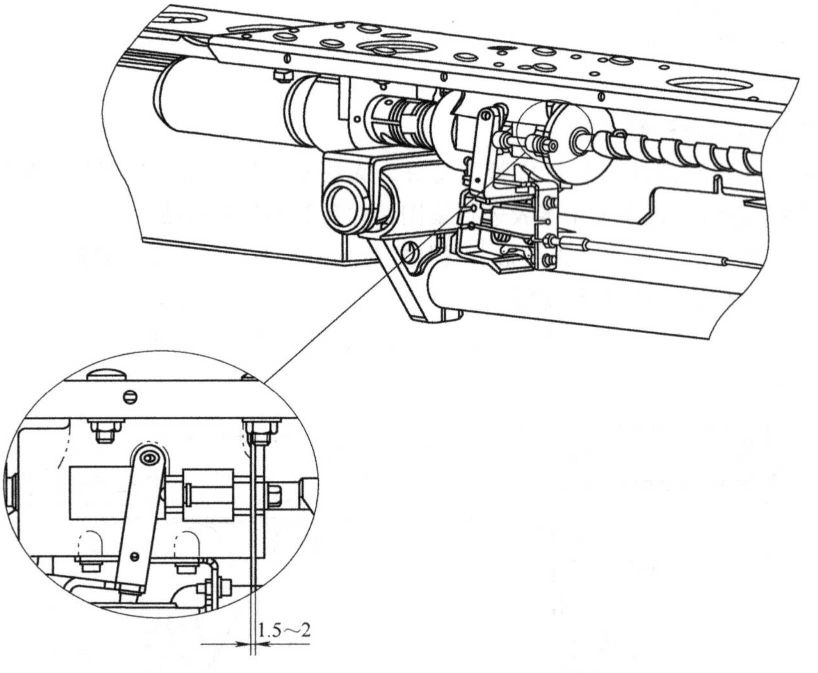

图8-31　制动装置的齿间间隙示意图

④ 检查铰链板上挡卡（开口销）应装配正确，无脱落，调节锁紧螺母无松动。

⑤ 检查紧急解锁钢丝绳、套管和夹头等情况应正常，无损坏。若更换，则要求钢丝绳每个拐角处的半径满足 $R \geqslant 200$mm。

⑥ 将门槛下挡销槽清理干净，避免关门时，影响下挡销的进出。在门关闭且锁紧后，检查门板下部挡销与门槛位置：底部间隙应为2~3mm，侧面间隙应为0.5~1mm，并且在门开关过程中，挡销不应该与门槛上的挡块碰撞，最后分别将下挡销及挡销固定螺栓打上防松线。检查挡块及门槛的安装固定情况，如果出现松动，需重新涂上乐泰胶，然后将其

紧固。

⑦ 将所有客室门下摆臂滚轮拆下，然后重新涂上乐泰胶，将其紧固。将所有下摆臂滚轮的防松线进行重新标记。

⑧ 检查及调整门到位开关位置

a. 当门处于关闭位置时，该开关处于松开的状态，测量门处于关闭位置时左右携门架组件中运动小车之间的距离为 X。手动开门，再手动慢慢地使门板位于关闭位置，关门限位开关应在距尺寸“X”还有 3.5^{+1}_{0}mm 时动作，若不能满足上述要求，需通过调整限位开关组件安装板的位置来完成。在门关闭后，手动门到位开关可以移动，如图 8-32 所示。

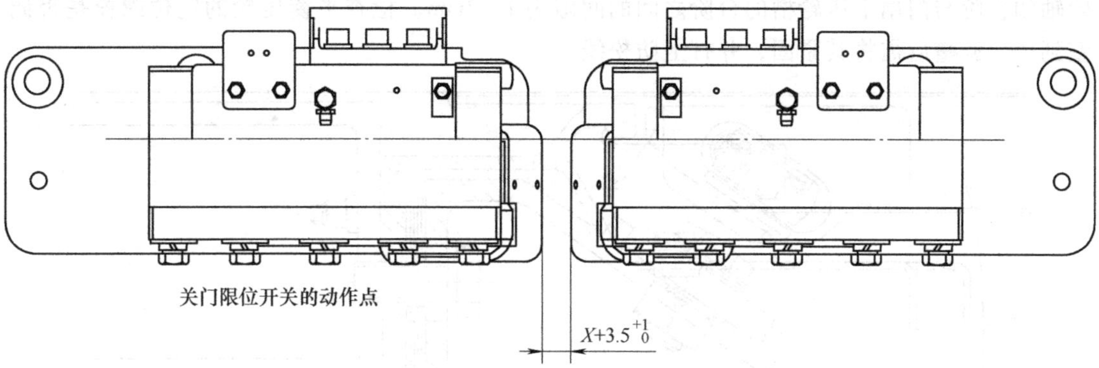

图 8-32 限位开关调整图

b. 手动将门叶打开，将门到位开关用力扳到最大行程位置，检查其是否能平滑地复位，是否有卡滞现象，如果出现卡滞时需对门到位开关进行更换。

⑨ 检查平衡压轮。检查压轮轴的台阶与门扇上压轮槽的台阶之间的间隙满足 1～2mm，并且门关闭后，门板相互平行，滚轮接触压板，很难转动。

⑩ 检查障碍检测功能。关门时，用截面 30mm×60mm 长方体或直径 30mm 的圆柱体测试物进行检查，出现三次防挤压后，门处于完全打开状态。

⑪ 检查隔离锁功能。通过方形钥匙操作门右下角隔离锁，门隔离指示灯亮，并且手动可以开门。

⑫ 手动开关门时，检查门机构是否有卡滞现象，是否有异响；电动开关门时，门机构是否有异响。如有需对门机构进行调整。

⑬ 检查客室门下部门槛固定螺栓是否有松动，如有松动，需重新涂上乐泰胶，然后将其紧固。

（二）驾驶室门检查检修

1）车内用旋钮开锁，并用把手将门打开，车内手动将门关上同时锁叉应处于二级啮合位置，动作正常。

2）车外用保险锁钥匙打开保险，并用四方钥匙开锁，通过把手开门，车外手动将门关上，同时检查锁叉应处于二级啮合位置，一切正常。

3）打开手把的罩板

① 检查内部固定螺钉应紧固良好。

② 检查活动机构的磨耗情况：如果磨耗严重，影响正常的开关门，需对磨耗件进行

更换。

③ 将内锁体下端调整螺母拆下，涂上螺纹锁固胶。在调整完毕后，将调整螺母进行紧固，然后打上防松线。注：螺母调整位置为能正常的开关门即可。

④ 将把手复位弹簧全部进行更换。

⑤ 检查把手应无开焊、裂纹。

4）检查玻璃是否有划伤，检查门扇胶条、玻璃胶条是否有撕裂破损现象。

5）检查上下滑道位置以及安装固定情况是否正常；滑道应无变形，润滑情况良好。

6）检查平衡压轮与车门的压紧情况（滚轮接触压板且很难转动），如图 8-33 所示。压轮轴的台阶与门扇上压轮槽的台阶之间的间隙为 1 ~ 2mm。检查平衡压轮的定位螺栓是否调整到位，调整后需将其紧固，并打上防松线。

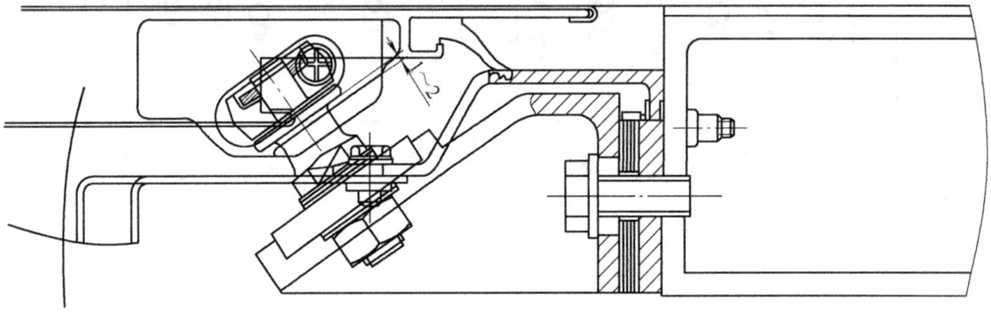

图 8-33　平衡压轮位置图

7）在门关闭且锁紧后，检查门板下部挡销与门槛位置。底部间隙为 2 ~ 3mm，侧面间隙为 0.5 ~ 1mm，并且在门开关过程中，挡销不应该与门槛上的挡块碰撞。检查挡块在门槛上的安装固定情况，紧固松动螺钉，最后分别将下挡销及挡销固定螺栓打上防松线。

8）用 3#锂基脂润滑驱动机构的长圆导柱、上滑道、下滑道内侧、锁叉与锁挡的啮合面、平衡压轮周边。

9）检查门到位行程开关及撞块的固定螺栓应紧固良好，如果出现松动，需将其紧固，并打上防松线。

10）将驾驶室门下摆臂滚轮拆下，涂上乐泰胶，然后将其紧固，并打上防松线。下摆臂装置安装固定良好，滚轮状态正常，无异常磨损。

11）检查驾驶室门锁挡、锁舌，应无裂纹，无卡滞，活动正常，安装良好；锁挡无开焊、无松动、无异扣现象，在关门时锁挡与锁舌啮合良好，无卡滞，轻微或用力关门时，驾驶室门都应该能够正常锁闭。

12）将驾驶室门锁挡、锁舌进行润滑。润滑油脂用 3#锂基润滑脂。

13）检查车门与门槛间的贴合紧密性是否良好：关门时，在门扇和门框密封胶条间夹入宽 70mm、厚 0.3mm 的纸条（可用两层报纸代替）应不易抽出。

14）清洗所有车门胶条（清洗液的 pH 值为 5 ~ 9），并对胶条进行润滑（甲基硅油）。

15）对驾驶室门进行淋雨试验，检查是否有漏雨现象。

（三）紧急逃生门检查检修

1）门外观情况良好、清洁、无损坏。

2）逃生标识、操作指示清晰可见，无损坏。

3）门关闭时，密封良好，胶条无损坏。

4）对紧急逃生门进行淋雨试验，检查是否有漏雨现象。

第四节　制动系统及制动机部件的检修

一、制动系统制动原理

城市轨道交通车辆运行及其装备的要求较高，同时又具有站间距离短，起动快，制动距离短，停车精度高，每节动车装备有四台交流驱动电动机等特点。同时考虑到电制动本身的特点（低速时电制动发挥不出来）以及车辆运行安全要求，城市轨道交通车辆的制动系统采用了电制动和空气（摩擦）制动相结合的制动方式。但其中的电制动又是车辆在常用制动下的优先选择（仅带驱动系统的动车具有电制动性能），电制动还具有独立的滑行保护和载荷校正功能。

电制动又有再生制动和电阻制动两种形式，电制动原理如图 8-34 所示。

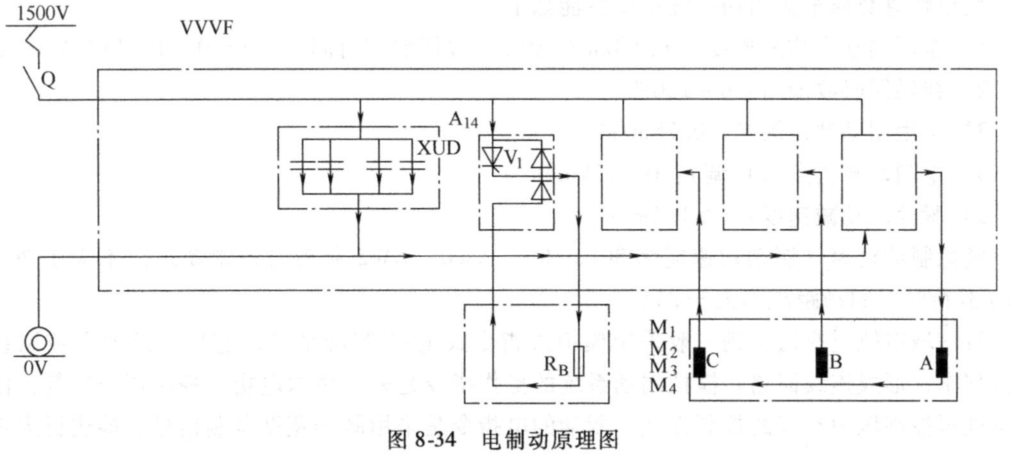

图 8-34　电制动原理图

每节动车与电制动有关的装备有：制动微处理器，一个三相调频调压逆变器（VVVF），一个牵引控制单元（DCU），一个制动电阻，四个自冷式三相交流电机 M_1、M_2、M_3、M_4（每轴一个，相互并联）。

当发生常用制动时，电动机 M 变成发电机状态运行，将车辆的动能变成电能，经 VVVF 逆变器整流成直流电反馈于接触网，供列车所在接触网供电区段上的其他车辆牵引用和供给本车的其他系统（如辅助系统等），此即再生制动。再生制动能力取决于接触网的接收能力，亦即取决于网压高低和负载利用能力。

如果制动列车所在的接触网供电区段内无其他列车吸收该制动能量，VVVF 三相调频调压逆变器则将能量反馈在线路电容上，使电容电压 XUD 迅速上升，当 XUD 达到最大设定值 1 800V 时，DCU 起动能耗斩波器模块 A_{14} 上的门极关断 GTO（V_1）晶闸管，GTO 打开制动电阻（R_B），制动电阻（R_B）与电容并联，将电动机上的制动能量转变成电阻的热能消耗掉，此即电阻制动（亦称能耗制动），电阻制动能单独满足常用制动的要求。

电阻制动是承担电动机电流中不能再生的那部分制动电流。再生制动电流加电阻制动电流等于制动控制要求的总电流，此电流受电动机电压的限制。再生制动与电阻制动之间的转换由 DCU 控制，能保证它们连续交替使用，转换平滑，变化率不能为人所感受到。当高速时，动车采用再生制动，将列车动能转换成电能；当再生制动无法再回收时（如当网压上升到 1 800V 时），再生制动能够平滑地过渡到电阻制动。

电制动具有独立的滑行保护功能。由于四台电动机是并联连接的，因此当 DCU 检测出任意一根轴发生滑行时，DCU 能对四台电动机进行同步控制，同时降低或切除四台电动机的电制动力。

而空气（摩擦）制动是用来补充制动指令所要求的和电制动已达到最大的制动力之间的差额以及没有电制动时完全由气制动来承担的列车制动要求。电制动和空气制动之间的混合制动是平滑的，并满足正常运行的冲击极限。每节车设计有独自的气制动控制部件，每根轴设计有独立的防滑装置，由 ECU 实时监控每根轴的转速，一旦任一轮对发生滑行，能迅速向该轴的防滑电磁阀 G01 发出指令，沟通制动缸与大气的通路，使制动缸排气，从而解除该轮对的滑行现象。制动执行部件采用单元制动缸，有普通单元制动缸 PC7Y 型和带停放制动器的单元缸（也称弹簧制动器）PC7YF 型两种。

城市轨道交通车辆制动系统主要性能如下：

1）常用制动平均减速度（从 80km/h 到 0，包括响应时间）$a=1.0\ (1+15\%)\ \mathrm{m/s^2}$

2）接触网吸收能力：0～100%

3）常用制动冲击限制：$0.75\mathrm{m/s^2}$

4）电制动转折点（可调）：0～12km/h

5）紧急制动减速度：$a\geqslant 1.2\mathrm{m/s^2}$

紧急制动距离（制动初速度为 80km/h）：AW0～AW2 载荷时，制动距离不大于 204m；AW3 载荷时，制动距离不大于 215m。

目前城市轨道交通车辆一般采用模拟式指令式电-空制动系统，它用一条列车控制线贯通整列车，形成连续回路。模拟制动系统的操作指令是采用模拟电指令控制压力空气，由压力空气再控制压力空气的控制方式。制动的电指令是采用脉冲宽度调制信号，能进行无级制动控制。

车辆制动系统的气路部分由供气设备、制动控制单元（BCU）、基础制动装置、微机控制单元（EBCU）和防滑系统等组成。供气设备还向车辆的空气悬架设备、车门控制装置以及气动喇叭、刮水器、受电弓气动控制设备、车钩操作气动控制设备等进行供气。一般地铁列车的拖车管路总图如图 8-35 所示。

二、供气设备的检修

（一）空气压缩机的检修

VV120 空气压缩机原理图如图 8-36 所示。

地铁列车大多以 A、B、C 三辆车为一个单元，所以其供气也是以单元来设计的，每一单元设置一套空气压缩机组，其中包括驱动电动机、压缩机、干燥器、压力控制开关等。车辆的制动系统及其他一些子系统所使用的压缩空气都是由压缩机组生产的。电动机通过联轴器直接驱动空气压缩机。空气压缩机生产的压缩空气必须经过空气干燥器后才能使其成为洁净的干燥的压缩空气供各用气系统使用。

上海地铁多采用 VV120 型空气压缩机，因该压缩机结构紧凑且无架悬挂，特别适用于

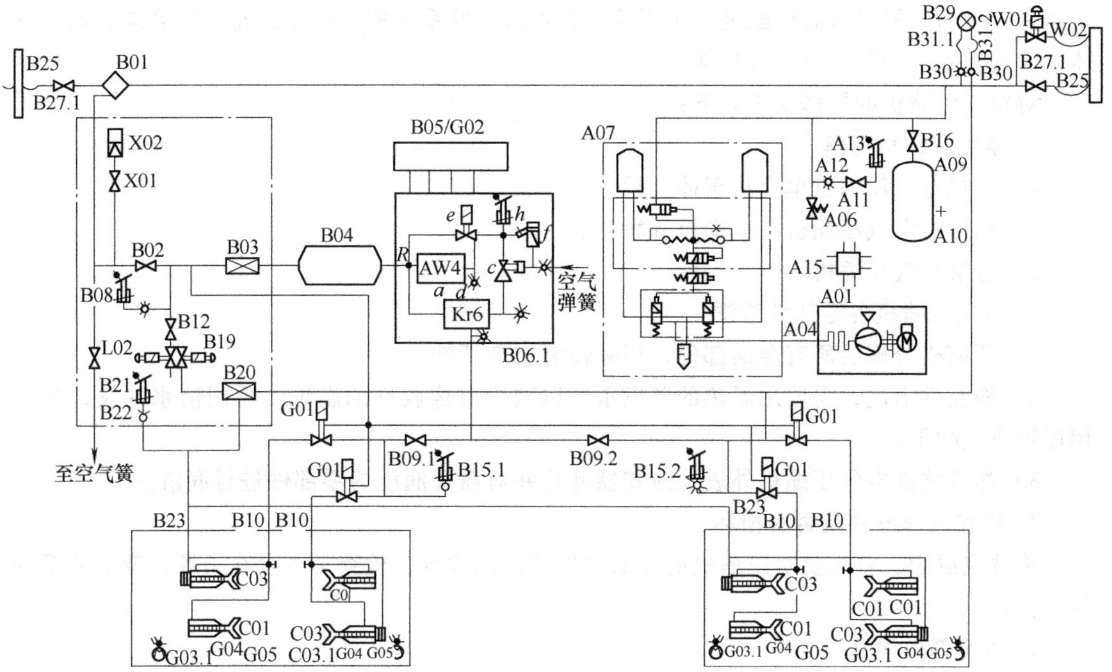

图 8-35　拖车管路系统图

A—供风系统　B—制动系统　C—基础制动　G—防滑系统　L—空气弹簧系统　W—车钩　X—车间供气

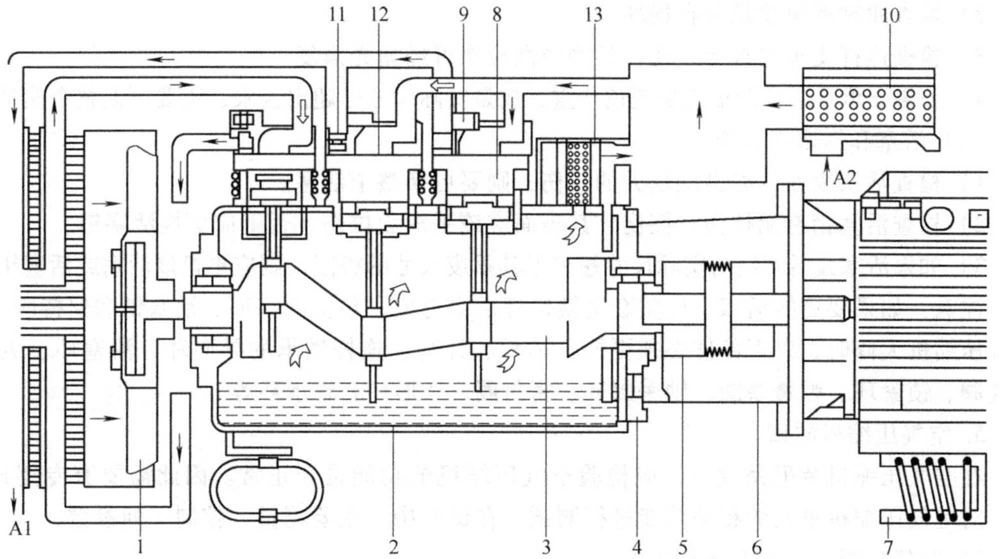

图 8-36　VV120 空气压缩机原理图

1—风扇叶轮　2—曲轴箱　3—曲轴　4—油计量器　5—联轴器　6—中央法兰
7—弹性装置　8—气缸　9—安全阀　10—空气滤清器　11—排气阀
12—进气阀　13—油收集器　A1—空气进口　A2—空气出口

车下安装。VV120 型空气压缩机是两级压缩机，低压级有两个风缸，高压级有一个风缸，每个风缸有一个进气阀和排气阀。低压缸吸入空气并由滤气器清洁，经过压缩后进入中间冷却器进行冷却，再进入高压缸进一步压缩。在进入气路系统前，高压缸排出的高温、高压气体仍需要进入冷却器进行二次冷却。

对空气压缩机的检修要求如下：

1. 空气压缩机分解

1）先把空气压缩机单元从车体上拆下。

2）然后将空气压缩机与电动机分解开。

3）分解空气压缩机。

2. 空气压缩机各零部件清洗

1）压缩机分解后所有金属部件，用碱性清洁剂清洗。

2）橡胶件清洗，需要用温热的肥皂水，以减少对橡胶件的腐蚀，再用清水冲洗，最后用压缩空气吹干。

3）然后清洗空气压缩机外表及冷却器叶片并对需要润滑的零部件进行润滑。

3. 检查内部零件是否有损坏

清洗完成后，首先要对压缩机的零部件进行目测检查，检查是否存在裂纹、变形或锈蚀等损伤。

4. 重要部件检修

对于下列重要的部件，还必须进行详细的检查和测量，并根据需要，给予修复或更换。

（1）曲轴检修

1）检查曲轴有无裂纹。

2）检查曲轴的螺纹是否有损坏。

3）检查连杆支承点有无磨耗，某些轻微拉伤可经抛光修复。

4）如果支承点磨耗严重或是褪色严重，或是实际尺寸已超出极限，则要更换整个曲轴。

（2）活塞和活塞销检修

1）检查活塞表面，如出现较大的拉伤，则要更换整个活塞。

2）检查活塞销有无拉伤和擦伤。其表面应该平滑无拉伤，否则应更换活塞销。

3）如果活塞或活塞销的实际尺寸超出了其报废尺寸的极限，则应更换该活塞或活塞销。

注意：如果要更换活塞，应整套更换连杆活塞总成，包括活塞环、活塞销和保持圈。在空气压缩机大修时，以下部件必须更换：轴承、针套、连杆轴承的导向环、活塞环、吸气/排气阀、锁紧环、弹簧垫圈、轴密封环、密封圈、O 形环和轴承环等。

5. 空气压缩机测试

在空气压缩机装配完成后，应检验空气压缩机的功能是否正常。因此需要有专用试验台，对空气压缩机单元的相关功能进行测试，在试验中，主要测量、控制下列参数：

1）吸气口温度（即环境温度）。

2）第一级压缩（低压压缩）后温度（未经冷却）。

3）第一级压缩（低压压缩）后温度（经冷却）。

4）第二级压缩（高压压缩）后温度（未经冷却）。

5）第二级压缩（高压压缩）后温度（经冷却）。

6）空载情况下的输出压力。

7）满负载情况下的输出压力。

8）电动机转速。

注：先将空气压缩机热机运行20min，空气压缩机油至热油状态，热后放油，注意热油防止烫伤。将3L空气压缩机油注入空气压缩机冲洗，起动空气压缩机，将油打热后放出（注油和放油时，应对角注放）。然后再注入3 L空气压缩机油冲洗，打热后放出。冲洗完毕后，将3.5～3.7L空气压缩机油注入空气压缩机。新油加注更换完毕。

新车运行3 000km，更换空气压缩机油，其他车辆的压缩机运行2 000h或一年应更换机油，也可视机油乳化情况提前更换。

（二）空气干燥器检修

空气压缩机输出的高压力的压缩空气中含有较高的水分和油分，必须经过空气干燥器将其中的水分和油分排去才能达到车辆上各用气系统对压缩空气的要求。

空气干燥器一般都是塔式的，有单塔式和双塔式两种。目前上海地铁双塔式干燥器使用的比较多。

双塔式空气干燥器，如图8-37所示。它是由油水分离器、干燥筒、排水阀、止回阀和消

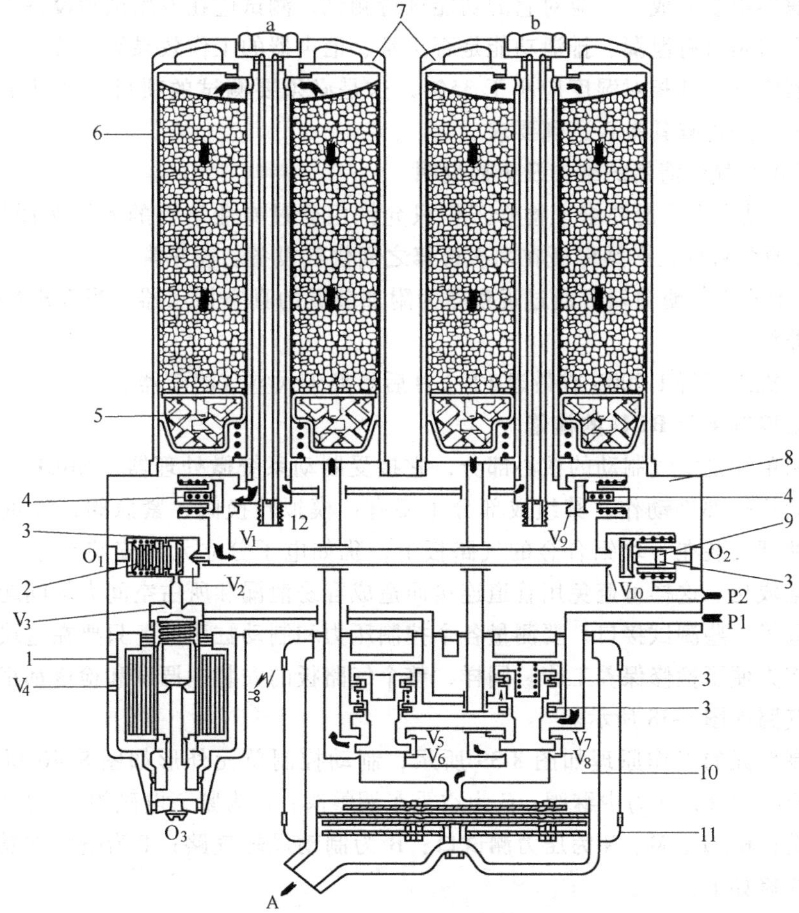

图8-37　双塔式空气干燥器作用原理（干燥筒7a为吸附工况，干燥筒7b为干燥工况）

1—电磁阀　2—预控制阀　3—克诺尔K形环　4—止回阀　5—油水分离器　6—吸附剂　7—干燥筒　8—干燥器座　9—旁通阀　10—双活塞阀　11—隔热材料　12—再生节流孔　A—排泄口　O_1～O_3—排气口　P1—进气口　P2—出气口　V_1～V_{10}—阀座

声器等组成的。在油水分离器中存有许多拉希格圈（这是一种用铜片或铝片做成的有微小缝隙的小圆筒），干燥器则是一个网形的大圆筒，其中盛满颗粒状的干燥剂。

空气干燥器无需特殊保养，一般只做常规检查。由于空气干燥器里没有移动部件，因此一般不会有磨损的问题。如果发生故障需要修理时，需作如下检修。

1. 空气干燥器分解检查

拆开空气干燥器，必须首先要对分解后的干燥过滤器零部件进行清洁，并检查是否有裂纹、变形或锈蚀等损伤。

2. 干燥剂更换

如果在排水阀的出口处有白色沉淀物或是干燥剂过饱和，必须检查干燥剂，如有必要则要更换。一般来说，干燥剂每4~5年需要更换一次。

3. 拉希格圈清洗

用于吸油的拉希格圈，可以用碱性清洁剂清洗，再用清水洗涤，最后用压缩空气吹干即可。

4. 进行功能测试

干燥过滤器组装完成后，应对它的功能进行测试，测试应在专用试验设备上进行。试验主要检查干燥器是否有泄漏、排泄功能是否正常、消声器的工作效果等。按照设计要求，经过干燥的压缩空气，其相对湿度应小于35%，这是必须要测试的项目，可以使用压力露点计或相对湿度计来检查其是否达到要求。

（三）干式空气滤清器的维护及更换说明

1）遵守产品安全手册要求，检修工作只允许由受过专业培训的人员在授权车间进行，使用KNORR原装备件，必须保证在两次检修之间供气设备功能正常。

2）内置干式空气滤清器可通过观察作为附加装置的真空指示器，当发现滤清器内侧脏污时及时保养维护。

注：压缩机组运行1 000h或最迟12个月后更换干式空气滤清器。

三、制动控制单元BCU的检修

制动控制单元是空气制动的核心部分，它接受制动系统微处理器（EBCU）的指令，然后再指示制动执行部件动作。其组成部分主要有：模拟转换阀、紧急阀、称重阀、均衡阀等。这些部件都安装在一块铝合金的气路板上，犹如电子分立元件安装在印制线路板上一样，实现了集成化。这样可避免用管道连接而造成容易泄漏和所占空间大等问题。而且在气路板上还装置了一些测试接口，要测量各个控制压力和制动缸压力，只要在这块气路板上就可测量，这将方便了检修保养工作。同样，整个气路板的安装、调试和检修都很方便，制动控制单元的气路如图8-38所示。

制动控制单元的工作原理如图8-39所示，制动控制单元外形如图8-40所示。以上图中：A为模拟电磁阀；D为中继阀；C为空重车调整阀；E为紧急电磁阀；F为压力传感器；H为压力开关；K、L、M、N为压力测试口；R为制动风缸气路；T为空气弹簧压力。BCU及其部件的检修如下：

（一）制动控制单元（BCU）的检修

1. 部件外观检查

对BCU中的各个部件，如称重阀、模拟转换器、紧急电磁阀、中继阀、压力传感器、预控压力开关和各个测试接头进行外观检查及清洁。

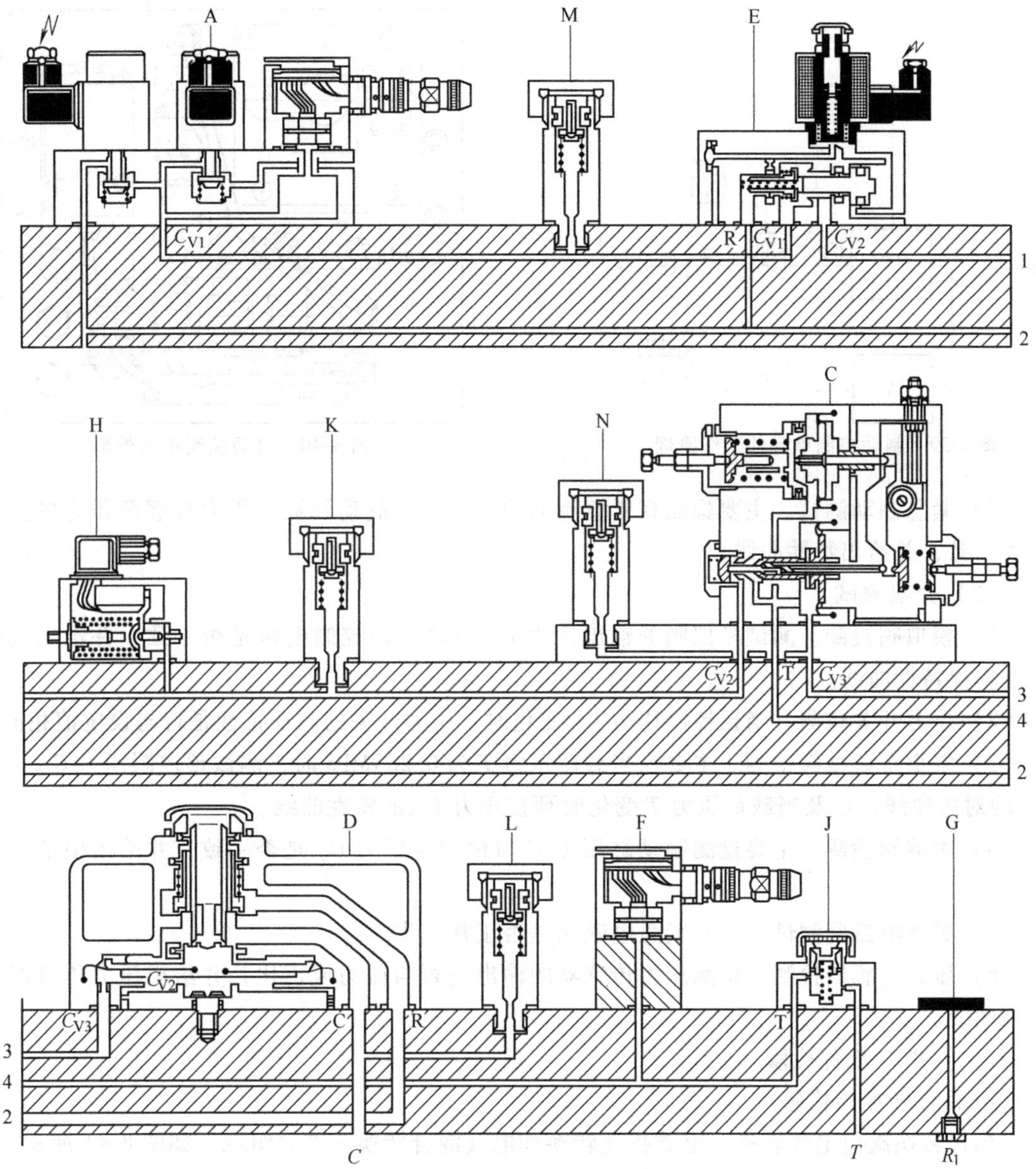

图 8-38　制动控制单元气路示意图

2. 功能测试

在各个单独元件完成检查作业之后，应对整个 BCU 单元进行整体的功能测试。测试需要在 BCU 专用试验台上进行。

BCU 试验台采用单片机控制，用单片机模拟 EBCU 的电气控制信号，模拟各种制动工况，控制气制动单元执行相应的动作，并用高精度压力传感器测量预控制压力 C_{V1}、C_{V2}、C_{V3}和制动缸压力 C，以检测各项功能是否正常。

根据制动控制单元的结构，主要检测内容分为两部分：

（1）综合测试

1）全常用制动测试。主要在紧急电磁阀得电的情况下，检测制动缸的压力是否与 EBCU 给出的控制压力一致，并给出特性曲线。

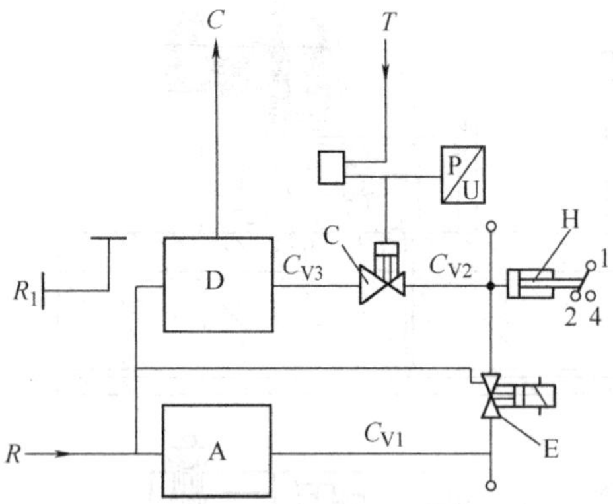

图 8-39　制动控制单元的工作原理

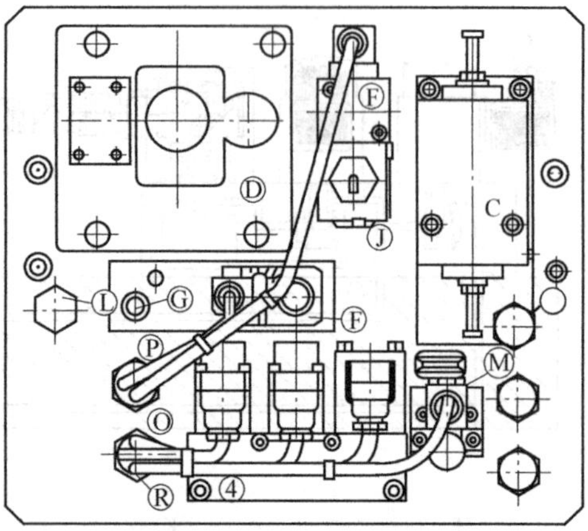

图 8-40　制动控制单元外形

2）紧急制动测试。主要检测在紧急制动的情况下，制动气缸的压力与载荷压力的关系是否一致，并给出特性曲线。

（2）分项测试

1）模拟阀检测。测试模拟阀的输出压力 C_{V1} 与给定的控制电压是否一致，并给出模拟阀的转换特性曲线。

2）压力开关检测。当预控制压力 C_{V2} 变化时，压力开关的回环特性是否与设定值相同。

3）空重车调整阀检测。主要为当载荷压力 T 为 0.285MPa 时，测试预控制压力 C_{V3}，与 C_{V2} 的对应曲线，以及当载荷压力 T 变化时预控压力 C_{V3} 的特性曲线。

4）中继阀检测。主要检测制动缸压力 C 与预控制压力 C_{V3} 是否一致，并给出中继阀的特性曲线。

5）紧急电磁阀测试。检测紧急电磁阀是否正常工作。

6）压力传感器检测。检测压力传感器的输出是否与压力成正比，并给出压力传感器的特性曲线。

（二）BCU 部件检修

1. 模拟转换阀检修

模拟转换阀由电气转换、电磁排气转换和电气混合转换三部分组成，如图 8-41 所示。

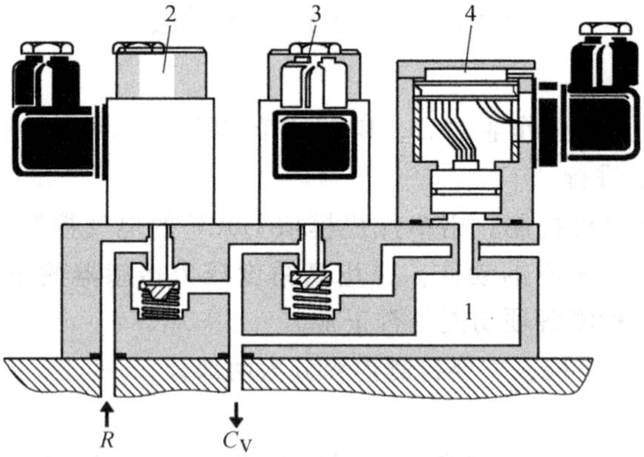

图 8-41　模拟转换阀

1—稳压气室　2—电气转换阀　3—电磁排气阀　4—气电转换阀　C_V—预控制压力　R—储风缸压力

电气转换比例阀是将电信号转换成气压信号的电磁阀。

电磁排气阀、气电转换器将气压信号转换成电信号。

当比例阀收到制动微机控制系统电脑（EBCU）的指令后，按其要求将阀芯打开，使制动储风缸的压力空气通过电气转换比例阀转变成预控制压力 C_{V1} 并送向紧急阀 E，与此同时，也送至气电转换器和排气阀，而气电转换器将压力信号转换成相对应的电信号，马上馈送回制动系统微处理器（EBCU），让 EBCU 将此信号与制动指令进行比较分析。其主要检修内容如下：

比例阀主要由电气转换阀、电磁排气阀和气电转换阀等电磁阀组成。其主要检修内容同一般电磁阀的检修。

（1）分解　阀的拆分工作需要使用专用标准工具。

（2）清洁

1）用化学清洁剂在一个 70～80℃的热清洁池中清洗所有金属部件（不包括橡胶金属复合件），然后用压缩空气吹干。

2）励磁线圈和电枢应用一块浸过温肥皂水的抹布擦洗，随后立即用压缩空气吹干。吹干后立即给电枢轻轻地涂一层 Wacker Chemie 公司的硅酯 400，之后擦掉电枢上多余的硅酯。

（3）检查

1）应仔细检查已清洁部件的外观。如果出现裂纹、变形、腐蚀或螺纹变形等损伤，且受损部件看上去已经不能继续使用，则应予以更换。

2）对于某些部件，除必须进行目检以外，还需进行其他附加检查，主要部件如下：

① 励磁线圈：仔细检查励磁线圈的保护层是否断裂、触针是否被锈蚀或已变形。用一个触点清整去除锈蚀。更换受损的励磁线圈。

② 磁铁架：检查磁铁架内阀座的状况，如果阀座损坏，则应更换磁铁架。

③ 电枢：检查电枢的阀座橡胶密封件的凹陷情况，如果凹进 0.3mm，则应更换电枢。

④ 压缩弹簧：压缩弹簧应符合规定的自由高和压缩高要求，并且其弹力值必须符合有关技术要求。

3）每次检修时均应更换非金属环（如 O 形环）、垫圈和夹紧销。

（4）组装

1）组装工作需要使用专用标准工具进行。

2）组装前应给 O 形环和电枢涂上少许 Wacker Chemie 公司的硅酯 400，电枢上多余的硅酯要擦掉。

3）应按与拆分工作相反的顺序组装。各紧固扭矩应符合有关技术要求。

（5）测试

1）应按照相关的检验技术要求说明对模拟转换阀进行检测。

2）进行检测时须注意有关在电气动设备上进行作业的安全规范。

3）如果检验结果正常，则要在检查后贴上不易脱落的检验标志。

2. 紧急电磁阀检修

紧急电磁阀是一个电磁阀控制的二位三通阀，它的三个阀口分别通制动储风缸 A1、模拟转换阀输出口 A2、称重阀输入口 A3 及控制气流接口 A4。它主要由空心阀、阀座、弹簧、活塞、活塞杆和电磁阀组成。其中空心阀还起到阀口的作用，而活塞杆顶部做成阀口结构，如图 8-42 所示。

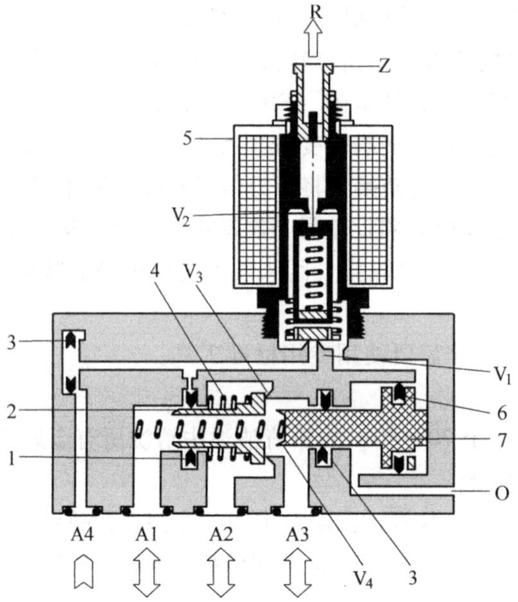

图 8-42 紧急电磁阀

1、3、6—克诺尔 K 形环 2—阀头 4—压缩弹簧 5—电磁阀 7—活塞

V_1 ~ V_4—阀座 R—排气口 A1—储风缸 A2—模拟转换阀输出口 A3—称重阀输入口 A4—控制气流接口

（1）紧急电磁阀分解

1）修理紧急电磁阀时除拆卸克诺尔 K 形环时需要用到一个安装专用钩外不需要任何特种工具。

2）如果紧急电磁阀的外表面看起来很脏，则须在开始工作之前先除去脏物。工作步骤一定要按照相应的检修指南进行。在分拆时请注意不要损伤密封面和阀座。

（2）清洁

1）用化学清洁剂在一个 70 ~ 80℃的热清洁池中清洗所有金属部件（不包括橡胶金属复合件），然后用压缩空气吹干。

2）在清洗铝合金部件时，清洁剂的腐蚀率必须符合有关技术规定。

3）在温肥皂水中清洗活塞、阀盘、导向套管、环、撑条和垫圈，并立即用清水冲洗，然后用压缩空气吹干。

4）原则上橡胶环在检修后都将被更换，所以无需清洗。

（3）检查和修理

1）应当对已清洁的部件认真进行一次目检。如果查出部件有断裂、变形、腐蚀或螺纹变形等严重影响部件继续使用的损伤，则应予以更换。

2）有些部件除必须进行目检以外，还需要其他附加的检查或返修工作。

① 外壳：阀座上和外壳孔内的轻度划痕可通过二次抛光去除。必须符合规定的尺寸和表面粗糙度，否则应更换新的外壳。

② 活塞（整体）：应使用环规检查活塞是否符合图样技术要求的控制尺寸；检查活塞的阀座和活塞裙是否受损。如果有划痕，则应将活塞连同整个阀套一起更换（成套备件）。

③ 阀盘：检查橡皮阀座是否受损，如果橡皮凹进 0.4mm 或凸起 0.2mm 以上，则必须更

换阀盘。

④ 检查阀套的环及阀门套管的撑条是否受损，如果有划痕，则应将整个阀套连同活塞及整个阀门套管一起更换（成套备件）。

⑤ 压缩弹簧：应符合技术要求中规定的弹簧长度和弹力要求。

3）每次检修之后都应更换克诺尔 K 形环，以及所有安全环和 O 形环。

4）如果型号铭牌已不再清晰，也应予以更换。

（4）组装

1）在组装紧急电磁阀之前，应给所有克诺尔 K 形环、O 形环以及各个滑动面和导向面涂上少量通用润滑脂。安装克诺尔 K 形环时，需要用安装专用钩。

2）紧急电磁阀的组装应按照图样要求并与拆分相反的顺序进行。

3）应用 8N · m 的力矩将阀用电磁铁的螺母拧紧。

（5）检测

1）电磁阀的检测应按照检测说明来进行，进行检测时须注意有关在电气动设备上进行作业的安全规范。

2）如果检测结果合格，则应贴上不易脱落的检验标志。

3. 称重限制阀检修

称重限制阀的工作原理如图 8-43 所示。它是利用空气弹簧的压力（车辆负载压力）来限制预控制压力，也就是根据车辆的载荷来限制最大的预控制压力。

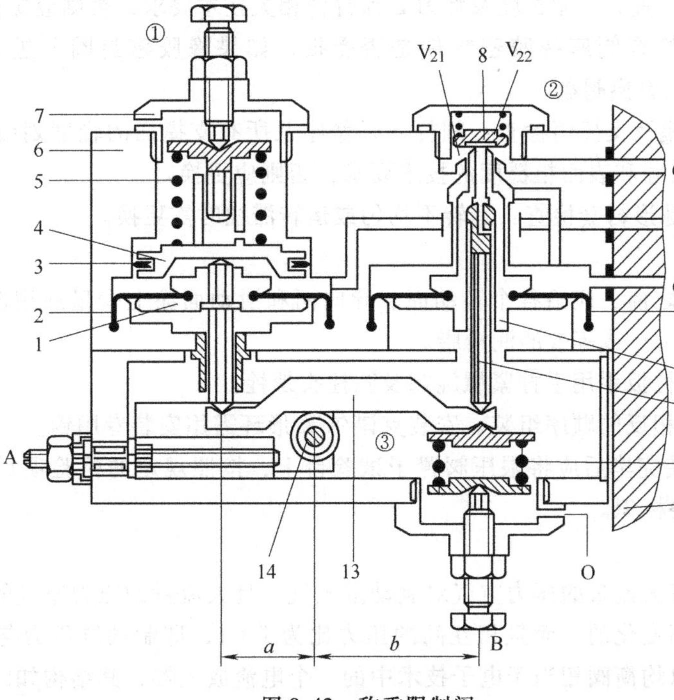

图 8-43　称重限制阀

①—负载转换器　②—闭锁构件　③—机械部件

1—隔膜活塞（主动活塞）　2—隔膜　3—克诺尔 K 型环　4—活塞（被动活塞）　5—压缩弹簧　6—外罩

7—闭锁螺栓　8—阀盘　9—隔膜　10—隔膜活塞　11—阀杆　12—压缩弹簧　13—平衡梁　14—平衡梁支承

A、B—调节螺母　Tr—支架　O—排气孔　V_{21}—进气阀座　V_{22}—排气阀座　C_{V1}、C_{V2}—预控制压力　T—气动负载信号

（1）称重限制阀分解

1）修理称重限制阀时除拆卸克诺尔 K 形环时需要用到一个安装专用钩外不需要任何特种工具。

2）如果称重限制阀的外表面看起来很脏，则须在开始工作之前先除去脏物。工作步骤一定要按照所给顺序。在分拆时请注意不要损伤密封面和阀座。

（2）清洁

1）所有金属部件用化学清洁剂在一个 70～80℃的热清洁池中清洗，然后用压缩空气吹干。

2）在清洗铝合金部件时，化学清洁剂腐蚀率必须符合有关技术规定。

3）橡胶或塑料的外皮可用一块浸了肥皂液的湿布擦洗。然后马上用清水再擦一遍，用压缩空气吹干。

（3）检查

1）应对已清洁的所有部件认真地进行一次目检。如果查出部件有裂纹、变形、腐蚀或螺纹变形等影响部件继续使用的损伤，则应换上新的部件。

2）铭牌如果变得模糊不清时，必须更换。

3）有些部件除必须进行目检以外，还需要其他附加的检查或再加工工作。

① 外壳：阀座及衬套内表面上的轻度划痕可通过二次抛光去除，必须符合尺寸和表面粗糙度的要求，否则应换上新的外壳。

② 压缩弹簧：弹簧的压缩长度及弹力必须符合相关技术要求，否则应更换压缩弹簧。

③ 阀盘检查：检查阀座橡胶密封件是否受损，如果橡胶密封圈凹进 0.4mm 或凸起 0.2mm 以上，则必须更换阀盘。

④ 阀杆及弹簧座及支撑面检查：阀杆、弹簧座及所有支撑面的轻度划痕可通过二次抛光去除，必须符合尺寸和表面粗糙度的技术要求，否则应更换。

⑤ 滚针轴承及球形衬套检查：运转不均匀或运转滞涩时需更换。

（4）组装

1）组装限压阀之前，应给各个转动面、导向面和滑动面涂上少量通用润滑脂，如 Renolit（Fuchs 公司制品）或等效的润滑脂。

2）使用标准螺栓扳手用手拧紧螺旋塞及圆柱头螺栓。

3）按照与分拆相反的顺序组装。安装克诺尔 K 形环需用安装专用钩。

（5）检测　组装完毕后应将限压阀置于试验台上，按照规定的检验项目进行检验和设定。并粘贴检验合格标识。

4. 均衡阀检修

均衡阀能迅速将大流量的压力空气对制动缸充气。且大流量的压力空气的压力变化是随预控制压力的变化而变化的。而且相互间的压力比为 1∶1，即制动缸压力与预控制压力的压力是相等的。所以均衡阀相当于电子技术中的一个电流放大器，其结构如图 8-44 所示。

（1）均衡阀分解

1）拆分均衡阀时应使用由标准工具和厂家提供的一个安装专用钩，用于拆卸及安装克诺尔 K 形环；一个取膜器用于拆卸及安装罐式隔膜。

2）如果均衡阀的外表面看起来很脏，则须在开始工作之前先除去脏物。工作步骤一定

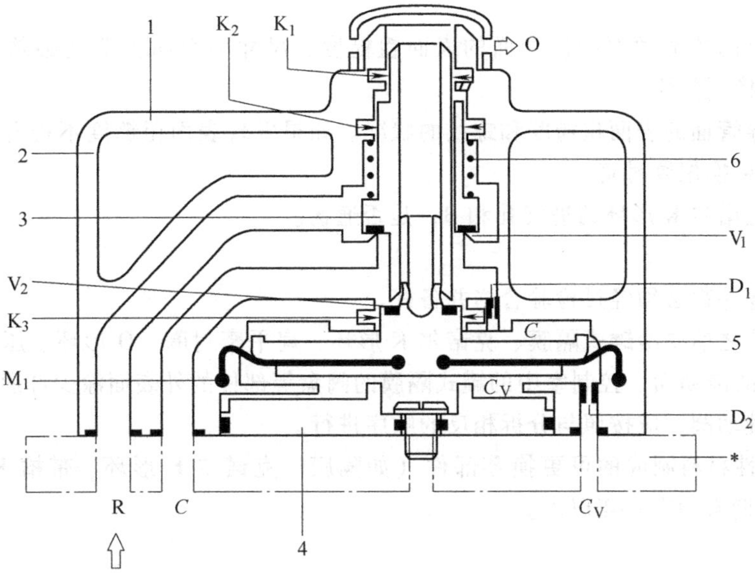

图 8-44　均衡阀

1—中继阀阀体　2—控制室　3—阀门导杆　4—汇接板的附加零件　5—隔膜活塞　6—压缩弹簧　V_1—进气阀座　V_2—排气阀座　D_1、D_2—节流孔　K_1 ~ K_3—克诺尔 K 形环　M_1—罐式隔膜　R—通制动储风缸　C_V—预控制压力　C—制动缸压力　O—排气口　*—汇接板

要按照所给顺序。在分拆时请注意不要损伤密封面和阀座。

（2）清洁

1）必须注意清洗剂生产厂家给出的使用说明。清洁零部件时不允许损伤密封面和阀座。

2）检修时更换所有齿形垫圈、密封环和 O 形环（也包括中间法兰和盲板法兰上的）。故不必清洗它们。

3）用化学清洁剂在一个 70 ~ 80℃ 的热清洁池中清洗所有金属部件（不包括橡胶金属复合件），然后用压缩空气吹干。在清洗铝合金部件时，化学清洁剂腐蚀率必须小于 $420mg/m^2 \cdot h$。

4）将阀门导管和阀门体在微温的肥皂水中清洗，然后马上用清水冲净并用压缩空气吹干。将滤筛用适当的清洗剂清洁。

（3）检查修理

1）应对已清洁的所有部件认真地进行一次目检。如果查出部件有裂纹、变形、腐蚀或螺纹变形等影响部件继续使用的损伤，则应予以更换。

2）如果铭牌变得模糊不清时，必须更换。

3）检查控制室的表面粗糙度和阀门套筒的阀座及损伤情况，必须符合规定的尺寸和表面粗糙度，否则应更换控制室。检查喷嘴孔 D_1，D_2 以及克诺尔 K 形环的放气孔是否通畅。

4）检查阀内的压缩弹簧，当弹簧长度为 17mm 时，弹力必须至少为 74N，否则应更换压缩弹簧。

5）检查阀门导管的尺寸和表面粗糙度必须符合规定的要求，否则应更换阀门导管。

6）检查中继阀各阀座橡胶密封件是否受损。如果橡胶凹进 0.4mm 或凸起 0.2mm 以上，则必须更换。

7）检查阀门体滑动面的接触面的表面粗糙度。尺寸和表面粗糙度必须符合规定的要求，否则应更换阀门体。

8）检查导管面的表面粗糙度和螺纹的状况。如果发现表面粗糙度不符合要求或螺纹有损伤，则必须更换螺纹衬套。

9）检查克诺尔 K 形环的进气孔和 B，是否通畅。

（4）组装

1）各个部件都必须经过检验合格并备好。

2）在组装之前要给罐式隔膜、克诺尔 K 形环、扁平密封圈、O 形环、压缩弹簧、阀门导管和阀门体的滑动面、控制室中的罐式隔膜的阀盘等部件的外表面涂少许通用润滑油。

3）组装继动阀，应按照与分拆相反的顺序进行。

注：由弹性材料制成的可更换零部件（如隔膜、克诺尔 K 形环、带槽 K 形环和 O 形环）的生产日期必须在一年以内。

（5）检测

1）进行检测时，须注意相关的在电气动设备上进行作业时的安全规范。

2）检查继动阀时，须按照相关的检验说明进行。

四、制动微机控制单元 EBCU 和防滑系统检修

（一）制动微机控制单元 EBCU 检修

地铁车辆整个制动系统的控制一般均采用二级控制，即“电控制气”和“气再控制气”。即为制动微机控制单元（EBCU3）控制气路控制单元（BCU），控制气再控制执行气的方式。

对于 EBCU 的检修，除了正常的清洁以外，需要对 EBCU 的功能进行测试。这也需要专用的测试设备。在测试过程中可以通过测试界面手动操作对系统的不同功能进行测试和修正。

EBCU 功能测试时的操作过程：

1）启动手动测试界面。

2）选择“Trailer Car”/不选择“Parking Brake”/选择“Holding Brake” = T。

3）当速度信号为 0km/h，ECU 把 C_V压力调到 0.2MPa 左右。

4）“Holding Brake” = F，C_V压力减到 0MPa。

5）把红色“V－1”滑块慢慢向上拖动，直到列车速度变为 20km/h；检查速度信号的 Analog Output 的值是否相应变大。

6）选择 Digital Input 的“Brake” = T 并且用鼠标点击“Brake Demand”的上升按钮；检查 C_V压力的值是否随着 Brake demand 值增加。

7）给车轮 2 一个单独速度信号。检查 ECU 是否规律性的给相应减速轴的防滑阀发送数字信号。

8）设置操作模式 V1 = V1…V4 为 ON。

用鼠标拖动 V－1 滑块直到速度信号为零。

设置 Brake Demand 值为 0%。

并 Digital Input 的“Braking” = F。

9）检查 C_V 压力减到 0MPa。

10）退出手动测试界面。

（二）防滑系统检修

防滑系统用于车轮与钢轨黏着不良时，对制动力进行控制。它的作用主要有：防止车轮即将抱死；避免滑动；最佳地利用黏着，以获得最短的制动距离。防滑系统的检修主要是定期检查气路有无泄漏，并对防滑电磁阀进行检修。其检修内容如下：

1. 防滑电磁阀分解

1）除了标准工具之外还需要用到一个微调扭力扳手（5N · m）。

2）有些部件在拆下后或在每次检修时，原则上都应以新的部件来替换。这些需替换部件应该在分拆设备时挑出另放。

3）按照规定的步骤拆卸该阀。

2. 清洁

1）用化学清洁剂在一个 70～80℃的热清洁池中清洗所有金属部件（不包括橡胶金属复合件），接着用压缩空气吹干。在清洗铝合金部件时，化学清洁剂腐蚀率必须符合有关技术规定。

2）必须注意清洗剂生产厂家给出的使用说明。

3）在温肥皂水中清洗阀用电磁铁的电枢、排气阀和阀门支架，并立即用清水冲洗，然后用压缩空气吹干。

4）用一块干布清洁阀用电磁铁的线圈架。

5）用石油醚（即清洁用去污轻汽油）清洁滤网。

6）防滑阀外表面上的腐蚀产物和程度严重的脏污可用一把金属软刷去除。

7）原则上检修时必须更换的部件不需要清洗。检修时所有橡胶部件和隔膜都需更换，所以无需清洗。

3. 检查

1）应对已清洁的部件认真地进行一次目检。如果查出部件有裂纹、变形、腐蚀或螺纹变形等影响部件继续使用的损伤，则应予以更换。

2）有些部件除必须进行目检以外，还需要其他附加的检查或再加工工作，必须符合规定的尺寸和表面粗糙度的要求，否则应更换相应的部件。

①外壳及阀座：外壳及阀座上的轻度划痕可通过二次抛光去除。必须达到表面粗糙度要求，否则应更换。

②阀用电磁铁：检查金属密封面和电枢的橡皮阀座是否有损伤，如果有损伤或橡胶凹下、隆起 0.3mm 以上，则须更换阀用电磁铁；检查线圈盒是否有损伤或裂缝，并检查接地连接情况；检查电枢套筒的内阀座以及电枢座孔的状态是否完好，电枢套筒在线圈盒中必须能轴向灵活转动，外壳上的孔与电枢套筒的直径之间的游隙必须至少为 0.2mm。

③压缩弹簧：弹簧长度及弹力必须符合相关的技术规定，否则应更换压缩弹簧。

3）对于带喷嘴的防滑阀，还要检查喷嘴是否损坏。必要时更换喷嘴。

4）如果铭牌已模糊不清，请予以更换。更换铭牌时要使用新的带槽铆钉。

4. 组装

1）组装按照与分拆相反的顺序进行。组装必须按有关规范进行。

2）待用的阀用电磁铁必须已经过检修及检验合格备用。

3）安装阀用电磁铁时必须根据电接触销的位置将其正确放置。电枢的衔铁弹簧不允许装错。

4）组装之前应给所有密封环、O 形环、压缩弹簧以及各个滑动面和导向面涂上少量润滑脂（阀用电磁铁的电枢及隔膜安装时应当没有油脂）。

5）组装防滑阀时应按照规定的拧紧力矩拧紧螺纹联接件。

五、单元制动机检修

由于地铁车辆是动车组，车体底架下方与转向架之间没有足够的空间来安装类似于地面铁路车辆的基础制动装置，因此上海地铁车辆采用单元制动机。单元制动机是单个供气，动作轻便灵活，占空间体积小，灵敏度高，使用了电气控制后，也可具有良好的同步性。

城轨车辆采用的单元制动机有两种。一般来说，每个转向架上装有两种型号的单元制动机，分别是不带停放制动器的 PC7Y 型单元制动机（图 8-45）和带停放制动器的 PC7YF 型单元制动机（图 8-46）。由于单元制动机直接关系到列车运行的安全，因此对制动机的检修要求比较高。

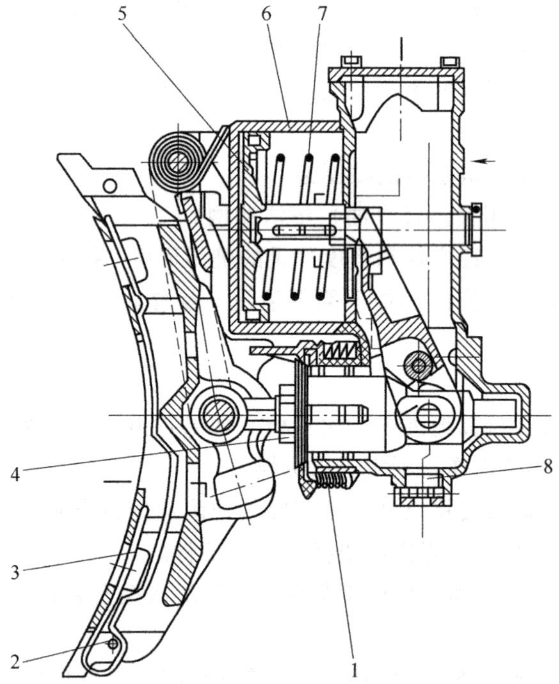

图 8-45　PC7Y 型单元制动机

1—皮腔　2—开口销　3—闸瓦销　4—调整螺母　5 —常用制动缸　6—常用制动缸体　7—制动复位弹簧　8—呼吸器

（一）单元制动机定期检查

1）目测检查锁紧片、橡皮保护套、闸瓦卡簧及其各螺栓、扭簧轴销卡簧，要求无异常，卡簧无断裂、脱落。

2）检查管路及紧固件，要求管路无漏气，紧固件完好，无松动。

3）检查闸瓦。要求闸瓦最低处厚度不小于 12mm，要求闸瓦未磨耗到限时，测量闸瓦与踏面间的间隙，调整间隙至（12 ±1） mm 上海地铁的间隙标准为（12 ±1） mm。然后检

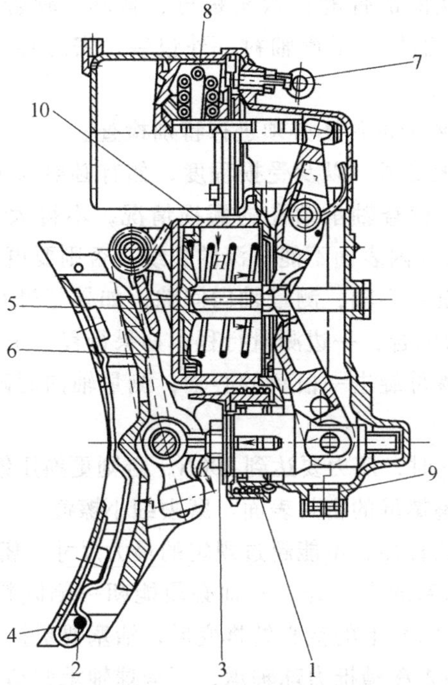

图 8-46　PC7YF 型单元制动机

1—皮腔　2—开口销　3—调整螺母　4—闸瓦销　5—常用制动缸　6—制动复位弹簧　7—停放制动缓解拉环　8—停放制动弹簧　9—呼吸器　10—常用制动缸体

查停车制动功能，包括人工缓解在内。

（二）单元制动机定期检查测试

1）对制动机作外观清扫。

2）松开闸瓦联接螺栓、螺母，取下挡圈环，抽出扭簧心轴，取下吊臂。

3）拧下定位弹簧螺套，对弹簧片进行清洗，清洁后，在弹簧片上涂薄层润滑脂。

4）将制动单元吊至试验台上进行功能及泄漏测试。

5）安装吊臂扭簧、心轴扭簧，并将挡圈环扣好，其中扭簧和心轴涂上薄层润滑脂，螺杆表面涂黄油。

6）将闸瓦托联接螺栓插上，并将螺母拧紧。

7）检查、清洁皮腔，并对其润滑。

8）更换闸瓦。

（三）单元制动机大修分解清洗作业

1）对于制动机的金属部件可以用化学清洗剂，清洗剂在不同的温度下都能保持较好的清洗和除油性能。最好能在 70～80℃ 清洗，在这个范围内清洗效果比较好，清洗完成后应立即用压缩空气吹干。

2）橡胶件和塑料件要全部更换。

3）保持外表面干燥的前提下用钢丝刷除去外表面上的锈迹和附着物。

（四）部件的检查与修理

1）在清洗完所有部件后，首先进行目测检查。更换损坏的零件，如裂纹、严重腐蚀或螺纹变形。其中，必须更换的部件有：六角螺母、簧环、软管夹、皮腔、O 形圈、垫片、环、弹簧垫片、止动螺栓、轴衬、干燥轴衬、外包装、密封环、滑块、挡圈、轴衬、过滤器、弹簧、弹簧垫圈等。

2）除目检外，一些重要的部件还必须进行特别检查。

① 箱体：检查箱体有无受损，以及受损程度，如有必要参考图样。尺寸要求和表面粗糙度要求要符合图样规定；检查轴承销孔的磨损情况，不得大于 0.2mm。磨去细微擦痕。粗糙度要求要符合标准。孔径内表面不能有深的裂纹，否则要更换。

② 心轴：把推力螺母旋进心轴，测量轴向间隙，如果超过 0.8mm，则要更换心轴。可以在心轴上装上杆头，一边啮合，一边测量行程。如果行程小于 0.6mm，则进行更换。

③ 止推螺母：把止推螺母旋进一根新的心轴，测量轴向间隙，如果超过 0.8mm，则要更换螺母。

④ 压簧：压缩至 16mm 时，压力要达到 200N，否则更换压缩弹簧。

⑤ 调整螺母：检查调整螺母的密封表面。磨去细小擦痕。

⑥ 活塞：测量活塞内孔直径，不能超过规定的最大尺寸。密封表面要符合粗糙度要求，否则要更换。把心轴放在活塞的空心处。心轴必须能朝一侧倾斜 5°，并留有间隙使其不会碰到活塞。如果两者接触，活塞上的空心处将变形，活塞要更换。检查活塞的环形槽，密封表面要符合粗糙度要求。检查深槽推力球轴承，深沟球轴承的动作必须平稳、自如。一根新的管子旋进心轴，测量间隙，如果超过 0.3mm，要更换心轴。检查风缸轴上的轴承点，要符合规定的最大直径和粗糙度要求，否则要更换。检查风缸活塞接触面，要符合规定的最大尺寸和粗糙度要求。

在装配前，对有特殊要求的一些零部件需要进行润滑，采用的润滑剂及润滑方法一定要严格遵守制造商的相关规定，以 PC7YF 为例，重要的润滑操作有：装配前，所有内部零件和表面，包括箱体、密封圈、O 形圈上涂一层 Fuchs Renolit HLT 2 润滑脂或等效润滑物；箱体和风缸的活塞接触面要用手或油脂枪润滑，用刷子润滑时，确保刷毛没有粘在接触面上，销子和螺钉铰接处的滑面也要润滑；安装在调整螺母上的零件，摇杆头上的心轴需要用 Staburags NBU 30 PTM 润滑脂或等效油脂润滑。

使用 OMNI-VISC 1002 密封箱体间的凸缘压装面。

第九章　电气部件检修

第一节　受流设备的检修

一、受电弓结构

受流设备是列车将外部电源引入车辆电源系统的重要设备。根据线路供电方式的不同，列车受流设备分类集电靴及受电弓两种方式。集电靴装置应用于第三轨方式供电的线路，而受电弓装置主要应用于以接触网方式供电的线路。由于接触网方式可以实现长距离供电，受线路变化的影响较小，并且能适应列车高速行驶的需要，所以，较多的地铁线路采用接触网的受电弓受流方式。受电弓从结构上可分为单臂型和双臂型两种形式，在驱动上可分为气动型及电动型。这里主要介绍单臂气动受电弓的维修。

如图 9-1 所示，受电弓由以下几部分组成：

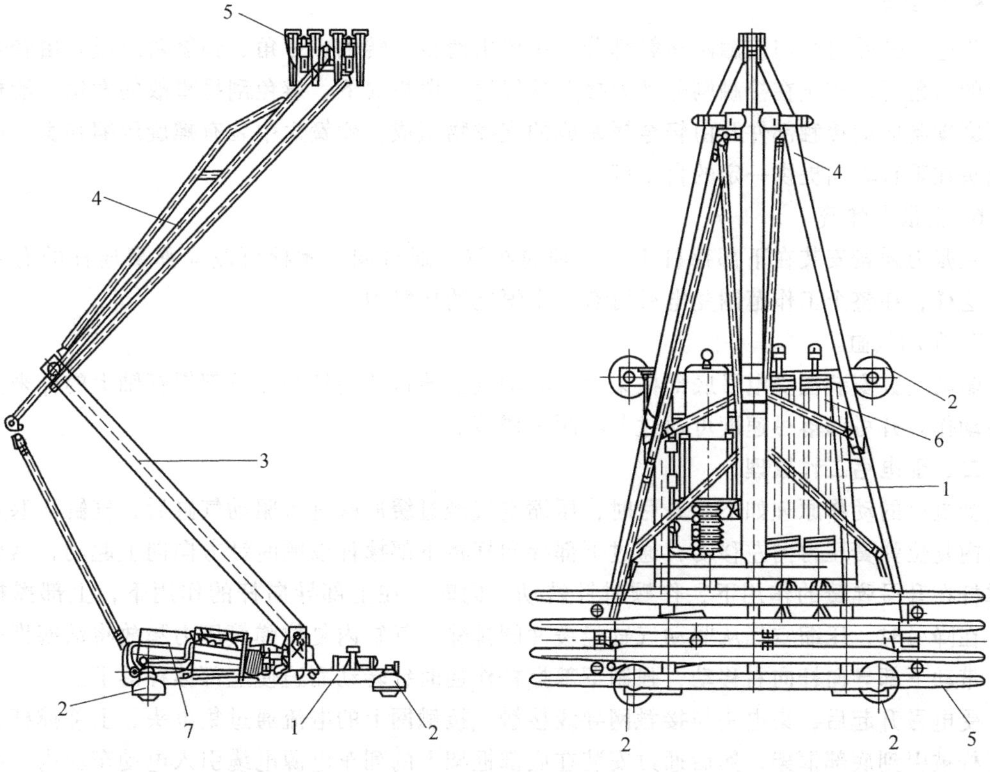

图 9-1　单臂受电弓结构

1—底部框架　2—绝缘　3—下部框架　4—上部框架　5—集电头　6—主张力弹簧　7—驱动气缸

1. 底部框架

底部框架由方形管或型钢焊接而成，用于支撑整个框架，并通过轴承与下部撑杆相连。底部框架上还安装有铜接线排与连接列车主电源电缆。

2. 绝缘子

绝缘子安装在底部框架上，一方面用于支撑底部框架，另一方面可将车体与受电弓隔离。所以绝缘子要求具有良好的电气绝缘性和机械性能，一般常采用瓷或玻璃纤维聚酯压制而成。

3. 下部框架

下部框架由下部撑杆和下部导向杆组成。下部撑杆由无缝冷拉钢管焊接而成。在下部撑杆上安装有电桥连线的接线板、主张力弹簧连杆、缓冲器冲击块、上部导向杆的轴承支座及驱动气缸的安装支座。导向杆由钢管制成。导向杆的长度可改变。通过改变下部导向杆的长度来调节受电弓最低位置。同时在下部导向杆上还安装有受电弓高度止挡，这块止挡决定了受电弓最大升起高度。

4. 上部框架

上部框架由上部撑杆和上部导向杆组成。上部撑杆由锥形角钢焊接而成，包括铰链及斜支撑杆。通过斜支撑杆的作用，上部撑杆可具有很高的侧向稳定性。上部导向杆上安装了集电头。上部导向杆的长度可改变。

5. 集电头

集电头是受电弓与接触网接触部分。主要由滑板、转轴、弓角、弹簧盒组成。由轻金属制成的弓角可以防止在接触网分叉处接触导线进入滑板底下，避免刮弓事故的发生。滑板由电石磨碳制成的接触部件及由轻金属制成的支撑物组成。弹簧盒中装有螺旋压缩弹簧，可为集电头在垂直方向提供一定的自由度。

6. 主张力弹簧

主张力弹簧安装在下部撑杆上，按轴向布置。通过调节螺栓可改变弹簧连杆的有效长度。这样，在整个工作范围受电弓可有一个恒定的接触力。

7. 驱动气缸

驱动气缸安装在受电弓底部框架上。驱动气缸通过活塞杆和在下部撑杆轴上的杆来使受电弓动作。升弓和落弓速度可通过节流阀来调节。

二、受电弓工作原理

受电弓的动作原理如下：升弓时，压缩空气经过缓冲阀进入驱动气缸后，气缸活塞克服气缸内复位弹簧压力向左移动，通过下部导向杆将下部撑杆以顺时针方向向上起动，然后下部撑杆在升弓弹簧的作用下，作顺时针转动。同时，在上部导向杆的作用下，上部撑杆升起。在降弓时，压缩空气从驱动气缸经缓冲阀排除，气缸内复位弹簧压力释放将活塞推向右方，带动下部导向杆向右移动，强制下部撑杆作逆时针转动而迫使上部撑杆落下。

受电弓升起后，集电头与接触网导线接触，接触网上的电流通过集电头、上部撑杆、下部撑杆被引到底部框架，然后通过安装在底部框架上的列车电源电缆引入电动车辆内。由于在受电状态下，电流会流经整个受电弓框架，为了防止电流流入轴承，在受电弓所有的铰链处都装有电桥连线，避免轴承遭受损坏。

列车运行时，滑板沿架空线滑动。受电弓的受电性能在很大程度上决定于接触压力，若压力太小，则接触电阻增大且易跳动，导致接触不良产生电弧；但压力太大，则摩擦加大，增加滑板和导线磨损，因此要求受电弓的机械结构能保证滑板在工作高度范围内具有相同的接触压力。受电弓各关节的摩擦力对接触压力也有影响，当受电弓降低时摩擦力使压力增加，当受电弓升高时摩擦力又使压力减小。因此，为使上升压力同下降压力之差尽可能小，必须采取措施减小摩擦力。在静止状态下，接触压力与受电弓之间的关系称之为受电弓的静特性。车辆运行时，受电弓随着架空接触导线高度的变化而上下运动。因此，接触压力与受电弓的静特性有关，而且与受电弓上下运动的惯性力即受电弓的动特性也有关。传动装置还应使升降弓过程中初始运动迅速，运动终了比较缓慢，即在降弓时可使受电弓很快断弧，升弓时可防止受电弓对接触网和受电弓底架有过大的机械冲击。

三、受电弓的维修

1. 受电弓框架

底部框架由方形管或型钢焊接而成，用于支撑整个框架，并通过轴承与下部的撑杆相连。底部框架上还安装有铜接线排和连接列车主电源的电缆。

受电弓上部撑杆及下部撑杆需要在专用平台进行测量，如果发现有变形或弯曲，应采用冷整形方式检修，如果无法整形，则应该更换新的框架。

2. 轴承

轴承拆下后，应检查轴承是否有锈蚀或点蚀现象，如有须更换轴承。对于大修作业来说，应更换所有的轴承。受电弓组装完成后，应对所有的轴承进行润滑。

3. 电桥连接线

电桥连接线一般用多股铜导线编织而成，在检修中应检查连接线是否有断股现象，如有应予以更换。对于所有的接线端子，需清洁并打磨接触表面。在安装电桥连接线时，在接线端子及框架上的安装区域涂抹含铜油脂，以保证接触面的良好导电性能。在大修作业中，应更换所有的电桥连接线。

4. 滑板

滑板是受电弓上最易磨损的部件。滑板直接与接触网接触，为了最大限度地减小接触导线的磨损，滑板的材质应较接触导线软。同时，列车在高速经过两个供电区段的断电器时，也较易对滑板造成损伤。所以在检修中主要检查滑板的磨损及损伤情况。当滑板磨损到最大磨损限界时，一般为底部离上部槽口 2~3mm，或者滑板上有较大的缺口时，必须更换滑板。

对于弓角，主要检查弓角的磨损。如磨损较大，则必须更换弓角。

5. 驱动气缸

由于驱动气缸内装有预紧弹簧，所以需要有专用夹具进行拆装。气缸分解后，应检查气缸活塞部件的磨损情况，更换所有的橡胶密封件。气缸组装完毕，应通气检查气缸工作情况。对于缓冲阀检修一般在大修时进行，主要是检查部件的磨损情况及更换橡胶密封件。

6. 绝缘子

绝缘子安装在底部框架上，一方面用于支撑底部框架，另一方面可将车体与受电弓隔离。所以绝缘子要求具有良好的电气绝缘性和机械性能，一般采用陶瓷或玻璃纤维聚酯压制而成。

在检修中，主要检查绝缘子外观是否有裂纹及损伤。如绝缘子表面有炭粉等污垢堆积，无法清除时，可采用抛光方式处理。对于表面有裂纹、有损伤的绝缘子应予以更换。绝缘子检查完毕后还应测试绝缘子耐压及绝缘电阻。

7. 集电头

集电头是受电弓与接触网接触部分，主要由滑板、转轴、弓角、弹簧盒组成。由轻金属制成的弓角可以防止在接触网分叉处接触导线进入滑板底下，避免刮弓的发生。滑板是由电石磨碳制成的接触部件及由轻金属制成的支撑物组成。弹簧盒中装有螺旋压缩弹簧，可为集电头在垂直方向提供一定的自由度。

受电弓组装完毕后，应进行油漆重涂作业。在涂油漆时，应注意对电桥连接线安装点及铰链处进行遮盖保护，以免影响轴承的工作及连接线的导电性能。

四、受电弓的调整

在受电弓组装完毕后，需要调整受电弓框架位置并检查集电头与接触网导线的接触压力。框架位置调整时先调节下部导向杆，在最低位置时，下部撑杆应为水平。中间的铰链部分不能高于滑板的上部边缘或低于底部框架下部边缘。如果中间铰链的位置太低，下部工作区的接触力的上升将受影响。在下部导向杆和接触力调整后，再调节上部导向杆长度，使得滑板的上部边水平处于受电弓中间工作位置。框架位置调整完成后，可通过调节主张力弹簧长度调整接触压力。由于在整条线路上，接触网的高度是不同的，这要求受电弓在整个工作高度范围内的接触压力应基本一致。此外，根据不同季节的温度的改变，也需调整接触压力。

五、炭滑靴式受流器的检修

炭滑靴式受流器应用于第三轨方式供电的线路。

天津地铁就采用了此种供电方式，供电电压为 4 750V 直流，速度为 80km/h。其结构如图 9-2 所示。受流器由一个主体和一个机构组成，该机构能使炭滑靴保持与第三轨相接触，主要由两个弹簧和两个弹性轴承控制，并使正常工作位置的接触压力为 120 ± 24N。每个受流器安装有两个 750V、400A 的熔断器，由两条 95mm^2 的电缆线连接在炭滑靴和熔断器之间。

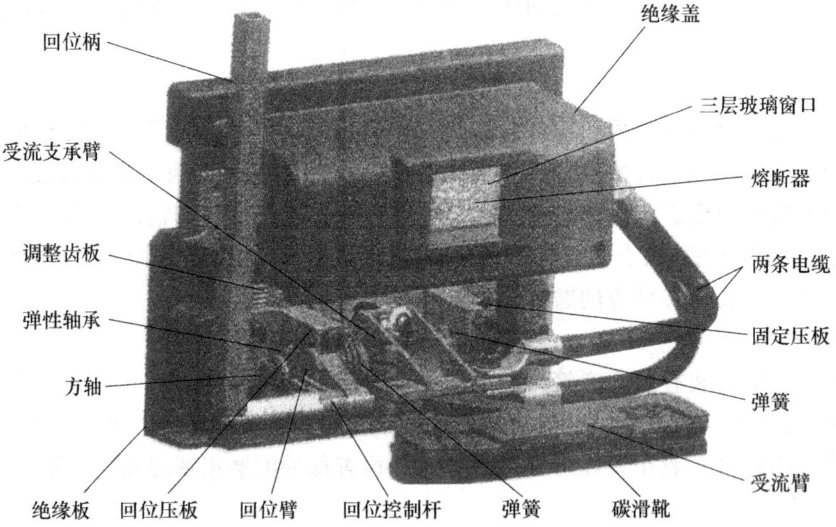

图 9-2　受流器

受流器可以回位和锁定。

虽然同一列车上使用受流器的定义和功能都相同，但受流器之间不能互换使用，一个确定的受流器位置是有不同的参数设置的。

天津地铁有 8 个动车受流器和 4 个拖车受流器。正常工作时，12 个受流器供电。

（一）炭滑靴式受流器故障检测

在使用过程中，一旦发现受流器异常，一定要严格按照有关检测程序进行检测。由受流器引起的故障主要有以下三类：

1）主电路中无电流检测程序，如图 9-3 所示。

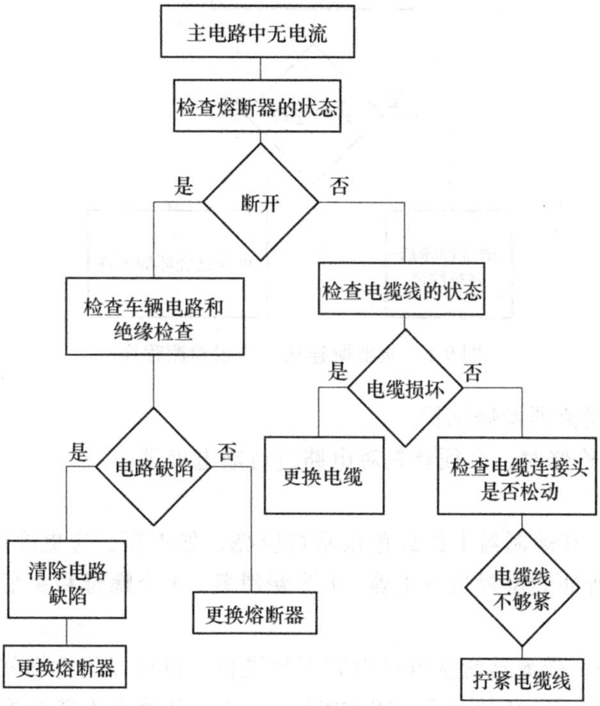

图 9-3　主电路中无电流检测程序

2）炭滑靴和供电轨之间有火花和电弧产生时检测程序，如图 9-4 所示。

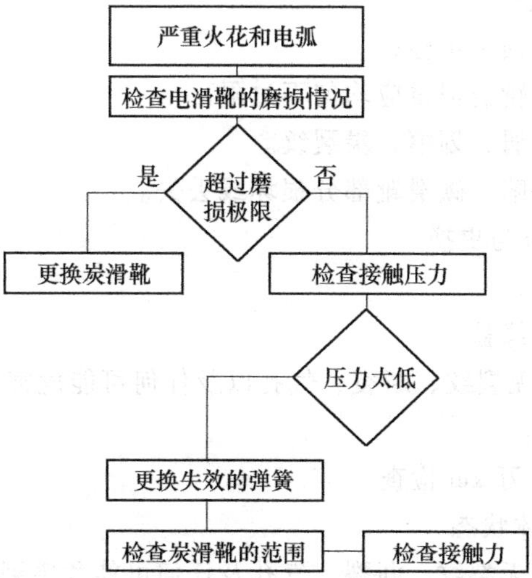

图 9-4　炭滑靴和供电轨之间有火花和电弧产生时检测程序

3）炭滑靴连接线烧损检测程序，如图 9-5 所示。

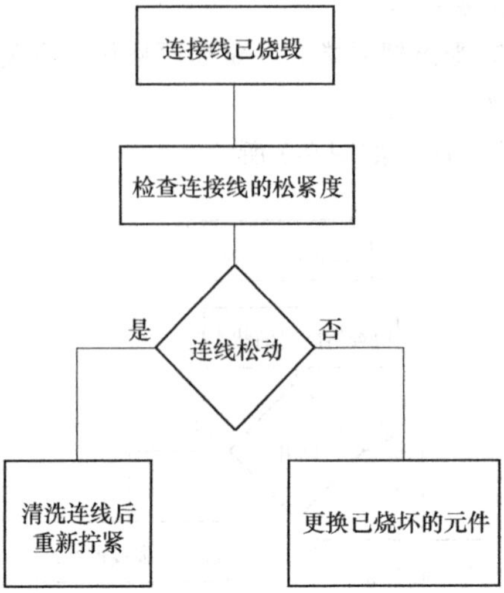

图 9-5　炭滑靴连接线烧损检测程序

（二）炭滑靴式受流器检修维护

在对受流器进行检修时，必须首先对电路进行断电处理。

1. 受流器日检

1）观测熔断器　在熔断器上的红色指示灯应亮，如不亮，应更换熔断器。

2）检查炭滑靴所处的位置是否正确　1 个炭滑靴、4 个螺母和 4 个垫圈应齐全无丢失。

2. 受流器月检

（1）受流器清洗　受流器清洗可以拆卸下来进行，也可以不拆卸就在转向架上进行。

清洗产品时，应使用 pH 值为 7 ~ 10 的溶液清洗；溶液内不能有磨损物质和导电物质；清洗产品时必须断电，可用人工清洗，也可用 600kPa 以下的高压喷水清洗，注意不要损坏熔断器的盒子；也可用专用清洗设备清洗；最后用压缩空气进行吹干。

（2）检查炭滑靴的状态

1）滑靴磨损：检查磨损指示标记。

2）滑靴状态：检查滑靴磨损量应均匀不过限。

3）可接受的缺陷：磨屑、划痕、炭裂纹。

4）需要更换滑靴的缺陷：碳滑靴部分损坏或丢失。

3. 受流器 5 万 km 检查与更换

1）更换炭滑靴。

2）检查绝缘底座与绝缘盖。

① 检查整体状态：有无裂纹、断裂、气孔以及任何可能危害到保护熔断器的缺陷。

② 更换有缺陷的部件。

4. 受流器半年检或 10 万 km 检查

（1）检查受流器的整体状态

1）检查整体状态：有无裂纹、断裂、气孔及任何可能危害到熔断器保护的缺陷。

2）更换有缺陷的部件。

3）检查炭滑靴的位置是否正确。

（2）电缆线检查

1）检查电缆线的整个长度，确保整个绝缘保护层没有破损、裂纹及其他缺陷和损坏。

2）检查绝缘套有无松动。

（3）检查限位螺钉 1 和 2 的位置是否正确以及是否磨损

限位螺钉有以下缺陷需更换：毁坏、丢失、橡皮头老化或部分损坏。

5. 受流器 2 年或 25 万 km 检查

（1）检查绝缘性　做此项检查以前，整体部件必须进行清洗和干燥，此项检查是受流器在转向架上进行的。

1）回退受流器在断电位置。

2）断开受流器外部的电缆线（连接熔断器盒到炭滑靴的电缆必须保持在原来位置）。

3）连接兆欧表一端到滑靴上，另一端到转向架上。

4）兆欧表设置到最小 500V 的位置上。在兆欧表上显示的电阻读数应该大于或等于 100MΩ，否则应检查绝缘盖的状态是否良好。

（2）检查锁紧力矩　使用扭力扳手，按有关技术要求所规定的力矩检查锁紧力矩。

（3）检查接触压力　受流器在正常位置的接触压力，可以在车辆上进行检查。为了检查更精确，也可以在维修车间进行。

1）将炭滑靴放在正常工作位置上（140mm），将测力表放在炭滑靴的轴线上，轻轻放松滑靴，测量接触压力。

2）使用新炭滑靴时，按照 140mm 的规定高度进行测量。

3）使用旧炭滑靴时，取决于磨损量，测力表放置的最大高度不得超过 140 + 20.6mm，

4）测量值必须在 120 ± 24N 范围内，否则应检查弹簧以及弹性轴承。

（4）检查滑靴位置范围　如图 9-6 所示，对应正常工作位置 140mm 的高度应是导轨的高度或支承轨的高度，自由位置应该在正常工作位置以下 30mm 处；回退位置在正常工作位置以上 55mm 处。否则应检查限位螺钉的状态或按有关规定调节限位螺钉。

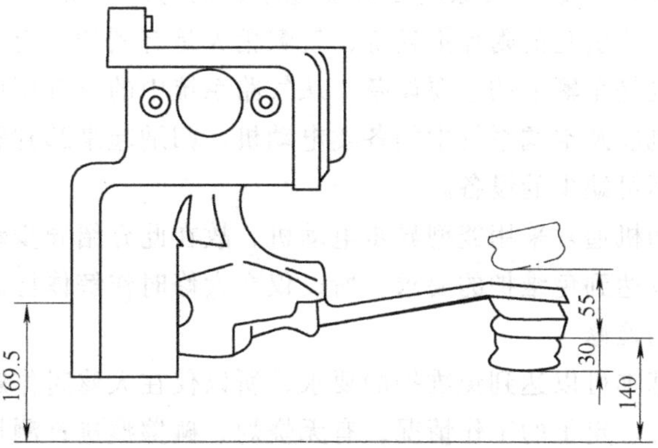

图 9-6　检查滑靴位置范围

6. 受流器每 5 年或 50 万 km 要进行的更换

1）更换限位螺钉。

2）更换电缆线。

3）更换弹性轴承。

4）更换弹簧。

5）更换绝缘盖的密封垫。

第二节　各类电动机的检修

一、交流牵引电动机的特点

1）交流牵引电动机没有换向器，结构简单，可靠性高，维护很少甚至不需要维护。

2）转子简单而坚固，定子绕组沿圆周均匀分布，又没有换向器工作圆周速度的限制，可选用高转速和高传动比，从而显著减小电动机质量，获得较大的单位质量功率，减小了电动机体积。

3）有良好的牵引性能。合理地设计三相交流牵引电动机的调频、调压特性，可以实现大范围的平滑调度，充分满足机车牵引运行的需要。同时又具有防空转的性能，使黏着利用提高。另外，三相交流牵引电动机对瞬时过电压和过电流很不敏感，在起动时能在更长的时间内发出较大的起动力矩。

二、交流电动机的结构

交流异步电动机的结构主要由定子、转子、气隙等组成。

交流电动机的定子又是由定子铁心、定子绕组和机座三部分构成。定子铁心的作用是作为电动机的中磁路的一部分和放置定子绕组，一般用导磁性良好的硅钢片叠成。

交流电动机的转子由转子铁心、转子绕组和转轴等组成。转子铁心的作用也是作为电动机的中磁路的一部分，一般也由硅钢片叠成。铁心安装在转轴上。转子铁心上开有槽，以供放置或浇注转子绕组之用。

和其他电动机一样，定子和转子之间有一很小的间隙称为气隙。异步电动机的特点在于它的气隙很小。气隙大小对异步电动机性能有很大的影响。一方面，为了降低电动机的空载电流和提高电动机的功率因数，气隙应尽可能地小；而另一方面，为了装配方便和运行可靠，以及削弱磁场脉振所引起的附加损耗等，气隙稍大是有利的。定子的两端还有端盖。

辅助牵引电动机也是车辆上的重要设备。从气路系统中的空气压缩机电动机，到主要电气设备中的通风电动机以及空调系统中的各类电动机，归纳起来起到驱动、冷却和通风的作用，是车辆正常运行不可缺少的设备。

由于交流牵引电动机通常采用笼型异步电动机，故在此介绍异步牵引电动机的检修。笼型异步电动机基本可以达到免维护的要求，所以仅在大修时作解体检修。

三、交流电动机的检修

笼型异步电动机基本可以达到免维护的要求，所以仅在大修时作解体清洁检查。检查内容包括检查电动机转子、定子的工作情况，有无烧灼、碰擦痕迹；测量三相绕组阻值是否一致；检查轴承安装室；根据轴承使用寿命对其进行更换油脂或更换轴承。

交流电动机组装完成后，应进行以下测试：

1）绕组电阻测试，检测绕组状态是否正常。

2）绕组对地绝缘电阻测试，检测绕组是否对地击穿。

3）热态复测绕组对地绝缘，检测绝缘是否因发热而损伤。

4）测试并记录电动机的特性曲线。检查电动机运行情况。

5）振动测试。

6）超速试验，检查电动机装配等是否完好。

7）交流耐压测试，检查电动机各绕组及刷架等是否对地击穿或爬电。

8）如有负载试验台，还应进行堵转试验。

四、牵引电动机的检修

1. 电动机的主要检修内容

（1）吹扫　电动机在分解前应用高压空气对电动机外表面进行吹扫，吹扫应在带有吸尘装置的专用吹扫间内进行。

（2）分解　用工具拆下电动机端盖螺钉，抽出转子。

（3）清洗　对电动机内部进行吹扫、清洗、擦拭。

（4）检查检修

1）检查电动机转子、定子和绕组有无烧灼、碰擦痕迹。对于有擦伤情况的，应检查轴承或轴承安装室是否有问题，轴承安装室一般位于电动机的端盖上，检修时应测轴承安装室的直径，对于有磨损的安装室可采用喷涂的方法修复，对于磨损严重的，应更换端盖。对于有烧灼情况的，应测量阻值是否符合规定并检查匝间有无短路现象，如有应更换绕组。

2）检查轴承状态是否良好，并根据轴承使用寿命对其进行更换油脂或更换轴承。

（5）测量

1）测量三相绕组的阻值是否一致，检测绕组状态是否正常。

2）测试绕组对地绝缘电阻，检测绕组是否对地击穿。

（6）组装　按规定顺序组装定子、转子和端盖。

（7）试验

1）温升测试，应按照有关技术要求检测电动机各部发热是否正常。

2）热态复测绕组对地绝缘，检测绝缘是否因发热而损伤。

3）测试并记录电动机的特性曲线。检查电动机运行情况。

4）振动测试。

5）超速试验，检查电动机装配等是否完好。

6）交流耐压测试，检查电动机各绕组及刷架等是否对地击穿或爬电。

7）如有负载试验台，还应进行堵转试验。

2. 主要部位的检查测试

（1）绕组线圈的检修

1）使用干燥的压缩空气吹扫绕组线圈与连接线以及线圈与线框之间的缝隙里的灰尘。如有污垢可用棉纱擦拭，不得使用可能伤及金属或镀层表面的器具。

2）检查绕组线圈和连接线有无损伤，引线的接点有无损伤。

3）测定绝缘电阻。测定并记录接线端子与线框等接地之间的绝缘电阻。

4）绕组线圈、连接线等表面镀层出现剥落时，应使用绝缘涂料进行修补。

（2）铁心的检修

1）铁心底面、顶面的涂装出现剥落时，应进行涂装修补。

2）铁心底面不应有变形或者与异物的接触损伤。

3）铁心顶面不应有积水或锈蚀。积水应擦干，锈蚀处应用砂纸等除锈后进行绝缘涂装修补。

（3）引线的检查

1）引线与线圈的连接部不应有绝缘剥落、污垢或损伤等异常。

2）引线的外皮不应有龟裂或老化。

3）接线端子表面不应有污垢或损伤，如有污垢应擦拭干净。端子绝缘台不应有裂纹或缺损。

五、辅助牵引电动机的检修

辅助牵引电动机也是车辆上的重要设备。从气路系统中的空压机电动机，到主要电气设备中的通风电动机以及空调系统中的各类电动机，归纳起来起到驱动冷却和通风的作用，是车辆正常运行不可缺少的设备。

1. 空气压缩机电动机的检修

空气压缩机电动机是较特殊的辅助电动机，通常是恒转速运转。空气压缩机也是列车上的重要供气设备，空气压缩机电动机无论是直流的还是交流的，其检修内容与列车牵引电动机基本相同，以保证列车供气正常。

2. 冷却风机的检修

对于列车上的冷却通风电动机，基本采用交流驱动方式，所以检修方式与交流电动机的基本一致，只是在测试项目上，仅需对电动机进行通电检查。这类电动机所使用的轴承多为双面密封，仅在电动机大修时予以更换。

第三节　牵引及控制系统的检修

一、高速开关检修

高速开关如图 9-7 所示，用来接通和分断电动列车的高压电路，是电动车辆的主要保护装置。当主电路发生短路、过载等故障时快速切断主电源。为了防止事故的扩大，要求高速开关动作迅速、可靠，并具有足够的断流容量。由于电动车辆车下安装空间有限，要求高速开关必须结构紧凑。

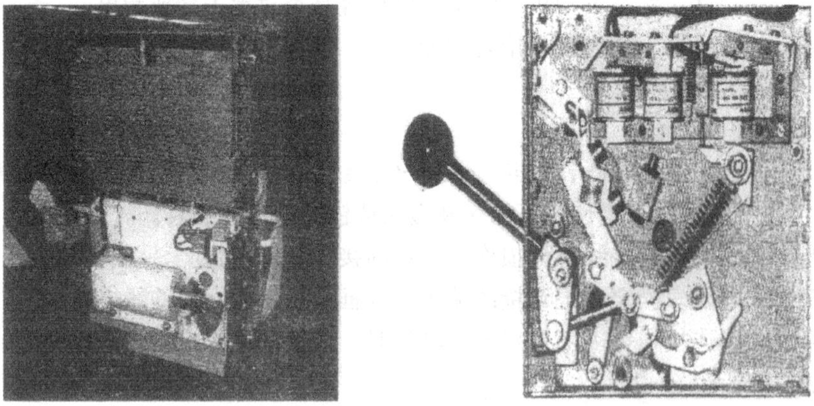

图 9-7　高速开关

1. 高速开关结构

高速开关装置由以下几个部件组成：基架、短路快速跳闸装置、过载跳闸装置、合闸装置、灭弧栅、辅助触点。

（1）高速开关基架　高速开关基架用于安装过载跳闸装置、合闸装置以及灭弧罩等部件，要求有较高的机械强度和抗振性能。

（2）过载跳闸装置　每个电路上都有一过载跳闸装置，用于过载保护，其跳闸值可通过刻度盘来调整。跳闸值应按允许通过短路峰值电流来设定，以防止高速开关发生误跳。

（3）高速短路跳闸装置　高速短路跳闸装置带有固定脱钩整定机构，其跳闸值是固定的。

（4）合闸装置　合闸装置用于高速开关正常吸合及分断，由螺管线圈及机械锁位装置组成。

（5）灭弧栅　灭弧栅可将触头分断产生的电弧吸入电磁系统内进行分割、冷却。

（6）辅助开关　辅助开关安装在高速开关基架外侧，通过机械杠杆与高速开关转动装置相连。由于辅助开关的状态直接反映了高速开关的状态，所以列车控制系统可以采集辅助开关触点上应答信号来监控高速开关的工作状态。

2. 高速开关工作原理

按下高速开关“合”按钮后，通过列车控制线路动作，使螺管线圈得电工作并带动机械锁位装置动作置高速开关于“合”位置，这时高速开关通过机械联锁装置保持“合”状态而无需电源维持。分断时，欠压脱扣装置动作，使高速开关分断。

当高速开关合上以后，电流从进线端流向静触头，并通过动触头、动触头臂、弹性连接板后，从出线端流出。由于电流流过导线时会产生磁场，该磁场的强弱与电流大小有关，过载跳闸装置通过检测磁场来监控电流。一旦电流值超过过载跳闸装置的整定值时，该装置动作，通过拉杆、释放锁件、转换机构机械装置的动作，将动触头与静触头分断。

在短路故障情况下，过载跳闸系统动作太慢。短路快速跳闸装置动作，通过撞击螺钉直接撞击定触头臂，迫使动、静触头分断。其快速分断由转换杆和滚轴之间的专用压紧装置完成。

在吸合、分断两种转换方式中，触点间将形成电弧，电弧由一种磁吹系统被强制吹到灭弧栅中的灭弧触点中。电弧的走向一般先到灭弧触头末端，然后至上部灭弧栅。电弧在灭弧栅之间被分裂，强烈冷却。在短路条件下，触点开、断与机构的跳闸时间无关，灭弧栅快速来弧，反过来使电弧电压急速上升，它对短路电流有很好的限流作用。

3. 高速开关的检修

高速开关需要定期检查，检查周期可根据接通或断开操作工作量来定。

高速开关的检修内容可分为以下几部分：

（1）合闸检查　测量螺管线圈的阻值，对于阻值与标称值不相符时应更换线圈。检查线圈与铁心之间是否有碰擦痕迹，检查铁心是否动作自如。对机械联锁机构进行润滑，正常情况下润滑能延长高速开关寿命，润滑脂应是专用油脂，不准混有其他油脂。

（2）动静触点检查　检查动静触点的“熔化”程度，如“熔化”程度厉害，应更换触点。触点应成对更换，更换完毕后还应检查触点动静点接触面接触情况。

（3）接线端检查　清洁、打磨主接线端及电缆的接触面，使两接触面的接触保持密贴，防止接触电阻增大而损坏电缆及主接线端。

(4) 灭弧罩检查　将灭弧罩分解，检查灭弧栅片的情况。对于烧灼厉害的灭弧栅片应更换。在灭弧栅片组装过程中，应注意栅片的安装角度。

(5) 辅助开关检查　检查辅助开关时，应测量开关触点的接触阻值，同时还需检查机械部件的工作情况。

此外，在高速开关使用到一定期限时，应更换机构内所有的弹簧部件。

高速开关检修完成后，应进行过载跳闸装置整定值的调整。通过外接电源模拟过载电流，检查高速开关是否能在整定值处断开。对于短路跳闸装置整定值的检查，由于普通电源设备无法模拟短路电流，所以一般在检修中不做短路电流检查，如果确实需要检查这个项目，可通过高速开关制造厂商的专用设备来检查。

二、牵引逆变器的检修

变流系统通常安装在一个独立的设备箱内，通常安装有半导体元件、控制板、散热片、电缆等电气部件，这些部件基本实现了模块化安装，如三相逆变电路就由三个完全相同的模块组成。对于变流设备的检修应重点对以下几方面进行检查。

1. 清洁通风区域及散热片检查

大功率半导体元件在工作时会发热，为了保护元件，通常这些元件安装在散热片上，而散热片是通过通风冷却。如果散热片上灰尘堆积过多，或者通风风道内有异物，都会影响元件散热性能。因此应经常对通风区域及散热片进行清洁，去除散热片上的灰尘和碎屑。在散热片间必须没有阻挡空气流进入的阻塞物。

2. 清洁控制板检查

控制板通常为印制线路板，在检修中应小心清洁。在清洁过程中，检修人员应采取防静电措施，保证线路板上元件不因受静电影响而损坏。同时，如控制板上有接线端，应对接线端进行清洁，必要时进行打磨，以保证与电缆、控制线接触良好。

3. VVVF 逆变器箱体盖板和紧固件检查

逆变器的所有盖板应无损坏、变形，锁闭功能良好，如有必要需进行检修或予以更换；检查所有盖板的密封橡胶的弹性，如果存在 3mm 的裂缝或更大的永久变形，则需要更换；检查所有盖板的门锁，看能否正常工作和自由转动，如果有必要则予以更换；检查多针插头无腐蚀或污垢，如有则对其进行清扫或更换。

4. VVVF 逆变器外表应及安装检查

检查逆变器箱的外表应无腐蚀、变形或其他损坏现象；检查安装螺母无松动，安装支架无损伤和裂缝；检查柜体的焊接应无裂纹，箱体接地线良好。

5. VVVF 逆变器接线端子和电缆检修

接线端子绝缘良好，无老化、开裂、损坏或脱落等现象，无异味，接线端子紧固良好，所有进出线状态应良好；检查散热片应无污垢、变形，必要时用硬刷和吸尘器进行清理。

6. VVVF 逆变器箱体内部检修

外观无缺陷，配线电线无变质、损坏；端子无变形、褪色、开裂和损坏；端子螺栓无松动；安装螺栓无松动；清洁 VVVF 箱的内部，确保箱体内部没有灰尘，特别是箱体内部的安装部件没有被灰尘覆盖；检查绝缘安装面、绝缘端子和绝缘柱等无变色、开裂、损坏、起皮或脱层等现象。

7. 元件检查

电阻元件：检查电阻表面无变色、开裂、损坏、起皮或脱层等现象，检查电阻接线端子紧固良好。

电容元件：检查充油的电容是否有漏油现象，检查电容接线端子的紧固应良好。

8. VVVF 逆变器的控制单元检修

控制单元外观无缺陷，印制电路板完好，印制电路板的安装状态良好，接线端子整齐无损坏现象，电线电缆无褪色、开裂、损坏、起皮等现象，电线电缆扎带排列良好，控制单元连接插头连接状态良好，必要时更换。

9. 动力单元与电源单元检查

检查动力单元与电源单元的接线良好，没有变形或污垢，电缆电线没有损伤、褪色、开裂、损坏、起皮等现象，电缆电线扣件排列整齐；PCB 印制电路板外观完好。

10. VVVF 逆变器线路接触器（LB，CHB 单元）检修

1）将 LB 接触器的闭锁杠杆往上抬，从接触器上取下灭弧罩。

2）仔细观察灭弧室是否损坏，如有损坏及时报告。

3）灭弧室如无损坏，仅有拉弧痕迹时，须用硬刷或干布擦拭灭弧罩至洁净。

4）使用 6 号六角扳手，小心仔细拆下 LB 触点，特别应注意避免弄伤触点表面与箱内其他机构。

5）仔细观察接触点上是否有过渡烧蚀，如果超过范围则及时报告。

6）触点的烧蚀范围如未超过允许范围，仅有烧灼痕迹或是毛刺，则通过锉刀或手动方式去除毛刺，在拉弧触点面上用砂纸（180 号以上）轻轻打磨，特别注意不要损伤触点表面，不要露出铜制材料，打磨时请特别注意必须保持 LB 原有的灭弧角。

7）在重新安装触点前，请仔细观察 LB 接触器基座上是否有异物，如有请务必清除，然后再使用 6 号六角扳手重新安装触点。

8）在安装触点时，务必确认动/静触点位置对正，使用扭力扳手以 18N · m 的力矩扭紧，如无扭力扳手，请熟练员工估计力矩。

9）触点安装完毕后，请确认在不超过 0.5mm 条件下闭合主触点和辅助触点。

10）所有作业完成后，请确认所有装置已经回复至原位。

11. 继电器单元以及电压、电流传感器检修

继电器单元接线良好，电缆电线扣件排列整齐；继电器表面没有损伤、褪色、开裂、损坏、起皮等现象，外观完好，安装螺母无松动；电压、电流传感器安装良好，外观完好，进出线正常，接线端子无松动，排列有序。

三、接触器的检修

地铁车辆直流电磁接触器是一种用来频繁地接通和切断主电路的自动切换电器，它的特点是能进行距离自动控制，操作频率较高，通断电流较大。

接触器（图 9-8）按通、断电路电流种类可分为直流接触器和交流接触器两种，按主触头数目可分为单级接触器（只有一对主触头）和多级接触器（有两对以上主触头），按传动方式可分为电空接触器、电磁接触器等。

1. 主接触器构成

电磁接触器一般由电磁机构、传动装置、主触头、灭弧装置、辅助开关及支架和固定装

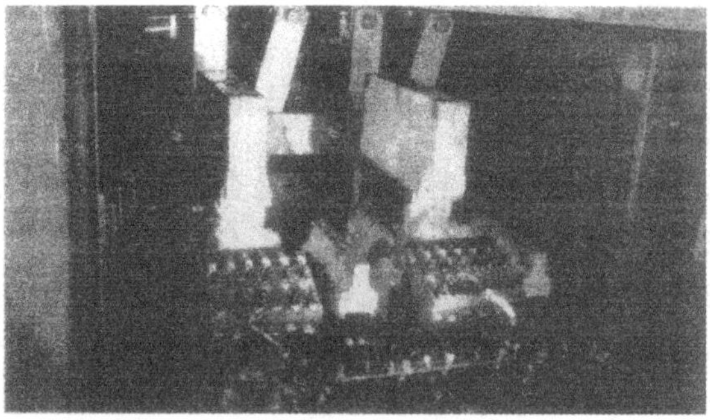

图 9-8　主接触器

置等组成。电磁机构由铁心、带驱动杆的螺旋线圈、盖板组成。

2. 主接触器工作原理

在电磁圈未通电时，衔铁在反力弹簧作用下保持在释放位置，通电后，电磁力带动驱动杆克服反力弹簧阻力运动主触头来通断电路。当动触头在驱动杆的带动下与静触头刚接触时，接触点为触头上部。随着驱动杆继续运动，触头上压力不断增加，一直到电磁力与反力弹簧力平衡为止。运动过程中动触头在静触头上边滚动边滑动，使接触点移动触头下部，触头断开的过程则相反。这就使触头分断时所产生的电弧不致损坏正常接触点，而触头的滑动将其表面的氧化物或脏物擦掉，减小接触电阻。反力主要由弹簧力产生，通常是圆柱弹簧。圆柱螺旋弹簧分为拉伸弹簧和压缩弹簧两种。驱动杆在带动动触头的同时，还通过连杆带动凸轮装置，使辅助开关工作，供控制电路或牵引工作系统应答信号检测使用。接触器触点分断时产生电弧通过灭弧罩上的引弧装置被引入灭弧罩，在灭弧栅之间被分裂，冷却。直流接触器设计为模块结构，外壳材料阻燃、无毒、无环境污染。

3. 主接触器检修

（1）主触点检修　主触点接触面的工作情况应经常检查。对于有少许烧灼或有结瘤的接触面，可进行打磨。对于有较大面积的烧损时，应更换主触点。主触点的更换应成对进行。在更换主触点作业时，首先应对主触点进行配对。在安装时，可使用专用夹具来保证主触点的安装精度，以保证静、动触点接触面接触良好。

（2）电磁机构检修　检查铁心与线圈表明是否有擦痕；测量线圈阻值；清洁、打磨线圈接线端；检查复位弹簧工作情况，在大修时应更换复位弹簧。

（3）传动机构检修　接触器内的传动机构由于绝缘的需要，通常由塑料等绝缘材料制成。在一段时间后，这些材料的性能会发生改变，有时因为受力的原因会出现裂纹、破损的现象。对于损坏的部件应予更换。同时，还需要检查轴孔的工作情况，由于轴和外壳使用的材质不同，通常外壳上的轴孔较易磨损。

（4）辅助开关检修　测量辅助开关触点的接触电阻；检查凸轮机构的工作情况，对于磨损严重的凸轮应更换，清洁、打磨接线端。在大修时，应更换所有的辅助开关。

接触器检修完毕后，应用交流电源检查接触器耐压值，并测量主触点与外壳的绝缘电阻。然后检查接触器吸合、分断时间。由于列车控制系统是通过辅助开关来检查主接触器工作情况，所以在测量接触器吸合、分断时间时，应以辅助开关的闭合和分断时间为准。

四、牵引控制单元

1. 牵引控制单元功能

牵引控制单元处理由司机发出的指令，通过参考值设置、牵引（制动）控制电路的数据和应答信号，并根据相应程序对牵引电路进行控制。同时控制单元还具有故障检测及故障存贮功能。现在牵引控制单元是一个微型计算机实时测控系统。微机在测控系统中担负着实时数据检测和实时控制双重任务。一方面要实时采集现场设备的运行工况和过程参数的大小变化；另一方面要对采集数据进行实时处理，以保证被控对象能安全，可靠合理地运行。一般牵引控制单元采用模块化设计，可分为电源模块、输入/输出转换模块、中央处理器模块。通常列车辅助系统提供的电源不能直接供集成电路芯片及传感器使用，所以牵引控制单元的电源模块不仅为自身部件提供工作电源，同时也为一些控制系统内的传感器提供低压电源。输入、输出转换模块是微机系统与外界信号之间的重要接口。外界信号可能是模拟信号也可能是数字信号，只有通过输入模块转换后才能供系统使用。而系统输入的指令只有通过输出模块才能驱动继电器、接触器或模拟控制电路使用。

2. 牵引控制单元的检修

牵引控制单元通常安装在密闭的箱体内，该箱体具有良好的防潮、抗电磁干扰、抗振、防尘特性，因此，在日常维护中一般不对牵引控制单元进行检修。如果在检修中发现牵引控制单元所在的箱体有水迹或积灰较多时，可将控制系统分解，检查并清洁印制电路板。在检查及清洁印制电路板时，需对检修人员采取防静电措施。

牵引控制单元的调试一般是在装车后的静态调试中进行，可通过相应的通信软件，利用用户程序进行。通过观察部件工作情况或测量输出波形来判断系统的工作是否正常。

五、制动电阻

1. 制动电阻组成

制动电阻，用于地铁车辆的电阻制动，承担电机电流中不能再生的那部分制动电流，该电阻应有充分的容量来承受持续下 100% 的制动负载，直到电机电压升到极限。制动电阻冷却方式通常为强迫风冷。

目前，制动电阻采用模块化设计，通常由框架、带状电阻、绝缘子等部件组成。一个制动电阻单元可能由几个制动电阻模块组成。

带状电阻条通过制动电流时，以发热的方式将能量传递出去。根据这一原理，制动电阻除要求有良好的热容量，耐振动外，还要求能防腐蚀，在高温下不生成氧化层。带状电阻通过绝缘子安装在框架内。

2. 制动电阻的检修

由于制动电阻采用强迫风冷方式进行冷却，所以应进行以下方面检修。

（1）制动电阻及制动电阻箱清洁　定期清洁制动电阻及制动电阻箱，用压缩空气清洁电阻器，确保无污物附着。

（2）制动电阻外观检查

1）制动电阻接线端子接线牢固，导线和接地线外观完好，绝缘无老化、脱落、损坏等现象；更换有裂纹或者破损的绝缘子；对于接线端子，检修时应采用清洁、打磨等方法进行处理，保证与电缆接线端有良好的接触面。

2）检查电阻器单元之间无异物，无重联，并且必须保证电阻器和陶瓷间隔是清洁的，检查绝缘体和陶瓷间隔无裂痕与损坏。

3）检查电阻器内部连接的紧密性和有无腐蚀现象，检查电阻器单元是否有过热烧灼痕迹，损坏时需更换。

4）检查带状电阻是否有变形（图 9-9）。

正确　　错误　　错误

图 9-9　带状电阻变形参考

如果冷态下带状电阻就有变形，一旦通过制动电流，其变形会更加严重，极易造成电阻之间的短路。

（3）测量制动电阻阻值　在端子间测量其阻值，应符合有关技术要求，否则更换。由于带状电阻的阻值很小，通常可通过电桥方式进行测量。

（4）绝缘测试　用 1 000V 高阻表检查绝缘状况，阻值应大于等于 20MΩ。

第四节　其他电气系统的检修

一、主控制器结构与检修

1. 工作原理

司机通过操纵主控制器手柄，使列车按司机意图控制运行。司机控制器实际上是一组转换开关，能够控制主电路。通过搬动两根不同的轴，控制凸轮及与之组合开关相应的触点的分合，然后通过控制电路来控制列车的运行状态及方向，实现列车前进、后退、牵引、制动和惰行工况的转换。

2. 主控制器结构

主控制器主要由主控制手柄、方式/方向手柄、组合开关、凸轮、转动轴、电位器电阻等部件组成。为了保证列车的安全，通常在主控制手柄顶部安装有警惕按钮，司机只有按下该按钮后方能向列车发出指令；在列车运行过程中，如果司机放开警惕按钮一定时间后不能及时再次按下，列车将实施紧急制动。通常主控制器还与司机钥匙开关相互联锁，保证在钥匙未打开前，主控制器处于锁定状态，而如果主控制器处于工作状态时，钥匙是不能被拔出的。主控制手柄与方式/方向手柄之间也相互联锁，在主控制手柄处于牵引或制动位置时，方式/方向手柄无法改变状态；方式/方向手柄不工作时，主控制手柄被锁定，无法放在牵引或制动位上。图 9-10 是列车用主控制器主视图。图 9-11 是位于列车驾驶室的主控手柄。

3. 主控制器检修

1）检查凸轮外表是否有磨损痕迹，如有就更换。对转轴经常进行清洁和润滑，表面应

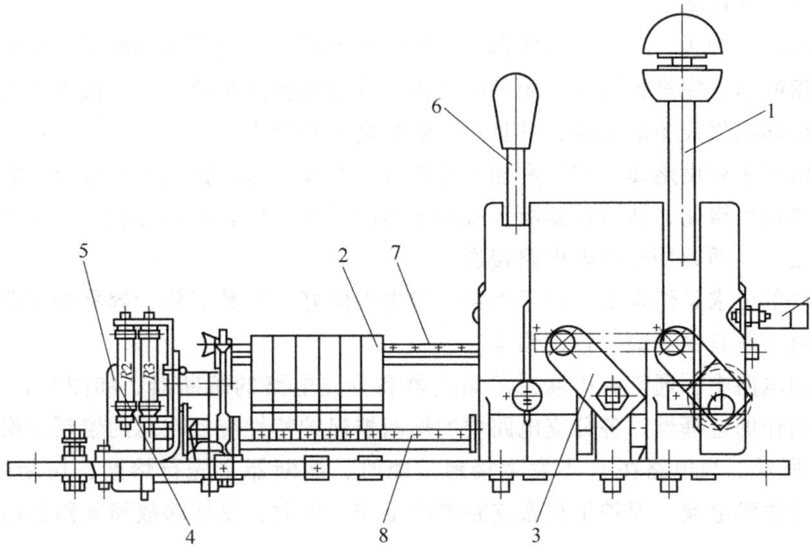

图 9-10　列车用主控制器主视图

1—主控制手柄　2—微动开关　3—联锁机构　4—电阻　5—电位器　6—方式/方向手柄
7—带凸轮装置的传动轴（方式/方向手柄用）　8—带凸轮装置的传动轴（主控制手柄用）

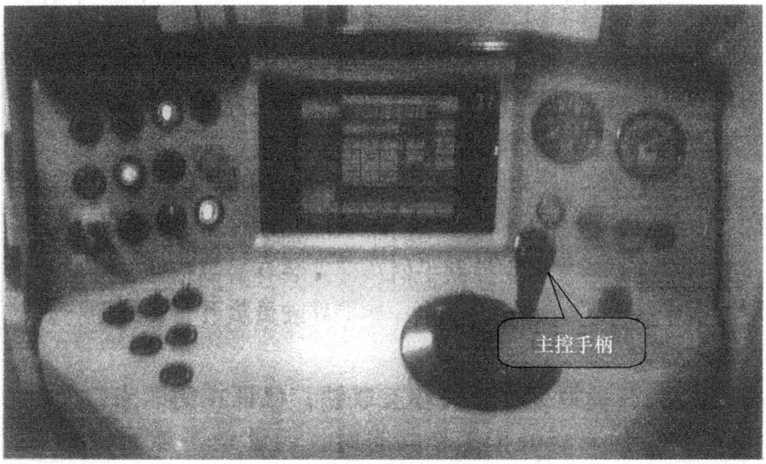

图 9-11　列车驾驶室的主控手柄

经常擦拭。

2）检查转换开关，测量转换开关触点阻值是否正常。在大修中应更换所有的转换开关。

3）检查电位器工作情况。电位器电阻在整个工作范围内的变化应是平滑的，对于阻值有跳动的电位器应更换。在大修中应更换电位器。

4）主接触器组装完成后，应检查各部件的联锁功能。同时还应检查在不同工作模式下相对应的转换开关工作是否正常。

二、熔断器工作原理与检修

1. 熔断器工作原理

熔断器串联于电路中，当该电路产生过载或短路故障时，熔断器先行熔断，切断故障电路，保护电路和电气设备。

熔断器按结构可分为：开启式熔断器、半封闭式熔断器、封闭式熔断器。在地铁车辆上多采用封闭式熔断器，完全封闭在密闭的壳体内，没有电弧火焰喷出，一般不会造成飞弧危及人身安全及损坏电气设备的故障，并且可有效提高分断能力。

封闭式熔断器主要由熔体、熔管和插刀等组成。熔体是熔断器的主要部分，它受过载或短路电流的热作用而熔化，从而达到断开故障电路的目的。熔管用以控制电弧火焰和熔化金属粒子向两端喷出。插刀用以和外电路接通。

对熔体材料的要求是熔点低、易于熔断、导电性能好、不易氧化、容易加工和价格低廉等，熔体的材料一般有铜、银、锌、铅等。

在有分支的电路中，通常有串联总的熔断器和分支电路的熔断器，如图 9-12 所示。为了保证熔断器动作的选择性，各分支电路中的熔断器保护特性应处在总的熔断器保护特性之下，如图 9-13 所示。当电路在 C 点发生接地故障时，熔断器 2 先行熔断，切断故障电路，熔断器 1 不通过故障电流，保护了正常支路继续工作。因此，仅切除故障支路是熔断器动作的选择性。

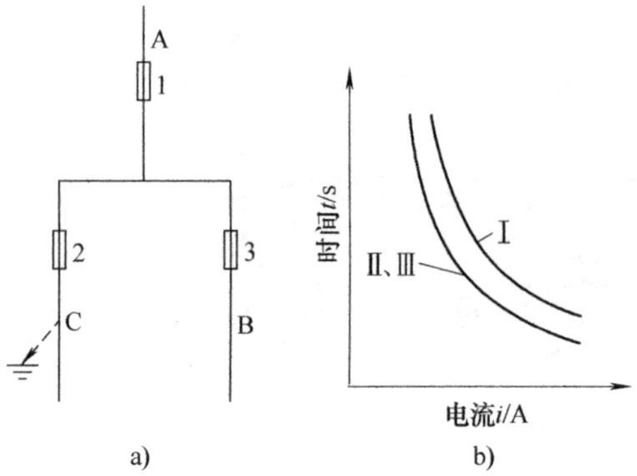

图 9-12　分支电路的熔断器电路

1、2、3—熔断器

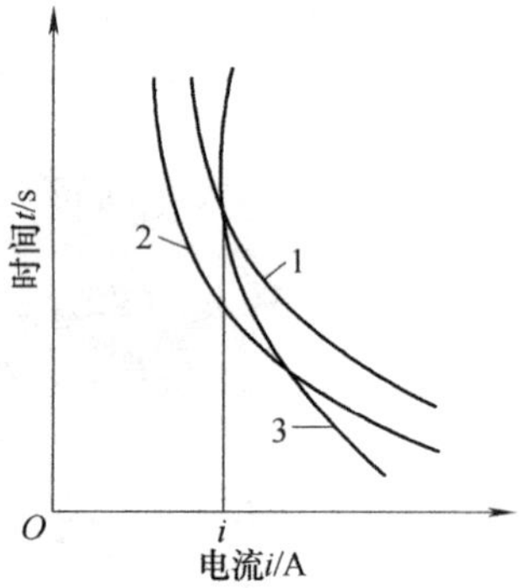

图 9-13　熔断器的保护特性

1—总熔断器保护特性　2、3—分支熔断器保护特性

保护特性是熔断器的一个重要特性，另一个重要参数是分断能力。分断能力表示熔断器能断开的最大短路电流。

2. 熔断器检查检修

由于熔断器的工作是不可逆的，所以熔断器损坏后是无法修复的。因此，在日常检修中主要用欧姆表检查熔断器是否良好。清洗并抛光熔断器的引出铜排，确保状态良好。

三、继电器结构、工作原理与检修

1. 继电器结构

继电器同接触器的共同点，都是一种自动控制电器。不同的是，继电器一般不直接控制主电路，负载较小，同接触器相比，继电器没有灭弧系统，结构简单，接触容量小，动作的准确性要求高。包括驱动车辆行驶的主牵引电动机和车辆上的各种辅助电动机。继电器的主要特性参数为额定电压，吸合电压、释放电压、吸合时间、释放时间、线圈消耗功率、触点接触电阻、绝缘电阻、触点负载和寿命等。继电器由测量机构和执行机构两部分组成。测量机构接收输入量，并将其转变为继电器工作所必须的物理量，如电压、电流、压力等。执行机构用以改变原来所处状态，给被其控制的电器一定的输入量。图 9-14 所示为电磁式继电器的结构。

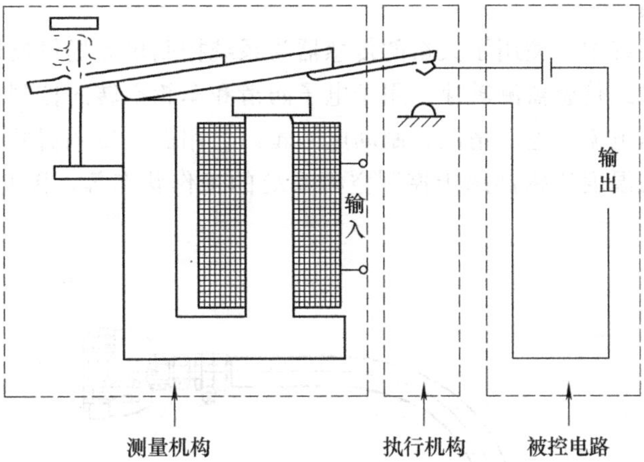

图 9-14 电磁式继电器的结构

2. 继电器主要部件

继电器的触头通常接在控制电路中，因此，它通过电流较小（一般在 20A 以下）。其结构多采用板式和桥式的点接触银质触头，银质触头通常焊在弹簧片上（磷铜片），弹簧片既产生触头压力，又作为传导电流的触头支架。

触头是继电器的执行机构，必须工作可靠。对继电器触头的主要要求是：耐振动和冲击，不产生误动作；触头接触电阻要小，以便接触可靠；耐机械磨损和电流损，抗熔焊；使用寿命长等。

3. 继电器工作原理

以图 9-14 所示的电磁式继电器为例，它的电磁机构就是测量机构，当输入量达到其动作参数时，就将转变为衔铁吸合动作。它的触点是执行结构，当输入量达到动作参数时，它由原来的开断状态转变成闭合状态，并接通被其控制的电路，从而得到一个输出电压。

继电器的输入量与输出量的关系称为它的输出-输入特性。设输入量 X，输出量为 Y，当输入量 X 由零增加到动作参数 $X_{动作}$ 时，衔铁被吸合，使触头闭合，接通被控电路，在输出端有电压输出，即输出量 Y 由零跃变到最大值 Y_{max}，如图 9-15 所示，衔铁吸合后，如果将输入量 X 减小到释放 $X_{释放}$，使反作用力大于电磁吸力，衔铁释放，触头开断，被控电路也断开，输出量由最大值 Y_{max} 下降到零。当输入量 X 由 $X_{释放}$ 继续减小时，输出量 Y 维持为零值。通常 $X_{动作} \geq X_{释放}$。继电器输入量的释放参数与动作数之比称为返回系数 K，即 $K = (X_{释放}/X_{动作})$。

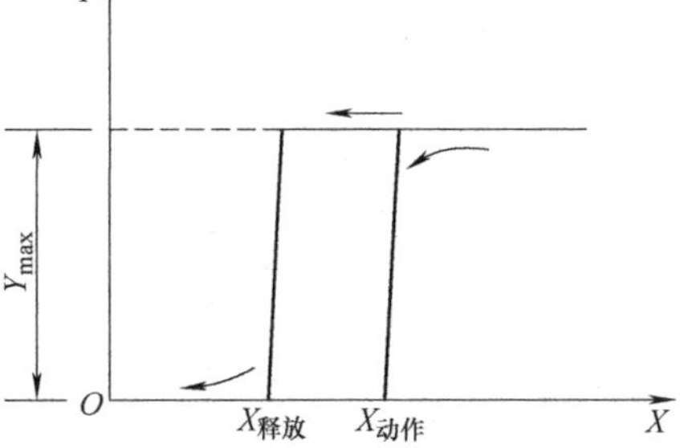

图 9-15 继电器的输入量与输出量的关系

4. 继电器检修

在检修作业中，对继电器检修的内容包括：

1）检查线圈阻值，对于阻值过大的应予以更换。

2）检查触点阻值。触点接触是否良好，直接关系到继电器控制的电路能否正常工作。如果接触电阻过大，通常会造成列车控制故障，而且这类故障呈现无规律性。因此，对于接触电阻过大的继电器也应予以更换。

四、各类传感器

在列车各控制系统中，使用了大量的传感器为系统控制单元提供反馈信号。例如，牵引控制系统使用非接触式传感器测轴速，用于电子防滑和车轮空转的控制；用电流传感器、电压传感器检测主电路电流、电压情况；制动电阻箱内使用温度传感器监控制动电阻温度；空调系统在客室中安装温度传感器用于控制空调系统的工作状态等。图 9-16 为列车上使用的测速传感器。

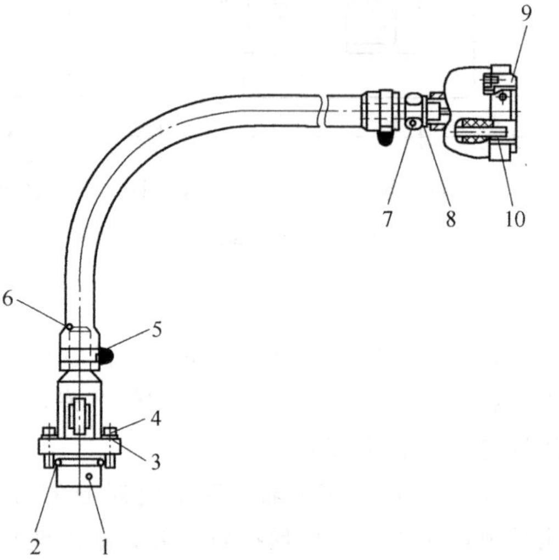

图 9-16　测速传感器

1—脉冲发生器　2—O 形环　3—自锁垫圈　4—螺栓　5—夹子
6—耐压胶管　7—胶管座　8—密封环　9—插座　10—接触件

传感器通常无需进行检修，但在日常维护中应经常对传感器接线端进行检查，必要时清洁、打磨接线端子以保证电缆与接线端子的接触良好。

在进行较大修程作业时，如 5 年或 10 年修，应对电流传感器、电压传感器、速度传感器进行检测，通过对波形或数据的比较，了解传感器的状态。对于波形发生畸变或测量参数偏移较大的应予以更换。